敦煌与丝绸之路石窟艺术丛书编委会

兰州大学「双一流」建设项目经费资助

兰州大学中央高校基本科研业务费专项资金重点研究基地建设项目「甘肃石窟与历史文化研究」（2022jbkyjd006）

国家社科基金冷门绝学研究专项学术团队项目「敦煌河西碑铭与河西史研究」（21VJXT002）

敦煌与丝绸之路石窟艺术丛书·第二辑

郑炳林 主编
张善庆 著

马蹄寺石窟群汉传佛教图像研究

读者出版传媒股份有限公司
甘肃教育出版社

图书在版编目（CIP）数据

马蹄寺石窟群汉传佛教图像研究 / 张善庆著. -- 兰州 : 甘肃教育出版社, 2022.10
（敦煌与丝绸之路石窟艺术丛书 / 郑炳林主编. 第二辑）
ISBN 978-7-5423-5545-4

Ⅰ. ①马… Ⅱ. ①张… Ⅲ. ①石窟－佛像－造像－研究－肃南裕固族自治县 Ⅳ. ①K879.34

中国版本图书馆CIP数据核字(2022)第199946号

马蹄寺石窟群汉传佛教图像研究
郑炳林　主编　张善庆　著

策　　划　薛英昭　孙宝岩
项目负责　孙宝岩
责任编辑　伏文东
助理编辑　张福英
封面设计　张小乐

出　版　甘肃教育出版社
社　址　兰州市读者大道 568 号　730030
网　址　www.gseph.cn　E-mail　gseph@duzhe.cn
电　话　0931-8436489（编辑部）　0931-8773056（发行部）
传　真　0931-8435009
淘宝官方旗舰店　http://shop111038270.taobao.com

发　行　甘肃教育出版社　印　刷　兰州新华印刷厂
开　本　787 毫米×1092 毫米　1/16　印　张　31.75　插　页　2　字　数　439 千
版　次　2022 年 10 月第 1 版
印　次　2022 年 10 月第 1 次印刷
书　号　ISBN 978-7-5423-5545-4　定　价　98.00 元

图书若有破损、缺页可随时与印厂联系：0931-2607208

止。丝绸之路把古代印度地区，中亚地区，我国的新疆地区、甘青宁地区、中原地区、东北地区乃至朝鲜半岛和日本，都串联了起来。如果说石窟殿堂是耀眼的珍珠，那么丝绸之路就像一条线，经过它的串接，亚欧大陆的颈项上出现了一副华美的璎珞，耀眼而又迷人。百年以来，丝绸之路及其沿线的石窟殿堂以其独特的气质和魅力，吸引着来自世界各地一代又一代的学者，前赴后继，投身于相关的研究领域。

敦煌与丝绸之路石窟艺术是教育部人文社科重点研究基地——兰州大学敦煌学研究所多年来研究的主要内容。30 多年来，我们不但有一批专家持之以恒地进行石窟考古和石窟艺术研究，同时我们还培养了一批从事石窟艺术研究的博硕研究生和留学生，他们在这个领域作出了卓越的贡献。1980 年我们创办了敦煌学专业刊物《敦煌学辑刊》，截至 2015 年年底已经发行了 90 期，石窟艺术研究专栏连同敦煌文献研究、敦煌历史地理研究等板块共同构成了刊物内容的主体，已然成为国内石窟艺术研究成果发布的重要平台。2008 年沙武田博士学位论文《敦煌画稿研究》获得该年度全国百篇优秀博士学位论文提名奖；《吐蕃统治时期敦煌石窟研究》进入"国家哲学社会科学成果文库"。与此同时，为了进一步对敦煌与丝绸之路石窟艺术研究进行梳理和总结，兰州大学敦煌学研究所启动了"丝绸之路石窟研究文库"项目。其中《天水麦积山石窟研究论文集》《永靖炳灵寺石窟研究论文集》和《河西陇右石窟研究论文集》已经陆续出版，龟兹地区和陕西地区石窟研究论文集正在收集、整理过程之中。这种工作虽然耗费人力和物力，但若能对学界研究有所裨益，也是我们最大的荣光。

结合目前学术研究动态，兰州大学敦煌学研究所启动了"敦煌与丝绸之路石窟艺术"丛书项目，研究内容涵盖丝路沿线的大部分石窟，既有石窟群整体性的研究，又有石窟个案研究；一方面多层次地透视丝绸之路石窟艺术文化的博大精深，另一方面紧抓学术研究前沿，集中体现了未来丝绸之路石窟艺术研究的方向。

总　序

丝绸之路是中西文明交流的永恒通途，也是连接中外的一条艺术之路。西域地区的音乐舞蹈、佛教艺术都是通过这条道路传入中国的。隋代"九部乐"、唐代"十部乐"中的西凉、高昌、龟兹、疏勒、康国、安国、天竺等风格的乐舞都来自西域地区，也都是通过这条路线进入中原地区的，特别是《西凉乐》，就是《龟兹乐》与传入河西的中原古乐融合之后形成的一种乐曲。佛教壁画艺术和雕塑艺术通过丝绸之路进入中原，形成自己特色后又回传到河西及西域地区。丝绸之路石窟众多，各有特色，著名的有麦积山石窟、北石窟、南石窟、大像山石窟、水帘洞石窟、炳灵寺石窟、天梯山石窟、马蹄寺石窟、金塔寺石窟、文殊山石窟、榆林窟、莫高窟、西千佛洞等。祆教艺术通过粟特人的墓葬石刻被保留了下来，沿着丝绸之路和粟特人聚落分布于古代天水、长安等商贸城市。体现中原文化特色的墓葬壁画艺术，也分布于丝绸之路上的河西走廊沿线和吐鲁番地区。文化的交融和碰撞通过艺术内容和风格充分体现出来，所以将丝绸之路称为"艺术之路"一点也不为过，反而更能体现出它的特色。

丝绸之路沿线星罗棋布地分散着大大小小的石窟殿堂，让人叹为观

一、石窟艺术专题研究

学界在过去50多年中进行了大量基础的测绘调查和壁画内容考释，这种研究基本上是以单个题材壁画为重点，按照时间顺序或者空间划分来对某种特定题材进行考察。这项研究是基础。无数前辈已经为我们做出了榜样。本套丛书中的《敦煌石窟彩塑艺术概论》则是一个新的案例。该书以敦煌石窟彩塑为主要研究对象，同时涉及中国其他石窟的雕塑。其结合洞窟建筑、壁画，以时代为线索，展示出了敦煌石窟彩塑独特的艺术魅力。此类研究还包括《敦煌石窟中的少数民族服饰研究》《敦煌藏经洞出土绘画品研究史》《敦煌隋代石窟壁画样式与题材研究》《北周石窟造像研究》，等等。

二、石窟艺术与社会历史研究

石窟艺术与社会历史研究丝丝相扣。对于敦煌石窟而言，藏经洞出土的敦煌遗书，包括记录敦煌社会开窟造像的功德记、敦煌历史人物的邈真赞等，都是不可或缺的研究材料。史苇湘先生《敦煌社会历史与莫高窟艺术》提出敦煌本土文化论和石窟皆史论，成功运用艺术社会学研究敦煌石窟，这种研究方法意在最大程度地把莫高窟考古资料和藏经洞遗书结合起来，还原敦煌社会历史。本丛书中的《敦煌阴氏与莫高窟研究》就是运用石窟与文献相结合的方法，在石窟营建史的背景下对阴氏家族开凿或参与开凿的7个洞窟进行全面研究，从而分析阴家窟所反映出来的佛教思想、佛教功能以及社会和艺术功能。

三、佛教洞窟与寺院仪轨的综合研究

丝绸之路佛教寺院中的壁画造像题材，不同于博物馆藏品，它没有像藏品一样脱离原来的空间关系。这就为学者通过壁画造像所在的空间位置探索古代佛教仪轨提供了可能。本套丛书中的《麦积山石窟初期洞窟调查与研究》《马蹄寺石窟群汉传佛教图像研究》《陇东北朝佛教造像研究》等主要研究对象集中于甘肃北朝洞窟，其综合造像内容、佛教经典以及中古时期寺院仪轨，系统阐释了图像与寺院生活的密切关系。这一研究方向是未来石窟艺术研究方向之一。

四、洞窟个案研究

专题性研究是基础，不过其弊端也清晰可见。这种研究割裂了一个洞窟之中壁画和壁画、壁画和塑像之间的互动关系。而实际上所有的造像题材都是一个有机的整体，它们共同诠释了主尊乃至整个洞窟的造像设计理念，同时也反映了洞窟背后的历史信息。因此，我们在过去数十年工作的基础上，将某一特定洞窟的诸种壁画造像题材作为一个整体进行研究，这也是未来丝绸之路佛教艺术研究的大势。本套丛书就包含了莫高窟第 61 窟、第 100 窟、第 454 窟、第 98 窟，麦积山第 127 窟以及瓜州榆林窟第 25 窟的个案研究。这些成果选取特定历史时期极富代表性的洞窟作为研究对象，全面透视洞窟设计理念，深层次构建了石窟艺术发展史。

五、特定历史时期特定区域图像的普查与研究

随着新资料的不断公布以及学者对洞窟历史背景认识的加深，部分特定阶段的佛教洞窟研究有待再探讨。本丛书《敦煌十六国至隋石窟艺术》《川北佛教石窟和摩崖造像研究》和《吐蕃统治时期敦煌密教研究》即属于此类。以敦煌为例，学者们认为，敦煌石窟的晚期，由于西藏后弘期佛教的兴起和广泛流传，敦煌石窟营造被推进到了一个崭新的时期。目前随着藏语文献的整理和藏学研究队伍的壮大，学界对敦煌中唐到元代的历史有了更深的认识，原来对敦煌藏传佛教艺术的认知需要重新架

构。如本丛书中的《吐蕃统治时期敦煌密教研究》就对相关问题作了探讨,整理了与吐蕃统治敦煌时期密教有关的大量文献与图像资料,对汉藏文献以及图像作了初步的分类与对比;讨论了吐蕃时期敦煌密教与其他信仰的关系;总结了中唐密教在整个敦煌密教发展史上的里程碑意义。

本丛书以丝路沿线石窟整体为研究对象,既注重梳理其内在的逻辑关系,又注重对个别石窟的重点探究,以开放的、广阔的研究视野,重新审视西到龟兹,东到天水、西安,西南到川北的石窟寺遗址,探索石窟艺术风格的发展演变。

这套丛书主要汇集了兰州大学敦煌学研究所近年在敦煌与丝绸之路研究方面的最新成果,希望借此出版机会倾听学界的批评和指正。

郑炳林

2015 年 12 月

目 录

绪 论

北朝到隋唐是马蹄寺石窟群汉传佛教艺术发展的高峰时期。正是这一时期,中国佛教开始摆脱初传时期依附传统黄老思想的局面,走上独立发展的道路,再加上张掖地处丝绸之路的咽喉要地,在这样一个历史背景下,马蹄寺石窟群佛教艺术呈现出明显的多元化特征。前期佛教造像的粗犷与雄健和后期造像的纤细与秀美形成了鲜明的对比。马蹄寺石窟群不仅见证了佛教艺术从简单模仿发展到积极探索创新的过程,还见证了美术风尚东向传播到西向回流的演变。宿白先生更是依据金塔寺石窟、天梯山石窟、文殊山石窟等早期佛教洞窟以及北凉石塔,提出了著名的“凉州模式”[①]的概念,影响深远。

---

①宿白《凉州石窟遗迹和“凉州模式”》,《考古学报》1986年第4期,第435—446页;又宿白《中国石窟寺研究》,北京:文物出版社,1996年,第46页。

第一节 马蹄寺石窟群概况及研究史

马蹄寺石窟群位于甘肃省张掖市肃南裕固族自治县马蹄藏族乡，北距张掖市 62 公里，西北距肃南县城 165 公里。石窟群所处临松山属于祁连山山系，东经 100°22′30″～100°30′00″，北纬 38°25′00″～38°32′30″，海拔 3000 米左右。自古以来这里便是多民族聚居的地方，今天汉族、藏族和裕固族依然共同生活在这里。

马蹄寺石窟群位于临松山，周围环绕马蹄河、大都麻河等，在历史上称为“临松薤谷”。这里曾一度是河西儒学中心，《晋书·郭瑀传》云，敦煌学者郭瑀曾来张掖，师从儒学学者郭荷。史载，郭瑀“少有超俗之操，东游张掖，师事郭荷，尽传其业”。郭瑀在老师郭荷去世后守丧三年，“礼毕，隐于临松薤谷，凿石窟而居，服柏实以轻身，作《春秋墨说》《孝经错纬》，弟子著录千余人”[①]。清朝乾隆四十四年（1779）《甘州府志》卷 4 名胜条记载：“后人因而扩之，遂为名刹，峭壁削成，石泉澄澈，云衣迷径，岚气袭人，游其际

①[唐]房玄龄等《晋书》，北京：中华书局，1974 年，第 2454 页。

者,悠然作出世想。”[①]临松薤谷石室的开凿始于郭瑀讲学和传业的需要,和佛教并无关系,现在无迹可寻,但种种传说说明当时“临松薤谷”的确是开窟造像的绝佳选择。这里远离闹市的喧嚣,环境清幽,是学者隐逸的好去处,当然也是高僧修行的理想场所。至今临松山上树木郁郁葱葱,马蹄河、大都麻河如云萦绕。

马蹄寺石窟群现在尚存洞窟 70 余个,分金塔寺石窟、千佛洞、上观音洞、中观音洞、下观音洞、马蹄寺北寺、马蹄寺南寺等 7 个部分。各个石窟之间距离在 2 公里至 10 公里不等,相对分散。学界把这 7 个组成部分合称“马蹄寺石窟群”。

明清时期“马蹄寺”这一称呼开始流行起来,至于其来源,众说纷纭,其中不乏充满神话色彩的民间传说。

第一种是“马蹄印说”。《甘州府志》卷 4 名胜普观寺条云:“临松山下薤谷中,以石上有马,俗名马蹄寺。”[②]同治年间智观巴·贡却乎丹巴饶吉著《安多政教史》一书提出马蹄寺以石窟中的马蹄形印迹而得名,此印系由格萨尔王神马所踏。[③]《河西石窟》认为这里就是史书记载的十六国时期的“薤谷石窟”,“马蹄寺” 则与传说中的二郎神或乾隆抑或格萨尔王神马所踏的马蹄印有关,属于藏传佛教兴起之后的新名字。

第二种是“印章说”。《河西石窟》采纳了这种传说,认为马蹄寺修建的时候出土了刻有藏文书写,意为“母亲”的印章,而“母亲”的藏文读音是“玛提”,这和汉文“马蹄”谐音。阿卡多杰《马蹄寺历史简述》指出,1648 年

①[清]钟赓起《甘州府志》,《中国方志丛书》(华北地方·第五六一号),台北:成文出版社,1976 年,第 458 页。

②[清]钟赓起《甘州府志》,《中国方志丛书》(华北地方·第五六一号),第 440 页。

③[清]智观巴·贡却乎丹巴饶吉著,吴均、毛继祖、马世林译《安多政教史》,西宁:青海人民出版社,2017 年,第 226 页。

萨迦班智达来到甘州，在千佛洞下收到仙人布施的黄金，为此，寺院得以再建，动工的时候，出土了一方佛印，上面刻有藏文的“麻”字，而印章在藏文里称为“替”，所以“麻替”成为寺额。随着历史的推进，这个名字在口头传播过程中逐渐嬗变，最终“马蹄寺”出现。①

第三种是“部落说”。张宝玺先生参照明嘉靖四十四年(1565)任和《重修马蹄寺记》，认为临松山并不是史书记载的临松山薤谷，更和藏传佛教兴起之后的各种神话传说无关。他援引《太平寰宇记》中马蹄乃“吐蕃赞普即其郡丞之异称也”②的说法，提出马蹄是常驻在临松山一带吐蕃一支的称呼，后来以族名称谓地名，马蹄山及马蹄寺的名称便形成了，形成的时间应该在宋代以前。③先生观点独到新颖，发人深思。

马蹄寺石窟群地处河西走廊的咽喉要地，佛教艺术从北朝时期延续到元明清时代，并形成了汉传佛教艺术和藏传佛教艺术创作的两次高峰，实乃珠联璧合，相映成趣。本文所要探讨的汉传佛教艺术作品主要集中在金塔寺、千佛洞和下观音洞，时代从 5 世纪跨越到 8 世纪。马蹄寺南、北寺以及千佛塔塔林主要是后代藏传佛教内容，故不在讨论之列。

金塔寺位于马蹄藏族乡李家沟村，距离马蹄寺约 50 公里。现存 2 个洞窟，编号为东窟和西窟，开凿在李家沟村南刺沟内的红砂岩崖壁上，是北朝佛教艺术的代表性杰作。

千佛洞在马蹄河西岸，距马蹄寺北寺约 3 公里的崖面上。《东乐县志》记载：“千佛洞在洪水河，悬崖峭壁，矗立十仞，崖半凿洞，整饬明敞，通连数十，俨若五步一楼，十步一阁。中塑佛像，旁开窗牖，河水流其下，潺潺有声。顶上常有微云，往来舒卷，自如其中者，飘飘欲仙，不啻别有

①丹曲《肃南藏传佛教名寺马蹄寺述略》，《甘肃民族研究》1994 年第 2 期，第 117—121 页。
②[宋]乐史《太平寰宇记》(二)，台北：文海出版社，1980 年，第 348 页。
③张宝玺《马蹄寺石窟名称来历》，《敦煌研究》1995 年第 1 期，第 65 页。

天地焉。"[①]依照山崖自然走势,洞窟分为南、中、北三段。南段主要包括第1、2、3、4窟;中段包括第5、6、7、8窟,其中第5窟和第6窟的壁画和造像已无。南、中两段崖面以佛窟为主。北段主要是浮雕塔林,现存喇嘛佛塔87座。

下观音洞在距离马蹄寺东南10公里的石崖上,位于马蹄藏族乡李家沟村西北3公里处。《东乐县志》云:"观音仙洞,在临松山之东,洞有三,曰上洞、中洞、下洞,悉凿石而成。山水明秀,不亚于马蹄,亦东乐胜境之一也。"[②]现存洞窟5个,据现存遗迹看,汉传佛教洞窟只有第1窟。上观音洞有窟龛6个,中观音洞有窟龛5个,但是内容都是藏传佛教内容,或者洞窟多已残破,窟内并无实物,壁画造像已经损失殆尽。

学术界对马蹄寺石窟群的调查与介绍开始于1954年史岩先生的第一次调查,直至今日已经走过50多年的历程,在内容总录编写、石窟断代、造型分析和历史研究等方面都取得了重要成绩。

一、马蹄寺石窟群调查报告和内容总录

1945年9月阎文儒先生参加西北科学考查团历史考古组,对千佛洞和马蹄寺北寺进行过考察,后将此次调查经过发表于《社会科学战线》。为完整展示这段珍贵的记录,笔者移录如下:"由武家庄南行入山,马蹄河从中流出。沿河上溯,三里西山,有洞窟。门外面俱凿成塔形,内作方洞,无佛像,似非造像之窟,大小不下百余。南山崖间,有石窟,为梵刹式,内有造像。其极东一洞,今日重修,金碧辉煌,开凿年代,则为北魏。因有中心柱,上连洞顶,四面龛中,各塑佛像。与莫高窟、云冈石窟之魏洞形式相同。南

①[清]徐传钧《东乐县志》卷1,中国西北文献丛书编辑委员会《中国西北文献丛书·西北稀见方志文献》第48卷,兰州:兰州古籍书店,1990年,第432页。

②[清]徐传钧《东乐县志》,第432页。

面龛中之佛像，二菩萨在龛内左右，虽为今人彩画，然其衣裙作法仍为北魏式。此一区之西有一大龛摩崖凿成六十度之立佛，下段石已风化，左右二僧、二菩萨，以其面相、身形、衣纹，俱为唐代作风。此龛之西隔一壑，悬崖间有洞窟，造像风格为北魏式，因雨泥泞，故未攀登。”①从描述来看，先生调查所见包括塔林、千佛洞第 8 窟和第 6 窟等。

1954 年史岩先生对包括马蹄寺石窟群在内的祁连山脉中的石窟寺进行了一次详尽的考察，此后撰写《散布在祁连山区民乐县境的石窟群》一文，文章对石窟群内的各个重要部分作了初步介绍，内容涉及洞窟年代判断和造像题材考察。对于金塔寺，他指出东西两窟时代相同，具有制底形制，推断金塔寺必然存在地面建筑。对于千佛洞，先生的观点是：第 1 窟是北朝系制底窟，中央主尊为毗卢遮那佛；第 2 窟中心塔柱为北魏晚期雕塑风格；第 3 窟年代为北朝；第 4 窟可能与第 1 窟属于同一时代；第 6 窟中央是毗卢遮那佛，从开相、衣褶、手型的表现手法和头光、莲座、洞窟的样式以及群像的配置方法等特点来看，造像属于隋代原作。史岩先生对石窟群给予了高度评价，认为从北朝到近代马蹄寺石窟一直存在着宗教活动，从未有间断。②

1963 年甘肃省文物工作队又开展了一次考察，董玉祥和岳邦湖先生执笔完成考察报告《马蹄寺、文殊山、昌马诸石窟调查简报》，对金塔寺石窟、千佛洞、马蹄寺北寺进行编号，对其内容作了详尽科学的记录。这些都是长久以来学者研究该石窟的重要资料。文章末尾刊布了 20 余张珍贵黑白照片，在经历“文革”之后，有些造像和壁画今已不存。③

---

①阎文儒《河西考古杂记(下)》，《社会科学战线》1987 年第 1 期，第 139—140 页。

②史岩《散布在祁连山区民乐县境的石窟群》，《文物参考资料》1956 年第 4 期，第 37—44 页。

③甘肃省文物工作队《马蹄寺、文殊山、昌马诸石窟调查简报》，《文物》1965 年第 3 期，第 13—30 页。

1987年甘肃文物考古研究所出版了《河西石窟》，刊布了1963年所拍摄的部分照片。本书末尾附有图版说明，内容包括部分造像的测量数据、内容以及年代。书中附有董玉祥先生《河西走廊马蹄寺、文殊山、昌马诸石窟群》一文，在基本保持《马蹄寺、文殊山、昌马诸石窟调查简报》面貌的基础上，增加了金塔寺、千佛洞和观音洞位置示意图和洞窟测绘剖面图。[①]该书资料翔实，内容丰富，图文并茂，至今仍然是研究马蹄寺石窟群早期佛教艺术的重要资料。

1995年，姚桂兰、格桑美卓先生对石窟群进行了系统整理，主要包括对洞窟编号、现在名称、形制、内容和现状等的整理与研究。[②]这次调查包含了石窟群现存的所有洞窟，其中也包括洞窟内容损失殆尽的大型洞窟，使我们对马蹄寺石窟群有一个全面的把握。但由于条件有限，研究也并未开展，所以该内容总录并未对石窟年代作出说明。

二、马蹄寺石窟群早期石窟分期断代与佛教艺术研究

石窟断代是探讨较多的热门话题。众所周知，北凉政权组织了历史上著名的凉州译经团，成为中国佛教史上重要的篇章；根据律宗大师释道宣所撰《集神州三宝感通录》[③]记载，北凉统治者沮渠蒙逊曾经在"凉州"开凿规模宏大的石窟群，连崖绵亘，东西不测，然而凉州石窟具体是指哪一处石窟，历来学者有不同说法。因为马蹄寺石窟群地处临松山，这里正是沮渠蒙逊397年到412年的统治中心，选择在此开窟造像也在情理之中。因此马蹄寺石窟群中的早期遗迹也常常被纳入到"凉州石窟"的讨论之中，

①甘肃文物考古研究所编《河西石窟》，北京：文物出版社，1987年，第1—21页。

②姚桂兰、格桑美卓《张掖马蹄寺石窟群内容总录》，《敦煌学辑刊》1995年第2期，第75—81页。

③[唐]释道宣《集神州三宝感通录》，《大正藏》第52册，第417—418页。

所以到目前为止，学术界对早期石窟的年代问题仍然存在“北凉说”和“北魏说”两种说法。[①]

1965年《马蹄寺、文殊山、昌马诸石窟调查简报》提出，石窟群的开创年代为北凉。从魏晋以来，“凉州”就是对河西地区的泛称；据《集神州三宝感通录》“凉州石崖塑瑞像”条记载分析，凉州石窟并不仅仅指一处。另外，397年到412年北凉沮渠蒙逊的活动中心在张掖，临松山是他的世居之地，又距离张掖较近，在他占据河西之时，很有可能在继承前人的基础上重新大量开窟造像，随着北凉版图的扩大，他又陆续开凿了一系列的石窟。在造像和壁画风格方面，金塔寺、千佛洞和同期其他早期作品关系甚密，也和云冈石窟第一期石窟存在渊源关系，因此马蹄寺石窟群特别是金塔寺和千佛洞被划入北凉。报告还对洞窟造像所包含的印度犍陀罗和秣菟罗元素进行了探讨。[②]

1983年王泷先生在《甘肃早期石窟的两个问题》中提出，凉州石窟只有一处，那就是金塔寺，北凉前期的统治中心在张掖，这为石窟的开凿提供了可能。而北凉412年迁都姑臧之后，沮渠蒙逊晚年弘扬佛教的虔诚态度发生了转变。史书记载，他曾经在北凉统治范围内发动了一次小规模的灭佛运动，最后于433年杀害僧团领袖昙无谶。武威天梯山历来便是名山，其记载见于《资治通鉴》[③]和《北史》[④]等史书，但是对于沮渠蒙逊开窟这一大事件，《集神州三宝感通录》却不说天梯山，而称南山，似乎说明凉州石窟并非位于天梯山。唐释道宣《释迦方志》与释道世《法苑珠林》均言“洪

①上文部分调查报告对石窟群的洞窟年代和内容也作了初步研究，为了避免拖沓，重复的文章不再介绍，详见第一部分相关讨论。

②甘肃省文物工作队《马蹄寺、文殊山、昌马诸石窟调查简报》，第13—30页。

③[宋]司马光撰，[元]胡三省注《资治通鉴》，北京：中华书局，1956年，第2878页。

④[唐]李延寿《北史》，北京：中华书局，1974年，第786页。

崖窟”，“洪”也许是“红”，金塔寺东西双窟正好开凿在红砂岩崖壁上。对于天梯山石窟，文章认为它可能开凿于北凉，但并非由沮渠蒙逊主持开凿。[①]

1986年宿白先生根据董玉祥和岳邦湖考古调查报告，在《凉州石窟遗迹与“凉州模式”》一文中指出，莫高窟早期石窟的年代，“还以维持北魏时期的旧说为妥”，而金塔寺东西二窟和酒泉文殊山前山千佛洞要早于莫高窟早期石窟，其作品“有可能出自北凉时期；或是北凉亡后，这里沿袭了凉州佛教艺术的系统而开凿的。无论前者，抑是后者，这三座塔庙窟是考虑凉州样式的重要参考对象，应该是无可怀疑的”；文章综合武威天梯山石窟1、4窟，酒泉、敦煌、吐鲁番出土的北凉石塔，酒泉文殊山前山千佛洞和张掖金塔寺石窟，提出了著名的“凉州模式”的概念，并对我国新疆以东现存最早的一批佛教石窟模式进行了总结。[②]1994年宿白先生应甘肃省文物局之邀，前往武威天梯山和肃南马蹄寺千佛洞、金塔寺进行考察，据此撰写了《武威天梯山早期石窟参观记》，对“凉州模式”概念作了进一步的补证，其中就涉及马蹄寺千佛洞第1窟和第2窟的组合问题。第1窟是大像窟，第2窟是中心塔柱窟，先生指出中心塔柱窟和以游行像为主像的佛殿窟或者上下布置，或者左右毗邻，与《长阿含经·游行经》有关系。[③]

董玉祥、杜斗城同年撰写的《北凉佛教与河西诸石窟的关系》一文，结合北凉石塔、北凉佛典翻译和开窟造像等活动，总结了河西地区早期石窟的共同特征，包括金塔寺东西二窟的洞窟形制、造像、壁画及题材等等，重新分析了《集神州三宝感通录》等史书记载的“南山”和石窟群“连崖百里”

---

①王泷《甘肃早期石窟的两个问题》，敦煌文物研究所编《1983年全国敦煌学术讨论会文集·石窟艺术编（上册）》，兰州：甘肃人民出版社，1985年，第311—324页。

②宿白《凉州石窟遗迹和“凉州模式”》，第435—466页；又宿白《中国石窟寺研究》，第46页。

③宿白《武威天梯山早期石窟参观记》，《燕京学报》2000年新8期，第223页。

的特点，指出南山应该是指祁连山，而凉州石窟并非单独是指武威天梯山，也并非是指张掖金塔寺，而应该是泛指分布在今天祁连山脉中的早期洞窟，包括莫高窟、文殊山石窟、天梯山石窟、马蹄寺石窟等等。[①]

1987 年《河西石窟》收录了马蹄寺石窟群 150 张照片，大部分属于汉传佛教艺术，图版解说不仅对图像进行了定名，还对洞窟年代作了说明。金塔寺东窟、西窟、千佛洞第 2 窟和第 8 窟都开凿于北凉时期，其中第 8 窟北壁下层保留有北凉壁画，但洞窟前部南北两壁佛龛开凿于北魏时期，中心塔柱南面下层内弥勒释迦多宝并坐图像、东面下层龛内火焰纹图像以及飞天图像都是北魏作品；千佛洞第 4 窟中心塔柱正面造像和第 6 窟主尊造像是唐代作品。[②]这本书图文并茂地集中展示了马蹄寺石窟群，具有里程碑式的重要意义。同年，张宝玺先生发表《河西北朝中心柱窟》，对河西地区中心塔柱窟的洞窟题材和艺术风格都作了对比分析，根据多年的考察，公布了马蹄寺石窟群主要洞窟的考古测量数据，并附上洞窟测绘图和部分造像临摹图。[③]这都是我们今天研究马蹄寺石窟群重要的资料。

1992 年贺世哲先生在《关于十六国北朝时期的三世佛与三世佛造像诸问题（一）》一文中提出，金塔寺东窟中心塔柱下层开一龛、中层并列开三龛、上层并列塑十身结跏趺坐佛，表现了释迦牟尼佛说三世十方佛化。[④]

1994 年张宝玺先生对河西地区北朝洞窟进行系统编年，用图表的形式表明了金塔寺石窟和下观音洞的开凿年代为 5 世纪末期，千佛洞第 2、3、8 窟的开凿年代是 6 世纪前期，第 1、4 窟的开凿年代为 6 世纪

---

①董玉祥、杜斗城《北凉佛教与河西诸石窟的关系》，《敦煌研究》1986 年第 1 期，第 90—98 页；又杜斗城《北凉译经论》，兰州：甘肃文化出版社，1995 年，第 127—141 页。

②甘肃文物考古研究所编《河西石窟》，第 1—21 页，图版目录第 1—15 页。

③张宝玺《河西北朝中心柱窟》，段文杰主编《1987 年敦煌石窟研究国际讨论会文集》（石窟考古编），沈阳：辽宁美术出版社，1990 年，第 123—164 页。

④贺世哲《关于十六国北朝时期的三世佛与三世佛造像诸问题（一）》，《敦煌研究》1992 年第 4 期，第 1—20 页。

后期。[①]张宝玺主编的《甘肃石窟雕塑艺术》结合云冈北魏太和年间第6窟、麦积山石窟、龙门石窟等相关洞窟的洞窟形制和造像题材，比如三世佛与一佛二弟子造像题材以及与这种组合中的密迹金刚、苦修像等，推断金塔寺石窟开凿于5世纪末到6世纪初。[②]

1994年陆庆夫先生系统论述河西五凉的佛教盛况，并指出凉州所处地理位置的重要性，通过统计经过凉州的西域内地和本土高僧，展示了凉州在佛教典籍翻译中的中心地位，最后分析五凉佛教对北魏和南朝政治、寺院经济、佛教发展历史的影响。[③]

1995年杜斗城先生继续探讨“凉州石窟”的所在，他把北凉洞窟的范围进一步扩大，几乎包括了石窟群的主要石窟，论证依据是：史籍记载表明北凉统治者沮渠氏曾经在河西地区大规模地开窟造像，但是却没有北魏开窟的历史记载；北凉时代宏大的佛经翻译规模和开凿造像活动应该是比翼齐飞；依据考古类型学的方法，以炳灵寺第169窟和北凉石塔为标尺来看，石窟群图像与河西北凉遗迹具有较大共性；北魏统治河西期间，社会不稳、农业人口丧失，大德游化和支持佛教的檀越不见于记载。因此“北魏说”难以成立。[④]

1996年暨远志先生从洞窟形制、布局、造像组合和装饰等角度对石窟群早期洞窟展开考古类型学分析，把石窟分成两期：第一期洞窟包括金塔寺和千佛洞第2窟，时间为486—510年，即太和年间及稍后的北魏时期；第二期洞窟包括千佛洞第1、3、4、8窟和下观音洞第1窟，时间为510—550年，

①张宝玺《河西北朝石窟编年》，敦煌研究院编《1994敦煌学国际研讨会文集》（石窟考古卷），兰州：甘肃民族出版社，2000年，第260页。

②张宝玺《甘肃石窟雕塑艺术》，《甘肃石窟艺术·雕塑编》，兰州：甘肃美术出版社，1994年。

③陆庆夫《五凉佛教及其东传》，《敦煌学辑刊》1994年第1期，第8—18页。

④杜斗城《关于河西早期石窟的年代问题》，《敦煌学辑刊》1994年第2期，第101—111页；又杜斗城《北凉译经论》，第151—170页。

即北魏末西魏时期。文章附有洞窟绘测图和佛像、菩萨像、飞天和龛楣临摹图。文章首先分析第一期洞窟的共同特征，然后以云冈石窟为标准，指出洞窟与云冈石窟第二期第7、8、9、10等窟的相同之处，指出北魏初期河西地区结束了动荡，并日趋稳定，其结果是人口和经济都呈现上升趋势；其次从第二期洞窟的特征出发，在洛阳地区寻找艺术源头，从而得出中原地区西向回传的结论。[①]同年，秦春梅、姚桂兰先生按照石窟形制、塑像、壁画三个方面对金塔寺石窟进行分析。[②]

1997年八木春生先生《河西石窟群年代考——兼论云冈石窟与河西石窟群的关系》译文发表。文章通过对河西石窟群二期石窟（主要是金塔寺东窟、西窟以及文殊山石窟）和云冈石窟第16、17窟的佛龛样式、菩萨及天人像和背光纹样等方面进行比较，并参照西域和西安等地的图像风格，认为两者存在互相影响的形式，从而将其年代判定为460年后半期到470年。[③]

1998年李国先生把金塔寺石窟和千佛洞第1、2、3、4、8窟判定为北魏早期石窟，把千佛洞第5窟判定为隋窟。[④]

1999年殷光明先生结集出版《北凉石塔研究》，在《北凉石塔与河西早期石窟》一章中对金塔寺等石窟的年代进行了判定，认为："金塔寺石窟中的早期遗存与北凉石塔造像有一些相似之处，有的部分可能早到北凉，也只能是牧健时期的作品，但这些早期遗存中，大多更有可能是沿袭了北

---

①暨远志《张掖地区早期石窟分期试论》，《敦煌研究》1996年第4期，第22—36页；又载《五一六世纪河西石窟与河西佛教》，《中国佛教学术论典〈法藏文库〉》（84），高雄：佛光山文教基金会，2001年。

②秦春梅、姚桂兰《金塔寺石窟中的早期遗迹概述》，《敦煌学辑刊》1996年第1期，第93—95页。

③（日）八木春生著，苏哲译《河西石窟群年代考——兼论云冈石窟与河西石窟群的关系》，《美术史研究集刊》第4期，第1—18页。

④李国《河西几处中小石窟述论》，《敦煌研究》1998年第3期，第11—22页。

凉石塔的形式，佛像的半披肩袈裟形式多样且普遍流行；无交脚菩萨像、交脚像均为佛装，交脚位置低；思惟菩萨为半圆‘靠背’，形态有别；胁侍菩萨多飘有宝缯等等，其时间明显晚于北凉石塔中436年的程氏塔。”①同年，姚桂兰、秦春梅先生《张掖马蹄寺石窟群早期石窟艺术概述》按照洞窟形制、造像组合和壁画内容，重点介绍石窟群中极富价值的佛教遗迹。②和1995年《张掖马蹄寺石窟群内容总录》相比，该文增加了考古测量数据，对部分洞窟题记进行了录文。

2001年赖鹏举先生发表《健陀罗的大乘“法身”思想及其在中亚、河西地区的发展》一文，系统探讨犍陀罗佛教后期的“法身”造像、3世纪龙树菩萨《十住毗婆沙论》的“法身”思想、4世纪后半叶中亚“那揭国”的“佛影”造像以及甘肃炳灵寺第169窟的“法身”造像，并指出金塔寺东窟中心塔柱下层佛龛两侧或坐或飞的佛像所表现的乃是中央佛龛主尊“法身”，这和龙树《十住毗婆沙论》存在密切的关系。③同年秦春梅梳理了中心塔柱窟的历史演变，肯定龟兹石窟的历史价值，依照中心方柱的特点和洞窟形制将石窟群中的中心柱窟分为8类加以说明。④

2002年金维诺先生在《中国古代佛雕——佛造像样式与风格》一书中指出，金塔寺石窟和敦煌早期洞窟在洞窟形制和造像风格方面都非常相近，其地理位置也和历史文献记载吻合，“可能就是道宣所称的‘凉州石窟’”。⑤

---

①殷光明《北凉石塔研究》，新竹：财团法人觉风佛教艺术文化基金会，1999年，第279页。

②姚桂兰、秦春梅《张掖马蹄寺石窟群早期石窟艺术概述》，《敦煌学辑刊》1999年第2期，第78—83页。

③赖鹏举《健陀罗大乘“法身”思想及其在中亚、河西地区的开展》，郑炳林主编《敦煌佛教艺术文化国际学术研讨会论文集》，兰州：兰州大学出版社，2002年，第278—302页；后来收入《丝路佛教的图像与禅法》，中坜：圆光佛学研究所，2002年，第44—49页。

④秦春梅《浅谈中心柱窟的演变及马蹄寺石窟群中的中心柱窟》，《敦煌学辑刊》2001年第1期，第52—56页。

⑤金维诺《中国古代佛雕——佛造像样式与风格》，北京：文物出版社，2002年，第29页。

2003 年李崇峰先生的专著《中印佛教石窟寺比较研究——以塔庙窟为中心》专门辟出《凉州佛教与凉州石窟》一节，认为马蹄寺千佛洞第 1 窟和第 4 窟与龟兹中心塔柱窟非常接近，主要表现在后部甬道，而前部的人字坡顶则“疑从横券顶演化而来”，是河西中心塔柱窟的一个创新；此外龟兹之风的流行应该与当时畅通的伊吾道有关。①李裕群先生所著《古代石窟》也明确指出石窟群的艺术特色，金塔寺西窟供养菩萨和飞天人物形象都和敦煌早期洞窟壁画存在明显的差异，但和新疆古龟兹石窟比较接近；千佛洞第 3 窟为三壁三龛式洞窟，这是中原地区流行的洞窟形制，河西地区较为少见，由此可见北魏时期的河西石窟也受到中原石窟较大影响。②

2004 年李玉珉先生《金塔寺石窟考》对该石窟作了全面考察。文章从造像配置与布局、造像风格、装饰纹样、壁画等方面切入，认为金塔寺洞窟的开凿年代在 5 世纪五六十年代，西窟年代在 5 世纪 70 年代；她从洞窟造像图像志入手，对其中的弥勒造像和东窟中心塔柱三世十方佛布局作了考订；以此为契机，亦对河西地区的弥勒信仰作了探讨。③

2008 年中央美术学院雷兴福硕士学位论文《张掖石窟——金塔寺石窟艺术研究》，把金塔寺直接归入北凉时代，系统梳理了金塔寺石窟的地缘文化和历史文化背景，介绍了金塔寺石窟图像，对其造像和壁画风格作了简要分析，并阐述了其对“四大石窟”的影响力。④《张掖金塔寺石窟艺术研究》也基本保持了原文的观点。⑤

---

①李崇峰《中印佛教石窟寺比较研究·以塔庙窟为中心》，北京：北京大学出版社，2003 年，第 232—246 页。

②李裕群《古代石窟》，北京：文物出版社，2003 年，第 79—83 页。

③李玉珉《金塔寺石窟考》，敦煌研究院编《2004 年石窟研究国际学术会议论文集》，上海：上海古籍出版社，2006 年，第 874—908 页。

④雷兴福《张掖石窟——金塔寺石窟艺术研究》，中央美术学院 2008 年硕士学位论文。

⑤雷兴福《张掖金塔寺石窟艺术研究》，《雕塑》2010 年第 5 期，第 38—41 页。

2009 年马世长先生和丁明夷先生合著《中国佛教石窟考古概要》，把马蹄寺石窟群作为凉州石窟的代表而作介绍。[①]同年韩国学者梁银景先生发表《甘肃金塔寺石窟的开凿年代及其与北凉佛教的关系》一文，认为金塔寺造像风格来源于西域地区，和河西地区其他石窟也有相通之处，与北魏时期的莫高窟和云冈石窟存在差异，其年代可以判定为北凉时期；文章就石窟开凿的背景和北凉佛教的关系进行了深入探讨。[②]

本文学术史的梳理主要集中于 2010 年之前出版发行的论著，在定稿之后，学界又不断涌现出新的研究成果。2013 年陈悦新先生发表《金塔寺佛像服饰与年代》，运用考古类型学的研究方法，对金塔寺东、西二窟佛像、菩萨和天王服饰进行分析，并依据云冈石窟第二期第 7、8 窟和第 9、10 窟年代，认为东窟早于西窟，整体上二窟大约开凿于北魏太和(477—499)初年。[③]2016 年张宝玺先生所著《河西北朝石窟》，系统分析了河西北朝石窟地理环境、空间分布、开凿年代和艺术风格，对武威天梯山石窟、马蹄寺石窟群、童子寺石窟等都进行了详细记录和年代判定；先生对河西石窟进行了数十年的调查和研究，因其擅长文物摄影，所以积累了丰富的图像资料，而这些资料又和今天文物的保存情况有较大的差距，因此极具参考价值；关于马蹄寺石窟群，该书还公布了 1940 年的照片资料，此外还刊布了窟檐建筑尚未修建之前的照片，这对石窟崖面演变研究具有重要参考价值。2018 年、2019 年由兰州大学敦煌学研究所和张掖市文物保护研究所联合编写的《马蹄寺石窟》[④]《金塔寺石窟》[⑤]出版，集中展示金塔寺、马

①马世长、丁明夷《中国佛教石窟考古概要》，北京：文物出版社，2009 年。

②(韩)梁银景《甘肃金塔寺石窟的开凿年代及其与北凉佛教的关系》，李砚祖主编《艺术与科学》第 9 卷，北京：清华大学出版社，2009 年，第 141—156 页。

③陈悦新《金塔寺石窟佛像服饰与年代》，《敦煌学辑刊》2013 年第 1 期，第 95—102 页。

④姚桂兰主编《马蹄寺石窟》，兰州：读者出版社，2018 年。

⑤姚桂兰主编《金塔寺石窟》，兰州：甘肃人民美术出版社，2019 年。

蹄寺、千佛洞和观音洞等石窟的珍贵图版，并附有马蹄寺文物资料，极大地方便了学界研究。2020年《肃南马蹄寺石窟群》调查报告出版，报告详细记录洞窟内容，测绘了大部分洞窟的结构图，配合公布彩色图版，对洞窟的年代也作出判定：金塔寺东、西二窟开凿于北魏，西夏、明、清重修；千佛洞第1窟开凿于西魏，元、明重修，第2窟开凿于北魏，西魏、唐、明重修，第3窟开凿于西魏，回鹘或者西夏、元代重修，第6窟原开凿于唐代，第8窟开凿于北魏，西魏、明、清重修；下观音洞第1窟开凿于北魏，元、明、清重修。[①]报告同时吸收了此前学界研究成果，是继《河西石窟》之后学界关于马蹄寺石窟群研究的又一次集中展示，极大地推动了石窟群的研究。

由于马蹄寺石窟群靠近居民生活区，长期以来遭受巨大的人为破坏；再加上自然环境的恶劣、自然灾害的侵蚀，使得石窟壁画和造像遭受着巨大的破坏。此外，石窟资料的缺乏、考古技术手段的落后、传世历史文献的缺失乃至近代的不断重修……这都给石窟群图像研究造成阻碍。所以在过去半个多世纪的时间里，相比甘肃省其他石窟寺的研究，马蹄寺石窟群汉传佛教艺术史研究尚未充分展开。

---

①敦煌研究院、甘肃省文物局、肃南裕固族自治县文物局编著《肃南马蹄寺石窟群》，北京：科学出版社，2020年。

第二节 研究意义和方法

一、研究意义

马蹄寺石窟群处在古代东西向和南北向数条交通要道的十字路口，所以其佛教艺术呈现出西承印度中亚、东衔云冈龙门的特点。因此，石窟群研究的开展具有多重意义。

1. 汉传佛教艺术具有极高的学术价值

马蹄寺石窟群汉传佛教石窟的研究关系到中国石窟寺营造史的编写，问题涉及北凉佛教与北魏佛教的传承以及汉传佛教石窟与云冈石窟之间的关系。其中，5 世纪作品由于残破严重，或者经过后代重塑重妆，所以我们至今很难对其年代作出一个非常确切的解答。截至目前，学术界对于其年代众说纷纭，分为 5 世纪初期、中期和后期三种说法，差距较大。另外其中的讨论牵扯到“凉州石窟”和北凉佛教，问题就变得更加复杂。此外，马蹄寺石窟群的营造和云冈石窟的开凿存在关联。439 年，北魏攻入姑臧，并将大量僧侣迁往平城。文成帝复法，原北凉僧人昙曜出任沙门统，并主持云冈石窟第一期洞窟的开凿。那么，金塔寺的开凿就关系到皇家石窟历史,也关系到中国石窟寺营造史的编写。

马蹄寺石窟群汉传佛教艺术是连接中亚和内地的纽带, 既有佛教艺术东传的影响,也有内地艺术风格西向回传的印痕。初期佛教艺术作品的特点是粗犷,造像特征是身材魁梧、体格健硕,整体上显示出较多的异域风情。但是石窟开凿的几十年后,佛教艺术风格骤然逆转,开始向着“褒衣博带”和“秀骨清像”的方向发展,渐渐适应中原社会的审美情趣。通过对比这种前后风格的变化,我们能够清晰地把握这一“中国化”的过程。因而包括马蹄寺石窟群在内的河西汉传佛教石窟艺术成为中国佛教美术发展的一个重要参照物。另外,任何一种文化艺术形式都必然有其内在的规律性,这是其存在的必要条件。但是要想在一定的空间立足,必然要经过不同文化的层层过滤,这是地方化的过程,也是其进一步发展的充分条件。佛教艺术亦是如此。经过中亚、我国新疆而至河西,在各地审美情趣、文化形态、地理资源和个人对传统传承差异的共同作用下,佛教艺术风格的多线式发展是极有可能的。因而尽管马蹄寺石窟群同其他石窟有许多相似之处,但它独具的特色亦跃然石泥之上。

汉传佛教艺术早晚两个时期呈现出经院性和世俗化两种特点, 是中古时期汉地佛教的一个缩影, 由此可以管窥中古佛教艺术乃至中国佛教史的发展。通过研究, 我们发现汉传佛教洞窟以中心塔柱窟和方形窟为主。这是两种和僧团内修实践活动密切相关的洞窟形制,由此可以展开礼佛、行道、忏悔、坐禅和受戒等修行活动。但是到了唐朝时期,佛教为传教方便而呈现出一种所谓的世俗化特点, 从而更大程度地在社会各个阶层形成强大影响。在这种发展趋势下,洞窟结构和造像特征也发生了变化,内地也开始创立了自己的“佛”和“瑞像”。这是中国佛教为了适应生存和发展所做出的潜移默化的改变。

2. 马蹄寺石窟群基础资料有待整理,研究有待加强

马蹄寺石窟群所在的红砂岩极易风化,洞窟内部环境潮湿,壁画剥落和榜题褪色等现象严重。另外石窟群还临近祁连山地震带和河西走廊地震带,[①]地震和泥石流灾害时有发生。

从20世纪60年代开始,自然界的破坏仍然是保护工作的一大强敌。石窟群的管理虽然已经由简单的留守型变成保护型，但石窟保护工作仍然面临巨大挑战。希望本次抢救性调查能够更及时更完整地保护我们的文化遗产，与此同时还可为解决石窟保护和旅游开发之间的矛盾提供借鉴。

从学术研究史来看,石窟群的研究主要以“年代判定”为主。此研究的深入主要在于“凉州石窟”的讨论,切入的角度也多是从考古学的角度进行的,造像内容的探讨则相对薄弱。

石窟群位于河西走廊,大部分洞窟年代集中在5—6世纪,石窟群造像与其附近的石窟比如文殊山石窟、武威天梯山石窟以及敦煌莫高窟都有相通之处，因此学者们的研究多是把石窟群的造像和壁画作为辅助资料来介绍,并没有将其作为一个专题进行研究。随着考察的深入,我们发现石窟群的特色亦锋芒耀眼,专题研究势在必行。

二、研究方法

在中华人民共和国成立以来50多年的佛教美术研究发展历程中,研究方法日臻成熟。学者们把历史学、宗教学、考古学和社会学等学科的研究方法纳入佛教美术研究中,而研究的视角也呈现出多元化发展趋势,佛教图像研究日益成为一门交叉学科。

历史研究的一个重要任务就是还原,利用现有的支离破碎的历史资

---

①关于河西地震自然灾害,可参见王会安、闻黎明主编《中国地震历史资料汇编》(第1卷),北京:科学出版社,1983年;国家地震局兰州地震研究所《甘肃省地震资料汇编》,北京:地震出版社,1989年;袁林《西北灾荒史》,兰州:甘肃人民出版社,1994年。

料，最大可能地还原历史的本来面貌。那么具体到石窟寺佛教艺术研究，这种还原工作主要表现为：面对图像，研究者已经不再是简单地考释图像内容，还要考虑与图像相关的仪轨与功能；不仅考察图像本身的艺术风格，还要关照受众与图像的互动。其效果之一就是让我们更加接近历史的真实。但是这些方法很多都没有能够在马蹄寺石窟群研究中充分展开。所以，本研究的目标之一就是要在前贤研究的基础上运用当代佛教美术研究方法，力图在纸张上构建立体的马蹄寺石窟群。

首先，要科学准确记录洞窟内容，完整抄录石窟题记，依照历史资料填补漫漶文字所遗留的空白；其次，完整保留现有石窟壁画造像图版，并极力搜集以往历史图版，以还原石窟原貌；最后，系统修订原石窟内容总录。开展这项工作的主要依据是《散布在祁连山区民乐县境的石窟群》《马蹄寺、文殊山、昌马诸石窟调查简报》《河西石窟》《张掖马蹄寺石窟群内容总录》和《张掖地区早期石窟分期试论》。这些调查研究分别完成于20世纪50年代到90年代，虽然中间经历了不到50年的时间，但是石窟群的面貌却发生了巨大变化，特别是在“文革”时期。损毁最为严重的就是千佛洞第8窟。按照遗留的残迹来看，该窟原本至少有50尊塑像，中间包含3尊大型佛像和30尊小型禅定坐佛，但是现在仅剩1身小型坐佛。另外千佛洞第6窟主尊造像原本是著名的凉州瑞像，是魏晋南北朝河西民间传说的再现。然而随着时间的流逝，人们已经淡忘了其确切的内涵，甚至有关凉州瑞像的神话传说也不闻于民间，因此主尊造像才被现代工匠改塑成阿弥陀佛。这种做法彻底颠覆了造像的原本尊格。因此第一步的还原工作类似于历史文献的校对工作，其目的就是将现在所能搜集到的文字资料和历史图片汇集起来，把马蹄寺石窟群的原本面貌完整地呈现给学术界。

其次，搜集相关历史文献，将石窟群的研究置于整个河西史乃至中国石窟营造史的大背景下进行内容考释与义理探究；通过榜题释读与图像排列，考释壁画和雕塑内容。马蹄寺石窟群汉传佛教图像艺术是在整个河西地区乃至全国范围内佛教艺术孕育之下出现的，其题材也必然包含着相通的要素，比如法华造像和七佛造像等等。前贤对此时佛教艺术的探讨对笔者来说都是一笔丰厚的财富。与此同时，石窟艺术的创造毕竟是由地方供养人出资修建，在当地僧团的指导下，经由地方工匠之手雕塑而成的，地域性也是我们必须考虑的一点。金塔寺和千佛洞第 2 窟就用自己独特的布局方式展示了当时流行的弥勒信仰和十方三世佛。千佛洞第 1 窟和第 4 窟引入龟兹石窟的洞窟形制，特别是前者，绘制了供养型地神图像，填补了内地供养型地神图像在 5 世纪到 8 世纪中叶的历史空白。因此，第二步的还原工作就是考订石窟图像内容，探讨马蹄寺石窟群僧团的佛教理念。

最后，结合中古时期寺院生活，探究图像与寺院修行仪轨之间的互动关系以及洞窟功能组合，还原石窟寺造像最为原始的意涵与功能。佛教窟龛也许可以分为两种：一种是功德类，一种是实用类。前者所承载的信息有艺术风格，还有社会信仰，和现实的寺院生活关系不大，只是单纯地表达信众的愿望。后者和寺院生活密切相关，因为这类窟龛创作的目的就是用于寺院宗教实践的开展。按照它们在僧团修行生活中所扮演的角色，又可以具体划分为内修型洞窟和外弘型洞窟。内修型洞窟主要用于僧团内部的修行活动，而外弘型洞窟则侧重于僧伽面向大众弘扬佛教。当然两种角色并不能完全分开，只是有所侧重，或者兼而有之。因此在石窟寺研究中，仪轨的探讨也是不二之法。马蹄寺石窟群北朝造像和当时流行的宗教实践密切相连，如忏悔灭罪、入塔坐禅和观像受戒等等。所以，第三步的还原工作就是发掘图像与行者的互动信息，再现寺院仪轨。

通过这三个层次的还原工作，我们衷心希望能够全方位多角度地透视马蹄寺石窟群汉传佛教艺术发展史，希望最终成果能够对学术界的讨论有所裨益。

第一章

金塔寺石窟和千佛洞第 2 窟研究

金塔寺石窟位于祁连山脉中的临松山，距离马蹄寺约48公里，毗邻大都麻乡李家沟村。石窟位于崖面中层，现存两个洞窟，习惯称为东窟和西窟。由于所处崖面属于红砂岩，容易风化，所以洞窟前部都已崩塌。千百年来，从该山崖上崩落的岩石在洞窟下方化为红土。文物保护部门便由此修建台阶，长约百米。

相对而言，金塔寺因石窟交通不便，所以人为破坏并不严重。石窟保护所面临的最大威胁来自恶劣的自然环境，包括大量的雨雪天气、泥石流以及洞窟渗水等问题。为此甘肃省各级部门都曾不遗余力地投入大量人力、物力用于保护。经过数次维修和加固，石窟外在的面貌也发生了重大变化。一份详尽的调查报告也有待整理。

金塔寺东窟、西窟和千佛洞第2窟存在很大的可比性。这三个洞窟都是中心塔柱窟，窟顶为平顶加覆斗顶，极富特色。内容方面，三佛题材、十方佛题材以及天王题材都非常流行。对于洞窟年代，虽然学术界还存在巨大争议，但是不可否认的是，金塔寺石窟和千佛洞的洞窟形制、塑像题材、壁画内容和艺术风格在河西石窟中独具特色，具有极高的学术研究价值。

第一节 洞窟内容

一、金塔寺东窟

1. 位置

位于红砂岩崖面中部，金塔寺西窟之东，距离地面 60 多米。坐北向南。

2. 形制

中心塔柱窟。由于前部崩塌，平面略呈横长方形。窟顶为平顶加覆斗顶。窟高 6.05 米，宽 11.60 米，残深 7.65 米。[①]西甬道宽 3.25 米，北甬道(后

---

①《河西石窟》测量数据为"窟高 6.05 米，宽 9.70 米，残深 7.65 米"(甘肃省文物考古研究所编《河西石窟》，北京：文物出版社，1987 年，第 4 页)。姚桂兰和格桑美卓《张掖马蹄寺石窟群内容总录》(《敦煌学辑刊》1995 年第 2 期，第 78 页)测量数据为"高约 6.00 米，宽 9.70 米，残深 7.60 米"。张宝玺《河西北朝中心柱窟》测量数据为"高 7.00 米，宽 11.60 米，残深 10.50 米"(段文杰等编《1987 敦煌石窟研究国际讨论会文集·石窟考古》，沈阳：辽宁美术出版社，1990 年，第 129 页)。《肃南马蹄寺石窟群》测量数据为"洞窟残进深 8.26 米、宽 12.35 米，中心柱高 5.92~6.44 米，柱基高 0.96~1.24 米，壁面高 5.48~5.88 米"(敦煌研究院、甘肃省文物局、肃南裕固族自治区文物局编著《肃南马蹄寺石窟群》，北京：科学出版社，2020 年，第 14 页)。

甬道)宽约 1.90 米,东甬道宽约 3.10 米。中心塔柱分为塔基和柱体，每面可以分为上中下三栏。下栏开一个圆拱形大龛,中栏开三个并列的小型佛龛，上栏开横长方形浅龛,两端分别凿出倒凸字形小龛。(图 1.1)

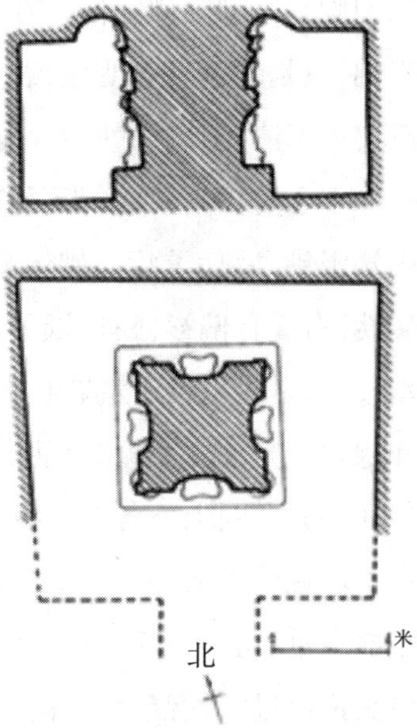

图 1.1　金塔寺东窟平剖面示意图
(采自《河西石窟》)

3. 内容

洞窟西壁壁画有三层。第三层为藏传佛教作品,中央为大型说法图,其周围则布满小型千佛图像。佛像着右袒袈裟,手印多种多样,有说法印,也有触地印。整个图像以墨线勾勒,身体颜色多已脱落。背光多有蓝色和绿色等冷色调。西壁中央上部存墨书榜题一方。第二层为泥坯素壁,无壁画。第一层壁画为千佛图像。佛像肉髻如锥,面相较长,无白毫,着土红色通肩袈裟,作禅定印,不露手,结跏趺坐在覆莲台上。莲瓣为单层,尖部红色晕染。头光一匝,身光两匝。佛像之间的空隙部分现为黑色。

北壁东西两端前面原来概有大型佛像,今仅留背光残痕。第四层中央上部绘藏传佛教说法图,周围布满小型千佛图像。和西壁同层图像一样,佛像着右袒袈裟,结跏趺坐。手印多种多样,触地印和说法印皆有。第三层壁画绘千佛图像,和西壁第一层类型相同,面相较长,无白毫,着土红色通肩袈裟,作禅定印,坐覆莲台。第二层为素壁。第一层绘千佛,底色为白色。佛像面相丰满圆润,有白毫,着双领下垂式袈裟,露僧祇支,结跏趺坐仰莲台。千佛图像上下之间亦由墨线隔开。北壁下端有清朝游人题记。

东壁壁画也有四层之多。东壁南端上部表层即第四层残留藏传佛教菩萨尊像头冠。第三层与西壁和北壁表层属于同一时代。中央绘说法图,周围则是小型千佛图像。第二层为素壁。第一层仅残留数方图像,内容为千佛,只是颜色发生变化,袈裟颜色由土红色变成黑色。东壁下端壁画都已漶灭不清,唯剩清朝游人题记数方。

中心塔柱南向面(正面)造像分上中下三栏。塔柱下栏开圆拱形佛龛,内塑坐佛,后代重妆。佛像高约 1.70 米,[①]肉髻为螺发,面相方圆,着右袒袈裟,右肩有偏衫,露僧祇支。左手在胸前结印契,右手置于腿上。背光为水波纹,后代重绘。龛梁末端塑反顾龙头,后代重塑。龛楣为尖楣型,图案和佛像背光一样。龛外东西两侧各塑胁侍一身。今东侧胁侍已无。胁侍菩萨和佛龛之间上下各塑一身小型佛像。现在下方佛像已无。上方佛像头部和手部皆已残缺,着蓝色通肩袈裟。袈裟衣领使用贴泥条方式,衣纹阴刻,颇显厚重。坐高佛座,两腿张开,双脚并拢。按《河西石窟》图版显示,此佛像头部经过后代修补,无肉髻,似戴风帽,颈部极短。整个佛像似有佝偻之态。[②]佛像与龛楣之间绘供养菩萨一身,手持鲜花,胡跪。龛外西侧胁侍为菩萨立像。菩萨头戴宝冠,头发下垂,覆盖两肩,系宝缯。面相方圆,五官集中。佩戴耳铛,颈饰盘状项圈,项圈装饰有宝珠。胸前佩戴华绳。着左袒大衣,衣襟经由腹部搭于左手小臂并下垂。左肩有偏衫。造像腹部袒露,微微凸起。菩萨与龛楣之间上下泥塑两身造像,下方造像已残。上方佛像肉髻呈馒头状,面相如主尊。着蓝色通肩袈裟,衣领厚重,左肩后有袈裟衣角。左手残缺,右手上举施无畏印。坐高佛座,两腿张开,双脚合拢。佛像与龛楣之间绘供养菩萨,着袒右式袈裟,胡跪,双手持花。佛龛上方分别泥塑 6 身飞天,长度为 0.60—0.70 米。[③]其中东起第三身和第四身,即佛龛上方左右两侧第一身,着通肩袈裟。其余飞天上身袒,颈饰盘状项圈,下着裙。两

---

①甘肃省文物考古研究所编《河西石窟》,图版说明第 3 页。

②甘肃省文物考古研究所编《河西石窟》,图版 22。

③甘肃省文物考古研究所编《河西石窟》,图版说明第 3 页。

者之间绘土红色香炉。飞天面向下层佛龛主尊，手持宝物，身体扭曲呈 V 形，两腿分开。塔柱中栏开三个并列的佛龛，内塑佛像。佛像均经过后代重妆，肉髻为螺发，着袒右式袈裟。东起第一佛龛佛像手印为禅定印。龛外东侧塑胁侍菩萨。菩萨头发呈波浪形并梳高髻。披帛由头部后方而出，在身体两侧呈圆弧形下垂，然后折向小臂，经由小臂内侧下垂。披帛尾端呈三角形。上身袒，下身着裙，腰带在腹部打结。菩萨左侧上下方各塑坐佛一身，着通肩袈裟，衣领厚重，衣纹阴刻；作禅定印，不露手。上方佛像为原作，肉髻呈馒头形，面相长圆。下方佛像脸型娇小，肉髻如锥，为后代重修。菩萨上方泥塑化生菩萨，颔首下视。第二和第三佛龛之间泥塑胁侍菩萨，头戴宝冠，上身袒，下身着裙，腰带打结方法和龛东胁侍菩萨相同。上方塑化生菩萨。第三龛右侧塑胁侍菩萨，头梳高髻，无宝冠，头发呈波浪形；身穿贴身通肩袈裟。菩萨上方为化生菩萨，头部残缺。菩萨右侧上下方各塑禅定坐佛。其中下方佛像为后代重塑。上方佛像穿通肩袈裟，衣领厚重，衣纹阴刻，左肩后部有袈裟衣角；作禅定印，不露手。塔柱上栏造像分上下两列。下列塑十身坐佛，所穿袈裟样式不一，东起第一身到第十身分别为通肩式、袒右式、通肩式、袒右式、通肩式、袒右式、袒右式、通肩式、通肩式和袒右式。另外，第一、三、五身造像不露手，其余皆露。第七、九身造像后代重修。肉髻、面相、衣纹刻画、贴泥条的方法等等都基本雷同。上列是十身天宫菩萨。第二、三、六身造像残缺，其余造像皆保存完好。第一、十身菩萨从倒凸字形小龛示现。菩萨都为半身形象，头戴宝冠，颈戴华绳，上身袒，颔首下视。其头光位于塔柱和窟顶交界处，因此被分成上下两部分。[①]部分十佛和天宫菩萨身旁残留西夏文榜题。（图 1.2）

柱体西向面造像可分上中下三栏。塔柱下栏开圆拱形尖楣龛，内塑坐

①甘肃省文物考古研究所编《河西石窟》，图版 17—26。

图 1.2 金塔寺东窟中心塔柱南向面示意图
（采自张宝玺《河西北朝石窟》）

佛。佛像肉髻磨光，略高，呈馒头形，面部五官后代重描。身穿袒右式袈裟，右肩覆偏衫，内着僧衹支。小臂和手部残损，手印不明。莲台为仰覆莲台。佛像身光是后代重绘的水波纹。龛楣图案和坐佛背光相同。龛梁两端泥塑反顾的龙头。龙有羽翼，嘴巴较短，不似鳄鱼长嘴，虽经后代重描，但是古意仍存。龛外南北两侧各塑一身胁侍菩萨。南侧菩萨原来概有宝冠，今已失。长发垂肩，并系宝缯。宝缯在颈部两侧打四折而下垂。上身袒，披帛从背光和菩萨双肩之间而出，经由菩萨肘部绕出而下垂。佩戴耳饰，颈饰盘状璎珞，并装饰华绳和臂钏。菩萨裙带外翻，衣裙褶皱使用贴泥条的方式表现。双腿膝关节部分突出。跣足立于塔基上，无莲台。[①]菩萨和龛楣之间上下方泥塑造像，其中下方造像已无。上方佛像身穿右袒袈裟，左手在身前作无畏印，右手残损，手印不明。坐在筌蹄上，右腿弯曲，右足搭于左腿上，姿势类似于思惟菩萨。佛像肉髻微高，类似馒头状。[②]今头部和上身部分皆已残失。佛龛北侧胁侍菩萨造型和南侧菩萨雷同。菩萨和佛龛之间泥塑上下两身造像，今下方造像已无。按《河西石窟》，上方造像为佛像，磨光高肉髻，身穿通肩袈裟，立姿，双手前伸，作飞行状。[③]今此像已无。佛龛上方南北两侧分别泥塑飞天四身，其中南起第一身已经荡然无存，第二、第五、第六和第八身飞天头部残缺。飞天造像基本相同，头戴帽装装饰，长发垂肩，面相圆润，五官集中，佩戴耳铛、项圈、臂钏和手镯。双肩披帛，在肘部绕臂而后扬。上身袒，下身着裙。裙带打折。身体扭曲呈 V 形。塔柱中栏开三个并列的佛龛。南起第一个佛龛内塑苦修像。佛像为磨光高肉髻，头部微微向右侧倾斜。面部清瘦，颧骨突出，腮部内陷，喉结凸起，锁骨暴突。身穿红色通肩袈裟，双手在腹部作禅定印，结跏趺坐。背光经后代重绘。佛龛南侧武士装人物身穿甲衣，下着战裙，身披斗篷。左手上举，右手下垂。武士装人物左侧上下方各塑坐佛一身。上方禅定坐佛像身穿通肩袈裟，作禅定印，不露手。下方佛像肉髻残缺，螺发。身穿袒右式袈裟，手部残缺，手印不明。武士装人物上方泥塑坐佛，元代重塑，双手合十，坐在莲花座上。佛龛外北侧泥塑胁侍菩萨立像。菩萨冠饰、项圈、臂钏和其他菩萨像并无二致。唯上身袒，斜披络腋，下着裙。菩萨上方泥塑半身化生菩萨，今头部残缺。第二个佛龛内泥塑坐佛。佛像为磨光高肉髻，面相长圆，身穿通肩袈裟，衣领厚重。衣纹呈 U 形，以贴泥条方式表现。左手置于左腿上，手

---

①甘肃省文物考古研究所编《河西石窟》，图版 58。
②甘肃省文物考古研究所编《河西石窟》，图版 57。
③甘肃省文物考古研究所编《河西石窟》，图版 56。

掌张开，朝向信徒。右手上举，作说法印。交脚坐于低矮的佛座上。背光和龛楣经后代重绘。龛外北侧菩萨冠饰、项圈、臂钏和前述菩萨相同。上身袒，下身着裙。菩萨上方泥塑两身半身化生菩萨，斜披络腋。第三个佛龛内塑禅定坐佛。佛像磨光高肉髻，身穿袒右式袈裟，袈裟覆盖右肩，内穿僧祇支。袈裟衣襟有三角形衣褶，衣纹类似于南面两龛佛像。龛外北侧胁侍菩萨冠饰、面部特征与其他胁侍菩萨相同，唯身穿通肩袈裟。菩萨上方化生菩萨已残。菩萨左侧上下各塑一身坐佛。上方佛像磨光高肉髻，面相长圆，身穿通肩袈裟，衣纹阴刻。左肩后部有袈裟衣角。作禅定印，不露手。结跏趺坐。下方佛像身穿袒右式袈裟，着偏衫。左手置于腿上，掌心向外，右手上举至胸前。结跏趺坐于莲台上。此像为元代重塑。塔柱上栏开横长方形浅龛，内塑五身坐佛。佛像肉髻如锥，身穿袒右式袈裟，结跏趺坐于仰覆莲台上。其中南起第一身和第二身施触地印，第四身和第五身为禅定印，第三身手印不明。五身佛像两两之间浮塑胁侍眷属一身。从风格和内容来看，这五身造像取代了十方佛和天宫菩萨的位置，属于后代重塑作品，具有浓郁的藏传佛教造像特征。在五佛两端上下部各有一身天宫菩萨和坐佛。其中南侧佛像身穿袒右式袈裟，右手上举。上方天宫菩萨从倒凸字形小龛内示现半身。北侧上方天宫菩萨与之雷同。下方佛像则穿通肩式袈裟，施禅定印，不露手，结跏趺坐。（图 1.3）

柱体北向面也分上中下三栏。塔柱下栏圆拱形尖楣龛内塑禅定坐佛，后代重妆。佛像磨光高肉髻，面相浑圆，身穿袒右式袈裟，着偏衫。佛像背光和龛楣后代重绘。龛楣两端为忍冬纹。龛外西侧为弟子阿难像。造像为年轻比丘形象，面相长圆，五官集中而精致，颔首微笑。身穿通肩田相袈裟，衣纹阴刻。右肩后有袈裟衣角。左手下垂，右手上举。今已残缺，手印不明。跣足立在圆形台上。阿难像和龛楣之间上下方各有造像一身。上方是坐佛，身穿通肩袈裟，作禅定印，不露手，结跏趺坐。下方为武士装人物造像，头部已残，身披斗篷。呈坐姿，左腿弯曲，左足搭右腿，姿势类似思惟

图 1.3　金塔寺东窟中心塔柱西向面示意图
（采自《河西石窟》）

菩萨。双手置于左脚腕处。佛龛外东侧塑弟子迦叶像。造像为老年苦行僧，作沉思状。额头、鼻翼两侧和腮部都有皱纹。身穿袒右式袈裟，右肩后方有衣角。袈裟厚重，但是贴体。左手上举，右手下垂。跣足立在圆形台上。迦叶像和佛龛之间泥塑两身小型造像。上方为禅定坐佛，后代重塑。身穿袒右式袈裟。下方是武士装人物立像，头部已残。服装和西侧武士装人物相同。佛龛两侧上方分别泥塑六身，其中西起第三身和第四身飞天穿通肩袈裟，其余飞天上身袒，下身着裙。第三身和第五身头部残缺，[①]第六身头部

①甘肃省文物考古研究所编《河西石窟》，图版 33，图版 35，图版 36。

为后代重塑。塔柱中栏开三个并列的佛龛，内塑坐佛。西起第一佛龛内佛像穿通肩袈裟，作禅定印。龛外西侧泥塑上下两列禅定坐佛。上列袈裟样式依次为双领下垂式和通肩式，下列是通肩式和双领下垂式。龛外东侧上下泥塑禅定坐佛，袈裟样式依次为通肩式和双领下垂式。第二佛龛内塑禅定坐佛，着袒右式袈裟。龛外东侧上下泥塑禅定坐佛，袈裟样式为双领下垂式和通肩式。第三佛龛内塑坐佛，着通肩袈裟。龛外东侧泥塑上下两排禅定坐佛，袈裟样式上下相同，依次为通肩式和双领下垂式。中层皆是佛像，磨光高肉髻，面相长圆，穿土红色袈裟。衣纹采用按捺的方法。塔柱上栏造像又可分为上下两列，布局和塔柱南向面(正面)相同。下面一列泥塑十身禅定坐佛。西起第一身是后代重塑。其余佛像造型雷同，唯袈裟样式不一。西起第二到第十身依次为：双领下垂式、通肩式、双领下垂式、通肩式、双领下垂式、通肩式、双领下垂式、通肩式和双领下垂式。上列是天宫菩萨。两端的天宫菩萨从倒凸字形小龛内露出半身，披帛。造像和南面以及西面天宫菩萨相同。(图 1.4)两者之间的浅龛内菩萨原作已无，唯有在西起第二、第五和第九身菩萨的位置后代重塑佛像。①

柱体东向面造像也分上中下三栏。塔柱下栏开圆拱形龛，内塑坐佛。佛像磨光高肉髻，面相长圆，身穿袒右式袈裟，内穿僧祇支，着偏右衫。左手置于腿部，掌心向外。右手上举，手印不明。结跏趺坐。佛像背光和龛楣为后代重绘。龛梁两端后代重塑龙首，嘴巴类似鳄鱼。龛外北侧塑胁侍菩萨。菩萨头戴帽装冠饰，面相浑圆，佩戴耳铛、盘状项圈、华绳和臂钏。上身袒，披帛从背光前双肩后出，在菩萨肘部绕到胳膊内侧而下垂。下身着裙，腰带在腹部打结，衣纹用按捺方法。膝盖突出，跣足站在圆形台上。今造像头部和小臂部分皆已残失。(参照图 1.5 和 1.6)菩萨和佛龛之间上下泥塑

①甘肃省文物考古研究所编《河西石窟》，图版 29—36。

图 1.4　金塔寺东窟中心塔柱北向面示意图
（采自张宝玺《河西北朝石窟》）

两身造像。上方是菩萨像，其装饰和龛外北侧菩萨相同，面向观者，胡跪。下方是禅定坐佛，身穿通肩袈裟。龛外南侧泥塑胁侍菩萨。据《河西石窟》，装饰和造像与北侧菩萨相同。今头部、左小臂和披帛等部分已无。菩萨和佛龛之间上下各泥塑造像一身。上方是供养菩萨，装饰和龛外两侧大型菩萨相同，胡跪。下方是禅定坐佛，身穿通肩袈裟，头部已残。佛龛上部南北两侧分别泥塑三身飞天，北起第二身残缺。除了第五身飞天身穿通肩袈裟之外，其余飞天全部袒露上身，下身着裙。塔柱中栏开三个并列的佛龛。北起第一个佛龛内塑禅定坐佛，身穿通肩袈裟。龛外左侧泥塑胁侍菩萨，上身袒，下身着裙。菩萨左侧上下方各有一身禅定坐佛。其中下方佛像是后

图 1.5 金塔寺东窟中心塔柱东向面胁侍菩萨原貌
（采自《河西石窟》）

图 1.6 金塔寺东窟中心塔柱东向面胁侍菩萨现状
（作者拍摄）

代重塑。上方佛像身穿通肩式袈裟，作禅定印，结跏趺坐。菩萨上方则是半身化生菩萨。佛龛龛外南侧泥塑胁侍菩萨。菩萨长发披肩，上身袒，下身着裙。佩戴盘状项圈和华绳，璎珞在胸腹之间交叉。菩萨上方是半身化生菩萨。第二个佛龛内塑交脚佛。佛像身穿袒右式袈裟，两手上举在胸前结印契，龛外南侧泥塑胁侍菩萨。菩萨头戴花冠，颈饰盘状璎珞。上身着左袒式袈裟，袈裟下垂经由腹部搭于菩萨左小臂并下垂；下身着裙。菩萨上方有一身半身化生菩萨。第三个佛龛内塑禅定坐佛，佛像身着通肩袈裟，左肩后部有袈裟衣角。龛外右侧泥塑裸身人物，背对观者，面向中心塔柱，露出右侧面，目视龛内主尊。上身袒，双肩披帛；下身束帛。裸身人物上方则是化生菩萨，其南侧上下方各有一身禅定坐佛像，上方穿通肩袈裟，下方为袒右式袈裟。塔柱上栏和南向面布局相同，分为上下两列。下列是泥塑十身佛像。今北起第二和第三身佛像已无。造像基本雷同,唯袈裟样式不一。北起第一身、第四到第十身分别是:袒右式、通肩式、袒右式、通肩式、袒右式、袒右式、袒右式和通肩式。上列泥塑十身天宫菩萨。北起第二身已无。第三和第六身为后代重塑。第一身和第十身从倒凸字形小龛示现半身。第九身斜披络腋,其余菩萨均袒上身。(图 1.7)

图 1.7　金塔寺东窟中心塔柱东向面示意图
(采自张宝玺《河西北朝石窟》)

窟顶为平顶加覆斗顶,其中覆斗顶部分以中心塔柱为中心。现存壁画皆是西夏重绘作品。覆斗顶斜坡部分绘制立佛,疑为凉州瑞像。其左手握袈裟,置于胸前;右手下垂,作如愿印。立佛头部指向中心塔柱方向。平顶部分绘制坐佛。

4. 题记

中心塔柱南向面上栏上列西起第一身天宫伎乐左侧存西夏文榜题：[illegible]（南无阿弥陀佛）。下列十身坐佛身旁亦有西夏文榜题，由东向西榜题依次为：[illegible]（难思光佛）、[illegible]（超日月光佛）、[illegible]（？）[illegible]（清净光佛）、[illegible]（智慧光佛）、[illegible]（欢喜光佛）、[illegible]（不断光佛）。中栏东起第一佛龛左上方坐佛下方和左侧存西夏文榜题，分别是：[illegible]（阿弥陀佛）、[illegible]□[illegible]（现在诸世阿弥陀佛现光相）。①

二、金塔寺西窟

1. 位置

位于金塔寺崖壁中层，与东窟毗邻。

2. 形制

中心塔柱窟。前部崩塌，平面略呈横长方形。窟顶是平顶加覆斗顶。洞窟高约 4.30 米，宽 7.90 米，残深 3.90 米。②西甬道宽约 2.44 米，后甬道宽约 1.10 米，东甬道宽约 2.40 米。中心塔柱分塔基和柱体。柱体每面可以分为上中下三栏，每栏之间雕凿方楞。下栏中央开圆拱形大龛。（参照图 1.8）

3. 内容

西壁壁画重层。表层绘千佛图像。佛像着通肩袈裟，作禅定印，结跏趺坐。袈裟颜色现在多已变黑。背光多有蓝色和绿色。中部绘大型一佛二胁侍说法图。底层为早期壁画。整个西壁分栏布局，上栏绘天宫栏墙，中栏绘

---

①参考敦煌研究院、甘肃文物局、肃南裕固族自治区文物局编著《肃南马蹄寺石窟群》，图 1–15，1–16，1–17，1–18，1–19。另外，参考姚桂兰主编《金塔寺石窟》，图 1–77，1–78，1–83。此段榜题由宁夏大学西夏学研究院段玉泉教授释读，笔者特此感谢。

②此数据采自《河西石窟》。姚桂兰和格桑美卓《张掖马蹄寺石窟群内容总录》（第 78 页）测量数据为“残深 4.05 米”，其余数据同《河西石窟》。

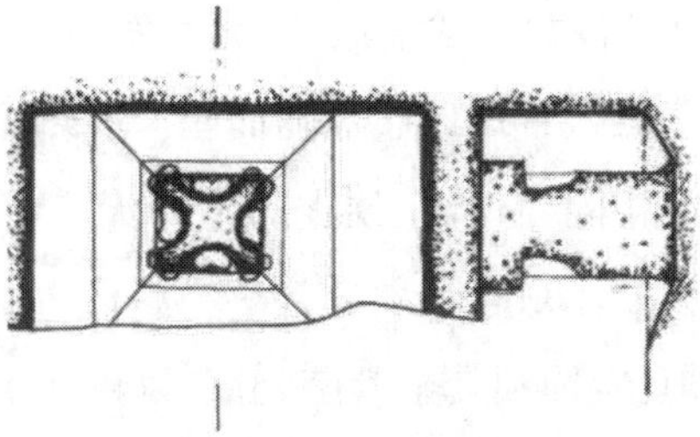

图 1.8　金塔寺西窟平剖面示意图
（采自张宝玺《河西北朝石窟》）

大型一佛二胁侍说法图和禅定千佛图像。图像皆以土红色起稿。千佛洞图像颜色都已剥落，现在仅留头顶、肩部、双臂、腿部、手以及背光轮廓。背光内填充绿色。千佛图像整齐划一，上下两排之间用较粗土红色线条隔开。每身佛像高约 0.18 米，界栏宽约 0.03 米。表层和底层壁画都有说法图，但是位置不一。表层说法图叠压在早期土红色坐佛上面。下栏以帷幕界栏为界线绘供养人。

北壁壁画大概有 3 层。表层第 3 层壁画和西壁相同。北壁西侧下部尚有千佛图像，面相圆润，体量最大，属于第 2 层壁画。第 1 层壁画布局方法是：上栏绘天宫栏墙，中栏绘三铺一佛二胁侍说法图，周围布满千佛图像，下栏壁画已无，大概与西壁一样，绘制供养人。从残存的遗迹来看，第 2 层中间一铺相对清晰。佛像面部圆润，双耳垂肩，颈有两匝，穿通肩袈裟，衣领呈 V 形，左手手印不清，右手上举，似为说法印，身后有头光和身光，装饰波浪纹，结跏趺坐，佛座似为金刚座。佛像头顶绘宝盖。左侧胁侍有头光，着绿色袒右式袈裟，左手上举至胸部，右手下垂。袈裟下摆不清。整个身体修长，髋部向主尊弯曲。右侧胁侍也有头光，身穿袒右式袈裟，左手微微上举，似乎托物。右臂高举，情态似是高举拂尘姿势。袈裟下部不清。东侧说法图中，佛像穿袒右式袈裟，衣角似乎经由腹部搭于左小臂。背光两匝。佛像头顶绘宝盖。左胁侍不清。右胁侍上身似乎赤裸，下身着裙，衣裙下摆中央褶皱呈鸟羽状展开。

东壁壁画完全脱落。

中心塔柱柱体南向面下栏开圆拱形佛龛，内外塑像和壁画已无。柱体中栏中央泥塑佛像，后代重塑，现为头戴喇嘛帽尊像。尊像东侧泥塑上下两列菩萨。其中上列第二身和下列第一身皆为后代重塑，其余两身为原作。菩萨头戴宝冠(已无),发系宝缯。颈饰盘状项圈和华绳,上身袒,下身着裙,腰带打结,盘腿而坐。尊像西侧也泥塑上下两列菩萨,造像和东侧菩萨相同。柱体上层泥塑七身天宫菩萨,其中两端的菩萨位于塔柱两面的交会处。东起第六身菩萨为后代重塑,其余为原作。菩萨为半身形象,上身袒,装饰和其余菩萨相同。(图 1.9)

柱体西向面下列开圆拱形龛,内塑佛像。佛像磨光低肉髻,身穿袒右式袈裟,覆盖右肩,左肩后部有衣角,内着僧祇支。左右小臂残缺,手印不明,结跏趺坐在仰覆莲台。今头部已无。佛像背光和龛楣经过后代重绘,为火焰纹。龛楣中央为火焰摩尼宝珠。按史岩先生《散布在祁连山区民乐县境的石窟群》图版,龛外南侧泥塑胁侍菩萨。头戴花冠,发系宝缯,面相方圆,佩戴盘状项圈、华绳和臂钏。项圈下端点缀宝物。上身赤裸,下身着裙,裙带打结下垂。披帛从背光下出,经过菩萨肘部绕到身体内侧而下垂。披帛末端呈三角形,褶皱繁复。①今此像已无,残留头光及其右侧披帛。龛外北侧菩萨像与此菩萨像雷同。柱体中栏中央为思惟菩萨像。菩萨上身袒,下身着裙,坐在筌蹄之上。右足搭于左腿上。左手抚足,右手上举,作支颐状。菩萨饰物同下层胁侍菩萨相仿。思惟菩萨南侧泥塑三身菩萨像。其中紧挨思惟菩萨的一身是后代重塑,其余两身为原作。造型和饰物与南面小型菩萨造像相仿。北侧也有上下两列菩萨。唯有下列南起第一身残缺,其余完好,造型和饰物同前。柱体上层原来大概泥塑七身天宫菩萨(除去塔柱南向面和西向面交界处之菩萨像)。南起第一、第二和第四身是后代重塑,第三身已无。其余造像完好,造型和南向面天宫菩萨雷同。(图 1.10)

柱体北向面下栏圆拱形佛龛泥塑佛像已无。佛像背光和龛楣经过后代重描。龛外西侧胁侍菩萨头部已残,造型和装饰与西面胁侍菩萨相同。龛外东侧胁侍造像,头发呈波浪形,长发垂肩,束成两股。身穿袒右式袈

①史岩《散布在祁连山区民乐县境的石窟群》,《文物参考资料》1956 年第 4 期,图 5。

图 1.9　金塔寺西窟中心塔柱南向面
（采自《肃南马蹄寺石窟群》）

图 1.10　金塔寺西窟中心塔柱西向面
（采自《肃南马蹄寺石窟群》）

裟，跣足立在莲台上。塔柱中栏中央泥塑交脚佛。佛像身穿红色袒右式袈裟，覆右肩，内着僧祇支。左手持衣角，右小臂已无。交脚佛西侧泥塑上下两列造像。其中上列两身是后代重塑的菩萨，下列造像为比丘，所穿袈裟皆为袒右式。交脚佛东侧也泥塑上下两列造像。上列是两身菩萨，造像和装饰与南向面小型菩萨相同。下列造像也为比丘，造型和西侧造像相同，所穿袈裟有通肩式和袒右式两种。柱体上栏开横长方形浅龛，内置五身坐佛，后代重塑。

柱体东向面下栏圆拱形佛龛泥塑坐佛。佛像磨光低肉髻，脸型较小。身穿袒右式袈裟，覆右肩，左肩后部有衣角。造像小臂皆残，手印不明，结跏趺坐于覆莲台。佛像背光和龛楣经过后代重绘。龛楣顶端浮塑火焰摩尼宝珠。龛外北侧泥塑武士装人物，头发系宝缯，上身穿武士甲胄，下身着裙。披帛从头光和造像背部之间伸出，经由菩萨肘部绕到身体内侧而下垂。披帛末端呈三角形，褶皱繁复。按照史岩先生《散布在祁连山区民乐县境的石窟群》图版，龛外南侧菩萨和西面胁侍菩萨造型和装饰雷同。柱体中栏中央泥塑倚坐佛。佛像磨光低肉髻，身穿通肩式袈裟。手部残缺，手印不明。背光重绘。倚坐佛北侧泥塑上下两列造像。上列为两身菩萨，造像和装饰同南向面小型菩萨。下列已残，唯留后代重塑菩萨一身。倚坐佛南侧泥塑三身造像。上列为菩萨，造型同前；下列是后代重塑的菩萨。外侧是后代重塑的坐佛。柱体上栏泥塑六身造像，南起第一身是天宫菩萨，第二身到第六身是后代重塑的坐佛。（图 1.11）

窟顶分为平顶和覆斗顶斜坡两部分。平顶绘飞天，身穿袒右式袈裟或者上身赤裸，下身着裙，身体扭曲呈 V 形，手持香炉或者香花，飞向中心塔柱。斜披部分靠近中心塔柱，内圈绘供养人，外圈绘飞天。供养人身穿袒右式袈裟，胡跪，双手合掌，以中心塔柱为中心，顺时针排列。西甬道斜披现存七身供养人和八身飞天。平顶存飞天五身。北甬道斜披残留的供养人共计十二身，飞天八身。东甬道平顶部分残留九身飞天。斜披存十身供养

图 1.11 金塔寺西窟中心塔柱东向面
（采自《肃南马蹄寺石窟群》）

人和七身飞天。

三、千佛洞第 2 窟

1. 位置

位于千佛洞第 1 窟和第 2 窟之间，千佛洞崖面南段。

2. 形制

中心塔柱窟。平面略呈长方形。洞窟前部崩塌，残存人字坡顶，后部为平顶加覆斗顶。洞窟高 5.00 米，宽 5.70 米，进深 4.40 米。[①]南甬道宽 1.65 米，西甬道宽 1.05 米，北甬道宽 1.50 米。柱体分上下两栏，下栏四面开圆拱尖楣龛，佛龛底部宽约 0.55 米，高约 0.79 米。上栏分为四列，每列各塑三身坐佛，每列之间距离约为 0.73 米。最上一栏即柱体和窟顶相连部分填充砖块，外敷泥坯，绘制壁画。（图 1.12）

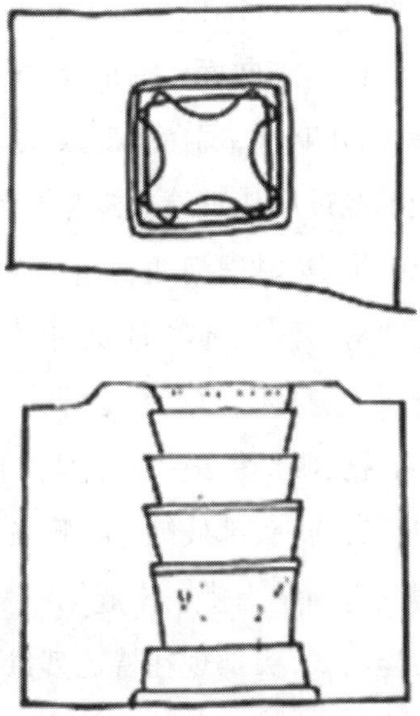

图 1.12　千佛洞第 2 窟平剖面示意图
（采自张宝玺《河西北朝中心柱窟》）

3. 内容

南壁壁画概有四层。第四层是明代藏传菩萨变相。[②]南壁后部凿有通向第 1 窟的通道，通道上方有墨书榜题。第三层绘花瓣。第二层是红色泥坯，无壁画。第一层为早期壁画，用红绿两色。

---

①此数据采自董玉祥《河西走廊马蹄寺、文殊山、昌马诸石窟群》（甘肃省文物考古研究所《河西石窟》，第 6 页）。各壁具体长度分别为：左壁残长 4.60 米，后壁残长 5.65 米，右壁残长 3.40 米。详见姚桂兰、秦春梅《张掖马蹄寺石窟群早期石窟艺术概述》，《敦煌学辑刊》，1999 年第 2 期，第 79 页。

②姚桂兰、格桑美卓《张掖马蹄寺石窟群内容总录》，第 77 页。

西壁第一层壁画上方是明代藏传五佛，下方绘七身罗汉。[①]

北壁壁画概有五层。第五层是明代藏传菩萨变相。[②]北壁中央凿有通向第3窟的通道，周围泥坯叠压关系清晰。第四层和南壁相同，已经变色。第三层是红色泥坯，无壁画。第二层残存菩萨头像。菩萨戴宝冠，作四分之三侧面，面相长圆。图像东侧存长方形榜题框，白底，字迹已无。菩萨面部、颈部以及宝冠涂白。第一层残存禅定坐佛八身。袈裟分为通肩式和袒右式，两种样式交替绘制。佛像的头光、背光和身体轮廓以利器阴刻在泥坯上。

中心塔柱分为塔基和柱体。塔基上面四角各有一个圆形卯眼，最初可能插有木桩，木桩与塔柱之间填充泥草抹平，从而形成横向长方形浅龛。

柱体东向面（正面）下方开圆拱形尖楣龛，内塑坐佛。佛像为磨光肉髻，面相略圆，现在头部残缺。袈裟样式不明，左肩后部存衣摆。背光和龛楣都经过后代重绘。龛首为带翼龙首。龛外左右两侧各有一身胁侍菩萨，现已被毁。按《河西石窟》，左胁侍菩萨左手下垂，右手上举至胸前，披帛。右胁侍菩萨颈饰华绳，左手上举至胸前，右手下垂。[③]龛外两侧上方各有两身飞天，身体为石胎，头部为泥塑。飞天头戴花冠，颈饰华绳，一手上举，一手后扬，腹部微鼓。整个身体长0.57米，[④]弯曲呈V形。左侧北起第一身残缺，第二身头部残缺。右侧飞天头部残缺，身体部分犹存。[⑤]上栏第一列泥塑三身禅定坐佛。南起第一身到第三身，袈裟样式分别为袒右式、通肩式和袒右式，头部现在皆已残缺。第二列泥塑禅定坐佛，袈裟样式分别为袒右式、通肩式和袒右式，袒右式袈裟内有僧祇支。佛像肉髻磨光，似馒头状；面相长圆，颈部几乎与脸部同宽。三佛两端分别石雕一个化生童子像，

---

①姚桂兰、格桑美卓《张掖马蹄寺石窟群内容总录》，第77页。

②姚桂兰、格桑美卓《张掖马蹄寺石窟群内容总录》，第77页。

③甘肃省文物考古研究所《河西石窟》，图版119。

④甘肃省文物考古研究所《河西石窟》，图版目录第11页。

⑤甘肃省文物考古研究所《河西石窟》，图版123。

莲花为仰莲。第三列泥塑三佛，袈裟样式分别是通肩式、袒右式和通肩式，面部残损。第一身右侧尚残存壁画，为胁侍菩萨披帛。第四列填充方砖，外涂泥。以上三列禅定坐佛右肩均有袈裟衣摆，袒右式袈裟内有僧祇支，饰方格纹。袈裟衣领、襟部、袖口使用贴泥条按捺方式制作而成。塔基内容已无。（图 1.13，1.14，1.15，1.16）

柱体南向面下栏开圆拱形尖楣龛，龛内塑禅定坐佛，龛外塑两胁侍菩萨。按照《河西石窟》，佛像高 0.67 米，肉髻磨光，呈馒头状。脸型较圆，五官小巧而又集中。①现在头部已残。颈部较粗。着袒右式袈裟，右偏衫，内着僧祇支。佛像两侧龛内各绘一身胁侍菩萨，高度不及主尊肘部，图像模糊。主尊背光大部分被重绘，底层壁画为火焰纹、连珠纹和通肩式袈裟禅定坐佛。龛楣重绘，中央露底层壁画，正中是一身坐佛，两侧各有三身伎乐天人，面佛而坐，手里各持乐器。图像模糊。龛首为摩羯鱼。按《河西石窟》，左胁侍菩萨上身袒，颈饰华绳，左手不清，右手在胸前，下身着裙。上方尚有飞天一身，头部已残，上身袒，戴华绳，披帛，身体扭曲呈 V 形。右胁侍菩萨头梳高髻，戴璎珞、华绳、臂钏、手镯，上身袒，下身着裙。上方存飞天一身，发髻高耸，五官集中，颈饰盘状项圈，一手上举，一手后扬，身体形态和东侧飞天相同。②现在胁侍菩萨尽失。右侧飞天仅余左臂，左侧飞天尚存下身和披帛。上栏第一列泥塑三身禅定坐佛，高 0.57 米。西起第一身到第三身，袈裟样式依次为袒右式、通肩式和袒右式。三佛两端分别雕刻团花。背光经后代重绘。③第三身坐佛右侧残存菩萨披帛。现在佛像头部全部残缺。第二列泥塑三身禅定坐佛。袈裟样式依次为通肩式、袒右式和通肩式。第一身佛像头部现已残缺。第三列泥塑三身禅定坐佛，袈裟样式依次为袒

①甘肃省文物考古研究所《河西石窟》，图版 120，图版说明第 11 页。

②甘肃省文物考古研究所《河西石窟》，图版 120。

③甘肃省文物考古研究所《河西石窟》，图版 121。

图 1.13　千佛洞第 2 窟中心塔柱东向面
（采自《肃南马蹄寺石窟群》）

图 1.14　千佛洞第 2 窟中心塔柱东向面原貌
（采自《河西石窟》）

图 1.15　千佛洞第 2 窟中心塔柱
东向面龛外飞天原貌
（采自《河西石窟》）

图 1.16　千佛洞第 2 窟中心塔柱
东向面下栏佛龛现状
（作者拍摄）

右式、通肩式和袒右式。背光重绘。三佛西端绘胁侍菩萨侧身供养像，作二分之一侧面。第四列绘十方佛，现存六身，西起第一方、第三方、第四方和第五方题记分别为：“□方明□□”“西北方□□□”“西南方宝施佛”“东南方无□□”。[1]塔基表层即第一层壁画已无；第二层壁画绘唐代伎乐，共计两身。西起第一身伎乐脸型丰满，面东，手持箜篌；第二身模糊不清。（图1.17，1.18，1.19）

柱体西向面下方开圆拱形尖楣龛，龛内泥塑坐佛，龛外塑胁侍眷属。据《河西石窟》，佛像肉髻呈馒头状，面相浑圆，五官集中，着通肩袈裟，左肩留有袈裟衣角，衣纹采用按捺方法。手部残缺，手印不明，结跏趺坐。[2]佛像现已不存。背光重绘。龛首为鸟首。上栏第一列泥塑三身禅定坐佛。西起第一身和第二身已无，第三身袈裟为袒右式。第一身东侧存弟子像。弟子有头光，面相较瘦，鼻梁直挺，颧骨微高，下巴尖突，一副老年形象。面部肌肤用白色，眼睛和鼻梁部分用红色晕染，唇部施朱。另外还有两身胁侍菩萨，有头光，顶戴华冠，面部颜料已脱落。眷属上方石雕覆莲童子像。第一身和第二身坐佛背光之间有一身菩萨，模糊。第三身坐佛西侧上方石雕覆莲童子像，下方残损眷属头光。第二列泥塑三身坐佛，袈裟样式依次是通肩式、袒右式和通肩式，头部现已全部残失。第一身坐佛北侧残存半边眷属像，顶戴华冠，脸型略胖，颇似天王。第三身坐佛南侧存天王像，有头光，面相短而圆，双目圆睁，双手举至胸前，所持之物不清，交脚而坐。披帛从身后飞扬，绕臂并沿身体内侧而下。下身服饰和披帛皆是绿色。第三列泥塑三

---

①张掖市文物保护研究所姚桂兰和秦春梅两位先生对第五方榜题录文是“东南方无威□佛”，第一方未录。（详见《张掖马蹄寺石窟群早期石窟艺术概述》，第81页）对此，敦煌研究院刘永增先生录文为“东南方无□□”。（详见《敦煌石窟中与禅观相关的几个问题》，颜廷亮，王亨通主编《炳灵寺石窟学术讨论会论文集》，兰州：甘肃人民出版社，2003年，第253页）笔者2005年和2009年考察时，“无”字以后的字迹已经完全不清。经查阅，佛经中并无“无威佛”，今题记录文从刘永增先生。

②甘肃省文物考古研究所《河西石窟》，图版135。

图 1.17　千佛洞第 2 窟中心塔柱南向面
（采自《肃南马蹄寺石窟群》）

图 1.18 千佛洞第 2 窟中心塔柱南向面下栏龛原貌（采自《河西石窟》）

图 1.19 千佛洞第 2 窟中心塔柱南向面下栏龛现状（作者拍摄）

身禅定坐佛，袈裟样式分别是袒右式、通肩式和袒右式。第一身北侧存胁侍眷属像，头部不清，着白色通肩大衣，用朱红色勾勒衣纹。与之对称的是，第三身坐佛南侧也有眷属像，头部不清，所穿大衣为白色，样式不清。第四列壁画已无。塔基有泥坯三层之多，壁画漶灭。（图 1.20，1.21，1.22）

柱体北向面下方开圆拱形尖楣龛，龛内塑坐佛，龛外是二胁侍菩萨。现在造像全无，背光和龛楣皆是重绘。按《河西石窟》，右胁侍菩萨面相浑圆，头发贴住前额，呈榆钱状，下垂的头发则是波浪状。五官集中，双眼微凸，鼻通眉际，颈部略粗。戴盘状项圈，穗状物点缀，璎珞下垂至腹部。下身着裙，腰部裙边外翻，双腿细瘦。佛龛龛首为带翼神兽，似乎是龙。[①]龛外两侧上方各有一身飞天，身体扭曲呈 V 形，现在上身皆已残缺。上栏分为四列。第一列泥塑三身禅定坐佛，东起第一身到第三身袈裟样式依此为袒右式、通肩式和袒右式。两端各雕团花一朵，并有正面兽头，似狗。三佛头部

①甘肃省文物考古研究所《河西石窟》，图版 133，图版 134。

图 1.20　千佛洞第 2 窟中心塔柱
西向面下栏龛原貌
（采自《河西石窟》）

图 1.21　千佛洞第 2 窟中心塔柱
西向面下栏龛现状
（作者拍摄）

现已残失。第二列泥塑三身禅定坐佛，袈裟样式分别是通肩式、袒右式和通肩式。第一身右侧和第三身左侧残留胁侍造像痕迹。第三列泥塑三身禅定坐佛，第三身左侧残留胁侍造像痕迹。第四列壁画绘十方佛，最西端残存一身，有头光和背光，着通肩袈裟，作禅定印，结跏趺坐。身体右侧有榜题框，字迹漶灭。塔基壁画已无。（图 1.23，1.24，1.25）

窟顶部分，洞窟前部、南甬道和北甬道窟顶壁画基本脱落，西甬道窟顶壁画有两层，表层是后代作品，绘绿叶白花图案，在后甬道北端与北甬道连接处，残留两身天宫菩萨、栏楯和帷幕垂幔。

4. 题记

洞窟南壁后部通道上方存万历二十八年（1600）和四十四年（1616）墨书榜题。①

①马世长《明代天地会资料的新发现》，《文物》1996 年第 8 期，第 59—61 页。

图 1.22 千佛洞第 2 窟中心塔柱西向面
（采自《肃南马蹄寺石窟群》）

图 1.23　千佛洞第 2 窟中心塔柱北向面
（采自《肃南马蹄寺石窟群》）

图 1.24　千佛洞第 2 窟中心塔柱
北向面下栏龛原貌
（采自《河西石窟》）

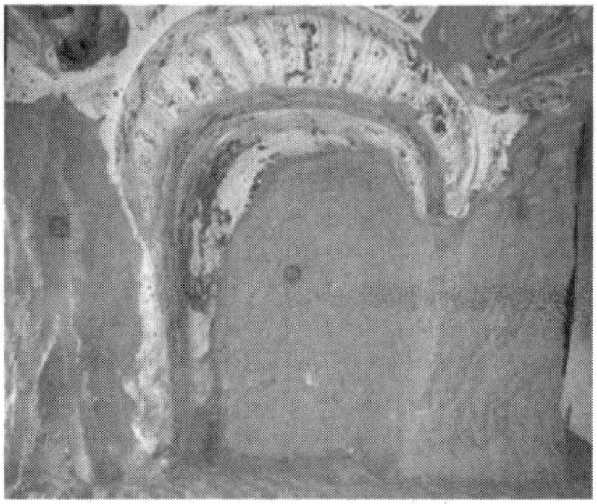

图 1.25　千佛洞第 2 窟中心塔柱
北向面下栏龛现状
（作者拍摄）

四、洞窟年代问题

金塔寺石窟和千佛洞第 2 窟的年代一直是学术界争论的热点，具体讨论可以参见本书《绪论》马蹄寺石窟群研究史部分。学者们在全力搜集资料的基础上各抒己见，将石窟年代判定为 5 世纪早期、中期和晚期。当然，石窟最早不会早于 420 年，也就是永靖炳灵寺第 169 窟的年代，因为对比之下洞窟设计和造像风格要相对成熟。而最晚也不会晚于 5 世纪 90 年代，因为造像和壁画艺术比较粗犷，清瘦型的褒衣博带式的人物造像还没有出现。造成学者意见分歧的主要原因是：

1. 佛教艺术的发展应该是复合式的，而不是单线式的。在主流发展脉络的同时，不可否认的是还有其他发展脉络的存在。就石窟而言，同时代的石窟造像必然有时代的共性，但是由于地理条件、交通状况、佛教美术创作团体的流动等原因，各地石窟又呈现出发展的不平衡。这时候如果单一地以距离马蹄寺石窟千里之遥的云冈石窟作为衡量标尺，那么误差是在所难免的。

2. 可供参考的标准器物相对较少。中国内地在 5 世纪初的佛教艺术品主要有以下三类。第一种为单体佛教造像，材料以金、铜和石料为主，主要集中在中部地区，例如今河北和山西等地。第二种就是北凉文化圈内出土的北凉石塔，分布在今甘肃和新疆。第三类是石窟造像，以永靖炳灵寺石窟第 169 窟和莫高窟北凉三窟为主。5 世纪中叶，云冈石窟开凿并形成了三期洞窟，后来孝文帝迁都洛阳，龙门石窟也开始营建，两个大型石窟构成了一个完整的石窟营造链条。但是值得注意的是，云冈石窟第一期石窟和炳灵寺第 169 窟中间存在一个巨大的时间空档。另外，今张掖乃至河西地区所出土的同时代的墓葬也少之又少。

3. 可供断代的题记不存。洞窟壁画叠压严重，早期壁画不清或者仅小面积残存。金塔寺洞窟壁画重绘现象严重，早期壁画千佛图像仅仅留下土红色造像轮廓。千佛洞第 2 窟残留的千佛图像则面积甚小。可供断代的榜题至今没有发现，抑或被覆盖在后代重修泥皮之下，这都给石窟断代造成困难。

4. 凉州和平城佛教联系紧密。439 年，北魏攻入姑臧，并迁徙三万户前往北魏国都平城。北凉僧人不仅涉足社会高层政治生活，还主持具有划时代意义的皇家石窟云冈石窟第一期工程。凉州和平城之间的联系甚为紧密。那么单纯地对金塔寺石窟和云冈石窟进行对比研究，我们也很难得出令人信服的结论。

关于金塔寺石窟的年代，1986 年宿白先生根据董玉祥和岳邦湖考古调查报告，在《凉州石窟遗迹与"凉州模式"》一文中指出，金塔寺东西二窟和酒泉文殊山前山千佛洞要早于莫高窟早期石窟，其作品"有可能出自北凉时期；或是北凉亡后，这里沿袭了凉州佛教艺术的系统而开凿。无论前者，抑是后者，这三座塔庙窟是考虑凉州样式的重要参考对象，应该是无可怀疑的"；文章综合武威天梯山石窟第 1、4 窟，酒泉、敦煌、吐鲁番地区出土的北凉石塔，酒泉文殊山前山千佛洞和张掖金塔寺石窟，提出著名的

“凉州模式”的概念，对我国新疆以东现存最早的一批佛教石窟模式进行了总结。[①]笔者赞同这种看法，这一判断严谨科学。

金塔寺石窟开凿在红砂岩崖面上。这种岩石受到雨水的侵蚀，非常容易风化，所以东西两个洞窟的主室前部都已被损坏。主室原本应是纵长方形洞窟，但是有无前室，我们也不得而知。千百年来从石崖上崩落的石头堆积在山脚，久而久之风化堆积成厚厚的红土层。凭借红土所形成的慢坡，我们今天才能得以轻松地登临石窟。史岩先生在 20 世纪 50 年代考察时就曾指出，这个幽谷从北朝时期就有佛教活动，除了东西两窟以外，一定还有地面的寺院建筑。[②]如果学界能够在将来发现具有断代意义的遗物，必将会把金塔寺石窟的研究推向另外一个高度。

①宿白《凉州石窟遗迹和“凉州模式”》，第 435—466 页；又宿白《中国石窟寺研究》，第 46 页。

②史岩《散布在祁连山区民乐县境的石窟群》，第 40 页。

第二节　弥勒造像研究

金塔寺西窟前部崩塌，平面略呈横长方形。窟顶为平顶加覆斗顶。中心塔柱包括塔基和柱体。柱体每面分为上中下三栏，每栏之间雕凿方楞。下栏开圆拱形佛龛，造像组合为一铺三身像。中栏不开龛，按照右绕的顺序，主尊为泥塑思惟菩萨、交脚佛和倚坐佛，主尊两侧上下两栏泥塑菩萨和弟子像，部分经过后代重修。上栏为天宫菩萨题材。李玉珉先生将其尊格确定为弥勒造像。[①]对于这种定名，笔者非常赞同。不过笔者需要补充图像志的说明，在此基础上拟对弥勒信仰在河西的发展再作阐释。

弥勒菩萨是小乘佛教业已承认的未来佛，所以其造像数量可观。在犍陀罗地区，弥勒造像有单体造像，也有组合造像。至于后者，弥勒菩萨多和观世音菩萨搭配。在 7 世纪唐玄奘西游天竺时曾经在摩揭陁国见过这种组合。《大唐西域记》记载：

---

①李玉珉《金塔寺石窟考》，敦煌研究院编《2004 年石窟研究国际学术会议论文集》，上海：上海古籍出版社，2006 年，第 874—908 页。

(菩提树东精舍)东面接为重阁,檐宇特起三层,榱柱栋梁,户扉寮牖,金银雕镂以饰之,珠玉厕错以填之。奥室邃宇,洞户三重。外门左右各有龛室,左则观自在菩萨像,右则慈氏菩萨像,白银铸成,高十余尺。①

玄奘的记载被今天的考古发现所证实。犍陀罗地区弥勒菩萨造像有鲜明的特点。发式分为两种。第一种为束发型:头发卷起绾结,然后分为两股,一股作环状,一股垂下;或者两股都作环状,在头顶扎成"∞"形。第二种是髻型:头发在头顶处绾成肉髻型发髻。②左手持水瓶,右手掌心向内,或者作施无畏印,或者作如愿印。③弥勒菩萨像以立姿较为多见,坐姿次之。

随着时间的推移和空间的转变,弥勒菩萨图像志也逐渐丰富起来,并与其他佛像图像志之间形成互相借用和互相混同的特点。

一、弥勒图像考释

(一)思惟菩萨

金塔寺西窟中心塔柱中层正面造像已无,现为后代重塑的喇嘛像。如果按照佛教右绕的礼拜方法,接下来首先要面对的是思惟菩萨。思惟菩萨造像着菩萨装,上身赤裸,下身穿裙,右足搭于左腿之上。菩萨右臂肘部置于右腿上,手指支颐,左手放在弯曲的右小腿上,作思考状。(图 1.26)

思惟菩萨像在印度大量存在,不过尊格也多种多样,他们可能是悉达多太子、弥勒菩萨或文殊菩萨。由于很多造像为单体造像,现散藏于各大

---

①[唐]玄奘、辩机著,季羡林等校注《大唐西域记校注》,北京:中华书局,2000 年,第 673 页。

②[日]宫治昭著,李萍、张清涛译《涅槃和弥勒的图像学——从印度到中亚》,北京:文物出版社,2009 年,第 205 页。

③[日]宫治昭著,李萍、张清涛译《涅槃和弥勒的图像学——从印度到中亚》,第 208 页。

图 1.26 金塔寺西窟中心塔柱西向面思惟菩萨
（作者拍摄）

博物馆，所以如果不联系造像组合，我们一时很难确定其身份。不过金塔寺思惟菩萨像并没有脱离原有的空间，定名困难程度就有所降低。

河西地区最早的思惟菩萨像出现在北凉石塔上。例如武威石塔和酒泉白氏塔。武威石塔佛像共有上中下三栏，每栏各有八身造像，其中最下层圆拱形佛龛内雕刻一身思惟菩萨像。由于造像残损严重，具体细节不得而知，不过从其轮廓上来分析，其坐姿和金塔寺西窟思惟菩萨像相同。[①]酒泉白氏塔塔身佛像分上下两层分布，其中的思惟菩萨较为清晰。[②]菩萨坐姿和金塔寺造像相同，发髻高耸，颇似肉髻，面部残损。上身赤裸，下身着裙。佩戴璎珞和臂钏，背后披帛。身后有圆形头光和靠背。靠背呈梯形，底

①张宝玺《甘肃佛教石刻造像》，兰州：甘肃人民美术出版社，2001 年，第 36 页。
②张宝玺《甘肃佛教石刻造像》，第 55 页。

边为圆弧形,内阴刻菱形格。同样的造像还可见于永靖炳灵寺第169窟第16号佛龛。思惟菩萨右舒坐在筌蹄座上,面带微笑,长发披肩,颈饰项圈,上身袒,下身着裙,飘带自身后绕双臂下垂;菩萨背后有倒三角形背光和圆形项光。背光内的纹样不是菱形格,而是鱼鳞纹、连珠纹和莲花纹。①敦煌石窟北凉第275窟南壁上栏东侧圆券龛内也塑有思惟菩萨像,龛楣为浮塑双树,②别具特色。菩萨服饰和造型同前。

如要判断思惟菩萨尊格,则必须联系其造像组合或者与之相关的造像,现列举5例略作说明。

第一种,思惟菩萨与七佛搭配。这种组合见于北凉石塔。上文所述武威石塔造像中,与思惟菩萨相同层面的佛像共计七身。在其上方雕刻有一身交脚弥勒造像。类似的排列组合也见于酒泉白氏塔。(图1.27)按照北凉石塔七佛一弥勒的组合,我们很容易判定这身思惟菩萨就是弥勒菩萨。

图1.27 甘肃酒泉白氏石塔思惟菩萨
(采自《甘肃佛教石刻造像》)

第二种,双思惟菩萨与弥勒菩萨搭配。这种组合常见于云冈石窟,尤其是在屋型龛造像中。云冈石窟屋型龛大都仿照汉地殿堂建筑,殿堂一般由两个立柱分为三间。中央一间塑主尊弥勒菩萨,正面,交脚,作说法印。在殿堂两端的两梢间对称地雕刻两身思惟菩萨,分别为左舒相和右舒相,作四分之三侧面

①杜斗城、王亨通主编《炳灵寺石窟内容总录》,兰州:兰州大学出版社,2006年,第197页。
②敦煌文物研究所《敦煌莫高窟内容总录》,北京:文物出版社,1982年,第99页。

像，低头颔首，面带微笑，呈思考状。李玉珉先生认为，这两尊思惟菩萨乃是弥勒的变身，也就说，他们既是弥勒的胁侍，又代表他的变身。[①]典型代表就是云冈石窟第 8 窟北壁佛龛和第 10 窟前室西壁佛龛。[②]（图 1.28）这种构图模式在石窟中非常流行，同时也影响了造像碑的雕刻，例如日本根津美术馆所藏 5 世纪下半期的造像碑。[③]（图1.29）

第三种，思惟菩萨与弥勒思想造像结合。敦煌莫高窟第 275 窟主尊为交脚弥勒佛，在洞窟南北两壁下栏绘制壁画，上栏开龛，内塑交脚弥勒和

图 1.28　云冈石窟第 10 窟前室西壁
（采自《中国石窟·云冈石窟》）

图 1.29　日本根津美术馆 5 世纪下半期造像碑
（采自《海外及港台藏历代佛像珍品纪年图鉴》）

①李玉珉《半跏思惟像再探》，《故宫学术季刊》第 3 卷第 3 期，1986 年，第 50 页。

②云冈石窟文物保管所《中国石窟·云冈石窟》（二），北京：文物出版社，1994 年，图版 54。

③金申《海外及港台藏历代佛像珍品纪年图鉴》，太原：山西人民出版社，2007 年，第 16 页。（日）松原三郎《中国佛教雕刻史论》（图版编一），东京：吉川弘文馆，1995 年，图版 70。

思惟菩萨。其中北壁壁画内容为月光王、毗楞竭梨王、尸毗王本生故事，南壁壁画存在争议。壁画里，城门下有菩萨走出，面对老者作交谈状，旁有年轻者。以往学术界一般称之为太子出游四门，①但是如何将其与主尊弥勒菩萨统一起来成为一大问题。后也有学者对此提出质疑。②赖鹏举先生在此基础上指出："老人衣服并不破蔽，故场景不应该读为佛传中太子四门出游所见生、老、病、死。此场景的天空并有一合掌之飞天。整铺构图显出国度之和乐与教化，应可读为兜率天净土内民众的日常生活。"③

第四种，思惟菩萨与马匹图像结合。典型例子就是日本大阪市立美术馆藏北魏太和十六年(492)郭元庆造太子思惟像。其发愿文是："唯大代太和十六年岁次壬申正月戊午朔四日辛丑，阴密县□信弟子郭元庆、彭□□发愿……比丘僧□太子思维像(以上龛正面)弟子郭□□郭元康(以上龛侧面)。"④(图 1.30)从发愿文来看，这身造像就是悉达多太子。他周围的人可能就是车匿，爱马正在吻太子足，表示依依惜别。相同的造型还可见于云冈石

图 1.30 太和十六年郭元庆造像
(采自《海外及港台藏历代佛像珍品纪年图鉴》)

①敦煌文物研究所《敦煌莫高窟内容总录》，第 99 页。

②郑汝中《新发现的莫高窟 275 窟音乐形象》，《敦煌研究》1992 年第 2 期，第 2—3 页。

③赖鹏举《丝路佛教的图像与禅法》，中坜：圆光佛学研究所，2002 年，第 202 页。

④金申《海外及港台藏历代佛像珍品纪年图鉴》，太原：山西人民出版社，2007 年，第 16 页。

窟第 6 窟南壁明窗西壁，[①]（图 1.31）其尊格可以确定为太子思惟像。

图 1.31　云冈石窟第 6 窟思惟菩萨
（采自《中国石窟·云冈石窟》）

最后一种主要出现在单体金石造像碑背面，与正面造像形成呼应。不过这种类型比较复杂。金石造像正面和背面的造像通常具有一种联系，例如正面为释迦牟尼佛，背面则阴刻释迦牟尼佛事迹或太子思惟像。这样两者之间便形成了一种时间的前后关系。而且，某些造像属于意涵上的联系，例如北魏皇兴五年（471）仇寄奴造观音立像。[②]正面为观世音立像，左手持净瓶，右手握莲茎。背面在屋型龛下雕刻释迦多宝二佛并坐。根据《妙法莲华经》普门品的记载，我们很容易找到正面和背面造型之间的关系。但是也有造像的正面与背面的关系不甚明了，例如太和八年（484）赵□□造观音菩萨立像。[③]正面为观世音大士，背后则阴刻树下思惟菩萨。（图1.32）如果没有愿文辅助，这类造像的尊格很难确定。[④]

另外，莫高窟也存在金塔寺西窟中心塔柱柱体分层的布局。第 257 窟

①云冈石窟文物保管所《中国石窟·云冈石窟》（一），北京：文物出版社，1991 年，图版 128。

②金申《海外及港台藏历代佛像珍品纪年图鉴》，第 395 页。

③金申《海外及港台藏历代佛像珍品纪年图鉴》，第 407 页。

④对于赵□□造观音菩萨立像，贺世哲先生认为："观音菩萨像背后的思惟菩萨也应该是观音，不过在佛教文献中，笔者尚未找到合理的解释，只好姑且存疑。"（贺世哲《敦煌图像研究：十六国北朝卷》，兰州：甘肃教育出版社，2006 年，第 23 页）

图 1.32 太和八年造观音立像
（采自《海外及港台藏历代佛像珍品纪年图鉴》）

中心塔柱东向面开大型圆拱形佛龛，龛内塑倚坐说法佛。柱体的南向面、西向面和北向面皆分上下两层：下部开圆拱形佛龛，塑禅定坐佛像；上部开阙型龛，塑菩萨像。其中南向面，也就是金塔寺西窟中心塔柱西向面的这个位置，泥塑一身思惟菩萨像。北向面阙型龛内泥塑交脚菩萨。这种上下安设思惟菩萨和交脚菩萨的格局显然表示的就是兜率天宫中的弥勒菩萨。

因此我们判定，金塔寺西窟思惟菩萨像就是弥勒菩萨。其特殊之处在于，莫高窟和文殊山石窟中心塔柱上方通常还会浮塑阙型龛，表示兜率天天子和牢度跋提为弥勒菩萨建立起善法堂，也就是弥勒菩萨说法的地方。但是金塔寺西窟弥勒菩萨造像周围并没有雕塑建筑，唯有在菩萨头顶上方浮塑出帷幕，这也许就是当时工匠对天宫的塑像表示。

在弥勒菩萨的左右两侧和上方分别泥塑天宫眷属。这些造像应该就是《佛说观弥勒菩萨上生兜率天经》所记载的“天子”或者“天女”。

（弥勒灭度以后）时兜率陀天七宝台内摩尼殿上狮子床座忽然化生，于莲花上结跏趺坐。身如阎浮檀金色长十六由旬。三十二相八十种好皆悉具足。顶上肉髻发绀瑠璃色。释迦毗楞伽摩尼。百千万亿甄叔迦宝以严天冠。其天宝冠有百万亿色，一一色中有无量百千化佛，诸化菩萨以为侍者。复有他方诸大菩萨，作十八变随意自在住天冠中……与诸天子各坐花座，昼夜六时常说不退转地法轮之行，经一时中成就五百亿天子，令不退转于阿耨多罗三藐三菩提。①

这段经文所提供的信息非常丰富。首先弥勒菩萨往生到达兜率天后自然化生，所坐的佛座为狮子座，结跏趺坐。头戴宝冠，中有化佛。这些造像特征与现实中的弥勒造像相同，其中以莫高窟第275窟主尊造像为代表。菩萨头戴宝冠，中间装饰有化佛。佛座两侧塑狮子，概表狮子座，不过坐姿并非结跏趺坐而是交脚。②

金塔寺弥勒造像较之相去甚远。宝冠上并无化佛，坐姿为右舒相，宝座则是筌蹄。其造像基本和普通思惟菩萨像相同。不过这种造型在《佛说观弥勒菩萨上生兜率天经》中并没有记载。根据李玉珉先生的研究，思惟菩萨表征悉达多太子在前，而表示弥勒菩萨在后，但是有关弥勒菩萨思维的记载却没有。③如此一来，弥勒菩萨所坐的筌蹄这个图像志特征实际上本属太子思惟像，弥勒菩萨只是借鉴而已。那么筌蹄的记载就需要从佛传故事中寻找。《佛本行集经》记载：悉达多太子经过六年苦修，身体羸弱，在尼连禅河沐浴，后在树神的帮助下渡河。"尔时彼河尼连禅主有一龙女，名尼连茶耶，从地踊出，手执庄严天妙筌蹄，奉献菩萨。菩萨受已，即坐其上。坐其上已，取彼善生村主之女所献乳糜，如意饱食，悉皆净尽。菩萨既食彼乳糜已，缘过去世行檀福报业力熏故，身体相好，平复如旧，端正可喜，圆满具足，无有缺减……尔时菩萨食糜已讫，从坐而起，安庠渐渐向菩提树。

---

①[刘宋]沮渠京声译《佛说观弥勒菩萨上生兜率天经》，《大正藏》，第14册，第419—420页。

②敦煌文物研究所《中国石窟·敦煌莫高窟》(一)，北京：文物出版社，1982年，图版11。

③李玉珉《半跏思惟像再探》，第53页。

彼之筌蹄,其龙王女还自收摄,将归自宫。”[①]这也许就是太子思惟像以筌蹄为座的依据,后来又被弥勒造像所吸收。

弥勒菩萨化生以后即与天子坐莲花宝座，讲经说法。前段经典也提到,如果能够往生到兜率天,即可得到天女的侍御。金塔寺西窟弥勒菩萨造像上下左右布满了天人,且皆为坐姿。这一切都和经文丝丝相扣。

(二)交脚佛

如果以右绕的方式行道,修行者接下来看到的上层造像就是交脚佛。塔柱西向面中栏主尊是交脚佛。佛穿袒右式红色袈裟,两侧上下方各有四身菩萨像和弟子像。[②](图 1.33)

图 1.33　金塔寺西窟中心塔柱北向面交脚佛
(采自《金塔寺石窟》)

①[隋]阇那崛多译《佛本行集经》,《大正藏》,第 3 册,第 772 页。

②姚桂兰主编《金塔寺石窟》,第 172 页。

1. 主尊佛尊格考

主尊佛有两个图像志特征：一是交脚坐，二是左手握住袈裟衣角。首先是交脚坐姿的问题。“佛教造像中的交脚坐像，源自萨珊帝王图像，一般认为最早见于公元 1 世纪末。”[①]河西地区早期的交脚造像主要是弥勒菩萨，以北凉石塔为代表。石塔塔身上雕刻一匝到数匝不等的圆拱形佛龛，龛内雕刻佛菩萨像。每周共计八个佛龛，内容是七佛和弥勒菩萨。这种题材在印度早已出现。造像全部为立姿，无坐姿。弥勒菩萨就站在像列的尾端。发展到北凉石塔，根据佛塔圆柱形的布局需要，再加上圆拱形佛龛的雕刻，这种题材便由立姿改为坐姿。佛像皆为结跏趺坐，而唯有弥勒菩萨是交脚坐。也许是因为弥勒菩萨和弥勒佛尊格的接近，所以图像志出现了互相借用的现象，交脚佛装弥勒应运而生。敦煌早期交脚弥勒造像始见于北凉第 268 窟。佛像着袒右式袈裟，左肩身后留有衣摆，交脚坐在方形台上。龛柱为希腊式，具有浓郁的异域色彩。[②]另外一例即是陕西省博物馆所藏皇兴五年(477)石交脚弥勒像。佛像着通肩袈裟，双手置于胸前，作印契，交脚而坐。地神从地踊出，托起弥勒双足。其背后基座部分刻发愿文：“……次辛亥为亡父母并诸姊现存眷属……像一伛惟忧真仪难……匠制莫凭斯庆钟……女大小内外亲族者……诸知识神期妙境共……□华初曜愿在先会口……累消□获无生忍运……乘六神通随心任适……菩萨供养□□□……一切众生□□三界原……类咸同斯庆共阶。”[③]愿文提到“□华初曜愿在先会口……”，这显然表明供养人希望自己的父母能够在未来世界的龙华三会第一会就能得到弥勒菩萨的授记。

针对其含义，贺世哲先生征引清代工布查布《造像量度经续补》对此

①贺世哲《敦煌图像研究：十六国北朝卷》，第 15 页。

②敦煌文物研究所编《中国石窟·敦煌莫高窟》(一)，图版 6。

③金申《中国历代纪年佛像图典》，北京：文物出版社，1994 年，第 30 页，第 441 页。

加以说明：两足少展而足胫左上右下，相交于二膝下者，谓之莲华跏趺。[①]

主尊佛的第二个图像志特征就是左手握住袈裟衣角。在古代印度造像中，手握袈裟衣角或者作禅定印的造像比比皆是，然而如果细化考量，其中却富含变化。根据李正晓先生研究，在1—2世纪犍陀罗和秣菟罗地区佛像都以说法像为主，在2世纪后半叶出现说法像伴同禅定像的例子，到了3世纪禅定像为主像。这种变化也反映在中国佛教造像上。[②]所以在早期南方地区特别是西南地区出土的佛像一般都是左手握住袈裟衣角，右手作无畏印。发展到十六国时期，特别是北中国地区出土的佛教造像均以禅定印为主。

那么手握袈裟的造型代表的内涵是什么？古正美先生在《贵霜佛教政治传统与大乘佛教》一书中对此进行考证，她认为：在弥勒佛信仰流行的时代，"法衣"不仅成为弥勒像的造像特征，而且也是许多未来佛的造像特征；因此"法衣"在造像上，必须用大乘涅槃系的整体信仰去理解握住袈裟的人物；在这种情况下，握住"法衣"不仅是弥勒佛的造像特征，也是一切承传佛陀正法人物的造像特征。[③]

按照《佛说弥勒下生经》的记载，释迦牟尼佛涅槃以后，世界将经历正法、像法和末法三个阶段，直到弥勒佛降世，世间佛教才会再次进入正法时期。但是在释迦牟尼佛身后弥勒降世之前，迦叶不能入般涅槃，必须等待弥勒成佛，并亲手将袈裟交给弥勒，以表传承正法。

弥勒菩萨乃是受到释迦牟尼佛所化，所以才能传承正法。自释迦涅槃到弥勒降世，间隔了五十六亿万年。如何确立弥勒佛的地位？如何让世人

---

①贺世哲《敦煌图像研究：十六国北朝卷》，第16页。

②[韩]李正晓《中国早期佛教造像研究》，北京：文物出版社，2005年，第151页。

③古正美《贵霜佛教政治传统与大乘佛教》，台北：允晨文化实业股份有限公司，1993年，第661页。

相信弥勒所说乃是正法?大迦叶便承担起见证人的角色。在释迦牟尼教化遗留的弟子时,弥勒佛接过释迦牟尼佛的袈裟,从而完成过去佛和现在佛的交替,同时也宣告了弥勒所传所讲真实不虚。后代诸多壁画作品描绘了这一场景。(图 1.34,1.35)因此主尊佛的这个造像特征对于理解造像尊格至关重要。

图 1.34　莫高窟第 361 窟北壁迦叶献袈裟
(采自《敦煌石窟全集·弥勒经画卷》)

图 1.35　瓜州榆林窟第 25 窟北壁迦叶献袈裟
(采自《中国石窟·安西榆林窟》)

2. 比丘装造像尊格的考释

金塔寺西窟中心塔柱中栏北向面弥勒造像与四身弟子组合非常特殊,既不同于塔柱其他各个向面组合,又不常见于同时期的其他石窟寺,实乃一大特色。西窟中心塔柱中层南面、西面和东面皆为菩萨形象,上身赤裸,下身着裙。唯独北面在交脚佛左右两侧下方各塑两身比丘装弟子像,身穿红色袈裟,结跏趺坐。现在东侧两身弟子像头部已残,西侧完好。(图 1.36,图 1.37)

图 1.36　交脚弥勒东侧声闻弟子像
（作者拍摄）

图 1.37　交脚弥勒西侧声闻弟子像
（作者拍摄）

在确定了主尊造像为弥勒佛的前提下，两侧弟子造像的尊格有待考证。《佛说弥勒下生经》云：

尔时世尊告迦叶曰：吾今年已衰耗向八十余，然今如来有四大声闻，堪任游化，智慧无尽，众德具足。云何为四？所谓大迦叶比丘、屠钵叹比丘、宾头卢比丘、罗云比丘。汝等四大声闻要不般涅槃，须吾法没尽，然后乃当般涅槃。大迦叶亦不应般涅槃，要须弥勒出现世间。所以然者？弥勒所化弟子，尽是释迦文弟子，由我遗化，得尽有漏。摩竭国界毗提村中，大迦叶于彼山中住。又弥勒如来将无数千人众，前后围绕往至此山中。遂蒙佛恩，诸鬼神当与开门，使得见迦叶禅窟。是时弥勒伸右手指示迦叶，告诸人民，过去久远释迦文佛弟子，名曰迦叶，今日现在头陀苦行最为第一。是时诸人见是事已叹未曾有，无数百千众生诸尘垢尽得法眼净，或复有众生见迦叶身已。此名为最初之会。九十六亿人皆得阿罗汉……弥勒如来当取迦叶僧伽梨着之。是时迦叶身体奄然星散。是时弥勒复取种种华香供养迦叶。所以然者诸佛世尊有敬心于正法故，弥勒亦由我所受正法化，得成无上正真之道。①

据此，比丘像的身份概有两种可能：一是龙华会上成就的阿罗汉，二是留形住世的释迦牟尼佛四大声闻弟子。

如果结合该窟中心塔柱其他向面的造像，那么第一种推论是不能成立的。从上引经文来看，弥勒带领弟子前往迦叶禅窟，在见到迦叶真身后，"无数百千众生诸尘垢尽得法眼净，或复有众生见迦叶身已。此名为最初之会"。也就是说，在龙华三会中的第一会上，弥勒佛接受了大迦叶所传的袈裟，并使"九十六亿人皆得阿罗汉"。那么这四身弟子像是否就代表法会上的阿罗汉呢？这种推论值得商榷。因为如果以此类推，中心塔柱东向面和南面可能表现了龙华三会中的第二会和第三会，经中也提到："弥勒佛第二会时，有九十四亿人皆是阿罗汉，亦复是我遗教弟子，行四事供养之所致也。又弥勒第三之会，九十二亿人皆是阿罗汉。"②但是东向面和南向面主尊佛周围所塑的造像皆穿菩萨装，这与经典矛盾。

相比之下，第二种推论更具说服力，弟子像极有可能代表留形住世的释迦牟尼佛四大声闻弟子。

首先，竺法护译本中，释迦牟尼佛对迦叶说如今四大声闻弟子大迦叶比丘、屠钵叹比丘、宾头卢比丘和罗云比丘"堪任游化，智慧无尽，众德具足"，并提出"汝等四大声闻要不般涅槃，须吾法没尽，然后乃当般涅槃"。类似的记载出现在东晋瞿昙僧伽提婆所译《增一阿含经》③，但不见于姚秦鸠摩罗什《弥勒大成佛经》和北凉沮渠京声《观弥勒菩萨上生兜率天经》。根据佛教佛佛相继的理念，释迦牟尼佛法尽之时，也是弥勒佛正法兴起之

① [西晋]竺法护译《佛说弥勒下生经》，《大正藏》，第 14 册，第 422 页。
② [西晋]竺法护译《佛说弥勒下生经》，《大正藏》，第 14 册，第 422 页。
③ [东晋]瞿昙僧伽提婆译《增一阿含经》，《大正藏》，第 2 册，第 789 页。

日，在弥勒菩萨降世之前的末法时代，四大弟子肩负着护持佛教、导利众生的责任。经典所记四大声闻乘弟子和交脚佛两侧的弟子造像数量也恰好相符。

其次，弥勒佛从大迦叶手中接到袈裟的时候，无量弟子因目睹迦叶真身而得到阿罗汉果，这就是龙华三会第一会。此时迦叶“身体奄然星散”而般涅槃，可见迦叶也出现在龙华第一会上。按照右旋的顺序，西向面如果可以确定为弥勒菩萨在兜率天宫说法，其他三面可能代表龙华三会，那么北向面自然代表第一次法会。弟子造像的出现恰恰和经典吻合。

最后，打开迦叶禅窟后，“弥勒伸右手指示迦叶，告诸人民，过去久远释迦文佛弟子，名曰迦叶，今日现在头陀苦行最为第一。”佛教造像中，大迦叶像多为头陀形象，老成持重。《河西石窟》公布的黑白图版保存了交脚弥勒佛右侧下栏紧挨佛像的弟子的原貌，他面容清瘦，颈部青筋暴突，[①]虽然所穿袈裟为通肩式，但是通过衣领下拉的部分，锁骨清晰可见。（图 1.38）这和金塔寺东窟中心塔柱北向面下栏迦叶像如出一辙，（图1.39）相同情态亦可见莫高窟隋代第 439 窟。（图 1.40）[②]其他造像则面相长圆，

图 1.38　金塔寺西窟声闻弟子像原貌
（采自《河西石窟》）

①甘肃省文物考古研究所《河西石窟》，图版 95，图版 98。

②刘永增主编《敦煌石窟全集·塑像卷》，香港：商务印书馆（香港）有限公司，2003 年，图版 35。

图 1.39　金塔寺东窟迦叶像
（作者拍摄）

图 1.40　莫高窟第 439 窟迦叶像
（采自《敦煌石窟全集·塑像卷》）

并无此类突出造像特色。因此这身造像的身份极有可能就是大迦叶。

综合以上讨论来看，金塔寺中心塔柱北向面中栏弥勒造像组合极有可能表现了龙华会之第一会，而四身弟子像代表了释迦牟尼佛的四大声闻乘弟子，他们遵循佛陀教诲，留形住世，不般涅槃，直待弥勒降世，其中就包括大迦叶。四川成都万佛寺曾经出土一方造像碑（川博 3 号造像碑，成都万佛寺 22320-1 造像碑），其背后的内容就是弥勒经变，左小角便描绘了弥勒佛与大迦叶在禅窟之前见面的场景。[①]（图 1.41）这大概是目前所

---

①王静芬《弥勒信仰与弥勒变的起源》，《1997 年敦煌石窟研究国际讨论会文集（石窟考古编）》，沈阳：辽宁美术出版社，1990 年；王静芬（Dorothy C. Wong），*Chinese Steles: Pre-Buddhist and Buddhist Use of a Symbolic Form*. Honolulu: University of Hawai'i Press，2004，p.155；赵声良《成都南朝浮雕弥勒经变与法华经变考论》，《敦煌研究》2001 年第 1 期，第 35 页，第 40—41 页；董华锋《四川地区的南朝佛教故事与佛教经变浮雕》，四川博物院、成都文物考古研究所、四川大学博物馆编著《四川出土南朝佛教造像》，北京：中华书局，2013 年，第 249 页。

图 1.41　川博 3 号造像碑弥勒经变
（采自《四川出土南朝佛教造像》）

见最早的一铺弥勒经变，情节丰富，内容完备。相比之下，金塔寺石窟的这个组合由于处在中心塔柱上，受到建筑空间的限制，内容相对简洁，但在石窟寺中却实属罕见。它使用显示度极高的标志性图像，再现了弥勒三会，富有创新。

（三）倚坐佛

经由中心塔柱背面的交脚佛，观者接下来所看到的就是塔柱东向面上方的倚坐佛。（图 1.42）佛像穿通肩式红色袈裟，作说法印，双腿下垂。佛像左右两侧上下布局菩萨造像。

河西地区的倚坐佛最早出现在敦煌莫高窟第 272 窟。佛像着袒右式袈裟，倚坐在穹窿顶的佛龛中。龛外两侧绘净土化生菩萨。[1]在此之后，敦煌石窟倚坐佛造像一直非常流行。根据贺世哲先生的统计，在现存 36 个北朝洞窟中，其中有 22 个洞窟的主尊塑像属于倚坐佛，占主尊总数的

①敦煌文物研究所编《中国石窟·敦煌莫高窟》（一），图版 7。

图 1.42　金塔寺西窟中心塔柱东向面倚坐佛
（作者拍摄）

60%，比例庞大。①

关于倚坐佛的尊格，日本学者东山健吾先生认为，到唐朝时期弥勒佛和倚坐佛之间的关系才最终被确定下来，并根据石窟造像和壁画题材的搭配，指出敦煌北朝倚坐佛代表释迦牟尼佛。②虽然如此，针对北朝造像的定名，我们还不能一概而论。除了历史文献之外，贺世哲先生又搜集到10件具有明确题记的倚坐弥勒佛造像，并推断北朝倚坐像多数是弥勒佛，也有少量释迦牟尼佛。③

金塔寺西窟倚坐佛的定名也需要借鉴国内其他洞窟的造像组合，最

①贺世哲《敦煌图像研究：十六国北朝卷》，第 148 页。

②[日]东山健吾《敦煌莫高窟北朝期の图像的考察》，《东洋学术研究》第 24 卷第 1 期（1985 年），第 87—91 页。

③贺世哲《敦煌图像研究：十六国北朝卷》，第 149—150 页。

典型的例子就是云冈石窟。今以第二期洞窟第12窟为例进行说明。[①]（图1.43，图1.44）该窟西壁分为三栏，其中第二栏雕刻屋型龛，佛龛由两个方柱分割成三间。中央一间雕刻交脚佛，两梢间分别雕刻倚坐佛。中央的交脚佛和金塔寺西窟中心塔柱背面的交脚佛应该属于同种题材。那么倚坐佛的具体神格又是什么？与西壁对称的东壁也许能够给我们更多的提示。东壁也分为三栏，第二栏也雕刻了一个屋型龛，佛龛形制和西壁相同。中央一间雕刻交脚菩萨，两梢间雕刻思惟菩萨。[②]如前所述，李玉珉先生认

图1.43 云冈石窟第12窟西壁
（采自《中国石窟·云冈石窟》）

图1.44 云冈石窟第12窟东壁
（采自《中国石窟·云冈石窟》）

①云冈石窟文物保管所《中国石窟·云冈石窟》（二），图版100，图版101。

②员海瑞《云冈石窟内容总录》（二），云冈石窟文物保管所《中国石窟·云冈石窟》（二），第263页。

为，这种思惟菩萨虽然是中央交脚菩萨的胁侍造像，但却是他的变化身。[①]如果这种推论成立的话，那么西壁屋型龛中与此一模一样的图像组合所包含的原理也应该是一样的。所以中央的交脚佛和两梢间的倚坐佛的尊格相同，倚坐佛就是弥勒佛。另外一例就是天水麦积山第 133 窟 16 号造像碑。[②]（图 1.45）该碑上下可以分为四段，其中由下向上第二段开大型帐形龛，内雕刻帷幕。释迦牟尼佛和多宝佛在宝帐内对坐，二佛之间雕刻一身倚坐佛。对于这身佛像的尊格，笔者倾向于弥勒佛。首先，倚坐佛两侧分别是释迦牟尼佛和多宝佛，那么倚坐佛是释迦牟尼佛的可能性比较小。其次，三佛布局在一起，多宝佛和释迦牟尼佛的尊格是过去佛和现在佛，那么第三身佛像就很有可能是未来佛弥勒佛，从而构成三世佛组合。最后，按照《妙法莲华经》的记载："尔时释迦牟尼分身诸佛，从无量千万亿他方国土来者，在于八方诸宝树下师子座上结跏趺坐。其佛侍者，各各见是菩萨大众，于三千大千世界四方从地踊出住于虚空，各白其佛言，世尊，此诸无量无

图 1.45　麦积山石窟第 133 窟 16 号造像碑
（采自《中国石窟·天水麦积山》）

---

①李玉珉《半跏思惟像再探》，第 50 页。

②天水麦积山石窟艺术研究所《中国石窟·天水麦积山》，北京：文物出版社，1998 年，第 101 页。

边阿僧祇菩萨大众，从何所来？尔时诸佛各告侍者，诸善男子，且待须臾，有菩萨摩诃萨，名曰弥勒，释迦牟尼佛之所授记，次后作佛，以问斯事，佛今答之，汝等自当因是得闻。”[①]所以第 16 号造像碑中倚坐佛应该是弥勒佛。因此金塔寺西窟倚坐像大概就是弥勒佛。

（四）右绕顺序

从菩萨装思惟像到佛装坐像，西窟弥勒造像组合完全是根据佛教右绕的顺序进行布局的。中心塔柱本意是指佛塔，在中心塔柱窟旋绕礼拜，实际上也就是绕塔，而顺序一般为右绕。《四分律》法揵度载：“时彼（比丘）于塔边左行过。护塔神瞋，佛言不应左行过，应右绕塔而过。”[②]文献记载礼佛“右绕”，但是在现实实践过程中，因为不能确定其“右”是以主尊为参照还是以礼拜者为参照，于是产生了些许困惑，有学者专文讨论。[③]如果以金塔寺西窟为参照，这个问题就比较容易解释。金塔寺西窟窟顶为平顶加斜坡顶。平顶部分绘制飞天，靠近中心塔柱斜坡顶外圈绘飞天，内圈绘供养菩萨。供养菩萨身穿袒右式袈裟，胡跪，双手合掌，以中心塔柱为中心，从西面开始（洞窟坐北向南，南壁和窟顶南坡前部已毁），顺时针排列，至东面前部。虽然现存壁画不全，但是我们可以肯定原来的胡跪供养菩萨图像是按顺时针右绕佛塔一周，也就是说，窟顶胡跪的供养菩萨正在围绕中心塔柱右绕礼拜，其“右”是以中心塔柱为基准，以中心塔柱上的佛像为参照。[④]（图 1.46）这条资料生动形象地再现了右绕礼佛的仪轨，难能可贵。（详细论证请参看第五章《马蹄寺石窟群北朝佛教内修型洞窟研究》）

---

①[姚秦]鸠摩罗什译《妙法莲华经》，《大正藏》，第 9 册，第 41 页。

②[姚秦]佛陀耶舍、竺佛念译《四分律》，《大正藏》，第 22 册，第 930—931 页。

③参见刘艳燕、吴军《莫高窟礼佛仪式的左旋与右旋》，《敦煌研究》2015 年第 6 期，第 47—53 页。

④供养菩萨线描图采自《马蹄寺、文殊山、昌马诸石窟调查简报》（《文物》1965 年第 3 期），示意图由笔者和邵强军完成。

图 1.46　金塔寺西窟窟顶供养天人
（采自《马蹄寺、文殊山、昌马诸石窟调查简报》）

金塔寺西窟中心塔柱中栏以信众右旋的方向，分别泥塑兜率天宫中的弥勒菩萨和成佛之后的弥勒佛。按照有关弥勒下生的经典记载，弥勒成佛之后举行了三次法会，度人无量，那么塔柱除了西向面菩萨装弥勒之外，其余三面的佛装弥勒代表龙华三会，也不无可能。其中第一次法会上，弥勒佛从大迦叶手中接过释迦牟尼佛的袈裟，以表传承正法，笔者将在下文探讨。整体来看，造像布局构图严谨，中规中矩。

二、十六国北朝时期河西地区弥勒信仰与末法思想

金塔寺西窟弥勒造像组合与四大声闻乘弟子造像的出现，一方面体现了十六国北朝时期河西地区盛行的弥勒信仰，另一方面凸显了该地区强烈的末法思想，两者之间密切关联。

弥勒信仰的盛行在经教和像教两个方面皆有体现，特别是在北凉文化圈。在经教方面，弥勒经典的翻译在 5 世纪初就已经基本完成。竺法护《弥勒下生经》、失译的《佛说弥勒来时经》、鸠摩罗什《弥勒下生成佛经》等

等属于弥勒下生经，其中一部就是由世居敦煌的“敦煌菩萨”竺法护翻译而成。《观弥勒菩萨上生兜率天经》署名“宋居士沮渠京声”，但是由于沮渠京声所译的经典部头较小，而且在南朝短短时间内翻译出来，很有可能在他投奔南朝的时候就带去了不少快要完成的译本。[①]也就是说，他的翻译主要是在河西凉州准备就绪或者业已完成。这部典籍主要描绘兜率天宫的微妙景象，成为此时中国弥勒菩萨造像的主要经典依据。弥勒下生经和上生经共同完成了对弥勒净土的刻画。

在像教方面，此时河西地区弥勒造像遍及各大寺宇。莫高窟现存最早的北凉三窟里弥勒造像突出。第 275 窟主尊就是交脚弥勒菩萨，其依据是《观弥勒上生兜率天经》。而第 268 窟主尊为交脚弥勒坐佛，龛外南北两侧绘制净土化生童子，窟顶藻井绘制清凉莲池和在水中嬉戏的童子，俨然一派令人向往的净土景象。对于第 272 窟，虽然学者认为主尊倚坐佛是释迦牟尼佛，不过其理论依据仍然是沮渠京声所译《观弥勒菩萨上生兜率天经》。[②]集中反映河西弥勒信仰的另外一组资料就是原北凉境内出土的14座石塔。佛塔塔身雕刻七佛一弥勒菩萨。其中在高善穆石塔顶部还雕刻了北斗七星，斗柄指向八面基座的坎卦，也就是释迦牟尼佛造像所在的方位。（图 1.47）殷光明先生认为，这代表了释迦牟尼佛已经过去，现在正处于黑暗的末法时期，但是阳气萌生，黑暗即将过去，预示着新的佛即将出现，表达了当时佛教信徒期盼第八尊佛未来佛弥勒出世的愿望。[③]

关于弥勒信仰盛行之因，李玉珉先生指出，河西地区弥勒信仰的相关

①杜斗城《北凉译经论》，兰州：甘肃文化出版社，1995 年，第 244 页。

②第 272 窟主尊为倚坐佛，佛龛外两侧绘制 40 余身化生菩萨。贺世哲先生根据《佛说观弥勒菩萨上生兜率天经》提出，这些菩萨就是经中所提到的贤劫千佛，而主尊则是释迦牟尼佛。这种观点发人深思。（贺世哲《敦煌图像研究：十六国北朝卷》，第 151 页）

③殷光明《北凉石塔研究》，新竹：财团法人觉风佛教艺术文化基金会，1999 年，第 180—181 页。

图 1.47　甘肃酒泉高善穆石塔拓片
（采自《北凉石塔艺术》）

资料都涉及西域，但却没有一则与中原传统相关，显示河西弥勒信仰与西域渊源颇深。[①]笔者认为，弥勒信仰之所以如此盛行，影响面如此之广，和这种信仰所具有的强大的包容性有关。不论是佛教僧团还是世俗民众，社会各个阶层都能够从中达成自己的修行大愿，或者寻找到丝缕的精神慰藉。

对于僧人而言，身处兜率天宫的弥勒菩萨能够为坐禅中的僧人解决

①李玉珉《金塔寺石窟考》，敦煌研究院编《2004 年石窟研究国际学术会议论文集》，第 895 页。

疑窦。当时北中国僧团内部禅法风靡，现存各大石窟群的开凿也都以禅窟开凿为始。有关坐禅的典籍已大量提到弥勒和兜率天宫，将修禅和他们联系起来。诸种因素共同促进了石窟中弥勒像的造设。对此，刘慧达先生[1]和贺世哲先生[2]都有相当精妙的论述，使后学收益良多。依照前贤的研究，造像依据的经典有《名僧传抄》《禅秘要法经》《五门禅经要用法》《佛说观佛三昧海经》《付法藏因缘经》和《观弥勒上生兜率天经》等。《名僧传抄》智严条载："西凉州人也，才干清秀，业行精恳，菜蔬布衣，慱施慈爱。□□又疑儿童时，曾受五戒，有所犯，后受具足，恐不得戒，积年禅观，不能自决，大为忧苦。遂更与弟子智羽智达，泛海重至天竺，以事问罗汉。罗汉复不能决，乃为入定，往兜率问弥勒。弥勒答云：'得戒！'严大欢喜。"[3]

对于僧人而言，兜率天还是许多高僧所向往的圆寂以后往生的空间。昙摩蜜多所译《五门禅经要用法》把圆寂往生的世界分为两个等级：一、随意所欲，生诸佛前；二、不能生诸佛前，也可往生于兜率天。经云："行者志求大乘，若命终随意所欲生诸佛前。若不尔者，必生兜率天得见弥勒，定无有疑也。"这样兜率天便成了"最保守"的底线。《高僧传》记载："（道）安每与弟子法遇等，于弥勒像前立誓，愿生兜率。后至秦建元二十一年正月二十七日，忽有异僧，形甚庸陋，来寺寄宿。寺房既迮，处之讲堂。时维那直殿，夜见此僧从窗隙出入，遽以白安。安惊起礼讯，问其来意。答云：'相为而来。'安曰：'自惟罪深，讵可度脱。'彼答云：'甚可度耳，然须臾浴圣僧，情愿必果。'具示浴法。安请问来生所往处。彼乃以手虚拨天之西北，即见云开，备睹兜率妙胜之报……至其年二月八日，忽告众曰：'吾当去矣。'是

①刘慧达《北魏石窟与禅》，《考古学报》1978 年第 3 期，第 337—352 页。

②贺世哲《敦煌莫高窟北朝石窟与禅观》，敦煌文物研究所编《敦煌研究文集》，兰州：甘肃人民出版社，1982 年，第 122—144 页；《敦煌石窟论稿》，兰州：甘肃民族出版社，2004 年，第 1—23 页。

③[梁]释宝唱《名僧传抄》，《卍新纂续藏经》，第 77 册，第 358 页。

日斋毕，无疾而卒。”[①]又“（释昙戒）笃疾常诵弥勒佛名不辍口，弟子智生侍疾，问何不愿生安养，诫曰：‘吾与和上等八人，同愿生兜率。和上及道愿等皆已往生，吾未得去，是故有愿耳。’言毕，即有光照于身，容貌更悦，遂奄尔迁化。”[②]《比丘尼传》记载，吴国太玄台寺的（玄藻）“住太玄台寺，精勤匪懈，诵法华经，菜食长斋，三十七载。常翘心注想，愿生兜率”[③]。

对于世俗民众而言，兜率天宫净土和未来弥勒净土更具吸引力。北凉石塔题记曾记载“即于山岩被负斯石起灵塔一尊”，希望自己的七世父母兄弟宗亲“值遇弥勒”。《弥勒下生成佛经》等下生经都说明了当时听法的僧众凭借诸种功德来到净土世界，有“以衣食施人持戒智慧”“以幡盖华香供养于佛”“布施持斋修习慈心”“为苦恼众生令其得乐”“持戒忍辱修清净慈”“持戒多闻修行禅定无漏智慧”以及“起塔供养舍利”等功德。从积累这些功德的方便程度来看，除了禅定持戒这种僧团内部的活动之外，其余的方法世俗民众都可身体力行。如果对自己信心不足，可以选择弥勒净土的“前站”兜率天宫，然后下世成佛。《观弥勒上生兜率天经》说：“未来世中诸众生等，闻是菩萨大悲名称，造立形像香花衣服缯盖幢幡礼拜系念。此人命欲终时，弥勒菩萨放眉间白毫大人相光，与诸天子雨曼陀罗花，来迎此人。此人须臾即得往生，值遇弥勒，头面礼敬，未举头顷，便得闻法，即于无上道得不退转，于未来世得值恒河沙等诸佛如来。”[④]这样，弥勒净土便向更加广大的信徒打开了方便之门。在两晋南北朝时期，各地割据政权之间战事频仍，生灵涂炭，劳苦大众生活在水深火热之中。此时，弥勒下生经的翻译以及弥勒净土信仰的宣传迅速产生了强大的吸引力。

---

①[梁]释慧皎著，汤用彤校注《高僧传》，北京：中华书局，1992 年，第 183 页。

②[梁]释慧皎著，汤用彤校注《高僧传》，第 204 页。

③[梁]释宝唱著，王孺童校注《比丘尼传校注》，北京：中华书局，2006 年，第 63 页。

④[刘宋]沮渠京声译《佛说观弥勒菩萨上生兜率天经》，《大正藏》，第 14 册，第 419 页。

末法思想则是与弥勒信仰密切相关的一种思潮。佛教典籍记载，释迦牟尼佛涅槃之后，世界将会经历正法、像法和末法三个阶段：正法时期，人们精进修行，护法弘教；像法时期，人们秉持佛教，但多不能正果；末法时期，人们信心动摇，不能正果，佛教得不到护持，出家众不能严守戒律，整个世界一派颓废之象。关于正、像、末三时长短，典籍记载不一。其中北齐慧思大师认为："正法从甲戌年至癸巳年，足满五百岁止住。像法从甲午年至癸酉年，足满一千岁止住。末法从甲戌年至癸丑年，足满一万岁止住。"[①]至于说具体哪一年是末法的开始，典籍记载也不尽相同。北齐慧思大师在自传里说："我慧思即是末法八十二年太岁在乙未十一月十一日于大魏国南豫州汝阳郡武津县生。"具体推测，他认为末法开始于 434 年。这种思潮对中国佛教艺术产生了深远影响。

在金塔寺石窟，末法思想主要体现在四大声闻乘弟子造像上。比较突出的是两个人物：大迦叶和宾头卢。大迦叶作为佛陀首席大弟子，正如《佛说弥勒下生经》记载，佛陀灭度后，世间进入漫长的末法时代，大迦叶等四位声闻乘弟子留形住世，担负着传承佛教的重任。修行地点在鸡足山，弥勒菩萨降诞成佛之后，迦叶将代表正法的袈裟传递给弥勒佛，然后进入涅槃状态。玄奘《大唐西域记》记载过鸡足山，说此山"高峦陗无极，深壑洞无涯……其后尊者大迦叶波居中寂灭，不敢指言，故云尊足。摩诃迦叶波者，声闻弟子也，得六神通，具八解脱。如来化缘斯毕，垂将涅槃，告迦叶波曰：'我于旷劫，勤修苦行，为诸众生求无上法，昔所愿期，今已果满。我今将欲入大涅槃，以诸法藏嘱累于汝，住持宣布，勿有失坠。姨母所献金缕袈裟，慈氏成佛，留以传付……'迦叶承旨，住持正法。结集既已，至第二十年，厌

①[北齐]慧思《南岳思大禅师立誓愿文》，《大正藏》，第 46 册，第 786 页。

世无常，将入寂灭。乃往鸡足山”①。这个情节本身就透露出浓浓的末法意味。

宾头卢也是四大声闻乘弟子之一。《佛说弥勒下生经》记载佛陀不令他入般涅槃的原因是“堪任游化，智慧无尽，众德具足”，除此之外，也另有他因。刘宋沙门释慧简译《请宾头卢法》：“天竺国有优婆塞国王长者，若设一切会，常请宾头卢颇罗堕誓阿罗汉。宾头卢者，字也，颇罗堕誓者，姓也。其人为树提长者现神足故，佛摈之不听涅槃。敕令为末法四部众作福田。”②宾头卢在白衣面前展示神通，违背戒律，受到佛陀的严惩，不得入般涅槃，留形住世，目的就是在末法时代为四部众作福田。从敦煌藏经洞出土的《请宾头卢疏》来看，宾头卢属于食堂之神，在 9—10 世纪的敦煌，为亡人设供或者佛教节日设供，法会都要延请现世僧人，也要请宾头卢。③和大迦叶一样，宾头卢也来自鸡足山。S.2974《建隆二年（961）二月归义军节度使〈请宾头卢颇罗堕疏〉》首句为“谨请西南方鸡足山宾头卢颇罗堕上座和尚”。宾头卢造像也蔚然成风。唐代《道宣律师感通录》记载：“今终南山、太白、太华、五岳名山，皆有圣人。为住佛法，处处有之。人有供设，必须预请，七日已前，在静室内安置坛座，烧香列疏，闭户祈求，无不感应。至时来赴，凡圣难知。若不尔者，缘请既多，希来至饭。今时有作宾头卢圣僧像立房供养。亦是一途。”④

随着时间的推移，罗汉信仰兴起，十六罗汉、十八罗汉、五百罗汉……

①［唐］玄奘、辩机著，季羡林等校注《大唐西域记校注》，第 705—706 页。

②［刘宋］释慧简译《请宾头卢法》，《大正藏》，第 32 册，第 784 页。

③王惠民《古代印度宾头卢信仰的产生及其东传》，《敦煌学辑刊》1995 年第 1 期；党燕妮《Дх.02479〈温室启请文〉与敦煌的宾头卢信仰》，郑炳林主编《佛教艺术与文化国际学术研讨会论文集》，西安：三秦出版社，2009 年；党燕妮《宾头卢信仰及其在敦煌的流传》，《敦煌学辑刊》2005 年第 1 期；王惠民《敦煌写本〈请宾头卢疏〉考察》，《敦煌学辑刊》2006 年第 2 期。

④［唐］释道宣《道宣律师感通录》，《大正藏》，第 52 册，第 437 页。

相继出现。《法苑珠林》卷42《受请篇》圣僧部卷首开篇即云“自大觉泥洹，法归众圣。开士应真，导扬末教。并飞化众刹，随缘摄诱。感殊则同室天隔，应合则异境对颜。宋泰始之末，正胜寺释法愿、正喜寺释法镜等始图画圣僧，列坐标拟。迄至唐初，亟降灵瑞。或足趾显露，半现于柱间；或植杖遗迹，印陷于平地。”[①]在末法无佛的时代，罗汉被看作佛教的代言人，是信众依止的对象。

金塔寺西窟四大声闻乘弟子的出现，可能和河西地区特别是北凉文化圈的末法思想有关。对于北凉末法思想，殷光明先生有过深入系统的研究，认为在河西北凉时期昙无谶最早提出末法思想，经由他翻译的《大般涅槃经》即是证明，而从北凉石塔题记来看，北凉信徒认为434年中国佛教进入末法时期。[②]目前学界公布了14座北凉石塔，434年之前的石塔题记相对简略，发愿文内容多包含时间、地点和愿望，凸显报四恩的思想；但是434年之后的石塔题记则相对冗长，除了基本的时间、地点元素，供养人还往往感慨生不逢时，长在“末法”（末世）；不仅如此，白氏434年供养的佛塔恰好出现了“末法”一词，有力地印证了434年佛教进入末法这一种说法。

原始佛教经典中就有末法思想，传入中国之后，伴随着大规模的“三武一宗”灭佛运动，这一思想影响深远。从云冈石窟巨型造像的雕凿到房山石经的开刻，从《南岳思大禅师立誓愿文》到《僧伽和尚欲入涅槃说六度经》，无不渗透着佛教僧团的焦虑，既有对佛教前途的担忧，又有对彼时佛教现状的不忍。与之相应，未来佛弥勒信仰也由此兴盛。无论是经教还是像教，种种资料表明，十六国南北朝时期河西地区是弥勒信仰和末法思想重要的输出地。

---

①[唐]释道世著，周叔迦、苏晋仁校注《法苑珠林校注》，北京：中华书局，2003年，第1299页。

②殷光明《试论末法思想与北凉佛教及其影响》，《敦煌研究》1998年第2期，第91页。

第三节　十方三世佛造像研究

金塔寺东窟中心塔柱四个向面都分为三栏。上栏第一列为天宫菩萨，第二列则是泥塑十身禅定坐佛。中栏开三个圆拱形佛龛，龛内泥塑坐佛。下栏开一个大龛，龛内也塑坐佛。相似的布局还可见于千佛洞第 2 窟中心塔柱，柱体分为上下两栏。其中上栏为四层。第四层是在泥坯上绘禅定坐佛，其余三层每层泥塑三身坐佛，皆为禅定印，与金塔寺中心塔柱上栏的十身禅定坐佛相同。下栏开一个圆拱形佛龛，内塑佛像。（图1.48）[①]

一、十方三世佛造像内容考释

整体而言，这两个洞窟中心塔柱的造像布局基本相同。至于其题材内容，贺世哲先生认为，东窟布局"很有可能是表现释迦牟尼佛讲三世十方佛化"，而千佛洞第 2 窟造像组合"表现三世十方佛化"。[②]由于造像残破，

①金塔寺洞窟中心塔柱造像示意图采自张宝玺先生《河西北朝石窟编年》，在此笔者深表感谢。

②贺世哲《关于十六国北朝时期的三世佛与三佛造像诸问题（一）》，《敦煌研究》1992 年第 4 期，第 7 页。

图 1.48　金塔寺东窟中心塔柱东向面
（采自《肃南马蹄寺石窟群》）

壁画题记模糊，材料尚未完全公布，[1]但是先生的观点极富创见。刘永增先生也曾对此进行考察，并指出千佛洞第 2 窟十方佛佛名的依据是《佛说观佛三昧海经》念十方佛品。[2]前贤的研究让后学受益匪浅。笔者根据实地调查，对这两个洞窟的造像布局作了全面的诠释。

（一）十方佛

千佛洞第 2 窟中心塔柱南面顶端的禅定坐佛题记为我们考证其确切内容提供了方便。第四层现存六身坐佛，西起第一方、第三方、第四方和第五方题记分别为："□方明□□""西北方□□□""西南方宝施佛""东南方无□□"。

在这些佛名中，"宝施佛"和四个表示方位的题记至关重要。"十方佛"名号中包含"宝施佛"的经典和论集主要有《佛说观佛三昧海经》《十住毗婆沙论》《十方千五百佛名经》《慈悲道场忏法》《法华三昧忏仪》《诸经要集》以及《法苑珠林》。据此，我们可以判断这些残缺不全的佛名大致可以释读为"下方明德佛""西北方华德佛"和"东南方无忧佛"。

那么，这组佛像绘制的依据是什么？是否为十身佛像？其具体排列顺序又有怎样的规律？中国内地石窟中十方佛图像最早出现在炳灵寺第 169 窟。该窟北壁第 6 号龛泥塑一铺三身像，分别为无量寿佛、观世音菩萨和得大势至菩萨。在得大势至菩萨上方龛壁上绘两排小型禅定坐佛，每排为五身，上排坐佛题名为"东方明智佛""北方行智佛""西方习智佛""南方智火佛""东□□□□"；下排为"上方伏怨智佛""下方梵智佛""西北方

---

①贺世哲先生在介绍金塔　寺东窟中心塔柱造像布局时指出，"上层壁面并列塑两排影塑结跏趺坐佛，每列五身，共计十身"。由于金塔寺资料公布不全，介绍误差在所难免。实际上这十身坐佛位于同一排。而对于千佛洞第 2 窟中心塔柱最顶端的壁画坐佛，贺先生释读为"1.'东……'；2.'西北方……'；3.'西南……'"。这与实际保存情况也有出入。

②刘永增《敦煌石窟中与禅观相关的几个问题》，颜廷亮、王亨通主编《炳灵寺石窟学术讨论会论文集》，第 253 页。

图 1.49　炳灵寺石窟第 169 窟 6 号龛展开示意图
（采自贺世哲《关于十六国北朝时期的三世佛与三佛造像诸问题》）

自在智佛”“西南方上智佛”“□□□□□”。[①]在泥塑佛像东侧不远处就是建弘元年题记。(图 1.49)对此，张宝玺先生认为佛名来自东晋佛驮跋陀罗翻译的《大方广佛华严经》。[②]《炳灵寺一六九窟》认为十方佛图像来源于《无量寿经》，而佛号则是采自《华严经》。[③]贺世哲先生认为十方佛和主尊无量寿佛关系密切，并征引吉藏《观无量寿经义疏》，指出这表现的乃是“西方净土无量寿化，明十方佛化”。[④]马德先生认为：“从完整意义上讲，应该是‘十方十智佛’，此佛名应源于《佛名经》，是一种十方佛与十智佛的重

①杜斗城、王亨通主编《炳灵寺石窟内容总录》，第 184—185 页。

②张宝玺《建弘题记及其有关问题的考释》，阎文儒、王万青《炳灵寺石窟》，兰州：甘肃人民出版社，1993 年，第 166 页。

③董玉祥主编《炳灵寺一六九窟》，深圳：海天出版社，1994 年，图版说明第 6 页。

④贺世哲《敦煌北朝洞窟之十方佛造像新探》，敦煌研究院《段文杰敦煌研究五十年纪念文集》，北京：世界图书出版公司；又载《敦煌石窟论稿》，第 489 页。

新组合。”[①]经过对比，千佛洞第 2 窟十方佛名号与《华严经》差异很大。而相比《佛说观佛三昧海经》，《十住毗婆沙论》更有可能是这组壁画的底本。

《十住毗婆沙论》易行品第 9 云：“……佛法有无量门，如世间道，有难有易。陆道步行则苦，水道乘船则乐。菩萨道亦如是。或有勤行精进，或有以信方便，易行疾至阿惟越致者。如偈说：东方善德佛，南栴檀德佛，西无量明佛，北方相德佛，东南无忧德，西南宝施佛，西北华德佛，东北三行佛，下方明德佛，上方广众德，如是诸世尊，今现在十方。若人疾欲至，不退转地者，应以恭敬心，执持称名号。”[②]

经文说，行者需要持念佛陀名号，其顺序依次是：东方、南方、西方、北方、东南、西南、西北、东北、下方和上方。需要注意的是，“西北华德佛”之后隔一个佛号先是“下方明德佛”，后是“上方广众佛”。

《佛说观佛三昧海经》中的观佛顺序与之稍微不同。经云：“佛告阿难，云何行者观十方佛。观十方佛者，东方为始。东方有世界，国名宝安隐，无量亿宝有亿千色以用合成，佛号善德。亦放无数光普照百千国，亦与无数亿分身诸化佛住于行者前。身色如金山，端严甚无比，坐大金刚窟。无数杂宝光庄严为堂阁，一一堂阁前无量微尘数百亿诸宝树，一一宝树下八万四千师子座，一一师子座有一分身佛，结跏趺坐三昧，坐于宝树下。善德佛世尊身长二百五十亿那由他由旬。一一身毛孔无数亿微尘一切胜相好。一一相好中有无数化佛。一一化佛高显巍巍如须弥山，放大光明，坐宝莲华，住虚空中。分身诸佛各各开现微妙光明，显出无数百千化佛。一一化佛坐宝莲华，一一莲华有千幢幡，一一幢幡演出百亿微妙音声，是诸声中教观十方无数佛身。此相现时，见十方界犹如金刚，百亿宝色不灭不坏。见此相

---

①马德《炳灵寺第 169 窟 6 号龛“十方十智佛”臆测》，颜廷亮、王亨通主编《炳灵寺石窟学术讨论会论文集》，第 94 页。

②[姚秦]鸠摩罗什译《十住毗婆沙论》，《大正藏》，第 26 册，第 41 页。

已，于诸佛前受法王子位，如是境界，名性地菩萨。”观完东方善德佛之后，次观南方栴檀德佛、西方无量明佛、北方相德佛、东南方无忧德佛、西南方宝施佛、西北方华德佛、东北方三乘行佛、上方广众德佛、下方明德佛。[①]这部佛经的顺序与《十住毗婆沙论》有细微的差别，那就是经文首先谛观“上方广众德佛”，最后才是“下方明德佛”。

千佛洞第2窟这组佛像所在的壁面两端皆有残缺。从现状看，西起第一身佛像是下方明德佛，第二身榜题残缺，第三身、第四身和第五身佛像榜题依次是西北方华德佛、西南方宝施佛、东南方无忧德佛。(图1.50)因为壁画东端残缺严重，我们无法确认东端佛像数量，所以在叙述中以西端这身佛像为开始。但是佛名的顺序应该是从东向西。也就是说，佛像排列的顺序和观佛的方向是一致的：东南方无忧德佛、西南方宝施佛、西北方华德佛，次之应该是东北方三乘行佛，其榜题已经残损。问题在于接下来的“下方明德佛”。从上文看《佛说观佛三昧海经》首先观上方佛，最后是下方佛。但是下方佛和西北方佛之间只有一身佛像，只能是东北方佛。所以在这一点上《佛说观佛三昧海经》与之存在微小的出入。而《十住毗婆沙

图1.50　千佛洞第2窟中心塔柱十方佛图像
(作者拍摄)

①[东晋]佛驮跋陀罗译《佛说观佛三昧海经》，《大正藏》，第15册，第693—694页。

论》礼拜完西南方佛和东北方佛之后，就礼拜下方佛，这和千佛洞第 2 窟佛名顺序相同，而上方佛图像业已无存。

通览佛典，禅观十方佛和念诵十方佛名号的顺序基本相同，其差别仅仅在于下方佛和上方佛的次序上。虽然出入甚微，但是也许会对佛像布局乃至对其思想的判断产生巨大差别。今将千佛洞第 2 窟完整的佛名还原如下（表 1–1）。

表 1–1　千佛洞第 2 窟十方佛名

佛像题记		□方明□□		西北方□□□	西南方宝施佛	东南方无□□				
《十住毗婆沙论》	上方广众德佛	下方明德佛	东北方三乘行佛	西北方华德佛	西南方宝施佛	东南方无忧德佛	北方相德佛	西方无量明佛	南方旃檀德佛	东方善德佛

（二）三世佛

千佛洞第 2 窟中心塔柱上部第一层至第三层皆塑禅定坐佛，除了袈裟样式不同之外，造像特征基本相同。因为佛像全部作禅定印，没有明确的图像志特征，所以很难确定其内容。

不过金塔寺洞窟中心塔柱中栏佛龛内所塑佛像并非千篇一律，而是变化多样、内容丰富。其中以中心塔柱西向面中栏造像最富有代表性。南起第一龛内塑禅定坐佛。佛像头部稍偏，面相清瘦，颧骨高耸，喉

图 1.51 金塔寺东窟苦修像
（作者拍摄）

结和锁骨突兀。（图 1.51）第二身佛像左手作如愿印，右手作说法印，交脚而坐。第三身佛像作禅定印，无特别的图像志特征。对此，贺世哲先生在讨论“迦叶佛、释迦佛与弥勒组成的竖三世佛”时，也将这一组纳入进来。①

经过上一节“交脚佛”的讨论，我们已经非常明确，在北朝造像中有大量交脚佛皆为弥勒佛。相比西窟弥勒佛造像而言，这身佛像并非手持法衣，而是作如愿印和说法印。这也许是因为西窟造像完全是按照线性的时间关系布置的，而对手持法衣姿态的强调则说明这是弥勒佛刚刚成佛并从迦叶手中取得能够证明自己是正法继承人的袈裟，也意味着这身造像的内容是龙华第一会。但是，在这里，佛像不再是单类弥勒佛像的线性时间发展，而是同其他佛像共处一起，合法性的强调已经变得不再重要。所以金塔寺交脚弥勒佛造像直接作如愿印和说法印，而并非手持法衣。

1. 禅定苦修像与魔王图像

从学术界讨论看，苦修像基本都确定为释迦佛。②释尊在苦行林修行六年，每日仅吃“一麻一麦”，脸色如墨，又同死灰，身体羸弱，枯瘦如柴，用

---

①贺世哲《关于十六国北朝时期的三世佛与三佛造像诸问题(一)》，第 8 页。

②金申《关于释迦佛的苦修像》，《美术研究》1994 年第 3 期；又《佛教美术丛考》，北京：科学出版社，2004 年，第 42—51 页。

手摸腹便能触到脊梁。工匠在创作苦修像时也极尽夸张之能事，某些苦修像几近一副骷髅。[①]在古代印度,这种题材的作品数量丰富。唐玄奘西游天竺时在释迦修行处也见到了这种类型的雕像。(图 1.52)《大唐西域记》记载:“目支邻陀龙池东林中精舍,有佛羸瘦之像。其侧有经行之所，长七十余步，南北各有卑钵罗树。故今土俗,诸有婴疾,香油涂像,多蒙除差。是菩萨修苦行处。如来为伏外道，又受魔请，于是苦行六年，日食一麻一麦,形容憔悴,肤体羸瘠,经行往来,攀树后起。”[②]

图 1.52　巴基斯坦白沙瓦苦修像
(采自 *Gandharan Art in Pakistan*)

在古代龟兹地区,克孜尔石窟第 76 窟苦修像最具代表性。释迦牟尼佛上身赤裸,披帛,结跏趺坐。菩萨身后绘身光。和其他苦修像不同的是,释迦周围描绘了数身身体丰腴、婀娜多姿的女性形象,所表现的应该是魔女诱惑的场景。与这幅作品相连的则是一铺降魔变，菩萨周围添加了魔军。综合来看,这两铺图像实为连环画,把释迦苦修、魔女诱惑和降魔成道三个故事情节糅合在一起。

内地石窟中的早期苦修像主要集中在敦煌莫高窟、金塔寺石窟、永靖炳灵寺石窟和云冈石窟。比较来看,在所有的苦修像中,只有莫高窟和金塔寺石窟中的苦修像身穿袈裟。释尊羸弱之态多是通过清瘦的面庞和袈裟衣领处暴突的锁骨来表现。

---

①H. Ingholt, *Gandharan Art in Pakistan*, Connecticut, 1971, pl. 53.

②[唐]玄奘、辩机著,季羡林等校注《大唐西域记校注》,第 686 页。

莫高窟苦修像主要分布在第257、260、248、437、288和432等窟。根据樊锦诗、马世长和关友惠等先生的论证,第257窟年代为北魏中期,大约在465年到500年左右。[①]其年代和金塔寺最为接近。该窟中心塔柱东向面佛龛内塑倚坐说法像,南、西、北三面分上下两层,开龛设像。其中南面下层开双树圆券龛,内塑苦修像,上层为阙形龛,塑思惟菩萨。西面上下两层佛龛内皆塑禅定坐佛。北面下层佛龛内塑禅定佛,上层为阙形龛,塑交脚菩萨。[②]下层苦修像是释迦佛。上层交脚菩萨和思惟菩萨的尊格可能是弥勒,也可能是释迦,不过有一点可以肯定,他们都是补处菩萨,具有未来佛的特征。第248窟也是一个代表,其年代为北魏孝昌元年以前至西魏大统十一年,即公元525年以前到545年前后。[③](图1.53)该窟中心塔柱各开一个圆拱形佛龛,东、南、西、北向面造像分别是趺坐说法佛、禅定佛、苦修像、禅定佛。[④]贺世哲先生认为西向面佛像属于释迦四相

图1.53 莫高窟第248窟苦修像
(采自《中国石窟·敦煌莫高窟》)

①樊锦诗、马世长、关友惠《敦煌莫高窟北朝洞窟的分期》,敦煌文物研究所《敦煌研究文集》,兰州:甘肃人民出版社,1982年,第381页。

②敦煌文物研究所《敦煌莫高窟内容总录》,第91页。

③樊锦诗、马世长、关友惠《敦煌莫高窟北朝洞窟的分期》,第381页。

④敦煌文物研究所《敦煌莫高窟内容总录》,第87页。

造像中的苦修像，而其他禅定像的尊格则很难确定。[①]从河西这个与金塔寺地域毗邻的石窟造像来看，释迦苦修像或者表现佛陀传记，或者与表征未来佛神格的造像搭配在一起。

金塔寺洞窟苦修像显然属于第二种情况，即和一个具有未来佛神格的弥勒造像搭配在一起，分别表征现在和未来。那么他们右侧那身没有特别图像志特征的禅定坐佛也许就是过去佛，但是具体是定光佛还是迦叶佛，我们尚不能确切定论。如同上一节所言，此时弥勒信仰风靡北方，特别是河西地区。而西窟弥勒造像也被放在一个至高的位置，那么东窟把未来佛安设在中央，把现在佛和过去佛夹坐在两边也是合情合理的。

2. 降魔变考

中心塔柱东向面中栏南侧佛龛龛外近乎裸体的人物（图 1.54）被命名为菩萨，[②]因其风格独特，长期以来被学界津津乐道，但是整体上缺乏深入研究。通过考察我们发现，这身近乎裸体的人物不是胁侍菩萨，应该是魔女。也就是说，东向面中栏南侧佛龛的题材是释迦牟尼佛降魔成道。以下，笔者将从图像、文献以及龟兹石窟与金塔寺石窟

图 1.54　金塔寺中心塔柱东向面中栏南侧佛龛
（采自《金塔寺石窟》）

①贺世哲《敦煌图像研究：十六国北朝卷》，第 81 页。

②甘肃省文物考古研究所编《河西石窟》，图版 11、47、48，图版目录第 2、5 页；敦煌研究院、甘肃省文物局编《甘肃石窟志》，兰州：甘肃教育出版社，2011 年，第 206 页。

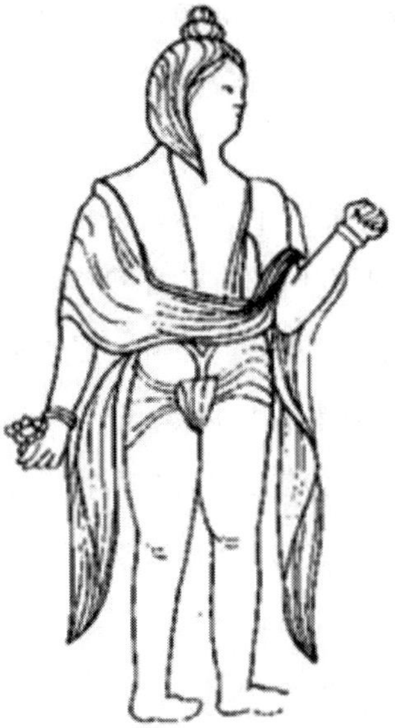
图 1.55 裸形人物线描图
（采自《河西北朝石窟》）

之间的联系入手，对此进行阐释。

(1)裸形人物造像的特异风格

金塔寺石窟东窟中心塔柱东向面中栏开三个浅龛，内塑坐佛，龛与龛之间泥塑人物造型，除了本文重点探讨的近乎裸体的造像之外，其余均为胁侍菩萨。

此身造像风格独特，与其他胁侍菩萨形成鲜明对比，具体表现如下。一、造像身体朝向中心塔柱，背对观众，侧身面对浅龛中的坐佛；其他胁侍菩萨则是侍立于佛像身旁，面向观众。二、造像头梳高髻，长发掩盖双耳并下垂及背部；其他胁侍菩萨都头戴华冠，双耳外露，仪态庄严。三、造像上身披帛，下身裹着腰布[①]；其余胁侍菩萨则是身穿典型的菩萨装，头戴华冠，颈饰项圈，上身披帛，下身穿裙。整体来看，其余胁侍造像都身穿菩萨装，衣冠华丽，仪态庄严。相对而言，这身造像完全不符合菩萨造像的模式，(图 1.55)而这一特点恰恰说明其身份的不同，其尊格并非菩萨。

(2)降魔变与魔女图像

回溯丝绸之路佛教艺术东传的足迹，类似的裸身图像比较集中地出现在古代龟兹克孜尔石窟。根据霍旭初先生的研究，克孜尔壁画女性裸体形象主要出现在特定题材，例如佛传故事中的“树下诞生”“娱乐太子”“出家前夜”“阿阇世复苏”等。因缘故事中的裸体形象主要描绘的是受佛度化

①以往学者对其服饰定名不一，或说“巾带”(《河西石窟》，图版目录第 2 页)，或称“禅裙(dhoti)”(李崇峰《中印佛教石窟寺比较研究·以塔庙窟为中心》，北京：北京大学出版社，2003 年，第 237 页)，或称“犊鼻裤”(张宝玺《河西北朝石窟》，上海：上海古籍出版社，2016 年，第 54 页。在此，笔者以“腰布”称呼。

的放荡、骄慢的女性人物；本生故事画中也有裸体，但很少，例如“天宫伎乐”“天界妙乐”；最后还有禅观题材中的裸体形象。[①]和金塔寺石窟的这铺造像最为接近的当属第 76 窟魔女诱惑图。该窟被列入克孜尔石窟的发展期(4 世纪中到 5 世纪末)。洞窟主室绘制连环画式的佛传故事，目前收藏于德国的壁画题材有魔女诱惑和降魔成道等内容，延续了初创时期的风格(3 世纪末到 4 世纪中)。[②]在魔女诱惑这个题材中，释迦牟尼佛结跏趺坐在佛座上，作禅定印；经过六年苦修，佛陀瘦骨嶙峋，身体羸弱。左右两侧分别站立三身女性，右侧一身女性衣着暴露，上身赤裸，下身着裙，佩戴连珠装饰。左侧三身女性皆为白发苍苍的老妇人。(图1.56，图 1.57)这个

图 1.56　克孜尔石窟第 76 窟魔女诱惑
(采自《中国新疆壁画全集·1·克孜尔》)

①霍旭初《克孜尔石窟壁画裸体形象问题研究》，《西域研究》2007 年第 3 期，第 45 页。

②霍旭初、王建林《丹青斑驳千秋壮观——克孜尔石窟壁画艺术及分期概述》，段文杰主编《中国新疆壁画全集·1·克孜尔》，天津：天津人民美术出版社，乌鲁木齐：新疆美术摄影出版社，1995 年，第 11 页。

图 1.57　克孜尔石窟第 76 窟降魔成道
（采自《中国新疆壁画全集·1·克孜尔》）

场景表现的应该就是释迦苦修和魔女诱惑的意涵。和金塔寺石窟东窟裸体人物相比，其共同特征异常突出。两者都衣着暴露，近乎裸体；她们都背对观众，侧身举步，走向释迦，意在吸引佛陀的注意力。此外，克孜尔石窟第 76 窟魔女诱惑和金塔寺东窟这铺造像的主尊都作禅定印。因此我们可以初步判断这铺造像的内容是降魔成道。

在古代印度，类似的女像普遍存在。从女药叉到世俗供养人，从故事画到说法图，她们下身穿着极薄的腰衣，衣褶使用细腻的阳刻或者阴刻线来表示，所以身体轮廓清晰可见，近乎赤裸；而且腰部一周佩戴连珠装饰，和克孜尔石窟第 76 窟魔女配饰极为相似。降魔成道图中魔女是比较常见的图像元素。[①]在这些作品中，魔女通常立在佛座左右两侧，双乳丰满，腰

①张丽香教授长期从事佛传故事文本与图像研究，在本文修改过程中，提供了苏黎世 Museum Rietberg 藏品图片和建议，笔者在此特表感谢。另详见《从印度到克孜尔与敦煌——佛传中降魔的图像细节研究》，《西域研究》2010 年第 1 期，第 58—68 页。

肢纤细,搔首弄姿,姿态妖娆。她们上身赤裸,下身所穿衣裙轻薄贴体,身形清晰可见,因此看上去近乎裸体,但是腰部围绕连珠装饰。这些形象可见于 1 世纪初桑奇 1 号大塔西门南柱降魔变[①](图 1.58)、3 世纪前半叶秣菟罗佛传组像[②]、3 世纪阿玛拉瓦蒂四相图浮雕[③]。阿玛拉瓦蒂的造像似乎更加重视对丰满人体的塑造。在一件 2 世纪的四相图中,摩耶夫人身旁的侍女给我们展示了她的背影,此造像和金塔寺乃至克孜尔石窟中的魔女有相似之处。[④]此外,苏黎世 Museum Rietberg 收藏的一铺降魔变颇具特色。佛陀结跏趺坐,右侧部分残缺,佛座下方是倒地的魔军,左侧上列是攻击的魔军,下列是魔女和思惟的魔王波旬。其中靠近佛陀的一身魔女背对观众,抬头仰望释迦,左手似乎持花;她身体赤裸,仅仅披帛,腰部围绕连珠装饰,整个人物的后背、臀部、腿部暴露无遗,全然可见。(图 1.59)这件作品非常接近金塔寺造像。发展到阿旃陀石窟,在

图 1.58 印度桑奇 1 号大塔降魔成道
(采自《世界美术大全集·东洋篇·インド》(1))

①[日]肥塚隆、宫治昭主编《世界美术大全集·东洋篇》第 13 卷《インド》(1),东京:小学馆,2000 年,图 48。

②[日]肥塚隆、宫治昭主编《世界美术大全集·东洋篇》第 13 卷《インド》(1),图 78。

③[日]肥塚隆、宫治昭主编《世界美术大全集·东洋篇》第 13 卷《インド》(1),图 111。

④[日]肥塚隆、宫治昭主编《世界美术大全集·东洋篇》第 13 卷《インド》(1),图 112。

图 1.59 苏黎世 Museum Rietberg 藏降魔成道
（张丽香教授提供）

第 1 窟前室左壁的大型降魔变中，魔女皆上身赤裸，下身穿裙，身材丰满，姿态妩媚，这已经是6 世纪的作品了。[①]总之，古代印度女子造像多穿轻薄衣裙，身形毕现，为了表现魔女对佛陀的诱惑，工匠手下的魔女更显妖娆妩媚。

值得说明的一点是，金塔寺石窟造像经过后代的重妆重塑，从目前保存的情况来看，这身裸形人物下身所穿服饰为纺织品，古代印度佛教造像中的金刚力士和世俗人也会使用，但在外形上和古代印度艺术中的女性造像的腰部连珠装饰颇为相似。佛教艺术在中国经历了复制和创造两个阶段，在初传时期，内地工匠有时会摹写外来的粉本，有时是机械地复制。[②]

---

①[日]肥塚隆、宮治昭主编《世界美术大全集·东洋篇》第 13 卷《インド》(1)，图 239。

②金塔寺石窟菩萨立像膝盖被工匠刻意泥塑为球形，这种方法直接来自于古代印度。详见金申《流散海外的北魏早期石佛造像》，《佛教美术丛考》，北京：科学出版社，2005 年，第 11 页。

对于上文所述情况，我们不排除这种不明就里的模仿造成的可能。

(3)降魔成道文献记载与魔女图像

降魔成道是佛传故事中的重要内容。菩提树下释迦深入禅定，誓成正觉。魔王担心百姓皈依了佛教，致使自己的国土空虚，于是带领三个貌美的女儿和魔军前来破坏菩萨的修行。这三位女子来到佛所，极尽妖媚，引诱菩萨，誓愿供养菩萨，晨起夜寐，侍奉左右。然而菩萨不为所动，施展神通力后三位女子变成老妇人，头发染霜，牙齿掉落。魔王气急败坏，率领魔军发起进攻。佛陀传记类经典对此多有记载。

金塔寺东窟降魔变中魔女的形象有两个特点：一是着装——近乎赤裸；二是姿态——背对观众，侧身举步，走向佛陀。在历代典籍中，这些特点皆可找到文献依据。

在着装方面，东汉竺大力、康孟详《修行本起经》卷下记载：魔女"严庄天服"[①]；吴月氏支谦译《佛说太子瑞应本起经》则说，魔女"皆被罗縠之衣，服天名香璎珞珠宝"[②]，所谓"罗"是指"一种采用绞经组织的透空丝织物。……织罗技术源于上古时期的织网活动，早期的罗多被用作渔猎的网具。因质地轻薄，孔眼稳定，牢固耐用，渐被用作夏服或者帐幔"[③]。"縠"是"一种以强捻丝织造的平纹起绉丝织物。……组织纤细，质地轻薄，色泽柔和，手感良好，穿着舒适，不畏汗湿，有较好的肌理美感"[④]。当时的译经僧使用"罗縠"一词，大抵就是为了表现魔女服饰薄与透的特点，以此表现她们对佛陀的诱惑。而"服天名香璎珞珠宝"，似乎和克孜尔石窟第76窟魔女的装饰以及印度裸形女子造像非常吻合。

---

①[东汉]竺大力、康孟详译《修行本起经》卷下，《大正藏》，第3册，第470页。

②[吴]支谦译《佛说太子瑞应本起经》卷上，《大正藏》，第3册，第477页。

③周汛、高春明编著《中国衣冠服饰大辞典》，上海：上海辞书出版社，1996年，第490页。

④周汛、高春明编著《中国衣冠服饰大辞典》，第488页。

在姿态方面，部分佛本行经有具体的描写。西晋敦煌菩萨竺法护所译《普曜经》卷6记载：魔女来到菩提树下，“绮言作姿，三十有二”，具体动作分别为：“一曰张眼弄睛，二曰举衣而进，三曰(訋　訋)并笑，四曰展转相调，五曰现相恋慕，六曰更相观视，七曰姿弄唇口，八曰视瞻不端，九曰嫈嫇细视，十曰互相礼拜，十一以手覆面，十二迭相捻握，十三正住佯听，十四在前跳蹀，十五现其髀脚，十六露其手臂，十七作凫雁鸳鸯哀鸾之声，十八现若照镜，十九周旋出光，二十乍喜乍悲，二十一乍起乍坐，二十二意怀踊跃，二十三以香涂身，二十四现持宝璎，二十五覆藏项颈，二十六示如闲静，二十七前却其身遍观菩萨，二十八开目闭目如有所察，二十九俾头闭目如不视瞻，三十嗟叹爱欲，三十一拭目正视，三十二遍观四面举头下头。”[①]此外一女还化现了六百个女子，“或作小女，或作童女，或作未嫁女，或作已嫁女，或作已产女，或作未产女”，一同前往佛所。这些行为动作充分展示了魔女的妖媚，可谓极尽能事，但是工匠却只能定格短时间或者一刹那的画面，无法全部展示。金塔寺石窟东窟的裸身魔女，臂绕披帛，袒背露臀，双脚脚尖指向佛龛，侧脸面对佛陀，似乎正在靠近主尊佛，也许这就是所谓“举衣而进”“视瞻不端”“正住佯听”“现其髀脚”“露其手臂”。这种描写发展到隋代阇那崛多《佛本行集经》[②]更加具体形象，“或复半面”“或

①[西晋]竺法护译《普曜经》卷6，《大正藏》，第3册，第519页。

②《佛本行集经》卷27云：“到彼处已，去离菩萨，不近不远，示现种种妇女媚惑谄曲之事。所谓覆头，或复露头，或复半面，或出全面，或作微笑示现白齿，数数顾眄观瞻菩萨。或复以头顶礼菩萨，或仰其头观菩萨面，或复低头覆面观地，或动双眉，或开闭眼，或解散髻以手梳发，或抱两臂，或举两手示现腋下，或复以手执弄乳房，或露胸背现腹臆间，或复以手拍于脐上，或复数数解脱衣裳，或复数数还系衣服，或复数数褰拨内衣露现尻髀，或解璎珞掷着于地，或解耳珰，或复还着，或弄婴儿，或弄诸鸟，或复行步顾眄左右，或复嚬呻长嘘叹息，或以脚指傍画于地，或歌或舞，或动腰身，或作意气，或复忆念旧时所行恩爱欲事喜笑眠卧恣态之时，或复现作童女之身，或时现作妇女之身，或复现作新嫁女身，或现中年妇女之身，作如是等示现妇人谄媚惑着种种之事。”([隋]阇那崛多译《佛本行集经》卷27，《大正藏》，第3册，第781页)

解散髻”“或露胸背”“或复数数解脱衣裳，或复数数还系衣服，或复数数褰拨内衣露现尻髀”等等，只是这段记载晚于金塔寺石窟的年代。

由以上梳理可知，佛本行经中有关魔女情态和服饰的描写，符合金塔寺东窟中心塔柱裸形人物，这就进一步证实此身造像大概就是魔女。

如果说这铺造像的内容是降魔变，那么随之而来的疑问是，主尊造像作禅定印，而不是降魔印，这是否矛盾？答案是否定的。再看克孜尔石窟第 76 窟的降魔变就会发现，其主尊造像瘦骨嶙峋，形容枯槁，双手在腹部作禅定印。也就是说，工匠把通常的苦修像和降魔变创造性地结合在一起，禅定印佛像和魔女组合并不矛盾。

通过梳理可以看到，金塔寺东窟中心塔柱东向面南侧裸形人物并非菩萨而是魔女，造像风格之所以特异——没有穿菩萨装，是因为造像的主题是魔女的诱惑。如果这种推断成立的话，那么佛龛中的主尊就是释迦牟尼佛，结合中央佛龛交脚佛，我们大抵可以推测塔柱中栏三个浅龛的主题是三世佛，与上方造像共同构成十方三世图像。

二、十方三世图像与《十住毗婆沙论》

《十住毗婆沙论》系 2 到 3 世纪的龙树菩萨所著，鸠摩罗什所译。首次谈到“念佛三昧”中完整的“像观”“生身观”和“法身观”；在犍陀罗地区 3 到 4 世纪出现了佛像“法身”造像，成为北传“法身观”的源头。①

此经卷 5 易行品提出若干种念佛方法以达到“阿惟越致”，也就是不退转。首先提到的就是念诵十方佛的名号，前文已述。为了重申此意，佛经又对十方佛之功德和佛国进行描述。例如西方无量明佛：“西方去此无量无边恒河沙等佛土，有世界名善，佛号无量明，今现在说法。其佛身光及智

①赖鹏举《丝路佛教的图像与禅法》，中坜：圆光佛学研究所，2002 年，第 48 页。

慧，明照无量无边。”其次是念诵阿弥陀佛及大菩萨名号亦得不退转，如“阿弥陀等佛及诸大菩萨称名一心念，亦得不退转”。并以千佛名经的形式排列佛名，而无量寿佛为第一身佛。这样做也是因为“阿弥陀佛本愿如是，若人念我称名自归，即入必定得阿耨多罗三藐三菩提，是故常应忆念以偈称赞”。接下来要忆念七佛和未来佛弥勒佛，名号分别有“毗婆尸佛、尸弃佛、毗首婆伏佛、拘楼珊提佛、迦那迦牟尼佛、迦叶佛、释迦牟尼佛及未来世弥勒佛”。偈颂之后亦排列佛陀名号。最后念诵过去、未来、现在诸佛。其偈曰：“过去世诸佛，降伏众魔怨，以大智慧力，广利于众生。彼时诸众生，尽心皆供养，恭敬而称扬，是故头面礼。现在十方界，不可计诸佛，其数过恒沙，无量无有边，慈愍诸众生，常转妙法轮，是故我恭敬，归命稽首礼，未来世诸佛，身色如金山，光明无有量，众相自庄严，出世度众生，当入于涅槃，如是诸世尊，我今头面礼。”其后再以菩萨名号排列，例如弥勒菩萨、观世音菩萨和大势至菩萨。

从其结构看，易行品论述念佛方法的主要对象就是：十方佛、阿弥陀佛、七佛、弥勒佛和过去、现在、未来佛。

金塔寺东窟和千佛洞第 2 窟每个向面的造像布局所反映的即是十方三世的概念。上文已经对此进行详细考证。这和《十住毗婆沙论》中所谈到的念诵十方佛、弥勒佛和过去、现在、未来佛相一致。千佛洞第 2 窟中残存的十方佛名是本节展开的重要线索，其画像顺序与该经完全相符。

《十住毗婆沙论》十方佛名号就已经包含西方无量明佛。接下来又重点强调念诵阿弥陀佛的重要性。此后所附加的诸佛名号，无量寿佛位居第一。这种强调净土的思想在千佛洞第 2 窟中心塔柱也有表现，在其上方第二层南北两端各石雕一个化生童子。童子从仰莲花瓣中探出可爱的脑袋，面带微笑。净土造像的雕刻也许和阿弥陀佛信仰有关。

金塔寺洞窟中心塔柱西向面下层龛外两侧各泥塑一身小型佛像（已无）。按照《河西石窟》图版，右侧佛像面如童子，身穿通肩袈裟，双臂张开，两腿自然伸直，似乎为飞行之状。（图 1.60）左侧佛像则身穿右袒袈裟，左手在身前作无畏印，右手残损，手印不明。坐在筌蹄上，右腿弯曲，右足搭于左腿上，姿势类似于思惟菩萨。（图 1.61）其余各面也有坐佛出现。对于这两身造像独特的佛像，赖鹏举先生认为，这代表了主尊佛法身“行、住、坐、卧”的“飞行自在”。[①]因为《十住毗婆沙论》讲到“飞行自在”时说：“飞行自在者，诸佛飞行如意自在，如意满足速疾无量无碍。所以者何？佛若欲于虚空先举一足，次举一足，即能如意。若欲举足蹑虚空而去，若欲住立不动而去即能得去，若结跏趺安坐而去亦能得去，若欲安卧而去亦复能去……”总之，该经讲述了法身变化无边无量。这种神通便在僧团的指导下，在能工巧匠的手中跃然于塔柱之上。

因此，从以上三点来看，笔者以为金塔寺东窟和千佛洞第 2 窟中心塔柱造像与《十住毗婆沙论》等经典关系密切，同时整合了包括《佛说观佛三

图 1.60　金塔寺东窟中心塔柱西向面下栏佛龛右上方佛像（采自《河西石窟》）

图 1.61　金塔寺东窟中心塔柱西向面下栏佛龛左上方佛像（采自《河西石窟》）

①赖鹏举《丝路佛教的图像与禅法》，第 49 页。

昧海经》之类经典的思想。至于后者,其影响在造像中也许相对较小。

早期石窟造像题材简单,内容简练,但是却凝聚了甚为深奥的佛学意涵。长安鸠摩罗什领导的译经团队所翻译的佛经以及由此展开的注疏为佛教石窟艺术创作奠定了雄厚的基础。在这种背景下,当时的金塔寺石窟设计团队依据的经典也就并非一种。其作品应该是当时河西地区佛教思潮的凝聚,或者说一个缩影。今天我们也很难单纯地用一部佛经来定义一个石窟的意涵。不过金塔寺中心塔柱独特的佛像造像以及千佛洞第 2 窟明确的佛名题记使我们感知其思想脉搏成为可能，也为进一步探讨河西石窟造像意涵的丰富性提供了条件。

第二章

千佛洞第 1 窟和第 4 窟研究

千佛洞第1窟和第4窟分别位于千佛洞崖面南段的最南端和最北端。在形制方面,两个洞窟都属于中心塔柱洞窟。甬道窟顶是券顶,中心塔柱正面平面呈蘑菇形,具有浓郁的龟兹石窟风格。在造像题材上,它们都雕塑了大型石胎泥塑立佛。特别是第1窟,中心塔柱正面即是立佛,这也是龟兹石窟常见的题材。在壁画设计方面,洞窟四壁或塔柱绘大型说法图,外围绘菱形格装饰带以及禅定千佛图像。这两个洞窟的形制和题材都比较独特,彰显了马蹄寺石窟群与古代新疆地区之间的亲密关系。

第一节　洞窟内容

一、千佛洞第 1 窟

1. 位置

位于千佛洞崖面最南端,北面毗邻第 2 窟。(图 2.1,图 2.2)

图 2.1　千佛洞第 1 窟和第 2 窟外景旧貌
(张宝玺先生提供)

图 2.2　千佛洞第 1 窟和第 2 窟现状外景
（作者拍摄）

2. 形制

中心塔柱大像窟，平面略呈方形。主室前部人字坡顶现已崩塌。甬道为券顶，高度低于前部。中心塔柱正面开大型舟状浅龛，顶部为穹窿顶，其他三面不开龛。西壁长 6.80 米，南壁残长 6.80 米，北壁残长 7.80 米。中心塔柱高 5.70 米，[①]塔基高约 0.96 米。立佛（包括佛座）高约 5.14 米，[②]佛座高约 0.40 米。南甬道宽约 1.57—1.78 米，西甬道（后甬道）宽约 1.83 米，北甬道宽约 1.75 米。（参照图 2.3）[③]

3. 洞窟内容

南壁前部原来残留菩萨行像，线条熟练，佩饰物等处使用金泥，[④]今壁画已无。西壁和东壁壁画也已不存。

中心塔柱除了正面之外，其他三面都分为塔基和柱体两部分。

中心塔柱东向面开大型舟状浅龛，内为石胎泥塑立佛，经后代重妆。佛像肉髻为螺发，脸型较长，双目下视。左手上举，右手下垂，但是手部皆

①姚桂兰、秦春梅《张掖马蹄寺石窟群早期石窟艺术概述》，《敦煌学辑刊》1999 年第 2 期，第 79 页。

②姚桂兰、秦春梅《张掖马蹄寺石窟群早期石窟艺术概述》，第 79 页。

③本章所用千佛洞第 1 窟和第 4 窟剖面示意图均采自张宝玺先生《河西北朝中心柱窟》，特此感谢。

④史岩先生 1954 年调查之时壁画尚存。史先生推测其为明代增绘的优秀作品。详见史岩《散布在祁连山区民乐县境的石窟群》，《文物参考资料》1956 年第 4 期，第 42 页，图 9。

图 2.3　千佛洞第 1 窟平剖面示意图
（采自张宝玺《河西北朝中心柱窟》）

已残失，手印不明。跣足立于莲台上。着通肩袈裟，袈裟衣纹呈波浪形。背光经过后代重绘，但是仍能看到部分早期遗迹，图样主要有千佛、飞天和火焰纹。飞天衣带飞扬，边缘呈尖角。佛像两侧各绘胁侍造像一身，左胁侍仅剩头光和部分袈裟，右胁侍概是弟子，图像模糊。佛龛两侧的龛沿绘禅定坐佛图像。（图 2.4）

中心塔柱南向面壁画分为两层。第二层元代绘花卉，今已熏黑，花叶为黑色，花瓣为白色。前部下方靠近塔基处剥离出第一层壁画，其形状略呈直三角形，下边长约 0.73 米。前部边沿纵向绘菱形格装饰带和禅定坐佛图像。坐佛共计五身，高 0.25 米左右。内侧绘上下两排人物图像，

图 2.4　千佛洞第 1 窟立佛
（采自《肃南马蹄寺石窟群》）

共计五身。上排绘菩萨一身，四分之三侧面，平视，面向壁画中央。头梳高髻，发系宝缯，鼻梁高挺，面相长圆。上身袒露，斜披络腋。佩戴臂钏、手镯和璎珞，其中璎珞交叉于腹部。双手举供养品于胸前。下身着裙，图像模糊，概为跪姿。下排西起第一身为半身菩萨形象，有头光，头梳高髻，发系宝缯，四分之三侧面，脸型较长，额头宽广，鼻通眉际。颈无装饰，腕戴手镯。上身着西域式护胸和上衣，所饰条纹和菱形格纹与武士盔甲极为类似。手捧鲜花，作供养状。整个身体从莲花中示现。莲花为覆莲，和其上衣连为一体，颇似菩萨大裙。画像右侧存有榜题："地神奉花供養"。[1]图像右下角绘有山峦。第二身形体相比较小，四分之三侧面，面部略方，身穿蓝色通肩大衣，手捧供养品而跪。第三身形体比第二身更小，四分之三侧面，面相小巧，着朱红上衣，手捧香饭。身后有榜题："諸梨車男女來供養"。整幅图像人物的面部和颈部运用西域式凹凸晕染方法，从而呈现出强烈的立体感。右边中央零星露出部分底层壁画。(图 2.5)综合来看，第一层似乎是

图 2.5　千佛洞第 1 窟中心塔柱南向面壁画
（作者拍摄）

①姚桂兰、格桑美卓《张掖马蹄寺石窟群内容总录》，第 77 页。

大型说法图。

西向面壁画分两层。表层壁画不存。北侧底层靠近塔基处露出第一层壁画，但是已经模糊不清。

北向面壁画分两层。表层壁画为元代花卉。柱体东侧边沿部分露出第一层壁画，白底，蓝色绘制，但是内容不清。

窟顶部分，甬道窟顶低于主室前部，南甬道和前部相连的窟顶部分绘天宫菩萨，画面模糊，似有两身。北起第一身菩萨头戴花冠，斜披络腋，双手合十在胸前，似乎为胡跪，侧面面向中心塔东向面佛龛。第二身菩萨着通肩大衣。

窟顶部分，南甬道、西甬道和北甬道窟顶元代绘植物花卉纹样，现已熏黑。

窟顶部分，北甬道和前部相连部分绘天宫菩萨，和塔柱南部顶部的天宫菩萨相对称，概存两身，图像模糊。

二、千佛洞第 4 窟

1. 位置

千佛洞崖面南端，位于千佛洞第 3 窟之北。这是该段崖面中最北的一个洞窟。

2. 形制

中心塔柱窟，平面略呈方形。甬道窟顶为券顶，洞窟前部窟顶为人字坡顶。洞窟宽约 5.40 米，进深约 6.00 米，高 4.00 米。[①]南甬道宽约 1.30 米，西甬道宽约 1.22 米，北甬道宽约 1.40 米。洞窟左右两壁前部各开一个大龛，龛内塑像为石胎泥塑立佛。中心塔柱唯有正面开龛，其他三面不开龛，

①张宝玺《河西北朝中心柱窟》，段文杰等编《1987 敦煌石窟研究国际讨论会文集·石窟考古》，沈阳：辽宁美术出版社，1990 年，第 131 页。

绘制壁画。(图 2.6)

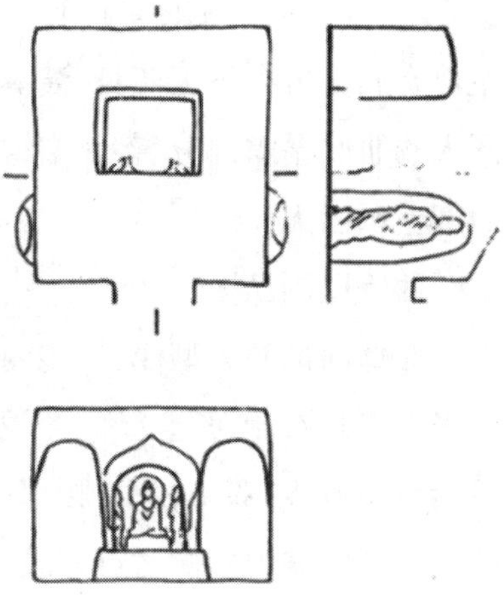

图 2.6　千佛洞第 4 窟平剖面示意图
(采自张宝玺《河西北朝中心柱窟》)

3. 内容

东壁窟门左右两侧壁壁画已无。

南壁前部开大型浅龛。龛内原是石胎泥塑,现在泥坯脱落,唯有立佛左侧下方残存衣摆,呈羽毛状展开,颇有褒衣博带之风。从石胎来看,佛像肩部较宽,下身双腿较为粗壮,小臂部分并未雕凿。佛龛北侧壁尚存弧形条状壁画,大概是立佛背光残余。背光仅剩三匝。第一匝为火焰纹,画面模糊。第二匝仅有一身坐佛较为清楚,但颜色剥落,仅余土红色起稿线,其余坐佛不甚明了。第三匝有四身坐佛较为清楚,其他不明。坐佛有头光,呈四分之三侧面像,面向龛内立佛,着通肩袈裟,袈裟颜色分红蓝两色。作禅定印,露手,结跏趺坐。立佛北侧龛沿绘胁侍菩萨,头部和上身皆残,仅剩腰部以下图像,残高 0.62 米。腰饰华带,下身着裙,肌肤暴露在外部分平涂白色。菩萨脚下是三身男供养人画像:第一身和第二身分别着汉服,第三身穿少数民族服装。南壁中部泥皮分为两层。第二层也就是表层,颜色变黑,无壁画。第一层泥皮和南壁前部立佛左胁侍菩萨图像相连。在胁侍菩萨身后绘菱形方格装饰带,宽约 0.12 米。纵横两条,相交于菩萨脚下,围绕前壁中部的千佛图像和说法图,形成一个单元画面。禅定坐佛高 0.16 米,分栏布局,着通肩袈裟,结跏趺坐。每身佛像旁边均有白色榜题框,字迹已无。现在图像已经变色,主要有黑色和橘红两种。部分千佛颜色脱落部分露出底层用于确定图像方位的三条土红色起稿线, 分别位于背光顶部和坐佛脸部下颌处。南壁中部存说法图一铺。主尊图像已无,仅余主尊右侧眷属图像,共计八身,分上下两列。其中上列有菩萨两身及弟子两身。菩萨头戴宝缯,有头光,呈四分之三侧面。其前方是比丘一身。比丘回首,与菩萨作交谈状。主尊眷属上方存飞天两身,演奏琵琶和琴,飘带飞扬,线条流畅。整幅说法图人物肌肤暴露部分、菩萨宝缯、飞天飘带以及榜题皆用白色平涂。南壁后部壁画已无。

西壁壁画已无。

北壁前部开大型浅龛,龛内所雕立佛石胎和南壁前部佛龛佛像一样,原来大概是石胎泥塑立佛。今泥坯脱落,仅剩石胎。比较来看,石胎比南壁石胎更显挺拔,双肩较窄,腰部以及双腿部分比较纤细。在立佛双肩以及膝盖高度的龛内两侧凿有卯眼,应是当时固定泥塑背光和服饰之用。

中心塔柱分为塔基和柱体。柱体正面开圆拱形尖楣龛,龙首龛梁。龙首高度在龛内主尊肩部以上,大抵与龛内两胁侍菩萨等高。龛楣已损。

东向面龛内是石胎泥塑一佛二菩萨。佛像高 1.80 米,肉髻较高,阴刻水涡纹。面相丰圆,双目呈柳叶形,眼角微微上翘。双耳耳垂部分残损。[①]佛像着双领下垂式袈裟,内穿僧祇支。小臂残损,手印不明。[②]佛像结跏趺坐,佛座甚低。佛像背光分为头光和身光,以白色为底,多有土红色勾勒。背光内多绘火焰纹、忍冬纹、团花、飞天和禅定坐佛。左胁侍菩萨高约 1.30 米,现在头部残损。按照《河西石窟》图版,所戴宝冠由数瓣莲花花瓣组成,发扎宝缯。[③]菩萨面相较短,额头宽广,双目下视,极显虔诚之态。颈戴盘状

---

①根据调查,主尊肉髻阴刻水涡纹。右眼经过保护性修补,左眼部分保存完好,呈柳叶形。鼻梁部分也经过修补。耳垂残损,基本属于原作。在《河西石窟》图版中,主尊造像肉髻为螺髻,鼻梁高挺,眼白和眼瞳分明,耳垂完整,不过和耳朵上部连接的痕迹明显。所以我们推断,《河西石窟》图版中的主尊造像的头部系重修后的状态。(详见甘肃省文物考古研究所编《河西石窟》,北京:文物出版社,1987 年,图版 140)

②在《河西石窟》中,主尊造像左手完整,手掌丰厚,但是手印不清。右手部分残损,衣袖尚存。由于此像经过后代重修,仅仅依赖图版,我们尚不能完全肯定这是否是原作。

③甘肃省文物考古研究所编《河西石窟》,图版 140。

项圈，项圈下方装饰有流苏，现已脱落。身着通肩大衣，双肩配有肩饰，胸前所佩瓔珞在腹部交叉，相交处装饰有圆形宝珠。左手下垂，持净水瓶（脱落，仅留瓶状痕迹），右手上扬，举到右肩，手持物件不明，似乎有柄。头光圆形。右胁侍菩萨造像和左胁侍菩萨基本相同。菩萨高 1.30 米，而头部（除掉宝冠）长约 0.18 米，腿部较短，身体比例不协调。宝冠也是莲花花瓣式。面相较短，双目下视。耳饰耳铛，颈戴项圈，双肩也有肩饰。斜披络腋，瓔珞交叉于腹部，相交处装饰圆形宝珠。右手下垂，手持净瓶。净瓶已失。左手上扬，举至肩部，所持之物似为拂尘。头光略似桃形，尖部不突出。在主尊和菩萨周围的佛龛内壁绘有飞天，手中持有乐器。其中右胁侍菩萨头光上方的飞天持有箜篌。佛龛左右两侧狭长的龛沿也绘制弟子菩萨像。柱体正面佛龛之外壁画也十分精彩。龛楣大都残缺，外沿绘禅定坐佛，内绘花卉。龛梁为龙首龛梁。龙头反顾，口吐莲花。龙头下方的龛沿部分从上向下依次描绘三身供养像。第一身为菩萨，有头光，头戴花蔓冠，发系宝缯，上身斜披络腋，下身着裙。左手托起供养品在胸前，右手上扬。菩萨颔首，虔诚面对主尊。第二身菩萨，图像模糊，仅能看到轮廓。第三身为弟子，面相长圆，脸部无晕染，着右袒袈裟，土红色，内穿僧祇支，相比右侧龛沿弟子像更显年轻，大概是弟子阿难。龛楣右侧部分残存壁画颜色，色彩斑驳，内容难辨。龛梁龙首和左侧龙首相差无几。龙首下方的龛沿也绘制眷属三身。第一身为菩萨，有头光，上身斜披络腋，下身着裙。双手合十，供养佛陀。第三身为弟子像，面相消瘦，用白色颜色涂于颧骨处。颈有两匝，着右袒袈裟，内穿僧祇支。双手合十，供养鲜花。其形态与左侧龛沿下层弟子像形成鲜明对比，脸部的头顶、眉毛、眼睛和颧骨部位采用高光凸显，显然是一个老者形象，可能就是弟子迦叶。塔基存有三层泥皮。第三层无壁画。第二层为后代壁画，白色底子。主尊下方的塔沿上绘制帷幕图样，下方绘藏传佛教佛塔，今南侧残留两座。颜色为绿色和红色，技法粗糙。第三层绘供养人，南侧残存两身，仅见胸部图像。（图 2.7，2.8）

图 2.7 千佛洞第 4 窟中心塔柱
东向面佛龛旧貌
（采自《河西石窟》）

图 2.8 千佛洞第 4 窟中心塔柱
东向面佛龛现状
（作者拍摄）

南向面不开龛，壁画有两层。表层也就是第一层，颜色变黑，无内容。前部上方靠近窟顶处露出第一层壁画。壁画分为上下两栏。上栏残留椭圆形身光，共分三匝，平涂蓝白等色。从其形状来看，应是立佛的背光。在背光左下角的第二栏绘两身菩萨。北起第一身菩萨图像头部和胸部残缺，唯剩右臂肘部。上身袒露，披帛交叉于腹部，下身着裙。菩萨下方有四瓣花图案。第二身菩萨图像头部和上身残缺，左臂下垂，手持净瓶。菩萨身后靠近柱体前部边沿部分绘纵向菱形方格装饰带和覆莲花图案。这方壁画高约 0.26 米，宽约 0.56 米。塔基存早期壁画，佛龛正下方有唐代游人题记，红色边框，内墨书文字。东侧前部残存两身世俗供养人。西侧存供养像两身，西起第一身仅存面部，第二身存头部和胸部。供养人高鼻大眼，呈四分之三侧面像。

西向面不开龛，壁画有两层。表层熏黑，无内容。下部靠近塔基处是后代所开的一个长方形小龛。龛内无物。龛外北侧露第二层壁画，绘佛像。佛像有头光和身光，面相长圆，作四分之三侧面，着通肩袈裟，似是立像。右手握住衣襟，举至胸前。塔基壁画已无。

北向面不开龛，壁画有两层。表层熏黑，无内容。上部底层绘三身立佛图像，今残留袈裟下摆。东起第一身佛像和第二身佛像之间的下方存白底墨书榜题"第二式佛像"，第二身和第三身之间为"第三迦叶佛像"。[①]前部靠近塔基处露第二层壁画，内容为小型禅定千佛图像。塔基壁画已无。

洞窟窟顶壁画已无。

4. 题记

中心塔柱南向面塔基存唐代题记：

请(清)信佛弟子鲜于智(？)财□世政等二

俱同向窟礼拜供养上□天龙八

主人法师僧父母现存眷属同登

贞观十八年正(？)月廿七日拜。

钊(到？)□□礼

陇州汧阳县人魏□□礼小柳杨(前四字左侧用小字补写"身老主□")镇颂□□□□□[②]

①暨远志先生在20世纪90年代考察时还能看到"第二式佛像"南侧的榜题"第一"。但是这个榜题框现已不存。对于佛像题记，先生的录文是"第一　第二式佛像　第三迦叶佛像"。详见暨远志《五——六世纪河西石窟与河西佛教》，《中国佛教学术论典〈法藏文库〉》(84)，高雄：佛光山文教基金会，2001年，第292页。

②由于题记字迹已经漶灭不清，各家录文不尽相同。姚桂兰和秦春梅两位先生录文为：清信佛弟子鲜于智明晋世政等二，俱同向窟礼拜供养上□天龙八□，主人王师僧父母现存眷属同登，贞观十八年正月廿七日拜。(姚桂兰、秦春梅《张掖马蹄寺石窟群早期石窟艺术概述》，第81页)张宝玺先生录文为：清信佛弟子鲜于智明、晋世政等二，俱同向窟礼拜供养上□天龙八□，主人王师僧父母现存眷属同登，贞观十八年正月二十七日拜。(张宝玺《河西北朝石窟》，上海：上海古籍出版社，2016年，第171页)今多参考《肃南马蹄寺石窟群》(敦煌研究院、甘肃省文物局、肃南裕固族自治县文物局编《肃南马蹄寺石窟群》，北京：科学出版社，2020年，第48页)。

三、洞窟年代说明

整体来看,这两个洞窟的形制和造像题材与龟兹石窟关系密切。造像为石胎泥塑,不过都经过后代不同程度的重妆重塑,甚至面目全非。在壁画方面,只有千佛洞第1窟中心塔柱南向面和第4窟中心塔柱北向面保留的部分壁画比较清晰完整,其余部分壁画多已脱落,或者仅仅剩下壁画起稿线。今天我们也只能通过遗留的壁画残片对其进行研究。以往学者对洞窟年代存在争议,先后有北凉说、北魏末西魏初说乃至北周隋代说。笔者比较赞同暨远志先生的看法。[①]也许洞窟开凿的时间比较早,然根据现在所能看到的壁画和造像,将其确定为北魏到西魏较为稳妥。

①暨远志《张掖地区早期石窟分期试论》,《敦煌研究》1996年第4期,第24—29页。

第二节　古代印度地神图像与半身像的创作

由于洞窟窟顶和四壁渗水严重，壁画剥落，再加之后代壁画覆盖，千佛洞第 1 窟第一期壁画全貌几乎无从获知，只有中心塔柱南向面下栏后代揭出的壁画相对完整。虽然画幅比较小，但是却有极高的研究价值。其中之一就是这铺题写“地神”的菩萨图像。通过下文讨论可以看出，这身地神图像属于供养型地神图像，在中古中国地神图像发展的序列中具有填补空白的地位。

地神又名地天、坚牢等，是印度的大地女神波哩提毗（Prithivi）。在成书于公元前 1500 年到 1000 年的古代印度《梨俱吠陀》里，她就已经出现，并通常和天神帝奥斯（Dyaus）一起被祈求。

> 在《梨俱吠陀》中，天和地被描绘成宇宙的父母。在某些段落里，诗人声称父亲母亲皆是由其他神明所生。波哩提毗被称为“慈母”，亡故者去往她那里……她具有伟大、坚定和光辉等属

性，她负载群山，支撑树木，使大地丰饶。[①]

佛教兴起之后，地神便被吸收了进来，成为和水天、火天和风天相并列的一个神祇。在这个佛教万神殿中，她的位阶较低。《长阿含经》云：

佛告比丘，有四大天神。何等为四？一者地神，二者水神，三者风神，四者火神。昔者，地神生恶见言，地中无水、火、风。时我知此地神所念，即往语言，汝当生念言，地中无水、火、风耶？地神报言，地中实无水、火、风也。我时语言，汝勿生此念，谓地中无水、火、风，所以者何？地中有水、火、风。但地大多故，地大得名。[②]

在多数经典中，地神通常出现在经文序品或者最后一品，作为法会眷属的角色，聆听佛陀说法。其尊格不但没有得到彰显，反而被极大地简化，和普通与会四众一样，仅仅是恒河沙数与会眷属之一。

不过在几部大乘佛教经典中，地神尊格得到全面的阐释，其护法地位也被强烈凸显。与此同时，这些经典也成为地神图像创作的文献依据。

在职责方面，地神延续了古代印度神话中支撑大地、滋养万物的角色。北凉昙无谶所译《金光明经》云：

地神大力，势分甚深。是经力故，能变其味。如是大地，至金刚际，厚十六万八千由旬。其中气味，无不遍有，悉令涌出，润益众生。是经力故，能令地味，悉出地上，厚百由旬。[③]

---

①李南《印度河流域文明与吠陀时期的女神》，《南亚研究》2006年第2期，第59页。

②[东晋]佛陀耶舍、竺佛念译《长阿含经》，《大正藏》，第1册，第136页。

③[北凉]昙无谶译《金光明经》，《大正藏》，第16册，第350页。

竺佛念翻译的《菩萨从兜术天降神母胎说广普经》(《菩萨处胎经》)之《地神品》里,善业菩萨询问地、水、风、火、空、识等神,孰为最胜。

> 地神报言,于六神中我为最胜。所以者何?所生万物,山河石壁,树木花果,皆依我住。一切众生有形之类,依而得存。以是义故,我为最妙。①

地神有如此神力,《地藏菩萨本愿经》的解释是:

> 佛告坚牢地神,汝大神力诸神少及,何以故?阎浮土地悉蒙汝护,乃至草木沙石稻麻竹苇谷米宝贝从地而有,皆因汝力。②

众所周知,《华严经》建立有庞大的神怪体系,在该经序品之中,佛在摩竭提国阿兰若法菩提场正觉,大千世界显现,其中就包括众菩萨天王等护法。极富特色的是名目繁多的神王,如金刚神、身众神、足行神、道场神、城神、山神、药神、稼神、河神、海神、方神、夜神、空神等等。对此《六十华严》略简,③《八十华严》较为具体。每个神又包含若干,名称不一,而地神就有:

> 普德净华主地神、坚福庄严主地神、妙华严树主地神、普散众宝主地神、净目观时主地神、妙色胜眼主地神、香毛发光主地神、悦意音声主地神、妙华旋髻主地神、金刚严体主地神……如

---

①[东晋]竺佛念译《菩萨从兜术天降神母胎说广普经》,《大正藏》,第12册,第1052页。
②[唐]实叉难陀译《地藏菩萨本愿经》,《大正藏》,第13册,第787页。
③[东晋]佛驮跋陀罗译《大方广佛华严经》,《大正藏》,第10册,第395页。

是等而为上首，有佛世界微尘数，皆于往昔发深重愿，愿常亲近诸佛如来，同修福业。①

在《华严经·入法界品》中，文殊菩萨向善财童子开示，希望他能向南方遍访善知识，探究佛法精要。于是善财童子开始五十三参的历程。其中包括菩提道场的安住地神。

(善财童子)趣摩竭国，诣彼道场安住地神……时安住地天等一万地天，雨众香水以洒其地，扫以香风而以庄严，放大光明，普照三千大千世界。众宝庄严，一切华树开敷鲜茂，一切果树悉成果实，一切泉源河池流相灌注，演出种种娱乐音声。诸天众宝庄严楼阁。异类众鸟皆悉欢喜出哀和音。无量宝藏自然涌出。尔时安住地神告善财言，善来童子，汝欲自见曾于此处所种善根果报不乎。尔时善财头面敬礼彼地神足，恭敬合掌于一面住，白言大圣，唯然欲见。时彼地神，即以足指按地，无量阿僧祇那由他宝藏开发显现。善男子，汝昔所种善根果报致此宝藏，自在随汝。善男子，我已成就菩萨不可坏藏法门，我于燃灯佛来，常护菩萨，修习菩萨行，深入智慧境界，尽其源底，大愿成满，净菩萨行，出生菩萨一切通明，具足菩萨诸力功德，成就菩萨不可坏法，游诸佛刹，闻一切佛所授记法，转一切法轮，一切修多罗法云，以大法光明教化众生，受持诸佛自在神力。善男子，乃往古世，过须弥山微尘等劫，有劫名庄严，世界名月幢，佛号善眼，于彼佛所得此法门，修习长养净此法门。于其中间，常遇不可说不可说佛刹微尘

①[唐]实叉难陀译《大方广佛华严经》，《大正藏》，第10册，第2页。

等佛。彼诸如来，往诣道场自在神力皆悉奉觐，于此佛所修集善根，善男子，我唯知此法门。诸大菩萨，常能随侍一切诸佛，悉闻受持彼诸佛法，深入诸佛秘密教法，于念念中，出净法身等一切佛，一切佛影藏出一切佛法。所行无坏，我当云何能知能说彼功德行。①

另外地神还有为佛陀证言、助佛破魔的角色。究其原因，《佛本行集经》云："此地能生一切物，无有相为平等行。此证明我终不虚，唯愿现前真实说。"②降魔成道不仅是从另外一个侧面极大展现地神形象的故事情节，也是佛陀传记中的一个重要转折点，是宣传佛传故事中一个不可或缺的情节，历来备受大小乘佛教徒的重视，而据此所创作的佛教艺术品更是洋洋大观。下文笔者将会重点阐述。

以上笔者依托佛教经典对地神在佛教中的地位及其职责进行论述。地神图像被活灵活现地表现出来，并对古代印度、中亚和中国内地佛教艺术品的创作产生了深远影响。

千佛洞第 1 窟地神图像显然不是无源之水，无本之木。如果追根溯源，其图像最早可以追溯到古代印度犍陀罗和秣菟罗地区的佛教艺术作品。

一、印度地神图像概述与半身像探讨

古代印度犍陀罗地神图像和中国敦煌莫高窟中晚唐五代时期地神图像一样，并没有独立的造像，而是依附于两大佛传故事：走向菩提座和降魔成道图。其构图模式流传的地区比较广，对 8 到 12 世纪波罗王朝造像仍然存在深刻影响。对此日本学者宫治昭先生已经进行了全面深入的研

①［东晋］佛驮跋陀罗译《大方广佛华严经》，《大正藏》，第 10 册，第 719—720 页。

②［隋］阇那崛多译《佛本行集经》，《大正藏》，第 3 册，第 791 页。

究。[1]这两类图像，或者单独造像，或者从属于释迦牟尼佛“四相图”或者“八相图”。[2]在此笔者略作解说。

第一种题材——走向菩提座。

这个情节一般会糅合在降魔变品里，仅在个别经典里会独立成为一品，例如隋代阇那崛多译《佛本行集经》[3]和唐代地婆诃罗所译《方广大庄严经》[4]。在尼连禅河沐浴之后，悉达多太子走向菩提座。过去诸佛皆是在此成佛。“昔拘留孙，及拘那含，并迦叶等，诸大仙圣，于此地中所居之处，成大等觉。”[5]忉利天帝释天于是化作刈草人供养太子。最后太子手持净草，在菩提树下安坐入定。此时夜叉将此消息上报魔王波旬。经过商议，魔王带领魔子魔女前往菩提座太子处。

此类题材的艺术作品具有强烈的模式化特征。佛座上方或者留出空座，或者雕刻和太子作对话状的树神。佛座的一侧站着太子。此时的太子和佛陀形象并无差异，肉髻高耸，着通肩袈裟。身后站立手持金刚杵的力士。佛座的另外一侧第一身是魔王波旬。三个女儿分列其后，骚首弄姿，尽显妖媚之态。空中则雕刻飞天。画面的两侧往往还雕刻立幢。[6]（图 2.9）

在太子每有重要举措之时，例如拿到吉祥草时和决意走向菩提座时，大地都会“六种震动”。虽然如此，地神却始终没有在该品经文中出现。然而在佛教艺术品中，地神图像却又屡见不鲜。

---

①（日）宫治昭《インドの地天の图像とその周边》，宫坂宥胜博士古稀记念论文集刊行会《インド学　密教学研究——宫坂宥胜博士古稀记念论文集》（上），京都：法藏馆，1993 年，第 877—908 页。

②蔡睿娟《释迦八相图之研究》，佛光山文教基金会总编辑《法藏文库》（90），高雄：佛光山文教基金会，2001 年。

③[隋]阇那崛多译《佛本行集经》，《大正藏》，第 3 册，第 771 页。

④[唐]地婆诃罗译《方广大庄严经》，《大正藏》，第 3 册，第 584 页。

⑤[隋]阇那崛多译《佛本行集经》，《大正藏》，第 3 册，第 776 页。

⑥（日）栗田功《ガンダーラ美术Ⅰ佛传》，东京：二玄社，1988 年，第 111 页。

图 2.9　欧洲私人藏走向菩提座
（采自栗田功《ガンダーラ美术 I 佛传》）

地神图像主要出现在佛座的下方，身穿菩萨装，上身胸部隆起，显然是一位女性形象。按照其形态，图像又可以分为两类。第一类以印度加尔各答博物馆藏品[①]（图 2.10）、巴基斯坦白沙瓦博物馆藏品[②]（图 2.11）以及阿富汗喀布尔国家博物馆藏品[③]（2.12）为代表。地神从花叶中示现，双手合十，或者正面面向观者，或者侧面仰望悉达多。这种类型可称供养型图像。

第二类以柏林印度美术馆藏品[④]（图 2.13）和拉合尔博物馆藏品[⑤]（图

---

①（日）田边胜美、前田耕作编《世界美术大全集·东洋编·中央アジア》，第 315 页。

②H. Ingholt, *Gandharan Art in Pakistan*, Connecticut, 1971, pl. 62.

③（日）并河万里《并河万里写真集ガンダーラ》，东京：岩波书店，1984 年，图版 46。

④A. Foucher, *L' art gréco-bouddhique du Gandhâra*, Tome Ⅱ, Paris, 1918, Fig.401.

⑤其中一件是走向菩提座。按照 A.Foucher 先生的记载，属于拉合尔博物馆。（详见 A. Foucher, *L'artgréco-bouddhique du Gandhâra*, Tome Ⅰ, Paris, 1905, Fig.200）但是同一件作品，栗田功先生却将其纳入昌迪加尔（Chandigarh）博物馆。（详见栗田功《ガンダーラ美术 I 佛传》，第 229 页）今暂从 A. Foucher 说。

图 2.10 印度加尔各答博物馆藏走向菩提座
（采自《世界美术大全集·东洋编》）

图 2.11 巴基斯坦白沙瓦博物馆藏走向菩提座
（采自 *Gandharan Art in Pakistan*）

2.14）为代表。地神在画面中的位置和第一类相同，唯一不同的是，地神两手并非在胸前合十，而是上举承托佛座。这和中国内地托举型力士造像非常相似。笔者将这种类型称为托举型图像。

第二种题材——降魔成道图。

这个情节上承佛传《向菩提树品》。依照汉文经典的记载，魔王带领魔

图 2.12　阿富汗喀布尔国家博物馆藏走向菩提座
（采自《并河万里写真集ガンダーラ》）

图 2.13　德国柏林印度美术馆藏走向菩提座
（采自 *L'artgréco-bouddhique du Gandhâra II*）

图 2.14 印度昌迪加尔博物馆藏
走向菩提座
（采自栗田功《ガンダーラ美术 Ⅰ 佛传》）

军前来扰乱佛陀的修行。悉达多太子坚称今日誓成正觉。魔王于是质问："汝若干劫布施行，谁信此言欲降我。"这时悉达多太子"不畏不惊，不怯不弱，专注不乱，以柔软心，舍诸恐怖，身毛和靡，视瞬安庠，伸其右手。指甲红色，犹如赤铜，兼以种种诸相庄严具足，无量千万亿劫，诸行功德善根所生。举手摩头，手摩头已，复摩脚趺，摩脚趺已，以慈愍心，犹如龙王，欲视举头，既举头已，善观魔众，观魔众已，以千万种功德右手指于大地……是时此地所负地神，以诸珍宝，而自庄校。所谓上妙天冠耳铛手锁臂钏及指环等，种种璎珞庄严于身。复以种种香华，满盛七宝瓶内，两手捧持。去菩萨坐，不近不远，从于地下，忽然涌出，示现半身，曲躬恭敬向于菩萨，白菩萨言，最大丈夫，我证明汝。我知于汝，往昔世时，千亿万劫，施无遮会。作是语已，是时其地遍及三千大千世界，六种震动，作大音声，犹如打于摩伽陀国铜钟之声震遍吼等，如前所说，具十八相"①。听到这里魔王自惭闷绝，魔军大败。

由于释迦降魔成道的重大意义，早在佛陀形象还被用菩提树、宝座以

①[隋]阇那崛多译《佛本行集经》，《大正藏》，第3册，第791页。

及佛足脚印代替的时代，降魔变就已经出现了，例如山奇 1 号大塔北门背面第二横梁。它分布的地域也比较广，包括今天印度的西北部、北部、中部、东南部乃至西部在内的佛教重镇。

在犍陀罗地区存世的降魔成道图数量比较可观。但是和第一种题材——走向菩提座截然相反的是，佛传经典降魔品虽然存在地神的记载，但是雕刻地神图像的成道图则非常罕见。对此宫治昭先生也提出了这种疑问。[①]正因如此，下面所要介绍的这件欧洲 3—4 世纪犍陀罗浮雕藏品就显得弥足珍贵。[②]在佛座正下方，地神从花叶中示现，为半身形象，头梳高髻，身着菩萨装，呈四分之三侧面，双手高举供养品，目光投向太子。（图 2.15）整个画面讲求偶像型构图，魔众、地神以及天人的注意力都集于太子一身，有力地彰显了降服魔众的激烈程度以及菩萨的神通之力。画面紧凑，感染力强。

图 2.15　犍陀罗降魔成道浮雕
（采自栗田功《ガンダーラ美术 I 佛传》）

至于这件作品的重要性，首先，地神图像的雕刻使它成为降魔变发展链条上重要的一环；其次，它已经具有相当成熟的构图模式，和我们通常看

①（日）宫治昭《インドの地天の图像とその周边》，第 882 页。

②（日）栗田功《ガンダーラ美术 I 佛传》，图版 229。

到的降魔变基本框架并无二致；再次，从以下的讨论中可以看到，这种地神图像属于供养型，而非托举型。古代中亚龟兹地区的画师完全恪守了这种造像，并对中国内地降魔变的创作产生深远的影响。

犍陀罗还出土了一件残像，现藏于拉合尔博物馆。[①]地神合掌，以半身形象在佛座下方的花叶中出现。（图2.16）其姿势和前述欧洲私人藏品相同。不同的是，大概由于工匠技巧的原因，地神虽然举手仰视，但是目光的焦点并非上面的主尊，而是斜向雕塑之外。佛座上方佛陀结跏趺而坐，今残留手部和腿部，似作禅定印。宫治昭先生推测它可能表现了太子苦修的场景，不过同时也提出自己的疑问，毕竟依照现有资料来看，在苦修像中地神图像并未发现。[②]

图2.16　巴基斯坦拉合尔博物馆藏供养型地天
（采自 *L'artgréco-bouddhique du Gandhâra II*）

走向菩提座题材在犍陀罗比较盛行，但是在其他地区并没有较大发展。降魔变在中印度秣菟罗和南印度阿玛拉瓦蒂存在，但是早期作品也并没有地神图像。直到笈多王朝时期，秣菟罗地区才开始创作。宫治昭先生也由此推断，地神图像是从西北印度传入的。[③]不仅如此，地神图像也从一

---

①A. Foucher, *L' art gréco-bouddhique du Gandhâra*, Tome Ⅱ, Paris, 1918, Fig. 341.
②（日）宫治昭《インドの地天の图像とその周边》，第884页。
③（日）宫治昭《インドの地天の图像とその周边》，第889页。

身转变成两身。一身持壶供养佛陀，一身向释迦报讯。[①]根据《大唐西域记》记载，印度菩提瑞像本是弥勒菩萨下界化作工匠亲自所塑，而菩提瑞像的图像意涵在于："垂右手者，昔如来之将证佛果，天魔来娆，地神告至，其一先出，助佛降魔。如来告曰：'汝勿忧怖，吾以忍力降彼必矣！'魔王曰：'谁为明证？'如来乃垂手指地言：'此有证。'是时第二地神踊出做证。故今像手仿昔下垂。"[②]为了宣扬地神功德，后人在菩提树西迦叶波佛精舍西北专门造立二室，"各有地神之像。昔者如来将成正觉，一报魔至，一为佛证。后人念功，图形旌德。"[③]那么玄奘大师所言菩提瑞像应该就是鹿野苑的这种类型。从这个意义上说，中国内地包括敦煌和四川等地的菩提瑞像的源头都可以追溯到笈多王朝时期的秣菟罗。[④]

在此后的数百年中，降魔变一直是备受佛教艺术品创作者青睐的题材。在阿旃陀石窟第 1 窟[⑤]和第 26 窟的壁画和浮雕中，地神手持花瓶分别在佛座的右下方和正下方出现。到印度波罗王朝时期，以降魔变为原型的

---

①蔡睿娟先生还从秣菟罗四相图中检出一件 2 到 3 世纪浮雕作品。佛座右下角刻有一身矮小的造像。蔡睿娟先生将此确定为地神图像。不过依照其图版来看，这身造像为全身造像而不是半身。其头部硕大，身材矮小，整体形态颇似侏儒型的药叉，或者早期圆肚如鼓的魔军。另外他半坐在佛座右侧，右手放在佛座上。从整体上看，他和我们上文所讨论过的所有的地神图像特征都不吻合，所以我们无法将其定名为地神。参见蔡睿娟《释迦八相图之研究》，佛光山文教基金会总编辑《法藏文库》(90)，第 271 页，第 300 页。

②[唐]玄奘、辩机著，季羡林等校注《大唐西域记校注》，北京：中华书局，2000 年，第 675 页。

③[唐]玄奘、辩机著，季羡林等校注《大唐西域记校注》，第 681 页。

④依照现有资料，这种描绘两身地天图像的降魔变在古代西域地区并没有发现。在印度笈多王朝时期，古代龟兹石窟降魔变也发展起来。其构图模式延续了犍陀罗降魔变的造像风格。持壶和报讯的地神图像并没有出现在古代龟兹石窟。所以在此笔者不再针对笈多王朝时期秣菟罗地区的降魔变进行详解。

⑤(日)宫治昭著，顾红译，刘永增校《敦煌美术与犍陀罗·印度美术》，《敦煌研究》1995 年第 3 期，第 190—199 页；贺世哲《敦煌图像研究：十六国北朝卷》，兰州：甘肃教育出版社，2006 年，第 207 页。

图 2.17 印度阿旃陀石窟第 1 窟降魔变
（采自《敦煌美术与犍陀罗·印度美术》）

降魔成道像（菩提瑞像）迅猛发展，而地神图像也多是以笈多时代秣菟罗降魔变为蓝本，雕刻持壶地天和报讯地天的造像居多。

二、印度半身像的制作

关于半身形象，王玉东先生认为：

佛家典籍中明确规定禁止制作半身形象，汉文各类宗教典籍从使用“半身”一词开始，其语境就包含着相当多的诡异甚至负面的含义……制作半身像禁忌在戒律中一经规定在佛教团体

> 和人群中就不仅是规定了实际的造像活动，又同时参与营造了本来就业已存在的半身"语义场"……这个半身语义场的起源是随着汉译佛典的传入产生的。在这些汉译典籍中，半身形象全部都是出现于文本叙述之间的转折时刻，并且往往是作为跨越天地水等不同世界之间的超验形象而出现的。[①]

对此笔者赞同。半身像虽然被佛教戒律所禁止，但是在佛教经文特定的语言环境中，在特定的情景中，半身像的出现往往会增加佛教人物和时间的灵异性，不仅在情节上起到推波助澜的作用，还能更大程度地渲染气氛、感染信徒。

基于这种理念，半身像在古代印度佛教美术中很早就已经出现。除了地神之外，以半身形象示现的还有莲花女神（莲花精）、化生、树神和龙王。在此笔者作以简介，借此说明半身地神图像出现的背景。

1. 莲花女神

在早期印度雕刻中，莲花花蕾部分常常会出现女性半身形象。一般为正面，上身赤裸，胸部突出。莲花花瓣围绕这身女性图像一周，形成一个圆环。对于其神格的确定，前辈说法并不一致，或为药叉女，或为莲花女神，[②]或是莲花精药叉像。[③]

在巴尔胡特佛塔栏楯上，这种图像就已经出现。女神在花蕾部分半身示现，佩戴种种装饰品，一副贵族妇人的打扮；她们常常手持鲜花，周围的

---

①王玉东《半身形象与社会变迁》，《艺术史研究》第6辑，第5页。

②郭乃彰《印度佛教莲花纹饰之探讨》，佛光山文教基金会总编辑《法藏文库》(90)，高雄：佛光山文教基金会，2001年，第26页。

③(日)宫治昭著，李萍、张清涛译《涅槃和弥勒的图像学——从印度到中亚》，北京：文物出版社，2009年，第50页。

莲瓣呈放射状展开，犹如光背。[①]整个图像和下文芝加哥美术馆所藏龙王供养像存在惊人相似。

2. 化生童子

宫治昭先生曾经介绍过 M.塔得先生《哈波奎迪斯、梵天、弥勒》一文所刊布的 4 件莲花化生浮雕作品。据此，我们知道，化生童子像和希腊罗马沉默之神哈波奎迪斯像类似，而且哈波奎迪斯和弥勒造型存在混淆。[②]

以上两种情况，宫治昭先生皆有详论，请参考《涅槃和弥勒的图像学——从印度到中亚》相关论述。下面笔者将会重点分析树神和龙王这两种图像。

3. 树神

令人印象最为深刻的树神也许是菩提道场中的菩提树神。在此树下，悉达多太子坐金刚座，深入禅定而成正觉。菩提树也就成为释迦牟尼成佛的标志性图像。在佛陀形象还没有雕刻出来之前，菩提树和金刚座就成为释迦牟尼成佛的象征符号。今以佛传经典为依据略作解说。

当悉达多太子诞生之时，天降三十二种祥瑞：地出青莲，宝藏涌出，人们百病皆除，孕妇所生皆为男孩……其中第三十二种祥瑞就是："一切树神半身人现，低首礼侍。"[③]现藏美国宾夕法尼亚大学博物馆东魏武定四年(546)怀州栖贤寺比丘道颖僧柬等造释迦像背后描绘佛陀降诞场景，其中包括树神示现半身的情节。(图 2.18)[④]

太子长大，出宫游玩，后止于田亩，在阎浮树下观耕，看到众生相残，

---

①(日)宫治昭著，李萍、张清涛译《涅槃和弥勒的图像学——从印度到中亚》，第 50 页。

②(日)宫治昭著，李萍、张清涛译《涅槃和弥勒的图像学——从印度到中亚》，第 250 页。

③[西晋]竺法护译《普曜经》，《大正藏》，第 3 册，第 493 页。

④金申编著《海外及港台藏历代佛像珍品纪年图鉴》，太原：山西人民出版社，2007 年，第 93 页。

心生悲悯。于是开始思惟,“如是乃至得四禅地。日光昕赫,树为曲枝,随荫太子。”①根据这段经文,印度工匠创作出太子思惟像。在繁茂的树荫遮蔽之下,太子半跏坐,一手支颐,做思考状。这种造像影响巨大,东传中国乃至朝鲜半岛和日本。

图 2.18　东魏武定四年怀州栖贤寺比丘道颖僧衷等造释迦像
(采自《海外及港台藏历代佛像珍品纪年图鉴》)

太子离开王城,在苦行林修行,历经六年,形容枯槁,接受牧牛女乳糜布施之后,在尼连禅河沐浴。然而由于身体羸弱,体力不支,河水水流湍急,难以渡河。此时树神现身,引领太子。②《佛本行集经》云:“尔时彼河有一大树名頞谁那。彼树之神,名柯俱婆,住依彼树。时彼树神以诸璎珞庄严之臂,引向菩萨。是时菩萨执树神手,得渡彼河。”③

之后,太子走到菩提树下,誓愿成佛。菩提树神显身供养太子。经云:“时菩提树所守护神,生大欢喜。心意踊跃,遍满其体,不能自胜。即解其身所有璎珞,并散头髻,速疾而向于菩萨所。以最胜妙吉祥之事,赞美菩萨,

①[刘宋]求那跋陀罗译《过去现在因果经》,《大正藏》,第 3 册,第 629 页。

②关于悉达多太子六年苦修后沐浴的场所,诸经记载并不一致。《佛本行集经》记载是尼连禅河,而《普曜经》《过去现在因果经》和《方广大庄严经》则是诸天所化之水池。

③[隋]阇那崛多译《佛本行集经》,《大正藏》,第 3 册,第 772 页。

内心殷重，发大希奇，悉命诸亲及其眷属，守护菩萨，恭敬俨然。”此时，“所有树神，各从其树出身，来到护菩提树神边”。得闻树下菩萨功德之后，“尔时彼等一切树神，各将沈水牛头栴檀诸末香等，又复种种妙好香花，散菩萨上。散已复散，欢喜踊跃，遍满其体，不能自胜。举手低头，合十指掌，向菩萨礼。口中各复如是唱言，众生最首，唯愿仁者，早成此誓，速证菩提。”①

虽然以上佛传情节都有树神的记载，但据此创作的佛传艺术品中，树神并不多见。与此形成对比的是，佛陀最后涅槃之时，涅槃类经典对树神几乎只字未提；但是这个下级神却成为古代犍陀罗涅槃图中独具特色的图像，②拥有不可忽视的地位。《长阿含经》云：“尔时双树神复作颂曰：‘何时当复以，非时花散佛，十力功德具，如来取灭度。’”③树神雕刻依据大概就是这类经典。根据宫治昭先生的搜集，萨利·巴路尔、罗里延·唐盖、旧马尔丹、秣菟罗和哈姆扎尕尔等地都有出土。另外美国弗利尔美术馆（图 2.19）、维多利亚和艾伯特美术馆也有收藏。④随着佛教的传播，树神图像也出现在了龟兹克孜尔石窟第 76 窟的涅槃变里。不过这种图像就此止步，并没有继续东渐进入内地。

图 2.19 美国弗利尔美术馆藏涅槃浮雕（作者拍摄）

①［隋］阇那崛多译《佛本行集经》，《大正藏》，第 3 册，第 778 页。

②（日）宫治昭著，李萍、张清涛译《涅槃和弥勒的图像学——从印度到中亚》，第 106 页。

③［东晋］佛陀耶舍，竺佛念译《长阿含经》，《大正藏》，第 1 册，第 27 页。

④此类图版可参见《涅槃和弥勒的图像学——从印度到中亚》（图 49、图 67、图 328、图版 9、图版 10）。

和地神图像一样，树神为女性半身像，身穿菩萨装，从植物叶子中出现。整体而言，两者具有非常大的相同性。

4. 龙王

中文经典所谓的龙，实际上就是印度的蛇 Naga。但是所有中文经典中，谈到印度龙王和龙女等都是用一种偷天换日的方法，用龙字而不是蛇字来翻译梵文中的蛇，这实际上是中国的龙把印度神蛇的威力内化了。[①]这种翻译中的变换概念反映在佛教艺术品上所产生的差异性最为直观。例如在佛传九龙灌顶图像、须弥山图像和须摩提女请佛等图中，原本交错缠绕的神蛇在龟兹石窟还保持原来的模样，但是到了中国内地就摇身一变成为喜闻乐见的蛟龙。

佛经中关于龙王或者龙女以半身形象出现的记载屡见不鲜。和上文树神一样，龙神也屡次出现在诸多佛传重要情景之中。太子降世之时，天降祥瑞。其中包括“诸龙女出现半身，手持微妙诸宝璎珞于空而住”[②]。降世后，复有九龙为太子灌顶。这是佛教艺术品最为常见的题材之一。太子在树神帮助下渡过尼连禅河后，河中龙女踊出，为太子奉献筌蹄。《佛本行集经》记载：“尔时彼河尼连禅主，有一龙女，名尼连荼耶，从地踊出，手执庄严天妙筌蹄，奉献菩萨。菩萨受已，即坐其上。坐其上已，取彼善生村主之女所献乳糜，如意饱食……身体相好，平复如旧，端正可喜，圆满具足，无有缺减。”[③]唐代汉译密宗经典更是将龙神的描绘作了具体限定。菩提流志所译《文殊师利宝藏陀罗尼经》云：“又于释迦牟尼佛上空中，更画七佛……其释迦牟尼佛所坐莲华出水池内。池中复现二龙王，一名难陀，二

①（印度）谭中《印度文化对敦煌以至中国石窟文化的贡献》，敦煌研究院编《1994 年敦煌学国际研讨会文集·石窟考古卷》，兰州：甘肃民族出版社，2000 年，第 401 页。

②［唐］地婆诃罗译《方广大庄严经》，《大正藏》，第 3 册，第 551 页。

③［隋］阇那崛多译《佛本行集经》，《大正藏》，第 3 册，第 772 页。

名忧波难陀。其二龙王于其池中现出半身，人身蛇首具有七头并皆白色，种种杂宝庄严其身。左边难陀龙王以右手托佛华茎瞻仰如来，以左手竖其五指，以大母指指于额上作归依势。右边龙王一如左边。”①

作为护法，龙王常常现身供养佛塔，例如新德里国立博物馆所藏巽伽王朝的龙王守护佛塔石雕。②佛塔覆钵和塔基上布满了纠缠的神蛇，两身龙王侍立于两侧。另外悉达多太子灌顶图里，太子正面站立在坐具上，两身人形龙王手持水钵为太子沐浴。③这种图像在龟兹石窟和内地佛教艺术品中并不多见。不过在这两种题材中，龙王一般都是人形全身像，并非半身，更没有植物纹样与之搭配。

半身形象集中出现在“释迦降服阿波逻罗龙王”图像中。根据《大唐西域记》乌仗那国条记载：

瞢揭厘城（乌仗那国国都——笔者注）东北二百五六十里入大山，至阿波逻罗龙泉，即苏婆伐窣堵河之源也。派流西南，春夏含冻，晨夕飞雪。雪霏五彩，光流四照。此龙者，迦叶波佛时，生在人趣，名曰殑祇。深闲咒术，禁御恶龙，不令暴雨。国人赖之，以蓄余粮。居人众庶感恩怀德，家税斗谷以馈遗焉。既积岁时，或有逋课。殑祇含怒，愿为毒龙，暴行风雨，损伤苗稼。命终之后，为此地龙，泉流白水，损伤地利。释迦如来大悲御世，愍此国人独遭斯难，降神至此，欲化暴龙。执金刚神杵击山崖，龙王震惧。乃出归依，闻佛说法，心净信悟。如来遂制勿损农稼。龙曰：“凡有所食，赖收人田。今蒙圣教，恐难济给。愿十二岁一收粮储！”如来含覆，

①[唐]菩提流志译《文殊师利宝藏陀罗尼经》，《大正藏》，第20册，第801页。

②(日)肥塚隆、宫治昭主编《世界美术大全集·东洋编·インド》(1)，东京：小学馆，2000年，第64页。

③(日)栗田功《ガンダーラ美术Ⅰ佛传》，P1-Ⅶ，图版56，图版57。

愍而许焉。故今十二年一遭白水之灾。[①]

这种题材的雕塑存世数量也比较可观。在犍陀罗地区罗延里·唐盖等地皆有出土。[②]其核心图像内容大体相同。释迦牟尼佛身穿通肩袈裟,一手持袈裟衣角,一手上举至胸前,做无畏印。佛陀前方上空,执金刚神手持金刚杵正在敲击山岩,龙族恐惧,纷纷从池中踊出,示现半身,礼拜佛陀。[③](图2.20)佛陀后面或有眷属。其中在有些雕刻品里,眷属是金刚力士,额头上存有古怪的标志,类似于第三只眼睛。[④]不过从目前搜集到的资料来看,除了加尔各答博物馆的一件藏品外,[⑤]其余皆为半身形象。由于龙王从水池中踊出,所以下半身一般都是隐在水中,并无莲花。

图2.20 阿富汗喀布尔国家博物馆藏佛陀降服阿波逻罗龙王
(采自《并河万里写真集ガンダ-ラ》)

①[唐]玄奘、辩机著,季羡林等校注《大唐西域记校注》,第274—275页。

②具体图版请参见 A. Foucher, *L'artgréco-bouddhique du Gandhâra*, Tome Ⅰ, Paris, 1905, Fig.271—274.

③(日)并河万里《并河万里写真集ガンダ-ラ》,图版54。

④(英)约翰·马歇尔著,王冀青译《犍陀罗佛教艺术》,兰州:甘肃教育出版社,1989年,第53页。

⑤A. Foucher, *L'artgréco-bouddhique du Gandhâra*, Tome Ⅰ, Fig.273.

图 2.21　莫高窟第 254 窟主室北壁降伏毒龙
（采自《敦煌石窟全集·本生因缘故事画卷》）

图 2.22　美国芝加哥美术馆藏龙王浮雕
（作者拍摄）

这种题材在敦煌莫高窟也有表现。莫高窟北魏第 254 窟主室北壁人字坡下方是一铺大型说法图（图 2.21），以往学者定名为难陀出家。但是近年日本学者滨田瑞美女士又将其考订为释迦降服阿波逻罗龙王。[①]此时的龙王保留着半身像的特征，但舍弃了头部后面耸立的蛇头图像，化身供养天人从水中示现，供养佛陀。

除了以上三种题材之外，龙王图像也会作为一些建筑构件装饰雕刻出来。下面所要介绍的是芝加哥美术馆的一件藏品龙王供养像（图 2.22）。整个龙王身体从莲花中示现，为半身形象。头敷巾，呈四分之三侧面，上身赤裸，颈饰瓔珞，双手合十在胸前，举首仰望前上方。其身后则是龙王神格的象征——一条蜿蜒盘绕的长蛇，上身装束为贵族打扮。最值得注意的是龙王和莲花的这种组

①（日）滨田瑞美《莫高窟第 254 窟的造像壁画和观想念佛——试论敦煌北魏时期中心柱窟的造像构思》，李砚祖主编《艺术与科学》第 9 卷，北京：清华大学出版社，2009 年，第 131—132 页。

合。莲花花瓣为覆莲，龙王从中示现的时候，整个大莲花就似乎成了龙王的大裙，花瓣就变成裙褶。由于莲花长于水中，在某种意义上也代表了水。它和龙神相组合也是非常恰当的。马蹄寺石窟群千佛洞第1窟地神图像中的莲花也采用了相同的艺术处理手法。

半身形象的龙神还可以在巴米扬石窟第1窟窟顶藻井部分看到。[①]整个龙王为正面像，上半身为人形，下半身为蛇身。由于龙王为正面像，蛇身部分则以龙王腰部为圆心层层盘绕。随着佛教东传，龙神在早期克孜尔石窟仍然为蛇形。但是到达中国以后，云冈石窟第二期石窟中须弥山上的龙神就逐渐变成中国传统的龙形象了。

由此可见，虽然半身像在佛教戒律中被明文禁止，但是却能够在特殊的语境中出现。地神半身像的出现为推动佛教情节发展、增强佛教感染力起到了重要作用。"半身像"和"植物纹样"特别是莲花这种组合图像在印度也是非常流行的。地神、树神、龙王、莲花女神和化生几种图像体系之间互相沟通与借鉴，促进了半身像的创作。可以说，这就是马蹄寺千佛洞第1窟地神图像的印度源头。

---

①（印度）谭中《印度文化对敦煌以至中国石窟文化的贡献》，第402页，图7。

第三节　西域地神图像的发展

随着佛教的东渐，地神图像也开始在古代丝绸之路北道的龟兹地区和南道的于阗地区出现并发展起来。总体来看，供养型地神和托举型地神都有所表现，只是此时，地神托举的不是菩提座而是佛、天王或者供养人。另外，犍陀罗艺术中的佛传题材——走向菩提座未有发现，降魔变却在此繁荣起来。

对于于阗和龟兹的地神图像研究，霍旭初先生曾经就克孜尔石窟中的降魔变做了全面而又系统的研究，对降魔变的图像和经文进行考释，并就其文化内涵做了深入探讨。[①]彭杰先生对龟兹克孜尔尕哈石窟供养人脚下的地神进行了研究，另外还对于阗的地神图像及其源流做了详尽考察。[②]前辈

①霍旭初《克孜尔石窟降魔图考》，《敦煌研究》1993年第1期；《印度、龟兹、敦煌降魔变之比较——佛教哲理通俗化的衍变》，敦煌研究院《2000年敦煌学国际学术讨论会文集·历史文化卷（下）》，兰州：甘肃民族出版社，2003年。

②彭杰《库车克孜尔尕哈石窟壁画中的地神》，《西域研究》2007年第3期；彭杰《于阗地神崇拜及其图像流变》，李砚祖主编《艺术与科学》卷9，北京：清华大学出版社，2009年；梁涛、彭杰、再帕尔·阿不都瓦依提《于阗地神图像流变相关问题再探》，《敦煌研究》2009年第5期。

的研究使后学受益良多,这也是本节开展的基础。故笔者在此对地神图像略作概说,对其历史背景作适当补充。

一、龟兹地区地神图像

古代龟兹地区地神图像主要出现在两类题材之中。第一类是降魔变。第二类位于石窟供养人脚下,分布在克孜尔尕哈石窟的 2 个洞窟。[①]

克孜尔石窟保存的降魔变数量最多,时代也比较早,[②]主要分布在第 76、175、198、205、98 和 110 窟,其中 4 铺保存尚好。(图2.23,2.24)在这里地神已经成为必不可少的图像要素,虽然所占画幅不大,却起到了提纲挈领的作用。[③]纵观这一组降魔变,其图像主要有以下特点:一、地神图像属于供养型。二、地神造型基本沿袭上述柏林印度艺术博物馆所藏犍陀罗浮雕模式,半身形象,着菩萨装,呈四分之三侧面,双手合十(或捧供养品),仰视佛陀。除第 76 窟之外,其他作品中的地神皆处于佛座右下方,并给予观众右侧面。第 76 窟时代最早,其地神处在佛陀正下方,给予观众的是左侧面,从而和犍陀罗浮雕形成前后呼应之势。三、地神图像延续的时间久远,地神信仰源远流长。第 76 窟开凿于 5 世纪,[④]早于敦煌和云冈作品,最晚的第 205 窟大约开凿于 7 世纪,[⑤]前后跨越了 300 年。四、地神开始摆脱

---

①彭杰《库车克孜尔尕哈石窟壁画中的地神》,第 64 页。

②库木吐喇石窟第 14 窟窟顶尚有一铺降魔变。释迦牟尼佛淡然坐于宝座上, 四周布满云雾。云雾之中显露出数身面部狰狞的魔军。可惜佛座的右下角残损。不过其时代较晚,马世长先生推断为天宝九年(750)以后或者稍晚的八世纪中叶。(马世长《库木吐喇的汉风洞窟》,新疆维吾尔自治区文物管理委员会、库车县文物保管所、北京大学考古系编《中国石窟·库木吐喇石窟》,北京:文物出版社,1992 年,第 222 页)

③霍旭初《克孜尔石窟降魔图考》,第 17 页;《印度、龟兹、敦煌降魔变之比较——佛教哲理通俗化的衍变》,第 33 页。

④新疆龟兹石窟研究所《克孜尔石窟内容总录》,乌鲁木齐:新疆美术摄影出版社,2000 年,第 88 页。

⑤新疆龟兹石窟研究所《克孜尔石窟内容总录》,第 230 页。

图 2.23 克孜尔石窟第 98 窟降魔变
（采自霍旭初《克孜尔石窟降魔图考》）

图 2.24 克孜尔石窟第 76 窟降魔变
（采自霍旭初《克孜尔石窟降魔图考》）

印度作品中那种飘忽不定的尴尬地位而变得固定化。

第二类地神图像现存克孜尔尕哈石窟第 13 窟和第 14 窟的右甬道内侧壁。（图 2.25，2.26）关于第 14 窟地神图像，彭杰先生说，“在两身供养人的双腿间，均见一身形体较小人物的上半身像。无论是从衣着还是从形体姿势看，都与第 13 窟中的女性地神酷似，因此，我们可以断定，这两身像也应是女性地神。”①从已经刊布的资料看，这两个洞窟地神图像的特点主

图 2.25 克孜尔尕哈石窟第 13 窟女性地神
（采自彭杰《库车克孜尔尕哈石窟壁画中的地神》）

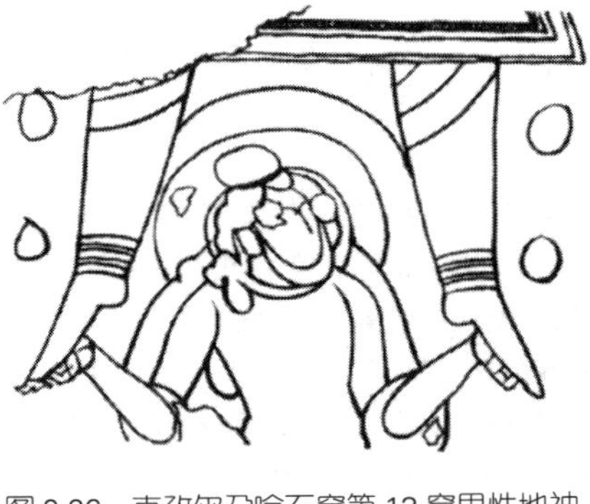

图 2.26 克孜尔尕哈石窟第 13 窟男性地神
（采自彭杰《库车克孜尔尕哈石窟壁画中的地神》）

①彭杰《库车克孜尔尕哈石窟壁画中的地神》，第 65 页。

要是：一、他们都属于托举型地神图像；二、脱离佛传故事，脱离旧有的菩提宝座，转而进入世俗供养人的行列；三、在意涵上，地神图像的增加提高了某些世俗供养人地位的角色；四、印度的地神图像以及克孜尔石窟中的地神图像都是女性形象，但在克孜尔尕哈石窟却有了男女性别之分。

二、于阗地区地神图像

于阗地区地神图像主要见于热瓦克、丹丹乌里克、苏巴什、托普鲁克墩和巴拉瓦斯特，对此近年来彭杰先生已经对地神图像类型、文献来源及其历史文化背景都作了深入研究。①这对笔者启发很大。

地神图像以托举型为主，依照组合对象的不同，彭杰先生又将其分成两个小类型：托举立佛式和托举天王式。②但是实际上，除此之外，于阗也存在供养型地神实物。现藏印度新德里博物馆的彩绘板画就是一例，出土于策勒县卡达里克。③地神以半身形象从地踊出，在团花中示现。她头戴宝冠，呈正面像，上身袒，佩戴璎珞臂钏和手镯，双手合十在胸前。（图2.27）腰部下方第一圈花瓣为覆花瓣，第二圈则类似于团云，这种描绘方法在龟兹地区克孜尔石窟第 205 窟降魔变和敦煌部分天王造像中也可以看到。这个彩绘木板保存完整，从绘画内容来看，它应该是一块拥有独立内容的彩绘木板。这样就可以排除它从属于其他木板的可能，也就排除了地神属于托举型图像的可能。

另外，古代于阗地区是否也流行降魔变？到目前为止，笔者并未搜集

---

①彭杰《库车克孜尔尕哈石窟壁画中的地神》（《西域研究》2007 年第 3 期）；彭杰《于阗地神崇拜及其图像流变》（李砚祖主编《艺术与科学》卷 9，北京：清华大学出版社，2009 年）；梁涛、彭杰、再帕尔·阿不都瓦依提《于阗地神图像流变相关问题再探》（《敦煌研究》2009 年第 5 期）。

②梁涛、彭杰、再帕尔·阿不都瓦依提《于阗地神图像流变相关问题再探》，第 68 页。

③（日）田边胜美、前田耕作编《世界美术大全集·东洋编·中央アジア》，第 281 页。

图 2.27　新疆卡达里克出土彩绘木板
（采自《世界美术大全集·东洋编·中央アジア》）

到降魔变的资料，不过根据历史记载，我们推断，丝绸之路南道的于阗和北道的龟兹石窟一样，降魔变创作也应该非常活跃。

据《寺塔记》《历代名画记》和《宣和画谱》记载，唐朝贞观初年，尉迟乙僧因为自己的丹青妙笔而被于阗推荐给唐王朝，授宿卫官，封郡公，在当时画坛享有盛誉，同其父亲尉迟跋质那被称为大小尉迟。他曾经在光宅寺绘制降魔变，①“匠意险变”，其魔女“身若出壁”，惟妙惟肖。②僧悰评价云：“外国鬼神，奇形异貌，中华罕继。”③又载，他还曾经于慈惠寺前画千手眼降魔像，其“衣冠物像，略无中仪形，其用笔妙处，遂与阎立本为上下也……乙僧画中国人物，一无所闻”④。据此可以推断，这位来自王室的画家虽然

①[唐]张彦远著，范祥雍点校《历代名画记》，北京：人民美术出版社，1964 年，第 172 页。

②[唐]段成式著，秦岭云点校《寺塔记》，北京：人民美术出版社，1964 年，第 20 页。

③[唐]张彦远著，范祥雍点校《历代名画记》，第 172 页。

④于安澜编《画史丛书》第 2 册，上海：上海人民出版社，1960 年，第 11 页。

身处中原，但是他的作品似乎仍然属于于阗地区旧有的题材，其绘画技巧也还保留了浓郁的于阗风格；而于阗地区降魔变的创作很有可能也非常兴盛。

于阗降魔变虽然未见出土，不过通过考古资料与历史文献的结合，我们对它大概也有一个轮廓性的认识。

首先，从下文讨论可以看到，地神图像是于阗王室的代表符号。于阗地区广泛流行的建国传说把尉迟氏神化成毗沙门天王的后代。既然毗沙门天王造像的一个显著特征是被地神托举，那么于阗国王也就“心安理得”地享受了这一礼遇。因此从于阗国王供养像来看，地神就成为表征其地位的一个标志。降魔变中，地神首要的一个行为就是为释迦牟尼证言，在一定程度上是作为佛教护法出现的。其实这也是于阗国王一直在努力扮演的角色。古正美先生认为《大方等集经·月藏分》很有可能就是在于阗制作的经典，经中提到了毗沙门天王和于阗国王共同守护于阗的信仰。[①]而我们知道，末法思想是《月藏分》的一大特色。佛陀之所以将于阗付嘱毗沙门天王和于阗国王来守护，就是因为末法即将降临而佛教面临湮灭的危险。于阗统治者也就被赋予了护持世间佛教的重任。这和地神所扮演的角色是一致的。那么地神集这两种意涵于一身，实际上就成为于阗王室的一个代表符号。出身于王室的尉迟乙僧对此应该是再熟悉不过了。那么以尉迟乙僧作品为代表的于阗降魔变对地神的青睐可想而知。其次，由于资料缺失，我们不清楚于阗和龟兹之间的相互影响孰大孰小，但可以肯定：从 4 世纪开始地神信仰就逐渐地覆盖了今天新疆西部地区，丝路南道的于阗和北道的龟兹之间在佛教美术创作方面（包括降魔变）存在互动关系。所以我们推断于阗地区以尉迟乙僧作品为代表的降魔变非常盛行，极

---

①古正美《于阗与敦煌的毗沙门天王信仰》，敦煌研究院编《2000 年敦煌学国际学术讨论会文集·历史文化卷》，兰州：甘肃民族出版社，2003 年，第 39 页。

有可能像龟兹降魔变一样具有地神图像,而且是供养型地神。

至此我们可以看出,于阗地区地神美术品的创作异常活跃。从目前公布的于阗地区所发现的壁画资料来看，于阗本地的地神多是双手托举佛陀或者毗沙门天王双脚,主要扮演了一个力士的角色。但也有部分地神摆脱了力士角色,发展成供养型。而地神图像丰富性的背后隐含着庞大的社会历史文化信息。

三、古代西域地神图像创作的社会文化背景

关于龟兹和于阗地区地神图像的影响，彭杰先生指出:“就目前地神图像数量规模及分布地点而言,于阗分见于五处遗址共有 7 个,龟兹只见于一处遗址只有 4 个,前者多于后者;再就图像的年代而言,于阗诸遗址中的丹丹乌里克早到 4—5 世纪,库车克孜尔尕哈的第 13、14 窟约为 6—7 世纪建造,前者也早于后者。综合上述,我们可以推定,克孜尔尕哈的地神在图像表现上是受了于阗同类作品的影响。”①

事实证明,于阗地区地神信仰非常流行。这种崇拜首先得益于于阗建国历史神话的传播。根据藏文文献《于阗教法史》的记载,于阗国得以建立主要得力于毗沙门天王、吉祥天女和大地天女(也就是地神)的神力辅助。②在《大唐西域记》中,于阗王子乃是拜毗沙门天王所赐并得饮地神之乳方才长大。③有学者据此推论说于阗王族自认为毗沙门天王是其父系,大地女神是其母系,从中折射出他们对地神的崇拜。④因此在敦煌我们看到从中唐开始出现的毗沙门天王造像中，地神一般都会从花叶或者云朵

①彭杰《于阗地神崇拜及其图像流变》,李砚祖主编《艺术与科学》卷 9,第 64 页。

②王尧、陈践《敦煌吐蕃文献选》,成都:四川民族出版社,1983 年,第 149-150 页。

③[唐]玄奘、辩机著,季羡林等校注《大唐西域记校注》,第 1008 页。

④彭杰《库车克孜尔尕哈石窟壁画中的地神》,第 68 页。

或者大地中涌出,示现半身,双手上举托起天王双足。这类地神成为毗沙门天王所特有的标志性图像特征之一。而为了显示自己同天王之间的"血脉"继承关系,于阗国王在自己的邈真像里也把地神图像吸收了过来,典型代表就是第 98 窟东壁门南李圣天供养像。根据古正美先生的研究,于阗国王坚持用佛教意识形态来治理国家,在不断利用诸如建国传说神化王权的同时,利用中央集权的力量逐渐地将毗沙门天王信仰推崇为一种国家或者官方信仰,并由此促进了民间信仰的形成与发展。[①]因此地神崇拜也随之日臻兴盛起来。

于阗地区地神信仰兴盛的另外一个原因就是佛教经典的推动。对此我们不否认《金光明经》特别是第十八《坚牢地神品》[②]在其中所起的作用,但是笔者以为于阗地神信仰的提升应该是众多佛经共同作用的结果,而且在此过程中佛经翻译又和于阗建国神话的传播形成了一种互动。众所周知,《华严经》的三大译本中,佛驮跋陀罗译本的底本是由支法领求自于阗,[③]唐朝译本的底本也是武则天派人取自于阗,[④]因此学者们推测,《华严经》在 4 世纪的时候就已经传入西域,可能就是在于阗编纂成集的。[⑤]这两大译本都构建了庞大的神怪体系,而地神赫然位列《世主妙言品》。因重译《华严经》而入长安的于阗高僧实叉难陀还翻译了《地藏菩萨本愿经》。第十一《地神护法品》中地神首先陈述供养地藏菩萨所得十种利益,然后对释迦立誓:若有人能供养地藏像并转读是经,"我常日夜以本神力卫护是人,乃至水火盗贼大横小横,一切恶事悉皆销灭。"[⑥]我们还不是很清楚:是

①古正美《于阗与敦煌的毗沙门天王信仰》,第 61 页。

②[北凉]昙无谶译《金光明经》,《大正藏》,第 16 册,第 440 页。

③[梁]释僧祐撰,苏晋仁、萧錬子点校《出三藏记集》,北京:中华书局,1995 年,第 53 页。

④[宋]赞宁撰,范祥雍点校《宋高僧传》,北京:中华书局,1987 年,第 31 页。

⑤任继愈主编《中国佛教史》(第 3 卷),北京:中国社会科学出版社,1988 年,第 196 页。

⑥[唐]实叉难陀译《地藏菩萨本愿经》,《大正藏》,第 13 册,第 787 页。

于阗地区的地神信仰影响了佛经的编纂还是后者左右了前者，只能说这种信仰应该是在外来宗教与本地文化长期互动下的结果。

由此一来，地神角色的背后便隐含着当地民众所熟知的于阗历史神话，承载着该地区独有的政治与文化信息。随着丝绸之路的交流，特别是8世纪末叶敦煌和于阗先后被纳入吐蕃统治范围，西域的地神图像也开始进入敦煌石窟，并由此向西南地区、都城长安地区传播乃至漂洋过海抵达日本。古代西域地区地神图像的丰富性，为内地同类题材造型艺术的繁荣埋下伏笔。

第四节　中古中国内地地神图像的繁荣

中国内地石窟和单体造像中地神图像的发展可以分为两个阶段：第一个阶段是 5 世纪到 8 世纪中叶；第二个阶段是 8 世纪中叶到 11 世纪，以敦煌为中心。

在第一个阶段，地神图像主要是托举型。本章讨论的核心——千佛洞地神图像属于供养型，这在当时是非常罕见的一例。在更多情况下，由于没有榜题，更无明确的图像志，有些地神图像被笼统地划归“药叉”范畴。

在佛经之中，地神常常与山神、河神、树神、风神等相并列。内地石窟和造像碑也有神王造像，但是地神的名字却不在其列。东魏武定元年（543）骆子宽造像碑是目前唯一明确标明各神王名字的作品，每个神王造像旁边皆有榜题：狮子神王、鸟神王、象神王、河神王、山神王、树神王、火神王、珠神王、风神王、龙神王等。[①]以此图像来比对内地其他造像，北凉文化圈中 14 座北凉石塔塔基所刻神王是象神王、火神王、山神王、河神王、

---

①林保尧《法华造像研究——嘉登博物馆藏东魏武定元年石造释迦像考》，台北：艺术家出版社，1993 年，第 103 页。

鸟神王、狮子神王、树神王和龙神王。[1]龙门石窟宾阳洞四壁所刻题材是珠神王、象神王、鸟神王、树神王和狮子神王。[2]金申先生曾经披露一份神王浮雕石台座拓片，上面的神王则是四大天王和树神王、山神王以及摩尼神，[3]最后一身的确罕见。另外，在响堂山石窟、须弥山石窟、安阳灵泉寺大住圣窟等都有神王造像，题材类似。[4]

虽然如此，也有部分具有明显地神图像特征的造像，连同神王造像共同出现。陕西省博物馆藏北魏皇兴五年（471）交脚弥勒像是比较早地引入神王图像的单体造像。（图 2.28）[5]造像正面主尊为交脚弥勒。地神以半身形象，从凹字形台座上踊出，两手上举托起弥勒双足。造像胸部隆起，腰肢纤细，臀部肥大，显然是女性形象。塔基上方刻护法神王四身，皆有头光，佩戴盘状项圈，下身着裙。虽无明显图像志特征和榜题，但是联系到骆子宽造像，可以推断他们也是神王像。巩县石窟寺第 1、2、3、4 窟皆为中心塔柱窟，在塔柱塔基佛龛正下方常常会有负重托

图 2.28　北魏皇兴五年交脚弥勒像
（采自《中国历代纪年佛像图典》）

①殷光明《北凉石塔研究》，新竹：觉风佛教艺术文化基金会，2000 年，第 232 页。

②李玉珉《宾阳中洞研究》，《宿白先生八秩华诞纪念文集》，北京：文物出版社，2002 年，第 406 页。

③金申《一方神王浮雕石台座》，《文物天地》1997 年第 1 期；后载《佛教美术丛考》，北京：科学出版社，2004 年，第 70—72 页。

④金申《关于神王的探讨》，《敦煌学辑刊》1995 年第 1 期，第 55—57 页。

⑤金申《中国历代纪年佛像图典》，北京：文物出版社，1994 年，第 21 页。

举的造像。第 3 窟塔柱南面塔基中央则是一个双乳下垂、大腹便便的侏儒全身像，这种造像已经和我们之前所介绍过的地神图像完全不属于同种类型。第 4 窟塔柱南面塔基中央是一身半身像，似留长发，颈饰盘状项圈，上身袒露，披帛，两手上举，托起方形物。[①]其正上方对应佛龛内的主尊。虽然没有题记，但是学者认为是坚牢地神，两侧是龙神王。[②]更有学者进一步解说这种造像原本来源于佛陀降魔成道的场面。[③]第 1 窟中心塔柱塔基四面中央各有一身托举型地神。特征相仿：正面，半身像，上身袒露，披帛，双手上举，托物（类似第 4 窟），下身隐于莲花中，莲花花瓣为覆莲。[④]由此可见，和马蹄寺千佛洞地神图像相比，除了供养型和托举型的分别之外，其半身像造像和莲花组合都有惊人的相似。

印度犍陀罗地区走向菩提座题材中地神图像以托举型为主，降魔变则以供养型为主。到龟兹地区，前者题材消失，后者则完全属于供养型。那么 5 到 6 世纪内地降魔变除了龙门路洞，一般很少有地神的表现（下文将论述）。由于当时在佛传降魔品中关于地神具体形象的经典还没有翻译出来，而强调地神的降魔变粉本也没有到达龙门地区，所以路洞作品虽然刻画了地神图像，但是很大程度上属于托举型，而且借鉴了中国古代传统的力士形象（图 2.29）。

总之这一阶段地神图像主要以托举型为主，虽然远在古代西域地区的同时代的地神图像创作大放异彩，但是却没有在内地推起任何波澜。直

①河南省文物研究所编《中国石窟·巩县石窟》，北京：文物出版社，1989 年，图版 162，图版 173。

②金申《关于神王的探讨》，第 56 页。

③陈明达《巩县石窟寺的雕凿年代及特点》，河南省文物研究所编《中国石窟·巩县石窟》，北京：文物出版社，1989 年，第 195 页。

④河南省文物研究所编《中国石窟·巩县石窟》，图版 84，图版 88，图版 91。

图 2.29 龙门石窟路洞降魔成道图
（采自《中国石窟·龙门石窟》）

到 8 至 9 世纪，敦煌地区供养型地神的出现才打破了这种格局。

在第二个阶段，地神图像供养型地神出现，并和托举型地神平分秋色。这类作品以敦煌石窟最为集中和最具代表性。

敦煌石窟中的地神图像主要集中在中唐、晚唐和五代时期。她并没有独立的造像，而是作为毗沙门天王图、于阗国王供养像、菩提瑞像图以及降魔变这四大图像体系的辅助图像出现的。

一、毗沙门天王造像

毗沙门天王，又称多闻天，是镇守北方的天王，在敦煌北朝时期就已经开始出现。本节所要讨论的和地神结合的石窟图像则以莫高窟第 154 窟为最早，时代为 8 世纪 80 年代到 8 世纪和 9 世纪之交。[①]在该窟南壁西侧上下绘有两组图像，天王分别同观音和天女对话（图 2.30）。[②]敦煌石窟壁画和藏经洞出土佛教艺术品（图 2.31）中都保存了此类造像的大量资料，林林总总，数量可观。总体来看，此类图像可以分为两类：偶像型和情节型。

偶像型构图代表作品有 EO.1190 和 P.4518（27）。EO.1190 中地神在

①樊锦诗、赵青兰《吐蕃占领时期莫高窟洞窟的分期研究》，《敦煌研究》1994 年第 4 期，第 90 页。

②敦煌文物研究所编《中国石窟·敦煌石窟》（5），北京：文物出版社，1987 年，图版 99。

图 2.30　莫高窟第 154 窟西壁毗沙门天王像
（采自《中国石窟·敦煌莫高窟》）

图 2.31　英藏纸画吐蕃装毗沙门天王像
（采自《西域美术·ギメ美术馆ペリオ·コレクション》）

花叶中示现，头戴宝缯，项饰缨络，身着天衣，双手托住天王双足。①和天王一样，她正面直视，其情态类似偶像。P.4518（27）天王和地神的情态与 EO.1190 相仿，在布局方面它在天王下方增加了两身供养像。左侧供养人，呈四分之三侧面，胡跪在坐具上，双手持有香炉，抬头仰望天王和地神，似乎在虔诚地祈求他们能够给自己带来福祉。身旁存榜题"一心供养

①ジャン·フランソワ·ジャリージュ、秋山光和《西域美术·ギメ美术馆ペリオ·コレクション》（第 2 卷），东京：讲谈社，1995 年，图版 74。

张儒者”。[1]但是地神和天王一样，目光向前，对画中供养人没有丝毫的眷顾之情。这种幡画都有两三条带子，沙武田先生认为，它们是用来礼拜供养的。[2]而这种功能也和该类偶像型的构图相契合。

情节型构图的代表有莫高窟第 154 窟南壁壁画和 EO.1162。第 154 窟壁画分为上下两组。[3]毗沙门天王两次重复出现，在内容上应该是对天王信仰的突出，但不是画面构图中的核心。他和观世音菩萨、天女都做交流的情态。彼此之间相互呼应，反映的是于阗建国相关的神话传说，所以整个构图呈现出较强的叙事性。第 154 窟的壁画布局也较为特别，南壁绘制药师经变、金光明经变、弥勒经变和法华经变，并呈“田”字格排列，占据了南壁的绝大部分空间，而毗沙门天王这两组图像则处于一个填充的位置，礼拜的味道减少了许多。但是地神没有因为图像性质变动而发生变化，她仍然以正面的姿态出现在团云中。EO.1162[4]是以释迦为中心的，吉祥天女和天王并眷属分别在两侧，虽然形式上好像对称，但是叙事的味道比较浓。地神仍然是正面，在她的两侧增加了类似胁侍的尼蓝婆和毗蓝婆。我国四川和日本的造像中也有这种形象，但是一般都会和地神一起托起天王。而在 EO.1162 中，他们的双手则抱在胸前。

对于其来源，目前学术界一般倾向于于阗。谢继胜先生曾经对此提出疑问，[5]观点新颖，发人深思。地神作为天王造像的一部分，不论是在偶像型构图中还是在情节型构图中，都是以正面姿态出现的。这种现象出现也许和于阗地区地神信仰的传入有关。

---

①ジャン·フランソワ·ジャリージュ、秋山光和《西域美术·ギメ美术馆ペリオ·コレクション》(第 2 卷)，第 338 页。

②沙武田《敦煌画稿研究》，北京：民族出版社，2006 年，第 223—225 页。

③敦煌文物研究所编《中国石窟·敦煌石窟》(5)，图版 99。

④ジャン·フランソワ·ジャリージュ、秋山光和《西域美术·ギメ美术馆ペリオ·コレクション》(第 2 卷)，图版 76。

⑤谢继胜《涉及吐蕃美术的唐宋画论》，《文艺研究》2006 年第 6 期，第 123 页。

二、于阗国王供养像

此类图像分布在莫高窟第 4 窟、第 98 窟、第 454 窟和榆林窟第 31 窟。[1]其中以第 98 窟作品为代表(图 2.32)。于阗国王以中原帝王打扮出现,头戴冠冕,身穿衮服,腰佩宝剑。国王邈真像下方,地神以半身形象出现,其装扮则类似于贵妇人,双手上托国王双足。邈真像前方榜题是“大朝大宝于阗国大圣大明天子即是窟主”。[2]从这幅补绘的画像的性质来看,李圣天是作为供养者出现在供养人行列当中的。另以莫高窟第454 窟为代表(图 2.33)[3]。在这个佛教殿堂中，主角永远都是佛与菩萨,供养人像则没有接受礼拜的权利，所以他们都为侧面相,按照某个单元空间的中心对称排列。和四壁独立的经变

图 2.32 莫高窟第 98 窟于阗国王供养像
(采自《中国石窟·敦煌莫高窟》)

---

①沙武田《敦煌石窟于阗国王画像研究》,《新疆师范大学学报(哲学社会科学版)》2006 年第 4 期,第 22—23 页。

②敦煌文物研究所编《中国石窟·敦煌石窟》(5),图版 13。

③对于这身画像,霍熙亮先生认为是甘州回鹘可汗(霍熙亮《敦煌地区的梵网经变》,敦煌研究院编《中国石窟·安西榆林窟》,图 27,第 213 页),后来沙武田先生考订为于阗国王(沙武田《敦煌石窟于阗国王画像研究》,第 23 页)。

图 2.33 莫高窟第 454 窟于阗国王供养像
（采自《中国石窟·安西榆林窟》）

画相比，于阗国王供养像的独立性已经淹没在这支浩浩荡荡的礼佛队伍之中。地神则处在洞窟壁面下层这个非常容易被忽视而且极其容易被破坏的位置，在这身供养像中的地位是可想而知的。其性质与功能绝对不可能游离于李圣天“供养像”这个中心。她采用侧面形式也在情理之中。

于阗国王与地神的组合，和于阗建国史有密切关系。关于于阗建国，唐玄奘提供了另外一个版本：“其王迁都作邑，建国安人，功绩已成，齿耋云暮，未有胤嗣，恐绝宗绪。乃往毗沙门天神所，祈祷请嗣。神像额上，剖出婴孩，捧以回驾，国人称庆。既不饮乳，恐其不寿，寻诣神祠，重请育养。神前之地忽然隆起，其状如乳，神童饮吮，遂至成立。智勇光前，风教遐被，遂营神祠，宗先祖也。自兹已降，奕世相承，传国君临，不失其绪。故今神庙多诸珍宝，拜祠享祭，无替于时。地乳所育，因为国号。”[①]既然大量毗沙门天王图像的一个标志性特征就是脚踩地神，那么于阗国王和地神的组合恰恰能够彰显自己和天王之间的“血脉关系”，同时也在宣告自己乃是佛教在人间的护法。关于于阗地神信仰上节已作讨论，不再赘述。

①[唐]玄奘、辩机著，季羡林等校注《大唐西域记校注》，第 1008 页。

三、菩提瑞像

所谓的瑞像实际上就是对现实中业已存在并被赋予“灵验”功能的造像的摹写，而菩提瑞像则是释迦降魔变的摹本。它和佛典降魔品相关经文之间的关系更是疏远了一步。[①]由于瑞像具有“灵验”功能，所以备受佛教信徒的推崇，以其为依据所创作的艺术品也进入佛教殿堂。敦煌菩提瑞像主要是指第 237 窟摩揭陁国放光瑞像（图 2.34）。[②]唐玄奘《大唐西域记》记载：

图 2.34　莫高窟第 237 窟菩提瑞像
（采自《敦煌石窟全集·佛教东传故事画卷》）

> 精舍既成，招募工人，欲图如来初成佛像。旷以岁月，无人应召。久之，有婆罗门来告众曰：“我善图写如来妙相。”众

①关于菩提瑞像之研究，请参见（日）肥田路美著，李静杰译《唐代菩提伽耶金刚座真容像的流布》（原刊《论丛佛教美术》，1986 年；译文载《敦煌研究》2006 年第 4 期），罗世平《四川唐宋佛教造像的图像学研究》（《法藏文库》82，高雄：佛光山文教基金会，2001 年），雷玉华、王剑平《试论四川的菩提瑞像》（《四川文物》2004 年第 1 期）和李玉珉《试论唐代降魔成道装饰佛》（《故宫学术季刊》2006 年第 23 卷第 3 期）。

②图版参见孙修身主编《敦煌石窟全集·佛教东传故事画卷》，香港：商务印书馆（香港）有限公司，1999 年，第 52 页。

> 曰："今将造像，夫何所须？"曰："香泥耳。宜置精舍之中，并一灯照我，入已，坚闭其户，六月后乃可开门。"时诸僧众皆如其命，尚余四日，未满六月，众咸骇异，开以观之。见精舍内佛像俨然，结跏趺坐，右足居上，左手敛，右手垂，东面而坐，肃然如在。座高四尺二寸，广丈二尺五寸，像高丈一尺五寸，两膝相去八尺八寸，两肩六尺二寸。相好具足，慈颜若真，唯右乳上图莹未周。既不见人，方验神鉴。众咸悲叹，殷勤请知。有一沙门宿心淳质，乃感梦见往婆罗门而告曰："我是慈氏菩萨，恐工人之思不测圣容，故我躬来图写佛像。垂右手者，昔如来之将证佛果，天魔来娆，地神告至，其一先出，助佛降魔。如来告曰：'汝勿忧怖，吾以忍力降彼必矣！'魔王曰：'谁为明证？'如来乃垂手指地言：'此有证。'是时第二地神踊出作证。故今像手仿昔下垂。"众知灵鉴，莫不悲感。于是乳上未周，填厕众宝，珠缨宝冠，奇珍交饰。①

这条记载和第237窟的菩提瑞像完全一致。悉达多太子结跏趺坐，左手举到胸前，右手下垂，做触地印。至于造像着菩萨装，也许是为了表征此时太子尚未成佛。佛座下方是两身半身像，正面，头戴花冠，上身赤裸。对此，孙修身先生确定这两身是观世音菩萨，并从其半身像造型推断，这代表了末法时代的来临。②但是需要指出，《大唐西域记》观世音菩萨像的记

①[唐]玄奘、辩机著，季羡林等校注《大唐西域记校注》，第674—675页。
②孙修身主编《敦煌石窟全集·佛教东传故事画卷》，图30图版说明。

载出自金刚座条,[①]金刚座位于“菩提树垣正中”,菩提瑞像则在“菩提树东”,两者并非一处圣迹。观世音造像自然与此无关。这两身像在图像上虽然没有区别,不过按照上引文献,她们实际上应该是报讯和证言的两身地神。[②]这种造像在印度地区特别是波罗时代得到极大发展。至于第237 窟菩提瑞像的来源,李玉珉先生认为可能传自中亚。[③]

四、降魔变

降魔变和菩提瑞像存在紧密关系，是悉达多太子降服外道情景的再现,是经文到艺术品的过渡。较之菩提瑞像,降魔变与佛经的关系更为紧密。

完整独立的敦煌降魔变的发展可以分为北朝和中晚唐五代两个阶段。前者 4 铺,分别位于第 254 窟[④](图 2.35)、第 263 窟[⑤]、第 260 窟[⑥]和第 428 窟[⑦]。后者共计 5 铺,3 铺完整。除了法国巴黎集美美术馆所藏

①《大唐西域记》摩揭陁国金刚座条云:“菩提树垣正中有金刚座。昔贤劫初成,与大地俱起,据三千大千世界中,下极金轮,上侵地际,金刚所成,周百余步,贤劫千佛坐之而入金刚定,故曰金刚座焉。证圣道所,亦曰道场,大地震动,独无倾摇。是故如来将证正觉也,历此四隅,地皆倾动,后至此处,安静不倾。自入末劫,正法浸微,沙土弥覆,无复得见。佛涅槃后,诸国君王传闻佛说金刚座量,遂以两躯观自在菩萨像南北标界,东面而坐。闻诸耆旧曰:‘此菩萨像身没不见,佛法当尽。’今南隅菩萨没过胸臆矣。”(详见玄奘、辩机著,季羡林等校注《大唐西域记校注》,第 669 页)

②对于这其中的误解,李玉珉先生也曾在《试论唐代降魔成道式装饰佛》中指出(详见《故宫学术季刊》第 23 卷第 3 期,2006 年,第 46 页)。

③李玉珉《试论唐代降魔成道式装饰佛》,第 66 页。

④敦煌文物研究所编《中国石窟·敦煌莫高窟》(1),北京:文物出版社,1982 年,图版 33。

⑤敦煌文物研究所编《中国石窟·敦煌莫高窟》(1),图版 51。

⑥敦煌文物研究所编《中国石窟·敦煌莫高窟》(1),图版 61。

⑦敦煌文物研究所编《中国石窟·敦煌莫高窟》(1),图版 164。

图 2.35 莫高窟第 254 窟南壁降魔成道图
（采自《中国石窟·敦煌莫高窟》）

MG.17655 绢画（图 2.36）之外，其他 4 铺分别位于莫高窟中唐第 112 窟[①]（图 2.37）、晚唐第 156 窟、五代第 23 窟以及榆林窟第 33 窟（图 2.38）。

从完整的作品来看，晚期降魔变最大的特点是，地神图像开始出现并作为一个不可或缺的图像要素而存在。这是早期敦煌乃至内地云冈石窟所没有的内容。[②]地神一般为女性形象，从地踊出，示现半身，呈四分之三

①樊锦诗和梅林先生认为，第 112 窟作品虽然是降魔变，但主尊并不是释迦佛而是弥勒佛；它和东壁门南的壁画共同组成一铺完整的弥勒经变（详见樊锦诗、梅林《莫高窟第 112 窟图像杂考》，《敦煌研究》1996 年第 4 期，第 7 页）。这种观点具有较强的说服力。不过未来佛弥勒和过去佛一样，其降生、出家以及成道等诸多故事情节都是释迦牟尼佛传的翻版，而关于弥勒降魔的经文记载也寥寥数语，再加上当时释迦降魔变的广泛流行。因此我们认为，姑且不论主尊的神格，它创作的粉本大概还是当时流行的释迦降魔变。

②龙门石窟路洞降魔变存在地神图像，但是和龟兹、于阗以及敦煌地区的地神图像截然不同。粉本另有其源。

图 2.36　法国巴黎集美美术馆所藏 MG.17655 绢画
（采自《西域美术·ギメ美术馆ペリオ·コレクション》）

侧面;她头梳高髻,顶戴华冠,项饰璎珞,臂佩钏镯，俨然一袭菩萨装打扮。在具体情态上诸铺地神造型又有所不同。第 156 窟作品中，她背对佛陀,左手持净瓶,右手指向波旬，似乎正在声色俱厉地斥责魔军;[①] 榆林窟第 33 窟作品里，地神突破了一身而变为三身，其中一身处于作品中心对称轴上，面向壁画之外，其余两身为侧面,面向魔女;[②]集美美术馆所藏绢画 MG.17655 的地神以男女形象出现,手捧宝物,举头仰望着释迦。[③]

降魔变为什么在北周之后消失,并在沉寂了 200 余年之后再次复兴?为什么复兴之时恰恰是吐蕃占领敦煌时期？为什么复兴之后地神图像开始流行并成为不可或缺的图像要素?

影响佛教美术作品创作的因素是多方位的。一是佛教典籍的翻译,这

①樊锦诗主编《敦煌石窟全集·佛传故事画卷》,香港:商务印书馆(香港)有限公司,2004 年,图版 99。

②敦煌研究院编《中国石窟·安西榆林窟》,北京:文物出版社,1997 年,图版 76。

③ジャン·フランソワ·ジャリージュ、秋山光和《西域美术·ギメ美术馆ペリオ·コレクション》(第 1 卷),东京:讲谈社,1994 年,图版 5。

图 2.37　莫高窟第 156 窟前室西壁门上降魔成道图
（采自《敦煌石窟全集·佛传故事画卷》）

图 2.38　瓜州榆林窟第 33 窟北壁降魔成道图
（采自《中国石窟·安西榆林窟》）

是最为根本的因素;二是粉本的流通,这种粉本可以是直接承袭印度以及中亚等地的美术风格,也可能是中原内地某位知名画家所独创并为广大工匠所效仿的模式化构图;三是区域文化的过滤。因为佛教在传播过程中,总要经历不同地区文化的筛选,以适应当时当地人们的审美观念。这就不可避免地对佛教美术产生潜移默化的影响。那么对于敦煌晚唐五代降魔变中地神因素这个问题,是否也可以从这三个角度来解释?下文笔者试作分析。

1. 佛教典籍的翻译

在佛教初弘时期,为了介绍佛教以及教主释迦牟尼,佛传类经典翻译比较早,持续的时间也比较长。从后汉开始一直到北宋,该类佛典不断问世。释迦降魔一品自然是译经师乐此不疲地去表现的情节。由于在翻译过程中,即使底本相同,各家还是会各有取舍,再加上东土高僧西行求法活动的开展,大量梵文经典不断地传入,使得佛传降魔品日臻完备。如果以地神为参照,从后汉到北宋降魔品的翻译可以分为三个阶段。

汉魏两晋属于酝酿时期。地神证言较早出现在东晋罽宾瞿昙僧伽提婆所译《增一阿含经·马血天子品》,[①]但是恰似昙花一现。《异出菩萨本起经》《修行本起经》《太子瑞应本起经》《普曜经》以及《佛所行赞》等佛传降魔品则没有这一情节,甚至有些经典没有释迦作触地印呼唤地神的描写。

南北朝时期地神在佛传降魔品中频频亮相。刘宋释宝云《佛本行经》和元魏吉迦夜、昙曜共同翻译的《杂宝藏经》中,释迦以手指地,大地六种震动,地神从金刚际出现,为释尊作证。刘宋求那跋陀罗翻译的《过去现在因果经》增加了更多的地神活动描写:为释尊证言后,她顶礼佛足,并用莲花供养释迦。这是一个很重要的场景,因为在降魔变资料中,双手合十作供养状、举首仰望释迦的地神造型占有一定比例。

---

①[东晋]瞿昙僧伽提婆译《增一阿含经》,《大正藏》,第2册,第761页。

隋代阇那崛多译《佛本行集经》和唐代地婆诃罗译《方广大庄严经》中地神形象可谓大放异彩。和前一阶段相比，地神在为释迦证言礼拜供养之后并没有马上退场，而是接着用净瓶冷水激醒并警告魔王。最为重要的是，这两部佛经进一步增加了地神服饰的描写。《佛本行集经》云："（地神）以诸珍宝，而自庄挍。所谓上妙天冠、耳珰、手锁、臂钏及指环等，种种璎珞庄严于身。"①地神已经被装扮成一位珠光宝气的菩萨。之后北宋法贤又翻译了《众许摩诃帝经》②，但是地神的记载却异常简略，似乎又回到了起点。因此反映地神的佛传经典主要集中在隋唐时期，而佛经新增的地神服饰描写为地神美术品的创作提供了最为确切的依据。

通过梳理发现，早在东晋时期地神就已经出现在汉文佛典降魔一品中。但是敦煌石窟 5 至 6 世纪以及云冈石窟 5 世纪下半叶的降魔变都没有地神图像。所以降魔变的创作并没有严格按照佛传降魔品进行，地神图像另有源头。

2. 美术粉本的传播

古代印度犍陀罗地区的降魔变，笔者已经论述。最富代表性的是欧洲藏品 3—4 世纪犍陀罗浮雕。③其结构严谨，感染力强，构图模式非常成熟。龟兹地区的降魔变完全沿袭了这种模式，并把地神图像的地位固定化。笔者已在上节中讨论过。

如果把敦煌石窟和克孜尔石窟降魔变相比，可以看出两者之间存在很大的时间差距。克孜尔石窟中的地神一直都是作为降魔变中一个不可或缺的要素而存在，其时间跨度是 5—7 世纪。敦煌莫高窟早期的降魔变时间跨度为 5—6 世纪。在这 200 年左右的时间中，克孜尔和敦煌降魔变

---

①[隋]阇那崛多译《佛本行集经》，《大正藏》，第 3 册，第 791 页。

②[北宋]法贤译《众许摩诃帝经》，《大正藏》，第 3 册，第 950 页。

③(日)栗田功《ガンダーラ美术 I 佛传》，图版 229。

的发展很像两条并行不悖的平行线，两者似乎没有发生交涉。包括敦煌乃至中原内地的画工对于地神一直持有漠视的态度，从来没有将其图像纳入到降魔变中。当敦煌降魔变再次复兴出现在中唐第 112 窟的时候，克孜尔石窟的佛教艺术已经开始衰退了。这样看来，我们尚无确凿材料证明敦煌晚期降魔变地神图像的出现和龟兹佛教艺术的东传存在直接的联系。

3. 于阗风格之影响

敦煌石窟地神虽然作为辅助图像出现，但是其地位并非可有可无，而是无可代替的。它所依附的图像体系，除了于阗国王供养像是五代作品之外，毗沙门天王和降魔变都开始出现于中唐。虽然学者们认为斯坦因所获《瑞像图》帛画的年代是七世纪末八世纪初，但是以第 237 窟摩揭陁国放光瑞像为代表的瑞像图也开始出现于中唐。毗沙门天王像和降魔变最早分别出现在第 154 窟和第 112 窟，它们都属于吐蕃统治时期的早期洞窟。瑞像图所在的第 231 窟和第 237 窟属于吐蕃统治晚期前段洞窟。①另外，除了本小节正在讨论的降魔变之外，其他三大图像体系都是受到于阗风格的影响或者说其粉本都来自于阗地区。

那么敦煌降魔变是否也有受到于阗风格影响的可能？

于阗地区的地神信仰以及降魔变的创作，笔者已经讨论过。这些资料显示，于阗地区降魔变地神图像非常兴盛，而且应该和龟兹地区一样，地神图像也是其中不可或缺的内容。这不仅仅是因为丝绸之路南北道的互相交流，也是因为地神背后所隐含的与皇室有关的历史信息。在此，笔者想重点强调的是于阗降魔变传入敦煌的契机以及地神角色地位的抬升。

于阗孤悬南疆，因其特殊的军事贸易位置，特别是作为丝路南道重

---

①樊锦诗、赵青兰《吐蕃占领时期莫高窟洞窟的分期研究》，第 90 页。

镇,一直都是这个地区周围诸种势力争夺的重点。到唐高宗时期,吐蕃势力渗透到塔里木盆地。唐蕃之间一度交恶。安史之乱以后唐王朝边防空虚。790年于阗陷落。几乎与此同时,敦煌也被纳入到吐蕃统治的范围之中。这客观上为两地之间的文化交流提供了条件,为于阗历史神话和美术粉本传入敦煌提供了契机。第154窟南壁西侧上下两部分别绘制了毗沙门天王、观世音菩萨以及毗沙门天王、天女。这是敦煌石窟中最早的于阗史迹画。[①]在之后的第231和237窟中,于阗瑞像骤然增多,据此敦煌民众也进一步了解到犍陀罗国释迦双头瑞像、摩揭陁国白银弥勒瑞像以及毗沙门天王和舍利弗决海的故事等等。也就在此时,降魔变打破了北周以来200余年的沉默,出现在第112窟的东壁门上,[②]从而实现了敦煌降魔变的再次复兴。更重要的是第112窟和第154窟都开凿于吐蕃占领前期。所以笔者认为,第112窟降魔变的粉本很有可能和天王造像以及瑞像图一样,是由于阗传入敦煌石窟的。

降魔变本是佛教艺术作品,但在敦煌却逐渐地被涂上一层政治色彩。在晚期的5铺作品中,能够推断出相对年代的是第156窟和榆林窟第33窟。第156窟乃是归义军节度使张议潮的功德窟,建于咸通二年到咸通八年,也就是"张议潮驱逐吐蕃,收复河西失地,被唐王朝授予统辖河西十一州归义军节度使之后",而这铺作品绘制的目的是"借降魔图降伏外道魔众,譬喻张氏归义军统治者驱逐外族吐蕃的历史功绩,也是庆贺唐王朝的胜利"[③]。作品中地神从地踊出,怒斥魔军,证明了释迦成佛的必然性,也宣告了邪恶势力的失败。从世俗角度来理解,地神实际上就成为传达敦煌统

①林敬真《敦煌史迹瑞像绘画初探》,台南艺术学院硕士论文,2004年,第12页。

②该铺经变残损严重,最有可能出现地神图像的位置——佛座右下角的壁画已经荡然无存。不过我们根据其他作品来推断,地神存在的可能性很大。

③樊锦诗主编《敦煌石窟全集·佛传故事画卷》,第105页。

治者心声的代言人。榆林窟第 33 窟是归义军节度使曹元忠功德窟。在北壁降魔变里，地神一改常规，由原来的一身变为三身；不仅如此，中间一身地神处在整个作品的对称轴上，并和释迦一样采用正面的形式面向壁画之外。如果说释迦是整个降魔变的偶像，那么这身地神就是一个“准偶像”。为什么地神的地位得到了如此大的提高？樊锦诗先生认为，曹氏归义军政权所兴建的大型洞窟中的佛传故事都是依照隋代阇那崛多所译《佛本行集经》，这部佛经的一大特色就是末法思想；而当时政权危机四伏，特别是对于阗地区军事形势以及末法思想深有感触，那么选用该经的目的就是为了保护佛教，维护自身政权和友好邻邦于阗国的安全。①这种观点很有道理。不过我们从地神图像的角度来看，降魔变绘制的目的就不单单是为两个政权祈福。在曹氏归义军时期，为了应对周边严峻的军事压力，归义军政权和于阗之间使节往来频繁，上层还进行政治通婚与联姻。②那么曹氏就应该非常清楚地神对于于阗王室所具有的特殊内涵。因此曹氏在第 98 窟补绘于阗国王供养像时并没有忘记地神这个具有身份象征的图像，而榆林窟第 33 窟作品中地神地位的提升也应该算是曹氏政权向于阗发出的一种友好外交信号。

以敦煌石窟为中心的地神图像实现了该类题材图像的大放异彩，是内地地神图像重要的发展阶段。随着敦煌和古代四川、长安地区的交流，这种题材又进入西南地区，甚至向东传到日本等国。当然随着时空的转换，地神图像在古代西域地区所蕴含的历史文化信息被一层层地剥离，最终变成一个简单的图像符号。

①樊锦诗主编《敦煌石窟全集·佛传故事画卷》，第 116—119 页。

②荣新江《于阗王国与瓜沙曹氏》，《敦煌研究》1994 年第 2 期，第 111—119 页。

第五节　千佛洞地神图像艺术与凉州译经

相比而言,马蹄寺石窟群千佛洞地神图像具有填补历史空白的地位。这是因为在 5 到 8 世纪，龟兹和于阗地区供养型和托举型地神图像创作非常活跃,但是在同时代的内地,地神图像基本上都是托举型,供养型至为罕见。直到 8 世纪到 9 世纪之交,敦煌石窟中的供养型地神图像才开始兴盛起来。在众多神王造像中,除了武定元年(543)骆子宽造像,题刻神王名字的则少之又少,而且多不包含地神图像。千佛洞地神图像的榜题题记不仅明确了图像神格,而且也为同类造型的图像提供了定名依据。

根据目前的资料，可以说千佛洞地神图像是中国内地 5 世纪到 8 世纪中叶石窟造像和单体佛教造像中唯一一例具有明确榜题的地神图像。

一、地神图像艺术

千佛洞地神图像的出现具有突发性，出现后并没有对内地地神图像的创作产生影响,距离 8 世纪敦煌地神图像的崛起存在巨大的时间空档。在佛教艺术发展的长河中，这种图像就像浪花一样乍然出现但又瞬间淹没在滔滔洪流之中。

1. 千佛洞地神图像和西域佛教艺术

内地佛教艺术作品的粉本不外乎有二：一是外来传入，二是汉地工匠独创。对此，我们更加倾向于前者，并初步判断它和西域佛教艺术存在密不可分的关系。

同时代的供养型地神图像主要集中在西域地区。如上所述，5—6世纪中国内地地神图像以托举型为主，供养型地神图像至为罕见。但在龟兹地区供养型地神却频频出现在克孜尔石窟的降魔变中，比如第76、175、198、205、98和110窟。第76窟开凿于5世纪，[①]最晚的第205窟大约开凿于7世纪，[②]在这300多年的时间里，地神图像一直都是降魔变不可或缺的图像要素。虽然图像很小，但是往往能够起到画龙点睛、提纲挈领的作用。[③]而地神的姿态和服饰也和千佛洞地神图像雷同（具体的图像比较，详见下文）。在古于阗地区，地神图像遗存丰富，也有供养型菩萨，典型案例就是印度新德里博物馆所藏6世纪彩绘板画。[④]

千佛洞第1窟洞窟形制和造像内容与龟兹石窟雷同。第1窟是中心塔柱窟大像窟。中心塔柱模仿西域龟兹式支提窟，正面为蘑菇状；左右甬道顶部为券顶，而且低于前部。中心塔柱正面为石胎泥塑立佛，这也与龟兹大像窟有关。[⑤]因为克孜尔石窟盛行表现释迦游行的大像窟；这种窟形和龟兹盛行的阿含有关，或许依据《长阿含经·游行经》塑造。[⑥]主尊造像虽

---

①新疆龟兹石窟研究所《克孜尔石窟内容总录》，第88页。

②新疆龟兹石窟研究所《克孜尔石窟内容总录》，第230页。

③霍旭初《克孜尔石窟降魔图考》，第17页；《印度、龟兹、敦煌降魔变之比较——佛教哲理通俗化的衍变》，第33页。

④（日）田边胜美、前田耕作编《世界美术大全集·东洋编·中央アジア》，第281页。

⑤马世长、丁明夷《中国佛教石窟考古概要》，北京：文物出版社，2009年，第91页。

⑥李崇峰《中印佛教石窟寺比较研究：以塔庙窟为中心》，北京：北京大学出版社，2003年，第239页。

然经过后代重妆,风采尽失,但是不可否认的是它仍然属于大像窟。前辈也曾经就这种窟形,对西域和古代张掖地区的地理交通做了深入探讨。[①]那么这种图像也非常有可能随着洞窟形式和造像题材的东传而出现。

2. 千佛洞地神图像与西域地神图像的比较研究

从前述古代新疆地区地神图像研究来看,该地考古遗存丰富,那么以克孜尔石窟降魔变为代表的地神图像是否也受到于阗的影响,我们不得而知。虽然至今在于阗地区尚未发现降魔变遗迹,但是可以推断古代于阗地区的艺术家确有降魔变题材的创作。[②]

从克孜尔石窟完整清晰的4铺降魔变来看,[③]地神图像虽然经过前后300年的历史,但变化不大。在第76窟降魔变中地神位于佛座正下方。除此之外,她全部以半身的形象出现在佛座右下方,着菩萨装,背后有头光,胳膊装饰有臂钏手镯,呈四分之三侧面,双手合十(或捧供养品),仰视佛陀。这都和千佛洞地神图像整体形态特征相吻合。

由于降魔变中的地神图像画幅很小,而且保存较差,地神服装细部并不清楚。不过克孜尔尕哈的托举型地神图像却足以弥补这一遗憾。第13窟中的地神佩戴耳铛,颈饰瓔珞,上身穿短袖上衣和紧身护胸,身后有披帛。[④]这种服装最早可见于内地的北凉石塔。承玄元年(428)高善穆塔塔基兑卦、坤卦、离卦和巽卦所对应的神王的服饰与此相似,特别是兑卦:神王上身穿护胸,腹部衣纹为菱形格,手持鲜花或者宝瓶,作供养状。[⑤]莫高窟

---

①李崇峰《中印佛教石窟寺比较研究:以塔庙窟为中心》,第241—246页。

②张善庆《中晚唐五代时期敦煌降魔变地神图像研究》,《西域研究》2010年第1期,第74页。

③克孜尔石窟降魔变的现存情况,请参见霍旭初先生《克孜尔石窟降魔图考》(《敦煌研究》1993年第1期)。

④彭杰《库车克孜尔尕哈石窟壁画中的地神》,第65页,图2。

⑤王毅《北凉石塔》,文物编辑委员会《文物资料丛刊》(1),北京:文物出版社,1977年,图1。

第254窟降魔变中的魔女和第257窟九色鹿本生中的王后服装也与之相同。[①]护胸上的花纹和千佛洞地神更是雷同，类似武士盔甲。不同的是其下身是长裙，地神则以花瓣来代替。千佛洞地神图像一大特色就是她的覆莲花瓣式大裙。克孜尔尕哈石窟没有绘制地神下身服饰。克孜尔石窟第76窟和第110窟降魔变下方残损严重，服饰不清。第205窟作品在表现女神从地涌出的那一刹那时用的是团云。不过这已经和千佛洞地神图像有着异曲同工之妙。晚唐五代时期敦煌地神也有从花瓣示现的例子，但是花瓣并非向下而是向上。整个地神看上去类似于净土中的化生童子像。无独有偶，古代于阗境内卡达里克出土的地神表示衣裙的花瓣就是向下的。[②]地神头戴高冠，正面，上身袒露，双手合十在胸前，以半身从地涌现。上身和大地相连处绘覆莲。其造像和地神身躯浑然一体，精妙无比，堪与千佛洞地神图像相媲美。

除了相似性之外，千佛洞地神图像也有自己独到的特点。在图像的右下角绘有岩石，寥寥数笔，简单勾勒。唐张彦远《历代名画记》论画山水树石云："魏晋已降，名迹在人间者，皆见之矣。其画山水，则群峰之势，若钿饰犀栉，或水不容泛，或人大于山。率皆附以树石，暎带其地，列植之状，则若伸臂布指。"[③]这种绘画方法非常流行，比如莫高窟北魏第257窟九色鹿本生故事、西魏第285窟和第249窟的窟顶四坡、北周第428窟萨埵太子本生故事。东北集安高句丽壁画墓的绘画方法也是如此。那么此处的岩石实际上就是山峦。而其本质的含义就是代表大地。就目前资料而言，这种表征方法在古代西域早期图像中至为罕见，直到8—9世纪，敦煌毗沙门

①谭蝉雪主编《敦煌石窟全集·服饰画卷》，香港：商务印书馆（香港）有限公司，2005年，第46页。

②[日]田边胜美、前田耕作编《世界美术大全集·东洋编·中央アジア》，第281页。

③[唐]张彦远著，范祥雍点校《历代名画记》，第15—16页。

天王造像才有用馒头状土丘表征大地的案例。总体来看，地神图像一般用土丘、花叶或者团云来连接其身体和大地，表现从地涌出的动感。千佛洞地神图像使用了两种标志性图像，不可不谓一大创新。

通过比较来看，千佛洞地神图像所特有的侧面形态、护胸服装和覆莲花瓣式大裙，都在古代中亚地区找到了答案。随着东西方文化的交流，中亚特别是龟兹石窟艺术和于阗地神信仰也开始东传。在这样的大背景下，地神图像乍然出现也是情理之中的事情。

二、地神图像与凉州佛教

地神在佛教万神殿体系中位阶较低。其图像并不常见，特别是供养型地神，在内地石窟中更是少见。那么地神为什么会出现在马蹄寺石窟群千佛洞？当然，地神地位的提升和图像的创作与于阗佛教信仰以及美术粉本有关。但是随着时空的转化，她能够在此出现，不能不说她已经获得古代张掖或者说千佛洞石窟艺术创作者的承认并被接纳。在这个认同过程中，笔者以为，凉州佛教起着重要作用。

古代张掖自汉代设郡以来一直都是河西走廊的重镇。《魏书》云："凉州自张轨后，世信佛教。"①到北凉统治河西时期，沮渠蒙逊更是把佛教作为国教来供奉，不仅延请昙无谶组织声势浩大的凉州译经，还主持开凿凉州石窟，佛教盛极一时。在十六国时期，北凉的译经除建都长安的后秦可与之相比之外，再无可以匹敌者。②值得注意的是，部分凉州译经突出地神地位，而且可以对千佛洞地神图像作出合理到位的圆满阐释。

---

①[北齐]魏收《魏书》，北京：中华书局，1974年，第3032页。

②杜斗城《北凉译经论》，兰州：甘肃文化出版社，1995年，第175页。

(一)地神图像的女性特征

《大方等大集经》是昙无谶翻译的一部极富特色的佛经,现存60卷,根据释僧祐核实,前30卷是昙无谶所译。[①]该经的最大特色是构建了庞大的鬼神体系,促进佛教向多神主义和禁咒主义方向发展。[②]其中卷24《虚空目分》护法品云:"当尔之时,阎浮提内国土城邑,空荒无人,人民即无,谁当流布如是经典。是故我今不以是经,付嘱菩萨比丘比丘尼优婆塞优婆夷及诸国主,以付四王乃至地神。"[③]这样一来,地神地位迅猛提升,在未来的末法时代成为除了四大天王之外护持佛法的不二人选。又《宝幢分》中云:"尔时世尊告吉意言,善男子,汝于当来莲花世界,得成为佛,号曰善见。如吉意女。地天水天,火天风天,……乃至六万七千神天,亦复如是,皆是菩萨,现受女像为调伏众生。是等女天,悉得授记,当成阿耨多罗三藐三菩提。所以现为女像教化,为令众生转女身故。若转男身得女身易,若转女身为男则难。是故以此女身教化……恒河沙等人。"[④]在论及毗沙门天王图像地神为何是女性时,松本文三郎提出:"这里将大地神格化了,又因大地生长万物,故作女性,以女性的形象来表现,又称坚牢地神,坚牢不外乎是大地的性质。"[⑤]笔者也同意这种看法。不过作为地神以女性形象出现的理由,《大方等大集经》的这条记载也许应该加入。它说明女性地神的出现实际上是菩萨为了教化众生的一种善权方便。这种以方便弘法的方式类似于《法华经》所讲的观世音大士的三十三变化身。

另一部佛经是《大般涅槃经》。昙无谶于北凉玄始十年(421)翻译而

---

①[南朝梁]释僧祐撰,苏晋仁、萧錬子点校《出三藏记集》,第334页。

②任继愈主编《中国佛教史》第3卷,第156页。

③[北凉]昙无谶译《大方等大集经》,《大正藏》,第13册,第172页。

④[北凉]昙无谶译《大方等大集经》,《大正藏》,第13册,第149页。

⑤(日)松本文三郎著,金申译《兜跋毗沙门天考》,《敦煌研究》2003年第5期,第36页。

成，现编40卷，是昙无谶译经中最具影响力的经典之一，提倡人人皆有佛性。此经后来传到江南，结束了一场"一阐提是否可以成佛"的大辩论。该经卷二十一《光明遍照高贵德王菩萨品》中记载佛陀诞生前后时云：(悉达多太子)"迦毗罗城处胎满足十月而生。生未至地，难陀龙王及婆难陀吐水而浴。摩尼跋陀大鬼神王执持宝盖随后而立，地神化花以承其足。四方各行满足七步。"[①]相同记载见于《付法藏因缘传》，其译者是吉迦夜和昙曜。昙曜原来就是北凉僧人，后被北魏征发到达平城。对于悉达多太子"七步生莲"这个情节，《经律异相》云：(太子)"从右胁生，身长丈六。即行七步，宝华承足。"[②]《佛本行集经》云："童子初生，无人扶持。住立于地，各行七步。凡所履处，皆生莲花。"[③]昙无谶译本的特点是不仅有地神的记载，更重要的是点明了地神和莲花之间的关系：地神与莲花合为一体，托起佛足。地神从花叶中出现的案例可见于印度犍陀罗地区的释迦走向菩提座和降魔图，[④]但是根据本缘部佛传类降魔品，我们很难看到关于两者联系的记载。笔者以为，昙无谶译本的一大意义就在于为这种图像提供了文献依据。

(二)地神的护法神格

初，西晋竺法护翻译《菩萨十地经》。此经与后来的昙无谶本《金光明经·最净地陀罗尼品》内容相同。其异译本是鸠摩罗什《庄严菩提心经》。玄始年间昙无谶对《金光明经》进行完整翻译，共计四卷十八品。第九坚牢地神品就是专门阐释地神坚牢护法角色的一品。其中云："尔时地神坚牢白

---

①[北凉]昙无谶译《大般涅槃经》，《大正藏》，第12册，第488页。

②[南朝梁]释宝唱《经律异相》，《大正藏》，第53册，第15页。

③[隋]阇那崛多《佛本行集经》，《大正藏》，第3册，第699页。

④(日)宫治昭《インドの地天の图像とその周边》，宫坂宥胜博士古稀记念论文集刊行会《インド学　密教学研究——宫坂宥胜博士古稀记念论文集》(上)，第879—889页。

佛言，世尊，是金光明微妙经典，若在世若未来世，在在处处，若城邑聚落，若山泽空处，若王宫宅。世尊，随是经典所流布处，是地分中敷师子座，令说法者坐其座上，广演宣说是妙经典。我当在中，常作宿卫，隐蔽其身于法座下，顶戴其足。"[①]在此品末尾地神重申了这一誓言。这段记载对佛教艺术创作影响非常之大。正因如此，佛教造像特别是佛座下方经常有地神示现半身、手托主尊双足的例子。这大概就是托举型地神图像的主要文献依据。另外大地是孕育万物的基础，地神作为一个女性形象，又是孕育这一切的大地的化身。经云："阎浮提地纵广七千由旬，丰壤倍常。世尊，如是大地，众生所依，悉能增长一切所须之物。增长一切所须之物已，令诸众生随意所用受于快乐，种种饮食，衣服卧具，宫殿屋宅，树木林苑，河池井泉，如是等物，依因于地，悉皆具足。……是诸众生，各于住处，演说是经，……随是众生所住之处，其地具足丰壤肥浓过于余地。凡是因地所生之物，悉得增长，滋茂广大，令诸众生受于快乐，多饶财宝，好行惠施，心常坚固，深信三宝。"[②]地神图像地位的提升，更是出于以农业为基础的王国的需要。[③]

昙无谶译经的一个思想特点就是末法思想，对河西社会产生了深远影响。[④]凉州文化圈内出土的 14 座北凉石塔也是例证之一。在这样的思潮背景下，地神被赋予了末法时代护法神的角色，成为河西地方政权或者民间社会的保护神。其图像自然备受青睐。也正是因为凉州译经为艺术创作提供了丰富的文献依据，地神图像才会如此熠熠生辉地展现在我们面前。

①[北凉]昙无谶译《金光明经》，《大正藏》，第 16 册，第 346 页。
②[北凉]昙无谶译《金光明经》，《大正藏》，第 16 册，第 346 页。
③任继愈主编《中国佛教史》第 3 卷，第 162 页。
④殷光明《北凉石塔研究》，第 145 页。

第六节 千佛洞第1窟中心塔柱北朝壁画内容考释

千佛洞第1窟中心塔柱南面底层早期壁画中，除了地神榜题之外，其身后供养人也有榜题。图像位置与内容如下图（图2.39，2.40）所示。[①]但是到目前为止，学术界未曾对此展开讨论，甚至没有对其进行基本的文字释读。这方榜题的释读将会有助于我们对壁画内容的判断。

一、梨车供养人榜题释读

正确释读榜题是考证壁画内容的关键所在。地神图像榜题"地神[奉]花供[養]"较为清晰，另外一则漫漶严重，释读困难。榜题框为竖长方形，底子白色，方笔墨书8个字。笔法雄强厚重。第1字为"諸"。其言字旁"口"的最后一横笔残缺，未有合拢；"者"左上角残损。第3字概为"車"。该字左半边尽失。从残留部分来看，隶书韵味浓郁。其最后一横末端有明显的顿笔。查阅南北朝隋唐书法碑帖，"車"字最后横笔末端顿笔的个案不乏其例，比

①千佛洞第1窟剖面图采自张宝玺《河西北朝中心柱窟》，陈海涛绘制壁画线描图，邵强军协助完成壁画位置与内容示意图。

图 2.39　千佛洞第 1 窟中心塔柱壁画线描图
（陈海涛绘图）

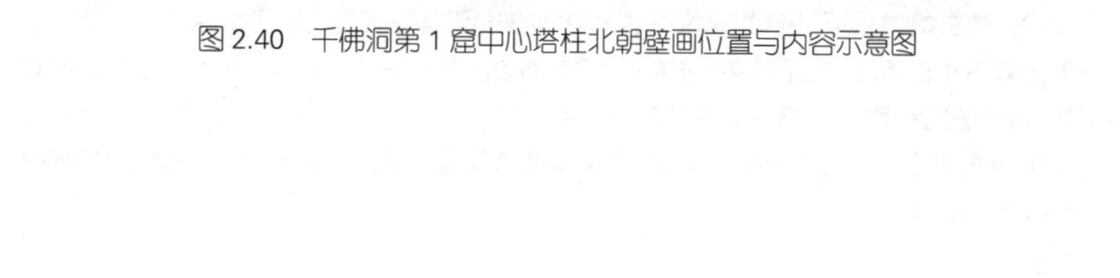

图 2.40　千佛洞第 1 窟中心塔柱北朝壁画位置与内容示意图

如北魏正光四年(523)高贞碑(图 2.41:2)[①]、敦煌遗书 P.2160 陈至德四年(586)《摩诃摩耶经》(图 2.41:3)[②]、高昌延和十一年(612)任谦墓表(图 2.41:4)[③]以及高昌延寿八年(631)唐耀谦墓表[④]。第 4 字和第 5 字分别为"男"和"女",清晰可辨。第 6 字为"來",残剩左半边。第 7 字残存右半边"共"部分,第 8 字残留类似"養"的右上角。根据字形,联系地神图像的"奉花供養"榜题,我们大概可以推断最后这两个字是"供養"二字。

最难释读的是第 2 个字,残损严重,墨迹漶漫。从语法结构上分析,这则榜题就可以断为"諸/□車/男女/來/供養"。中心词"男女"为主语。"來"和"供養"是谓语,构成一个连动句。"諸"即是"众,各"的意思,在古代汉语中作定语,修饰限定其主语。如此一来,"□車"也应是定语,修饰主语。能够作定语的词汇无外乎名词、代词、数词、形容词或者短语,"□車"显然是一个名词,可能表示国名、地名,来限定核心词。经过爬梳和筛选,能够符合这一条件的大概只有"梨(离)车"一词。其次从字形上来看,该字下部"木"和上方"刂"较为清晰,通过和敦煌文献 P.2160《摩诃摩耶经》(图 2.42:2)[⑤]、S.2423(图 2.42:3)、P.2413《大楼炭经》(图 2.42:4)[⑥]对比,该字大概是"梨"。"男女"的定语就是"梨车"。整个榜题可以释读为"諸梨車男女來供養"。

①王靖主编《中国美术全集·书法篆刻编·魏晋南北朝书法》(55),北京:人民美术出版社,2006 年,图版 100。

②上海古籍出版社、法国国家图书馆《法藏敦煌西域文献》(7),上海:上海古籍出版社,1998 年,第 207 页。

③史树青主编《中国历史博物馆藏法书大观·战国秦汉唐宋元墨迹》,上海:上海教育出版社,2001 年,图 33。

④史树青主编《中国历史博物馆藏法书大观·战国秦汉唐宋元墨迹》,图 35。

⑤上海古籍出版社、法国国家图书馆《法藏敦煌西域文献》(7),第 212 页;黄征《P.2160〈摩诃摩耶经〉书法残卷考订》,《敦煌研究》2007 年第 6 期。

⑥上海古籍出版社、法国国家图书馆《法藏敦煌西域文献》(13),上海:上海古籍出版社,2000 年,第 279 页。

梨车，梵语名称 Licchavi，是古印度一个极富盛名的部族（详细论述参见下文），在佛典翻译过程中形成了许多别名。南北朝时期“梨车”和“离车”比较常见，甚至会出现在同一部佛典同一卷经文中，比如东晋佛驮跋陀罗和法显翻译《摩诃僧祇律》卷 23 云：“佛住毗舍离。尔时奄婆罗离车童子坏法豫比丘尼弟子梵行。时法豫比丘尼往世尊所，头面礼足，却住一面，白佛言：‘世尊，离车童子坏我弟子梵行。’作是语已，礼佛而去。佛语阿难：‘汝取我僧伽梨来，入毗舍离城。’……尔时世尊与阿难共入毗舍离城。时五百离车集在论议堂上，欲论余事。遥见世尊来，辗转自相谓言：‘如来有何事故，食后入城？’故当有以时梨车等，即起与佛敷座往迎世尊，胡跪合掌，白佛言：‘善来世尊，唯愿世尊，坐此座上。’尔时世尊敷尼师坛坐。诸梨车头面礼佛足，却坐一面……”①

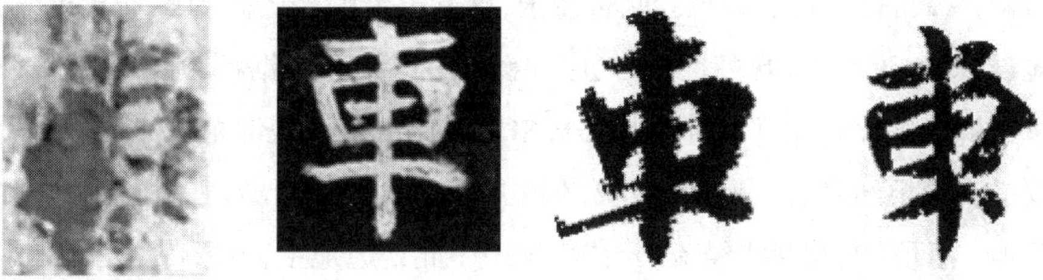

1　2　3　4

图 2.41　“车”字集合

1　2　3　4

图 2.42　“梨”字集合

①［东晋］佛驮跋陀罗、法显《摩诃僧祇律》，《大正藏》，第 22 册，第 416 页。

唐朝译经以及《一切经音义》正音，普遍使用“栗呫婆子”“栗姑毗”等等。《大唐西域记》吠舍厘国条“栗呫”注解云“昌叶反”，“婆子”注解云“旧云离车子，讹也”。[①]玄应注《说无垢称经》离呫种条云：昌叶反，旧言离车子，或作栗昌，亦作离昌，又作律车，皆讹也。[②]不过也有些译经仍然沿用原来的“梨”，比如义净《金光明最胜王经》译为“梨车毗”。[③]宋代从义《天台三大部补注》总结全面：“经律异相，翻为皮薄，又云同皮。诸文亦言黎昌，亦言弥离，亦言弥离车，亦言随耶利，亦言随舍利，亦言堕舍种，亦言律车，又言栗唱，又言弥戾车，又言蔑戾车，又言离栗呫种等。”[④]

梨车是佛陀时代恒河流域的强大的部族之一。[⑤]梨车人属于刹帝利，[⑥]佛经对其血统多有溢美之词。连同其他七个部族，梨车人建立跋耆国，都城是毗舍离，又作鞞舍离、毗耶离、吠舍釐。这就是《佛说维摩诘经》展开的背景。《大唐西域记》记载：“吠舍釐国，周五千余里。土地沃壤，花菓茂盛，庵没罗菓、茂遮菓，既多且贵。气序和畅，风俗淳质。”[⑦]据考，毗舍离遗址位于今天印度比哈尔邦北部木札法普尔地区比沙尔，是佛陀时代的一个重要的交通枢纽，西达迦维罗卫城，东至摩竭提国王舍新城。[⑧]其国家为共和政府。灌顶《大般涅槃经疏》云：“离车……此云边地主，或云传集国政。观

①[唐]玄奘、辩机著，季羡林等校注《大唐西域记校注》，第 598 页。

②[唐]玄应《一切经音义》，《大正藏》，第 54 册，第 498 页。

③[唐]义净《金光明最胜王经》，《大正藏》，第 16 册，第 403 页。

④[宋]从义《天台三大部补注》，《卍新纂续藏经》，第 28 册，第 197 页。

⑤D. D. Kosambi. The Basis of Ancient Indian History (I), *Journal of the American Oriental Society*, Vol. 75, No. 1, 1955, p.38.

⑥季羡林先生认为，这种说法可能是冒充，如同宣传释迦牟尼也是刹帝利一样。参见[唐]玄奘、辩机著，季羡林等校注《大唐西域记校注》，第 599 页；《原始佛教的历史起源问题》，《季羡林文集》第 7 卷《佛教》，南昌：江西教育出版社，1998 年，第 48 页。

⑦[唐]玄奘、辩机著，季羡林等校注《大唐西域记校注》，第 587 页。

⑧[东晋]法显撰，章巽校注《法显传校注》，北京：中华书局，2008 年，第 81 页。

师云，其国义让，五百长者递为国主，故言传集国政。罢政即出外，为边地主。诸王眷属者，是诸离车，皆更互为王，即有皇枝外戚等还属王类。”[①]学者推测，在这个国家存在一种五人陪审制度；一般不会对无罪者予以处分；其法律是成文的，且已依法施政。[②]

梨车人是原始佛教的积极拥护者，其佛教信仰可见于藏经诸部。佛传经典记载，释迦牟尼成佛后上升忉利天宫为母亲说法，然后下三道宝阶，来到阎浮提度化众生。北凉昙无谶所译《佛所行赞》之《菴摩罗女见佛品》和《神力住寿品》都重点讲述佛陀对梨车人的劝化说法，特别是对菴摩罗女的教化。东晋法显《大般涅槃经》记载，经过三十余年的传法，八十岁高龄的释迦牟尼途经梨车跋耆前往拘尸那国时，他回望毗舍离，顾城而笑。此时天地悲戚，无云而雨。世尊宣言自己即将涅槃，雨滴实是天泪。这是他最后一次回顾毗舍离。[③]《佛所行赞·离车辞别品》里，听闻佛陀即将涅槃的消息，梨车人号哭随行，难舍难弃。[④]佛陀以神力化现大河阻隔，并留下佛钵永作纪念。又东晋法显《佛说大般泥洹经》和北凉昙无谶《大般涅槃经》记载，梨车人奉献供具和饭食，进行最后一次供养。供具包括香饭、床帐、宝车、明珠、经幡、宝幢等。[⑤]释迦牟尼佛荼毗之后，拘尸那城周边的七国纷纷集合兵力前来抢夺舍利。最后在婆罗门的主持下，八国各分得一份舍利并回国后起塔供养，其中梨车国得第六份。文载：“毗耶离诸利昌得第六分，还国起塔。”[⑥]利昌，即梨车。[⑦]阿难尊者涅槃后舍利也一分为二，一份为

①[隋]灌顶《大般涅槃经疏》，《大正藏》，第 38 册，第 50 页。

②憍桑比《佛世时印度十六国的政治形势》，张曼涛主编《佛教与政治》，台北：大乘文化出版社，1979 年，第 8—9 页。

③[东晋]法显《大般涅槃经》，《大正藏》，第 1 册，第 193 页。

④[北凉]昙无谶《佛所行赞》，《大正藏》，第 4 册，第 45 页。

⑤[东晋]法显《佛说大般泥洹经》，《大正藏》，第 12 册，第 854 页。

⑥[唐]道世著，周叔迦、苏晋仁校注《法苑珠林校注》，北京：中华书局，2003 年，第 1264 页。

⑦[东晋]法显《佛说大般泥洹经》，《大正藏》，第 12 册，第 854 页。

阿阇世供养，另外一份为毗舍离梨车人供养。[①]

百年之后，梨车毗舍离举行了佛教历史上的第二次结集，称为"毗舍离结集"或者"七百结集"。由于受到阿难晚年长期弘化的影响，此时的毗舍离已经成为东部佛教中心。至于结集争论的问题，各派经典记载不一。其中说法之一是毗舍离僧伽出现收受金银实物等"十事非法"。这实际上"只是继承阿难所传如来的遗命，'小小戒可以舍'的学风而已"[②]，然而被来自西方的耶舍伽乾陀子指责。双方各执一词，最终酝酿成为一次大辩论。七百比丘在此结集，检校律藏，裁定毗舍离比丘行为为非法。表面上这是一次针对佛教僧团戒律的讨论，但实际上是对佛陀学说理解的不同。这种不同形成的原因是：在远离佛陀的时代，各地佛教徒各有师承，随着时间演进，对佛陀学说的理解产生了分歧。作为第二次结集，它"代表大迦叶、优波离重律传统的西方系，获得了又一次胜利"[③]。早期佛教也由此分裂为西方上座部和东方大众部，标志着佛教进入部派佛教时期。东方以毗舍离为阵地的大众部后来转至南印度，生根立足，不断壮大；而其学说的传播又和大乘佛教思想的兴起有着千丝万缕的联系。[④]因此毗舍离七百比丘集结是佛教史上的转折点，毗舍离僧伽及其学说对于佛教的发展具有深远影响。

公元1世纪或2世纪初，为了躲避战乱，梨车人北上入主尼泊尔。随着历史发展大潮，梨车部族原居住地的佛教也经历了几度沉浮，不过这里一直都是佛教徒心中的圣地。法显巡游印度之时正值戒日王当政的笈多王朝时期，在毗舍离城还得以瞻仰重阁精舍、阿难半身塔等，参访菴摩罗

①[东晋]法显撰，章巽校注《法显传校注》，第85页。

②印顺《论毗舍离七百结集》，《华雨集》(三)，台北：正闻出版社，1993年，第73页。

③印顺《初期大乘佛教之起源与开展》，台北：正闻出版社，1994年，第326页。

④吕澂《印度佛学源流略讲》之"大众系学说的要点"，上海：上海人民出版社，2005年，第65—74页。

女供养的花园。[①]到玄奘周游天竺时，佛教式微，各种宗教丛生林立。“伽蓝数百，多已圮坏，存者三五，僧徒稀少。天祠数十，异道杂居，露形之徒，寔繁其党。吠舍釐城已甚倾颓，其故基趾周六七十里，宫城周四五里，少有居人。”[②]“吠舍釐城内外周隍，圣迹繁多，难以具举。形胜故墟，鱼鳞间峙，岁月骤改，炎凉亟移，林既摧残，池亦枯涸，朽株余迹，其详验焉。”[③]回到长安时除了佛经，法师所带回的经像就包括“拟吠舍釐国巡城行化刻檀像等”[④]。从《大唐西域记》的记载看，梨车原居地佛教颓败之状，令法师感慨万千。

进入加德满都地区的梨车人仍然保持着对佛教的虔诚。他们击败克拉底国王加斯蒂后建立李查维王朝。在其统治的800多年中，佛教拥有无上的地位。在布里夏·德瓦统治时期，旃陀罗·笈多迎娶库马尔·德维，从当时铸币上，我们仍然能够看到这位梨车王后的面容。[⑤]其子后来继承王位，即是沙摩陀罗·笈多。阿姆苏·瓦尔马统治时期，正值印度戒日王和吐蕃松赞干布扩张土地，为此阿姆苏·瓦尔马左右周旋，把女儿布里库蒂嫁给松赞干布；在夹缝中，李查维王朝迎来了它的黄金时代。[⑥]玄奘西游天竺时未曾到此，但还是听到尼泊尔加德满都谷底的佛教状况。[⑦]“伽蓝、天祠，接堵

---

①[东晋]法显撰，章巽校注《法显传校注》，第79—81页。

②[唐]玄奘、辩机著，季羡林等校注《大唐西域记校注》，第587页。

③[唐]玄奘、辩机著，季羡林等校注《大唐西域记校注》，第598页。

④[唐]慧立、彦悰著，孙毓棠、谢方点校《大慈恩寺三藏法师传》，北京：中华书局，2000年，第127页。

⑤Pratapaditya Pal. The Divine Image and Poetic Imagery in Gupta India, *Art Institute of Chicago Museum Studies*, Vol. 10, 1983.p.301, p.309.

⑥关于尼泊尔古代史，参考[尼]I.R.阿里亚尔、T.P.顿格亚尔著，四川外语学院《新编尼泊尔史》翻译组《新编尼泊尔史》，成都：四川人民出版社，1973年，第30—44页；王宏纬、鲁正华《尼泊尔民族志》，北京：中国藏学出版社，1990年；马维光《尼泊尔佛教的亮点》（上），《南亚研究》2007年第2期，第66页；马维光《尼泊尔佛教的亮点》（下），《南亚研究》2008年第1期。

⑦根据《大唐西域记校注》考证，玄奘法师未曾游历尼泊尔。参见《大唐西域记校注》，第613页。

连隅。僧徒二千余人,大小二乘,兼功综习。外道异学,其数不详。"①"王刹帝利栗呫婆种也,志学清高,纯信佛法。近代有王,号鸯输伐摩。硕学聪叡,自制《声明论》,重学敬德,遐迩着闻。"②从中可见远离恒河的梨车人依然供奉佛教的盛况。

梨车人是早期佛教的积极拥护者,经典记载中,释迦牟尼对梨车人感情笃深。他们拥有浓郁的佛教信仰,见证了佛教僧伽发展的重大转折,在佛教史上具有举足轻重的地位。梨车人所建立的国都毗舍离更是佛教经典中焕发无限光芒的城市,也成为众多朝圣佛教徒心中的圣地。数百年来前往印度朝圣的高僧大德都不禁在此驻足,流连忘返,在巡礼圣迹、体悟世尊法语的同时,思考佛教未来的发展之路。

二、壁画内容之考释

中心塔柱南面中后部全部被后代泥坯所覆盖, 所以这方壁画无异于冰山一角。除了地神图像之外,另外一身菩萨和两身供养人图像并无特定的图像志特征, 所以整铺壁画的内容考释只能依赖于这两方题记和地神图像,资料可谓捉襟见肘。在此笔者试将文献和图像资料相结合,对壁画内容作以下推论。

正如前文所言,千佛洞第 1 窟是中心塔柱窟,塔柱正面为石胎泥塑立佛。南北西三个甬道顶部皆是券顶。从正面看,整个中心塔柱正面呈蘑菇状,具有典型的龟兹中心塔柱窟的特点。而供养型地神图像也是龟兹石窟降魔变的一大特色,那么是否可以推断,这铺壁画是随着龟兹风格的东传而进入千佛洞的?

为此,笔者根据新疆龟兹石窟研究所编《克孜尔石窟内容总录》对中

①[唐]玄奘、辩机著,季羡林等校注《大唐西域记校注》,第 612 页。
②[唐]玄奘、辩机著,季羡林等校注《大唐西域记校注》,第 613 页。

心塔柱大像窟左、后和右甬道壁画内容作了统计。经过考察发现，在这些空间，佛传故事最为普遍。

根据目前搜集的资料，我们初步推断这是一铺完备的经变画，或是一铺相对简略的降魔成道图。对于后者，北朝时期类似的图像例如初转法轮、降服毒龙乃至主题模糊的说法图等等较为常见，结构略微简单，情节相对较少。笔者在此特对前者作一说明。暨远志先生将其年代判定为北魏末西魏时期(510—550)。①中国同期石窟中大型经变画数量较少，无法与隋唐时期绚烂夺目的经变画相提并论，但是也不乏其例。今甘肃天水麦积山西魏乙弗氏皇后功德窟第 127 窟就已经出现经变画，和千佛洞第 1 窟底层壁画时代接近。第 127 窟经变画题材丰富，内含涅槃经变、法华经变、维摩诘经变等等，而这些都是敦煌莫高窟唐朝时期才开始绘制的内容；画面布局之严谨成熟、绘画技法之精妙绝伦，都远远高于同时代的敦煌石窟。②如果没有这个洞窟作为参考，我们很难想象 6 世纪中叶中国佛教经变画已经发展到如此成熟的阶段。因此就图像年代和经变画发展而言，我们不能排除这方壁画是一铺完备的经变画的可能。在此笔者结合文献和图像，谨对壁画内容作一尝试性推论。

1. 涅槃经变

按照东晋法显《佛说大般泥洹经》、北凉昙无谶《大般涅槃经》和慧严《大般涅槃经》的记载，释迦牟尼在拘尸那城娑罗双树下最后宣讲《大般涅

---

①暨远志《张掖地区早期石窟分期试论》，第 22—29 页。

②前辈关于麦积山第 127 窟的研究较多，参见张宝玺《麦积山石窟壁画叙要》，《中国石窟·天水麦积山》，北京：文物出版社，1998 年；项一峰《麦积山第 127 窟研究》，郑炳林、花平宁主编《麦积山石窟艺术文化论文集》(上)，兰州：兰州大学出版社，2004 年；郑炳林、沙武田《麦积山第 127 窟为乙弗氏皇后功德窟试论》，《考古与文物》2006 年第 4 期；沙武田《北朝时期佛教石窟艺术样式的西传及其流变的区域性特征——以麦积山第 127 窟与莫高窟第 249、285 窟的比较研究为中心》，《敦煌学辑刊》2011 年第 2 期；孙晓峰《麦积山第 127 窟七佛图像研究》，《敦煌学辑刊》2012 年第 4 期。

槃经》。夜半时分，世尊淡然右卧，入般涅槃。随后天地六种为之震动，诸佛菩萨天人弟子世俗奉佛者，齐聚佛处，奔丧哀悼。恒河平原各小邦国聚集一堂，最后一次聆听佛陀说法。其中神王地神和梨车（离车）男女供养人也在其列。

地神作为神王之一，和树神、河神等其他神鬼诸天在世尊涅槃后也纷纷赶到拘尸那城供养佛陀。对此，诸经记载也并不一致。法显本是“大河大海大地诸神天子”[1]。昙无谶本[2]和僧祐《释迦谱》[3]为“地诸鬼王”。慧严本则直接简略为“诸鬼王”[4]。需要注意的是，诸经并没有供养品的具体记载，更没有说到“奉花供养”。比较而言，壁画内容更接近法显本。

听闻佛陀即将涅槃的讯息，梨车王公大臣、后宫嫔妃、男男女女也前往拘尸那城奉献供具和饭食，作最后一次供养。《佛说大般泥洹经》云：“复有四恒河沙诸离车童子，在毗舍离城内并外来者，……是诸离车各办八十四亿栴檀床帐……亦各八十四亿雕文刻镂，……各办八万四千宝马，八万四千大象王，八万四千四马宝车，……又办八万四千明月神珠昼夜常明，……其饭香气，熏一由旬，敷置床座，于坚固林，供具悉备。来诣佛所，稽首请佛，头面礼讫，于一面住。”[5]佛经提到，前往供养的梨车人包括男性和女性。这和千佛洞“諸梨車男女來供養”的榜题是一致的。此外，东晋法显本在描写梨车人供养品的时候还特地提到“其饭香气，熏一由旬”[6]。千佛洞壁画（图 2.43）中靠近榜题框的那身梨车供养人手捧盛器，供养品呈颗粒状，中间还有花样点缀，这大概就表征香饭供养。其服饰和姿态与敦

①［东晋］法显译《佛说大般泥洹经》，《大正藏》，第 12 册，第 856 页。
②［北凉］昙无谶译《大般涅槃经》，《大正藏》，第 12 册，第 369 页。
③［梁］释僧祐《释迦谱》，《大正藏》，第 50 册，第 69 页。
④［刘宋］释慧严译《大般涅槃经》，《大正藏》，第 12 册，第 608 页。
⑤［东晋］法显译《佛说大般泥洹经》，《大正藏》，第 12 册，第 854 页。
⑥［东晋］法显译《佛说大般泥洹经》，《大正藏》，第 12 册，第 854 页。

图 2.43　千佛洞第 1 窟梨车供养人
（作者拍摄）

图 2.44　日本兵库县鹤林寺彩绘涅槃图(临摹品)
（作者拍摄）

煌莫高窟第 148 窟西壁涅槃经变供养人何其相似。①梨车人供养香饭的案例比较少见，今引日本兵库县鹤林寺太子堂木板彩绘涅槃经变图像(图 2.44)，②这身双手捧饭的老者是纯陀还是表征供养香饭的梨车人的符号图像,有待进一步探讨。

除了佛典文献，这种推断的另外一个支撑点来自千佛洞第 1 窟和龟兹石窟在洞窟形制与壁画题材上遥相呼应的关联。千佛洞第 1 窟是一个典型的内修型洞窟,属于中心塔柱式大像窟,塔柱东向面开舟形浅龛,顶部为穹窿顶,石胎泥塑大型立佛,高约 5.14 米,着通肩式袈裟,左手上举,

①贺世哲主编《敦煌石窟全集·法华经画卷》,香港:商务印书馆(香港)有限公司,1999 年,图版 143。

②日本兵库县古川市鹤林寺太子堂创立于平安时代，现存木板彩绘九品来迎图和释迦牟尼佛涅槃图。涅槃图中,在佛陀床前跪有七个俗装人物,其中一身,双手捧举饭团,举首仰望着释尊。原木板彩绘已经模糊不清,唯有借助红外线方可看清原貌。

右手下垂，手部皆已残失。虽经后代重妆，但原貌没有被太大改变。宿白先生指出大像题材在公元4世纪中期的龟兹石窟所习见，直至7世纪20年代末依然如是，并推断“开凿大像窟和雕塑大型立佛，或许是龟兹佛教艺术的一个特点……这个重要内容，给予葱岭以西和新疆以东的影响，当比其他类型的石窟形制和壁画的影响更为重要”[①]。其次，洞窟形制方面，该窟和龟兹石窟塔庙窟非常接近。[②]洞窟甬道顶部都低于洞窟前部，且皆是券顶。从正面看，整个中心塔柱呈蘑菇状。壁画题材方面，千佛洞供养型地神图像主要见于龟兹石窟。所有这一切都彰显了千佛洞第1窟和龟兹石窟之间的密切联系。那么龟兹石窟的设计理念或者设计模式会不会也影响到了千佛洞第1窟的修造。龟兹石窟中心塔柱窟盛行涅槃题材，不仅洞窟后部多设涅槃台，塑绘涅槃像，而且佛陀荼毗、八王争舍利等题材较为常见。在龟兹石窟大像窟中心塔柱右侧面的这个相同位置存在一个与佛陀涅槃有关的固定题材——阿阇世王闻佛涅槃闷绝。如果说千佛洞第1窟和龟兹石窟关系密切，那么这也能从另外一个角度说明这方壁画或与涅槃主题相关。

虽然我们推断壁画可能属于涅槃主题，但是其构图大概和敦煌莫高窟直到北周第428窟才出现的涅槃图不尽相同。在古印度特别是犍陀罗地区，涅槃图构图模式成熟，释迦牟尼佛右胁而卧，迦叶抚足，阿难思惟，须跋入灭，树神显现……这些图像要素都已经定格。它开创了后来印度、中亚以及东亚涅槃图的基本图像形式。[③]莫高窟第428窟涅槃图就是这个

①宿白《克孜尔部分洞窟阶段划分与年代等问题的初步探索》，新疆维吾尔自治区文物管理委员会、拜城县克孜尔千佛洞文物保管所、北京大学考古系编《中国石窟·克孜尔石窟》(一)，北京：文物出版社，第22页。

②马世长、丁明夷《中国佛教石窟考古概要》，第91页；秦春梅《浅谈中心柱窟的演变及马蹄寺石窟群的中心柱窟》，《敦煌学辑刊》2001年第1期，第52—56页。

③(日)宫治昭著，李萍、张清涛译《涅槃和弥勒的图像学——从印度到中亚》，第92页。

模式在敦煌莫高窟的第一次示现。构图的成熟一定程度上代表着“模式化”,但是按照这个模式,在千佛洞第 1 窟中心塔柱南向面中央,释迦牟尼佛右胁而卧,头部向北,足部向南,地神和梨车供养人图像所在的位置恰恰位于卧佛的足部。然而在涅槃图的这个位置多是抚足的迦叶或者身穿白衣的百岁贫妇,[①]这与地神和梨车人的出现相矛盾。再者,千佛洞第 1 窟出现了地神和梨车供养人这类相对罕见的图像，这也许提示了这铺涅槃主题的壁画构图与犍陀罗涅槃图构图模式不同,甚者情节更加丰富。

事实上,从涅槃题材的发展演变看,6 世纪中叶中国内地涅槃经变在继承印度固定的造像模式的基础上不断探索,锐意创新,从而完成华丽的蜕变。

麦积山石窟西魏第 127 窟的涅槃经变已经突破了印度涅槃图模式化的格局,并遥遥领先于国内其他同时期的同类题材作品。作为乙弗氏皇后功德窟,第 127 窟特别突出涅槃主题。形制是横长方形盝形顶窟,形状类似汉地墓葬棺椁。画工于洞窟正壁通壁绘制巨幅涅槃经变,包括释迦佛临涅槃说法和八王分舍利。特别是八王分舍利的情景,占据了整个涅槃经变大约四分之三的面积,气势恢宏,俨然已是西魏和柔然两军鏖战的再现,同时也是涅槃经变开拓创新的一个集中展示。以八王分舍利为主题的涅槃图还见于麦积山西魏第 135 窟正壁。此外,打破这种模式的还有麦积山北周第 26 窟,该窟窟顶斜坡上的涅槃变正坡是释迦临终遗教场面,左右两个斜坡则是菩萨、弟子、诸天、各国王子以及诸善男信女前来供养的场景。需要指出的是,这些供养人物图像都是成组出现,错落有致。这种布局不同一般,和同一时期的中外地区涅槃经变迥然有别。以第 127 窟为代表的此类涅槃经变发人深思,作为皇家洞窟,即使昙花一现,它对石窟艺术的创作特别是西北地区石窟寺的影响也是无法估量的。

---

①贺世哲《敦煌石窟论稿》,兰州:甘肃民族出版社,2004 年,第 287 页。

如果说莫高窟北周第428窟涅槃图是墨守成规，那么莫高窟隋代第420窟则是锐意创新。据郭祐孟先生考证，窟顶乃是法华经变和涅槃经变的结合，而其中西坡下部壁画有毗舍离梨车等男女大小妻子眷属广兴供养的场面。①

最富有启发的是莫高窟盛唐第148窟涅槃经变。该窟主室西壁坛上塑释迦牟尼佛涅槃像和佛姨母、佛弟子、各国王子等举哀像。从南壁盝顶帐门龛西侧到涅槃像背后的西壁，再到北壁盝顶帐门龛西侧，通壁绘制一铺气势磅礴的涅槃经变。②临终遗教、入般涅槃、金棺自举、为母说法、送殡荼毗、八分舍利等情节独立成组，有序排列，间以青山绿水、城池楼阁。需要特别说明以下两点：

首先，经变中出现了有关梨车人的榜题和供养场景。洞窟西壁临终遗教部分③，佛座两侧绘有六组供养人，包括"彩女""诸王夫人""拘陀平（罗）比丘尼"等，另有榜题云"复有□舍□□□将诸供养往/诣双林□□□我供养"，贺世哲先生将其身份判读为毗舍离离车人。④"离车"即是"梨车"。只可惜虽有数人，但被塑像遮住。⑤梨车人榜题位置如图所示。（图2.45）其余五组，比丘、比丘尼和世俗供养人都是跪在方毯上，或双手合十，或手举

①郭祐孟《敦煌隋代法华主题洞窟初探》，《兰州大学学报（社会科学版）》2006年第4期，第46—47页。

②关于莫高窟第148窟涅槃经变，参见贺世哲《敦煌莫高窟的〈涅槃经变〉》，《敦煌研究》1986年第1期；又《敦煌壁画中的涅槃经变》，《敦煌石窟论稿》，兰州：甘肃民族出版社，2004年；（日）外山洁《敦煌148窟の涅槃变相图について》，成城大学大学院文学研究科主编《美学美术史论集》第14辑，2002年；公维章《涅槃、净土的殿堂：敦煌莫高窟第148窟研究》，北京：民族出版社，2004年。

③贺世哲《敦煌莫高窟的〈涅槃经变〉》，图版8。

④贺世哲《敦煌莫高窟的〈涅槃经变〉》，第15页；又《敦煌壁画中的涅槃经变》，《敦煌石窟论稿》，第325页。

⑤贺世哲《敦煌莫高窟的〈涅槃经变〉》，第15页；又《敦煌壁画中的涅槃经变》，《敦煌石窟论稿》，第325页。

图 2.45　莫高窟第 148 窟南壁涅槃经变(局部)
(采自《敦煌石窟全集·法华经画卷》)

经幢华盖，面前或置香案，上摆供品。梨车人供养场景盖亦如此。此外，西壁纯陀等供养部分[1]，在佛陀右上方，一组六人，前后两排，跪在方毯上，身前榜题为“复有四亿恒河沙四天下诸□□仙□□/将诸花果来至佛所唯愿世尊受我等供”。[2]身份虽非梨车人，但是他们作四分之三侧面，手托盘状盛器，内置供养品，通身所穿赭色服饰与其他供养人的裙襦大袖迥然有别——紧身贴体，前臂外露。(图 2.46)其形象、情态和马蹄寺石窟群千佛洞梨车人何其相似——梨车人也作四分之三侧面，通身着红色服装，手捧供养品，特别是他们的服装也是比较紧身，而且衣袖挽起，前臂外露。

其次，千佛洞中心塔柱上的地神与梨车供养人图像的位置和涅槃经变中眷属的经营位置颇有相通之处。第 148 窟涅槃经变中的临终遗教部

①贺世哲《敦煌莫高窟的〈涅槃经变〉》，图版 9。

②贺世哲《敦煌莫高窟的〈涅槃经变〉》，第 17 页；又《敦煌壁画中的涅槃经变》，《敦煌石窟论稿》，第 328 页。

图 2.46 莫高窟第 148 窟西壁涅槃经变(局部)
(采自《敦煌石窟全集·法华经画卷》)

分,释迦牟尼佛位居中央,菩萨眷属分列左右。释尊佛座下方供桌两侧绘制六组供养人物。值得注意的是,在这种偶像型构图中,主尊佛是图像的中心,通常众多眷属会把目光集中在主尊身上或者两侧菩萨大士身上。然而释尊作为核心偶像,形体至为高大,当趺坐于宝座之上时,周围眷属的目光一般都是平视,而非机械生硬地仰视,因此他们的目光最终在整铺壁画中央对称轴上汇集,这个位置也多绘供桌、舞池或者书写经变序品榜题等等。而马蹄寺千佛洞第 1 窟中心塔柱南向面中央目前零星露出些许底层壁画,据此可以判断为大型造像服装。再加上我们所看到的菩萨形体较小,排列布局整齐严密,可以推论底层壁画是一铺大型说法图。由于地神和梨车供养人位于说法图左下角,并且贴近塔基,他们理应举首仰望主尊佛,或者菩萨大士等。但画工别出心裁,所有人物都向前平视。似乎在他们的面前——也就是塔柱南壁的中央位置,是一方榜子或者乐舞场景。地神和梨车供养人图像恰恰能够和莫高窟第 148 窟涅槃经变中临终遗教和纯陀等最后供养部分为代表的构图方式形成呼应。

据此，这方壁画内容也许可以释读为涅槃经变。不过这种论断也存在疑问。在涅槃图中，类似该窟地神图像的半身像虽然也有，不过一般被学者定名为树神。①再者，卧佛周围的世俗供养人一般都是以群像的形式出现，没有榜题，也没有特殊图像志特征。我们很难判读他们的身份。②本节论证所征引的案例的时代也多晚于千佛洞第 1 窟。

表 2–1

	梨(离)车供养人	地神
失译《大般涅槃经》	如是展转，人人相告，乃至声彻诸离车等。时诸离车，闻此语已，心怀悲侬，遍体血现，举手拍头，搥胸大叫，呜呼苦哉！世间眼灭，众生于今无所归依？互相语言，我等今者，应往佛所劝请世尊，住毗耶离，住寿一劫。若减一劫，利益世间诸天人民。即便严驾疾往佛所，既出城门遥睹如来，又见阿难及诸比丘，涕泣流连，闷绝懊侬。诸离车等倍增悲恸，前诣佛所，头面礼足，而白佛言，世尊今者，欲般涅槃，一切众生，失智慧眼，方当在于黑暗之中，云何能见所应行处。唯愿世尊，住寿一劫，若减一劫，如是三请。佛即答言，有为之法，皆悉无常，设住一劫，若减一劫，亦归无常……尔时世尊说此偈已，告诸	

①按照宫治昭先生的论述，在很多犍陀罗涅槃图雕刻品中从花叶中出现的神都是树神（参见［日］宫治昭著，李萍、张清涛译《涅槃和弥勒的图像学——从印度到中亚》，第 105—106 页）。

②犍陀罗涅槃图中，释迦牟尼佛床四周围绕着世俗供养人。宫治昭先生认为他们是末罗族人，是他们为释迦牟尼举办了葬礼（参见［日］宫治昭著，李萍、张清涛译《涅槃和弥勒的图像学——从印度到中亚》，第 98—100 页）。这种说法颇具指导性，不过这种图像是否可以完全等同于末罗族人，则有待商榷，也许这里面也应该包括梨车等部族的人。

续表

	梨(离)车供养人	地神
失译《大般涅槃经》	离车,汝等可止啼泣之情,谛听如来最后所说。诸离车言,善哉世尊,愿乐欲闻。……(于是释尊为之说七法——笔者注)时诸离车即白佛言,我等若于此七法中,修行一事,尚能令我威德增进,况复具足修行七法……尔时国中诸离车妻,闻佛不久当般涅槃,今者最后见毗耶离,心大懊侬,悲泣流连,各与五百眷属,各办五百乘车,载供养具,种种庄严,车牛白者,悬素幡盖,如是玄黄,各随牛色,次第出城,往至佛所。尔时世尊遥见彼来,告诸比丘,汝等见此诸离车妻,前后导从,极严丽不。比丘答言,唯然见之。佛告比丘,此毗耶离离车长者及以其妻。出入之仪,甚为光饰,与忉利天等无异也。时离车妻既到佛所,头面礼足,悲泣流连,不能自胜,以诸供具,而供养佛白言,世尊,唯愿住寿教化众生,世尊今若般涅槃者,我等盲瞑,永无开悟,受生薄福,为此女身,恒有限碍,不得自在,无缘而数亲近世尊,世尊便欲般涅槃者,我等善根日就减损。尔时如来而答之言,汝等从今至尽形寿,精勤持戒,如人护眼,意念端直,勿生谄嫉,此便即是,常得见我。诸离车妻,闻佛此语,倍增悲绝,不能自胜,却坐一面。	

续表

	梨(离)车供养人	地神
[东晋]法显《佛说大般泥洹经》	复有四恒河沙诸离车童子，在毗舍离城内并外来者，及阎浮提边国诸王大臣，俱乐正法淳修戒行，众德成就……其名曰净离垢藏离车童子、常快净离车童子、恒水离垢净离车童子等。是诸离车各办八十四亿栴檀床帐、沈水床帐、郁金床帐、柏木床帐、兜楼香木床帐。亦各八十四亿雕文刻镂，七宝庄严五色光耀严饰如前。各办八万四千宝马，八万四千大象王，八万四千四马宝车，悉以神珠明宝绞络庄饰，端严姝妙行如疾风。又办八万四千明月神珠昼夜常明，幢盖幡华大宝帐幔，白叠图像次第如前。其宝华盖广一由旬，彩画细叠以为图像三十二由旬，其幔高显各百由旬，其幡各长一千由旬，七宝庄校严饰如前，其饭香气熏一由旬。敷置床座，于坚固林供具悉备，来诣佛所，稽首请佛，头面礼讫于一面住。	复有万恒河沙诸小山神王、大山神王，世界中间诸鬼神王、须弥山神王，食诸树叶华果种种生类，皆有神力放大光明，来诣佛所稽首礼足于一面住。复有百千万恒河沙八大河大海大地诸神天子，大小诸王皆有神力，放大光明蔽于日月，于坚固林出甘露水，满熙连河微流清彻，处处皆作七宝阶道，令诸会众饮之无厌。
[北凉]昙无谶《大般涅槃经》	尔时复有四恒河沙毗耶离城诸离车等男女大小妻子眷属，及阎浮提诸王眷属，为求法故善修戒行威仪具足，摧伏异学坏正法者……其名曰净无垢藏离车子、净不放逸离车子、恒水无垢净德离车子。如是等各相谓言，仁等今可速往佛所。所办供养种种具足。一一离车各严八万四千大象，八万四千驷马宝车，八万四千明月宝珠，天木栴檀沈水薪束，种种	复有九十恒河沙树林神王，乐香王而为上首……复有千亿恒河沙地诸鬼王，白湿王而为上首。复有十万亿恒河沙等诸天子及诸天王四天王等。复有十万亿恒河沙等四方风神，吹诸树上时非时花散双树间。复有十万

续表

	梨(离)车供养人	地神
[北凉]昙无谶《大般涅槃经》	各有八万四千。一一象前有宝幢幡盖,其盖小者周匝纵广满一由旬,幡最短者长三十二由旬,宝幢卑者高百由旬。持如是等供养之具,往至佛所,稽首佛足绕百千匝,而白佛言,世尊,我等今者为佛及僧办诸供具,唯愿如来哀受我供。如来默然而不许可。诸离车等不果所愿心怀愁恼,以佛神力去地七多罗树,于虚空中默然而住。	亿恒河沙主云雨神,皆作是念,如来涅槃焚身之时,我当注雨令火时灭,众中热闷为作清凉……
[刘宋]慧严《大般涅槃经》	尔时复有四恒河沙毗舍离城诸离车等男女大小妻子眷属,及阎浮提诸王眷属,为求法故,善修戒行威仪具足,摧伏异学坏正法者……其名曰净无垢藏离车子、净不放逸离车子、恒水无垢净德离车子。如是等各相谓言,仁等今可速往佛所,所办供养种种具足。一一离车各严八万四千大象八万四千驷马宝车,八万四千明月宝珠,天木栴檀沈水薪束,种种各有八万四千。一一象前有宝幢幡盖,其盖小者周匝纵广满一由旬,幡最短者长三十三由旬,宝幢卑者高百由旬。持如是等供养之具,往至佛所稽首佛足,绕百千匝,而白佛言,世尊,我等今者为佛及僧办诸供具,唯愿如来哀受我供。如来默然而不许可。诸离车等不果所愿心怀愁恼,以佛神力去地七多罗树,于虚空中默然而住。	复有九十恒河沙树林神王,乐香王而为上首……复有千亿恒河沙等诸鬼王,白湿王而为上首。复有十万亿恒河沙等诸天子及诸天王四天王等。复有十万亿恒河沙等四方风神,吹诸树上时非时花散双树间。复有十万亿恒河沙主云雨神,皆作是念,如来涅槃焚身之时,我当注雨令火时灭,众中热闷为作清凉……

续表

	梨(离)车供养人	地神
[梁]释僧祐《释迦谱》	尔时世尊告阿难，俱诣香塔现在比丘普勑令集，如来不久是后三月当般泥洹。诸比丘闻已,皆悉愕然,殒绝迷荒,自投于地,举声大呼……复有二恒河沙诸优婆塞，三恒河沙优婆夷，四恒河沙毗舍离城诸离车等……所设供养七倍于前。	复有九十恒河沙树林神王,千恒河沙持咒王,一亿恒河沙贪色鬼魅,百亿恒河沙天诸婇女,千亿恒河沙地诸鬼王,十万亿恒河沙诸天王及四天王等。复有十万亿恒河沙四方风神吹诸树上,时非时花散双树间。十万亿恒河沙主云雨神皆作是念,如来涅槃焚身之时,我当注雨令火时灭……

2. 金光明经变

从佛教经典看，地神和梨车供养人都是灵鹫山金光明法会上的一份子,共同聆听世尊讲演《金光明经》。

北凉昙无谶最早完整翻译《金光明经》,南梁真谛和北周阇那崛多也有翻译,隋代长安大兴善寺释宝贵将这三个译本结合,集成《合部金光明》。唐代义净又翻译出《金光明最胜王经》。诸多版本都在序品中提到地神、树神和河神等神王参加了金光明法会,而且皆有坚牢地神品,专门宣扬地神护法功德:地神誓言,在《金光明经》流布的地方,地神会“敷师子座,令说法者坐其座上,广演宣说是妙经典。我当在中常作宿卫,隐蔽其身于法座下,顶戴其足”①。和“地神”角色不同,“梨车”并不是始终都是法会眷属。昙无谶版本中没有出现梨车人的身影,直到《合部金光明》。《寿量品》记载婆罗门憍陈如欲从如来求请舍利如芥子许,“于此会中有栗车毘国王童子,

①[北凉]昙无谶译《金光明经》,《大正藏》,第16册,第346页。

名曰一切众生喜见,在大众中具足,辞辩善能问答”,他和婆罗门憍陈如展开了一段关于“舍利”“涅槃”与“法身”问题的对答。[①]“栗车毘”也即“梨车毗”。《金光明最胜王经》记载至为详细:“复有梨车毗童子五亿八千。……如是等人,而为上首,悉皆安住,无上菩提,于大乘中,深信欢喜,各于晡时,往诣佛所,顶礼佛足,右绕三匝,退坐一面。”[②]

地神和梨车供养人图像也存在于金光明经变。金光明经变主要见于敦煌石窟[③],其次是于阗[④]、吐鲁番[⑤]等地。敦煌石窟北朝时期以单品《萨埵太子舍身饲虎》[⑥]和《流水长者子品》故事画为主,尚不能称为经变。以莫高窟第154窟为肇始,[⑦]金光明经变在中唐、晚唐和宋代的敦煌石窟大行其道,目前共有8铺。莫高窟第156窟金光明经变主体下方一组供养人身旁墨书榜题:“复有梨车毗童子五亿八千,其名曰师子光童子……/……各于晡时往诣佛所,退坐一面。”[⑧]其经典依据就是唐义净《金光明最胜王经》。

---

①[隋]释宝贵译《合部金光明经》,《大正藏》,第16册,第361—362页。

②[唐]义净译《金光明最胜王经》,《大正藏》,第16册,第403页。

③施萍婷《〈金光明经变〉研究》,段文杰等编《1987敦煌石窟研究国际讨论会文集·石窟考古》,沈阳:辽宁美术出版社,1990年,第414页。

④彭杰《于阗地神崇拜及其图像流变》,李砚祖主编《艺术与科学》卷9,北京:清华大学出版社,2009年。

⑤张惠明《伯孜克里克石窟〈金光明最胜王经变图〉中的〈忏悔灭罪传〉故事场面研究——兼谈艾尔米塔什博物馆所藏奥登堡收集品Ty-575号相关残片的拼接》,《故宫博物院院刊》2011年第3期。

⑥萨埵太子舍身饲虎故事画经典来源比较丰富,主要是《贤愚经》和《金光明经》。在敦煌石窟此类故事画最早出现在莫高窟第254窟。根据梁丽玲先生研究,其经典依据是《金光明经》(参见梁丽玲《萨埵太子本生故事画所据佛典之判读》,郑炳林、花平宁主编《麦积山石窟艺术文化论文集》(上),第546—559页)。

⑦沙武田《〈金光明最胜王经变〉在敦煌吐蕃时期洞窟首次出现的原因》,《兰州大学学报(社会科学版)》2006年第3期,第32—39页。

⑧施萍婷《〈金光明经变〉研究》,段文杰等编《1987敦煌石窟研究国际讨论会文集·石窟考古》,第433页。

莫高窟第 85 窟金光明经变下方乐舞左侧有一身天人，头戴莲花冠，双手合十跪在毯上。旁边有土红色墨书榜题："尔时此大地神女，名曰坚牢，于大众中从座而起，顶礼佛足，合掌恭敬白佛言：世尊，于诸国中，为人王者，国内居人，咸蒙利益。"[①]在这里她作为全身形象出现，和马蹄寺千佛洞第 1 窟地神半身图像存在巨大差别，但是依据榜题，这身图像仍然可以定名为地神。

就图像结构来看，千佛洞中心塔柱上的地神和梨车供养人图像经营位置和图像特点也符合金光明经变的构图布局。敦煌金光明经变形式虽无定式，不过大略也可以分成五种，而且有四种和西方净土图像相类。[②]其布局是图像中央为金光明法会，下方是榜子和乐舞场景，左右两侧上下分两三排绘制与会眷属，身旁榜题框内书写经文，标示身份。[③]其显著特点和上文论述的莫高窟第 148 窟涅槃经变临终遗教和纯陀等最后供养两部分相仿：金光明经变下方两侧的眷属基本都向前平视，其目光在榜题和乐舞图像处汇聚。马蹄寺千佛洞地神和梨车供养人图像所处的位置和图像特征与金光明法会上的眷属特点如出一辙。（图 2.47）

此外，这一推断也符合《金光明经》及相关忏仪流布的历史背景。《金光明经》首次在北凉政权统治中心姑臧完整翻译而且金光明忏仪可能也在河西地区制定。众所周知，北凉昙无谶最早完整翻译《金光明经》，共计

①施萍婷先生指出，这个图像形象和第 156 窟、第 55 窟相同，但根据第 156 窟榜题应该是《菩提树神赞叹品·第二十五》，据第 55 窟的榜题应该是《序品·第一》。可见其定名存在模糊性。录文参见施萍婷《〈金光明经变〉研究》，第 443 页。

②施萍婷《〈金光明经变〉研究》，段文杰等编《1987 敦煌石窟研究国际讨论会文集·石窟考古》，第 415 页。

③沙武田《SP.83、P.3998〈金光明最胜王经变稿〉初探——敦煌壁画粉本系列研究之一》，《敦煌研究》1998 年第 4 期，第 19—28 页。

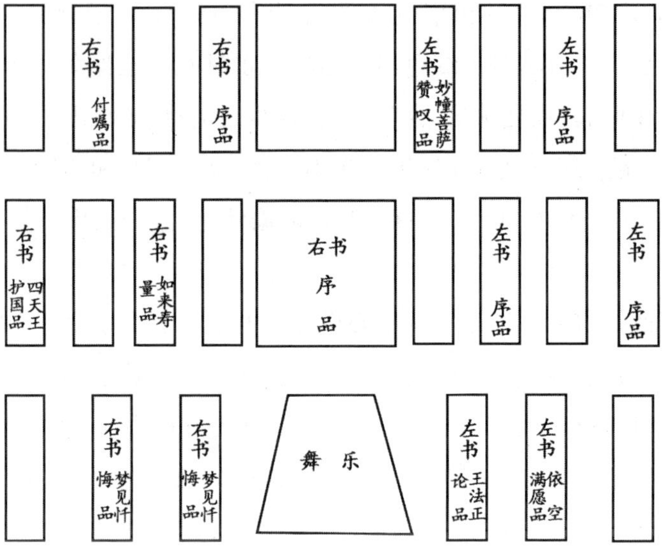

图 2.47　莫高窟第 85 窟金光明最胜王经变榜书示意图
（采自施萍婷《〈金光明经变〉研究》）

四卷。[①]昙无谶译本在千佛洞所在的张掖地区乃至河西地区无疑形成了巨大影响。新疆吐鲁番地区也发现了昙无谶本残卷。[②]这些地区都是北凉及其流亡政权的统治范围。《金光明经》的一个特点就是增加了忏悔灭罪的内容。天台宗智者大师据此制定《金光明三昧行法》，并在佛陇山建立七日金光明道场。这是我们目前所能看到的完整成文的金光明忏仪，然而十六国北朝时期的忏仪状况又是如何，我们不得而知。但可以肯定的是，此时依据《金光明经》所制定的忏仪可能已经在河西形成。《高僧传·玄高传》记载，河西玄高先是在麦积山讲学弘法，后师从西秦昙摩毗学习禅法。439 年北魏攻入姑臧，“徙其国人于京邑，沙门佛事皆俱东”[③]。玄高入京，为太

①杜斗城《北凉译经论》，第 186—194 页。

②王丁《吐鲁番安伽勒克出土北凉写本〈金光明经〉及其题记研究》，《敦煌吐鲁番研究》第 9 卷，2006 年，第 35—55 页。

③[北齐]魏收《魏书》，第 3032 页。

子拓跋晃之师。拓跋晃一度遭受拓跋焘怀疑，于是玄高为他作七日金光明斋忏，忏悔灭罪。[①]此次忏仪举行在进京不久，联系到《金光明经》是在姑臧翻译而成的史实，也许可以推测，当时的金光明忏很有可能形成于河西地区。和《法华三昧忏仪》一样，忏仪中所包含的礼拜、诵经、旋绕自归等活动和千佛洞第 1 窟这个典型的内修型洞窟的窟型可以紧密结合在一起。行者可以在开阔的主室前部和狭长的甬道完成这一系列的活动。

据此，千佛洞第 1 窟壁画也可释读为金光明经变。当然不可回避的是，这种推论也存在疑点。从图像资料来看，南北朝时期《金光明经》虽然已经出现，但是没有大型的金光明经变，画史亦无记载。梨车供养人见于义净本，昙无谶本未载。当时河西地区是否也流入其他语言版本的《金光明经》并对此产生过影响，这些问题的解决都有待于新资料的进一步发掘。

3. 降魔成道图

佛本行经记载，经过六年苦修，释迦牟尼在菩提树下入禅。即将成佛之际，魔王波旬协同三个女儿率领魔军前来扰乱菩萨修行。释迦牟尼为证明自己在过去无量劫曾经布施头目髓脑，今日誓成正觉，伸出右手，作触地印，呼唤地神。于是大地六种震动，地神从金刚际出，为释迦证言。

地神证言这个情节较早出现在东晋罽宾瞿昙僧伽提婆所译《增一阿含经·马血天子品》，[②]但是并无“奉花”的记载。直到南北朝时期特别是在南朝译经中，地神奉花供养佛陀情节才开始出现。刘宋求那跋陀罗所译《过去现在因果经》中，释迦牟尼佛作触地印，地神从金刚际出，手“持七宝瓶，满中莲花，从地踊出，而语魔言：‘菩萨昔以头目髓脑以施于，所出之血浸润大地。国城妻子，象马珍宝，而用布施，不可称计。为求无上正真之道，以是之故，汝今不应恼乱菩萨。’魔闻是已，心生怖惧，身毛皆竖。时彼地

①[梁]释慧皎著，汤用彤校注，汤一玄整理《高僧传》，北京：中华书局，1992 年，第 411 页。

②[东晋]瞿昙僧伽提婆译《增一阿含经》，《大正藏》，第 2 册，第 761 页。

神，礼菩萨足，以花供养，忽然不现”[①]，同时代《释迦谱》及隋代阇那崛多译《佛本行集经》和唐代地婆诃罗译《方广大庄严经》更是在此基础上多有添花之笔，地神形象也因此大放异彩。这段经文和千佛洞第1窟图像中的“地神奉花供养”完全相符。

从图像发展脉络来看，以千佛洞为代表的供养型地神图像出现概率最高的题材就是降魔成道图。地神图像大略可以分为托举型和供养型。托举型地神通常会以半身姿态示现，双手承托佛座、香炉等或者诸佛、菩萨、天王乃至供养人的双足。供养型地神也以半身姿态出现，不过通常双手在胸前合十或者手捧鲜花等，作供养状。显然千佛洞地神图像属于供养型。纵观古代印度、中亚以及内地地神图像，供养型地神只会出现在大型故事画或者经变画中，特别是降魔成道图。在印度犍陀罗和秣菟罗地区包含地神图像的题材图像有两种：走向菩提座和降魔成道图。[②]龟兹克孜尔石窟降魔成道图地神所占的画幅虽然不大，但是成为不可或缺的图像要素。[③]在内地，5—6世纪的降魔成道图并没有包含地神图像，[④]直到8世纪末叶吐蕃统治敦煌时期，由于受到于阗之风的影响，供养型地神图像又再次出现在降魔成道图里。因此地神图像似乎一定程度上成为众多降魔成道图的标志。

然而，这方壁画是降魔成道图的可能性较小。一者，佛典《降魔品》有

①[刘宋]求那跋陀罗译《过去现在因果经》，《大正藏》，第3册，第640页。

②(日)宫治昭《インドの地天の图像とその周边》，宫坂宥胜博士古稀记念论文集刊行会《インド学　密教学研究——宫坂宥胜博士古稀记念论文集》(上)，第879—889页。

③关于克孜尔石窟降魔成道图研究参见：霍旭初《克孜尔石窟降魔图考》，《敦煌研究》1993年第1期；(日)中川原育子《キジル石窟の“降魔成道”について》，宫坂宥胜博士古稀记念论文集刊行会《インド学　密教学研究——宫坂宥胜博士古稀记念论文集》(下)，第1315—1348页；张丽香《从印度到克孜尔与敦煌——佛传中降魔的图像细节研究》，《西域研究》2010年第1期。

④龙门路洞石窟虽有地神图像，却是借鉴了汉地传统力士形象而创作的。参见拙稿《论龙门石窟路洞降魔变地神图像》，《中原文物》2009年第1期。

关章节中并没有提及梨车人。二者，纵观印度和今天中国新疆地区乃至内地降魔变，构图相对而言模式化比较严重，缺乏变化。如果这是一铺降魔变，其左下角应该是魔军或者波旬等图像，而不是地神或者梨车人。这和千佛洞的壁画布局相左。三者，北朝降魔成道图属典型的偶像型构图，无论魔军数目的多寡，无论“攻击”和“降伏”的场面如何激烈，整个图像却都以释迦佛为中心，释迦图像是所有其他辅助图像目光的集合点，但千佛洞梨车人和地神平视的目光，则游离于这个中心之外，破坏了整个偶像型构图。因此地神与梨车人的图像与北朝降魔成道图构图特点相违。

表 2–2

译者	经题	地神证言
[东晋]瞿昙僧伽提婆	《增一阿含经》	(释迦牟尼佛)即伸右手以指案地，语波旬:“我所造功德，地证知之。我当说此语。”是时地神从地涌出，叉手白言:“世尊，我当证知。”地神语适讫，时魔波旬愁忧苦恼，即退不现。
[北魏]吉迦夜与昙曜	《杂宝藏经》	佛以手指地言，此地证我。作是语时，一切大地，六种震动。地神即从金刚际出，合掌白佛言:“我为作证！”
[刘宋]释宝云	《佛本行经》	菩萨告魔具谛听，今当示汝吾行证。于是菩萨光明臂，如出赤云照然明。从袈裟中出其臂，即展佣平微妙臂。先世善行之积聚，千福轮掌妙相具。告魔王已手触地，我行汝知地逮证。于是地神出现形，大举声:“我证我证。”

续表

译者	经题	地神证言
[刘宋]求那跋陀罗	《过去现在因果经》	菩萨答言:“我之果报,唯此地知。”说此语已,于时大地,六种震动。于是地神,持七宝瓶,满中莲花,从地踊出,而语魔言:“菩萨昔以头目髓脑,以施于人。所出之血,浸润大地。国城妻子象马珍宝,而用布施,不可称计,为求无上正真之道。以是之故,汝今不应恼乱菩萨。”魔闻是已,心生怖惧,身毛皆竖。时彼地神,礼菩萨足,以花供养,忽然不现。
[南朝·梁]释僧祐	《释迦谱》	菩萨答言:“我之果报,唯此地知。”说此语已,于时大地,六种震动。于是地神持七宝瓶,满中莲华,从地踊出。而语魔言:“菩萨昔以头目髓脑以施于人,所出之血浸润大地。国城妻子象马珍宝,而用布施不可称计, 为求无上正真之道。以是之故,汝今不应恼乱菩萨。”魔闻是已,心生怖惧身毛皆竖。时彼地神礼菩萨足,以华供养,忽然不现。
[隋]阇那崛多	《佛本行集经》	尔时菩萨手指此地,作是言已。是时此地所负地神,以诸珍宝而自庄挍。所谓上妙天冠耳珰, 手锁臂钏及指环等,种种璎珞庄严于身。复以种种香华,满盛七宝瓶内,两手捧持,去菩萨坐,不近不远,从于地下,忽然涌出,示现半身,曲躬恭敬向于菩萨, 白菩萨言:“最大丈夫,我证明汝。我知于汝,往昔世时,千亿万劫,施无遮会。”作是语已,是时其地遍及三千大千世界六种震动……尔时彼处别有地神, 将于一瓶凉冷之水,洒魔王上,而告之言:“汝魔波旬,速疾急起,走向自宫。今为汝故,当有种种器仗,欲来害于汝身,节节解汝。”

续表

译者	经题	地神证言
[唐]地婆诃罗	《方广大庄严经》	尔时地神形体微妙,以种种真珠璎珞庄严其身,于菩萨前从地踊出,曲躬恭敬捧七宝瓶,盛满香花以用供养,白菩萨言:“我为证明,菩萨往昔,于无量劫,修习圣道,今得成佛。然我此地金刚之齐,余方悉转此地不动。”作是语时三千大千世界六种震动……时有地神,即以冷水洒魔王上，而告之言:“汝魔波旬,速疾起去此处，当有种种兵杖，欲来害汝。”
[宋]法贤	《众许摩诃帝经》	尔时世尊于金刚座上,即展右手,金刚莎帝迦,万字网鞔之相。作无畏印,触地面上,告言:“为我证明。”时地天神从地涌出,合掌唱言:“魔王,我佛往昔经三大阿僧祇劫,舍无数百千那由他俱胝头目髓脑,国城妻子金银珍宝,利益众生求无上智。真实不虚,汝魔勿疑。”

甘肃张掖马蹄寺千佛洞第1窟北朝壁画虽然面积较小，但其中的地神图像和梨车男女供养人榜题已经展示了其独特的学术研究价值。由于目前仅仅能够看到部分壁画，我们尚无充分的把握对其内容作出肯定的结论。拙稿也仅仅是利用佛教典籍和考古资料,力所能及地对其内容作一个大概的判定。虽然每一种推论都存在疑点,而且这些疑点不容回避,但是这种疑点也不会完全否定拙稿的推论。佛教艺术作为宗教艺术有着自身严格的宗教仪轨,但是作为艺术的一种形式,也允许工匠的加工创作。

如若不然，我们今天就很难领略到佛教艺术的绚烂多姿和博大精深。因此,层层泥皮之下,每一种题材都不是墨守成规,而是蕴藏着无限创新的活力。这种创作的直接结果大概就是造成拙稿在每一种推论之后所提出的疑点。随着未来科技的发展,相信在不久的未来,我们可以不再“管中窥豹”,能够在不破坏表层壁画的前提下了解壁画全貌。

第七节　千佛洞第 4 窟七佛图像小考

千佛洞第 4 窟中心塔柱北向面上栏绘三身佛像。从残留的下身袈裟衣摆来看，原来佛像为立像，身后绘通身背光。东起第一身佛像和第二身佛像之间的下方存白底墨书榜题“第二式佛像”，第二身和第三身之间为“第三迦叶佛像”。[①]从题记来看，这三身佛像属于七佛题材。

七佛题材是学术界研究的一个老课题，研究范围也从内容考释扩展到与之密切相关的仪轨探讨，从而为本节的展开奠定了丰厚的基础。根据前辈的研究，十六国北朝时期七佛名号可以分为两类：第一类佛名依次为毗婆尸佛、尸弃佛、毗舍浮佛、拘留孙佛、拘那含牟尼佛、迦叶佛、释迦牟尼佛；第二类佛名依次为维卫佛、式佛、随弃佛、拘留秦佛、拘那含牟尼佛、迦叶佛、释迦牟尼佛。[②]

---

①暨远志先生在 20 世纪 90 年代考察时还能看到“第二式佛像”南侧的“第一”。但是现在这个榜题框业已不存。对于佛像题记，先生的录文是“第一　第二式佛像　第三迦叶佛像”。详见暨远志《五——六世纪河西石窟与河西佛教》，《法藏文库》(84)，第 292 页。

②魏文斌、唐晓军《关于十六国北朝七佛造像诸问题》，《北朝研究》1993 年第 4 期；又载郑炳林、魏文斌主编《天水麦积山石窟研究文集》，兰州：甘肃文化出版社，2008 年，第 726 页；殷光明《北凉石塔研究》，第 164 页—167 页。

在古印度，小乘佛教信奉过去七佛和释迦牟尼佛，“唯礼释迦，无十方佛”[①]，因此七佛题材出现得比较早。在佛像还未被雕刻的时代，七佛就用七棵菩提树来代替。弥勒菩萨也是小乘佛教信奉的菩萨，是继释迦牟尼佛之后的未来佛，因此七佛加弥勒菩萨成为一种非常流行的搭配组合。立像最为普遍，坐像次之。[②]虽然处于发展的初级阶段，但是其组合形制已经非常成熟，以日本私人收藏石雕释迦牟尼佛说法为例[③]（图2.48）。首先雕刻的主体是释迦牟尼佛说法。在佛座正下方的基坛上雕刻七佛和弥勒菩萨像。其中左端七佛造像基本雷同，皆穿通肩式袈裟，左手下垂，握住袈裟衣角，右手上举，作无畏印。弥勒菩萨位于像列的最右端，上身袒露，下身着裙。左手下垂，所持之物残缺，概是水瓶。右手上举，和七佛一样作无畏印。在主体佛像的上方圆拱形佛龛内雕刻菩萨像一身，上身袒露，下身着

图 2.48　犍陀罗释迦牟尼佛说法
（采自《ガンダーラ美术 II 佛陀の世界》）

①[南朝·梁]释僧祐撰，苏晋仁、萧錬子点校《出三藏记集》，第 232 页。

②A. Foucher, *L'art gréco-bouddhique du Gandhâra*, Tome II, Fig.457.

③(日)栗田功《ガンダーラ美术 II 佛陀の世界》，图版 294。

裙。造像和弥勒菩萨相似。这个圆拱形小龛代表兜率天宫，而菩萨或是弥勒菩萨，或是释迦牟尼佛，这是因为弥勒和释迦牟尼佛在下世成佛之前都曾经在兜率天宫讲法，他们的身份是一生补处菩萨。纵向来看，以兜率天宫补处菩萨、主尊佛陀和七佛为对称轴，过去七佛、释迦牟尼佛和弥勒菩萨之间的传承关系清晰可见。横向来看，基座下方按照礼佛右绕的顺序先是雕刻过去七佛，最后雕刻未来佛弥勒。在单位题材艺术品里，纵横两条线索架构作品题材布局的方法对中亚和中国内地佛教艺术品影响很大。

古代龟兹地区也存在七佛题材，不过数量并不是很多。赵莉先生曾在讨论释迦牟尼佛降服六师外道题材时检出三例，主要分布在第 80 窟、第 97 窟和第 114 窟。[①]今以年代最早的第 114 窟为例加以说明。该窟开凿于 4 世纪。[②]在洞窟正壁佛像背光上方绘制降服六师外道图。主体图像是中央的释迦牟尼佛，结跏趺坐在方形佛座上。两侧是身穿婆罗门装的六师外道。（图 2.49）值得注意的是，在主尊佛的上方分别有七身趺坐小型佛像，呈弧形排列。另外，壁画主尊佛佛座正下方就是塑像主尊。如此一来，七佛、壁画释迦牟尼佛和塑像佛像就同时处于一条纵向线索上，三者之间的时间联系更加紧密。河西地区最早的七佛题材和弥勒菩萨搭配，出现在北凉石塔上。石塔共分八面，每一面安置一身尊像。七佛名号是维卫佛、式佛、随弃佛、拘留秦佛、拘那含牟尼佛、迦叶佛、释迦牟尼佛，与千佛洞第 4 窟残留的“第二式佛”和“第三迦叶佛”名号基本相符。

前辈对七佛题材研究颇多。在此笔者仅就中心塔柱上所出现的这种七佛图像重点强调以下三点。

首先，千佛洞第 4 窟所采用的中心塔柱和七佛题材相结合的方式来

---

①赵莉《克孜尔石窟降服六师外道壁画考析》，《敦煌研究》1995 年第 1 期，第 146—155 页。

②新疆龟兹石窟研究所《克孜尔石窟内容总录》，第 142 页。

图 2.49　克孜尔石窟第 114 窟降服六师外道
（采自《克孜尔石窟降服六师外道壁画考析》）

源于北凉石塔。上文提到它和北凉石塔七佛名号相同是一个重要依据。另外还需要注意的是，这两种图像的载体都是“佛塔”。北凉石塔是八面塔，每面雕刻尊像，这种组合方式和古代犍陀罗地区流行的八面塔关系密切。[①]而中心塔柱也是佛塔的一种表现形式。中心塔柱窟可以追溯到古代印度的支提窟。在印度支提窟的后部往往雕刻覆钵形佛塔，供信徒礼拜绕行之用。覆钵形佛塔中埋葬佛陀舍利，有些佛塔则保存了佛陀涅槃像。其意义则类似于“坟”。支提窟传入中国以后，洞窟中的佛塔逐渐采用了楼阁式建筑，并逐渐简化成方形立柱。虽然和原来的覆钵式造型存在巨大差异，但是其意义却没有丧失。北凉石塔除了武威石塔之外一般形体较小，底部存有榫卯。原本石塔可能被安置在一个底座上，信徒可以围绕佛塔进行礼拜、禅观和绕行活动。千佛洞第 4 窟所使用的中心塔柱窟更是一种配合信徒绕行礼拜的窟形。

①陈晓露《从八面体佛塔看犍陀罗艺术之东传》，《西域研究》2006 年第 4 期，第 67 页。

其次，千佛洞第 4 窟七佛题材和中心塔柱搭配的模式与陇东石窟存在密不可分的关系。该窟所采用的这种搭配模式并非孤例。陇东楼底村第1窟是一个中心塔柱窟。中心塔柱分为上下两段。下段为四面。上段为八面，每一面各雕一身坐佛。王母宫石窟也是一个中心塔柱窟，其塔柱的形式与楼底村第 1 窟相似(图 2.50)。应该说，这两个洞窟的中心塔柱更接近于北凉石塔造像。[①]千佛洞第 4 窟已经将原来北凉石塔上围绕佛塔一周的七佛图像汇集到方形中心塔柱的一面。相比之下，它与北凉石塔的关系稍稍远于楼底村第 1 窟和王母宫石窟。

图 2.50　陇东楼底村石窟第 1 窟
（采自《陇东石窟》）

最后，千佛洞第 4 窟七佛图像具有鲜明的艺术特色。不论是北凉石塔，还是陇东石窟中心塔柱窟，七佛造像皆为坐像。这是中国内地七佛图像比较常见的制作方式。千佛洞第 4 窟的七佛则为立像。这种方式出现在云冈石窟第二期洞窟。庆阳北石窟寺第 165 窟和泾川南石窟寺第 1 窟的主尊皆为大型七佛立像。虽然如此，这些立像并没有像千佛洞第 4 窟一样采用和中心塔柱搭配的形式。另外，北石窟寺第 165 窟、南石窟寺第 1 窟、楼底村第 1 窟和王母宫石窟中的造像或者为八佛，或者为七佛加弥勒菩萨。也可以说，七佛图像多与弥勒造像搭配。但是千佛洞第 4 窟七佛图像

①关于楼底村第 1 窟中心塔柱题材的研究，兰州大学敦煌学研究所董华锋博士的学位论文已经有详细论述。

也许仅仅只有七身佛陀立像，而并无弥勒造像。根据笔者实地测量，每身佛像的宽度为 0.25 米，中心塔柱侧面宽约 1.80 米左右，很难在此描绘八身尊像。因此，弥勒图像存在的可能性比较小。

同时，千佛洞第 4 窟的七佛图像也留下诸多令人费解的谜团，其中之一就是七佛图像的排列顺序。北凉石塔塔肩上的七佛图像从第一佛开始，沿着顺时针的方向排列，最后一身尊像是弥勒菩萨。整个顺序和右绕礼佛礼塔的方向是一致的。千佛洞第 2 窟十方佛图像乃是按照顺时针方向布局，这个顺序和行道观佛礼佛的方向相同。但是千佛洞第 4 窟中心塔柱北向面（左侧面）上部，靠近前部的佛像是第二佛，紧接其后的是第三佛。也就是说，七佛图像排列的方式是逆时针。这就和行道方向相悖。无独有偶，莫高窟第 431 窟中的观无量寿经也是类似布局。该窟开凿于北魏时期，初唐重修。四壁下方的观无量寿经变则是初唐作品。其中北壁下栏是“未生怨”，西壁下栏是“十六观”，南壁下栏则是“九品往生”。[①]依照《观无量寿佛经》，“未生怨”位于篇首，而十六种观想方法则是该经文中后部分的内容。所以此窟观经变的解读应该是按照东、西、南壁逆时针的顺序进行。[②]这种设计的出现也许是设计者对“右绕”的不同理解所造成的。

千佛洞第 4 窟中的七佛图像虽然残缺不全，但是由于保留了其中两身佛像的榜题，所以显得弥足珍贵。正是因为这两方榜题，我们才能得以从中透析它和北凉石塔七佛题材之间的关系，才能看到其组合方式独有的特色，也许这也是我们进一步探讨其中独特仪轨的重要依据。

---

①敦煌文物研究所《敦煌莫高窟内容总录》，北京：文物出版社，1982 年，第 160 页。

②郑炳林、高国祥主编《敦煌莫高窟百年图录》，兰州：甘肃人民出版社，2008 年，第 718 页。

第三章

千佛洞第 3 窟、第 8 窟和下观音洞第 1 窟研究

马蹄藏族乡居住着汉族、藏族和裕固族人民。他们的佛教信仰也包括了藏传佛教和汉传佛教两种。千佛洞第8窟就位于汉传佛教寺院内。该寺占地包括千佛洞第5窟、第6窟、第7窟和第8窟。第5窟和第7窟古代造像壁画已毁，现在内部安设佛像，供寺院使用。作为寺院中的佛堂，第6窟尚存唐代石雕立佛。

千佛洞第8窟位于最北端，属中心塔柱洞窟。窟内现存珍贵壁画。千佛洞第3窟位于千佛洞崖面南段，属小型方形窟。它和千佛洞第8窟二期工程相同，龛内均不造像而是彩绘佛像。从壁画风格来看，两者属于同一期洞窟。

下观音洞位于马蹄寺东南约10公里，现存5个洞窟，第1窟保存最好。[①]它和千佛洞第8窟都是中心塔柱窟。甬道窟顶已经摆脱了千佛洞第1窟和第4窟的龟兹风格，进而使用平顶或者斜坡顶。洞窟前部左右两壁开龛，内塑佛像，与中心塔柱正面佛龛内造像形成三佛布局。

---

①目前该窟编号并不统一。董玉祥先生在《河西走廊马蹄寺、文殊山、昌马诸石窟群》(《河西石窟》，北京：文物出版社，1987年，第9页)一文中将其编号为第1窟，张宝玺先生《河西北朝中心柱窟》(段文杰等编《1987敦煌石窟研究国际讨论会文集》(石窟考古)，沈阳：辽宁美术出版社，1990年，第131页)和暨远志先生《张掖地区早期石窟分期试论》(《敦煌研究》1996年第4期，第24页)也采用这一编号。姚桂兰和格桑美卓先生发表《张掖马蹄寺石窟群内容总录》(《敦煌学辑刊》1995年第2期，第81页)将此编号为第3窟。为了统一方便，笔者沿用编号“第1窟”。

千佛洞第8窟靠近居民生活区，是马蹄藏族乡与周围市县交通的必经之地，壁画和塑像遗迹受损严重。根据1987年出版的《河西石窟》，我们看到，从20世纪60年代到80年代，洞窟内的塑像几乎全部遭到破坏，包括洞窟前部和中心塔柱佛龛内三身坐佛、塔柱上方三层小型坐佛、八身胁侍弟子菩萨、一身飞天，壁画也剥落殆尽。下观音洞仍然作为石窟寺为僧众使用，恶性的破坏虽然得到遏制，但是这种管理仍然属于留守性。洞窟早期壁画已经被明代藏传壁画所覆盖。中心塔柱佛龛内的雕塑已无，唯有前部佛龛残剩交脚弥勒造像的石胎。

本章主要以实地考察报告为基础，参考《河西石窟》，尽量完善洞窟内容记录和题材考释，希冀向学术界提供一份比较翔实的调查报告，以此抛砖引玉，促进该批洞窟的深入研究。

第一节　洞窟内容

一、千佛洞第 3 窟

1. 位置

位于千佛洞崖面南段，第 2 窟和第 4 窟之间。（图 3.1，图 3.2）

2. 时间

西魏开凿，后代重修。

3. 形制

方形洞窟。平面呈方形。窟顶略呈穹窿顶。西壁长 2.30 米，南壁残长 2.16 米，北壁残长 2.24 米，窟高 2.04 米。[①]西壁、南壁和北壁各开一个圆拱形佛龛，高约 1.09 米，底边宽约 0.69 米。佛龛距离地面在 0.28 米到0.33 米之间。（图 3.3）[②]

---

①姚桂兰、格桑美卓《张掖马蹄寺石窟群内容总录》，《敦煌学辑刊》1995 年第 2 期，第 77页。

②本章千佛洞第 3 窟剖面示意图采自暨远志先生《张掖地区早期石窟分期试论》，第 8 窟和下观音洞第 1 窟采自张宝玺先生《河西北朝中心柱窟》，在此特表感谢。

图 3.1　千佛洞第 8 窟外景旧貌
（采自《河西北朝石窟》）

图 3.2　千佛洞第 8 窟外景现状
（作者拍摄）

4. 内容

西壁龛内壁画重层。表层壁画主尊损坏，底层也即第一层壁画主尊部分显露。主尊面相长圆，五官不清。着双领下垂式红色袈裟，内穿僧祇支，打结外露。双手在胸前，施印契。结跏趺坐。背光有数匝，分别为火焰纹和禅定坐佛。第二层壁画主尊残损，其头光和身光尚存。头光图案由外到内分别有火焰纹和缠枝花。身光图案分别有火焰纹和忍冬纹。主尊左侧菩萨有头光，头戴花蔓冠，面相丰满，上身袒露，双肩披帛，披帛交叉于腹部。下身图像模糊。右侧菩萨造型和左侧菩萨相同，头戴花蔓冠，面相圆润，颈饰瓔珞，双肩披帛，披帛交叉于腹部。双手合十在胸前。下身着裙，未着色，墨线勾勒。双脚呈一字形。龛楣为尖楣，后代重绘，已残。龛楣边沿是西魏作品，底色为白色，以土红色绘忍冬纹。忍冬纹空隙平涂蓝色。龛楣内经过重绘，南侧内容不清，北侧第一层绘上中下三列人物，共计六身。人物以土红色勾勒。其中上列南起第一身为二分之一侧面像，头戴高冠，着宽襦长袍，席地而坐。其面前有两人，作四分之三侧面，面对第一身，似乎在聆听。中列南起第一

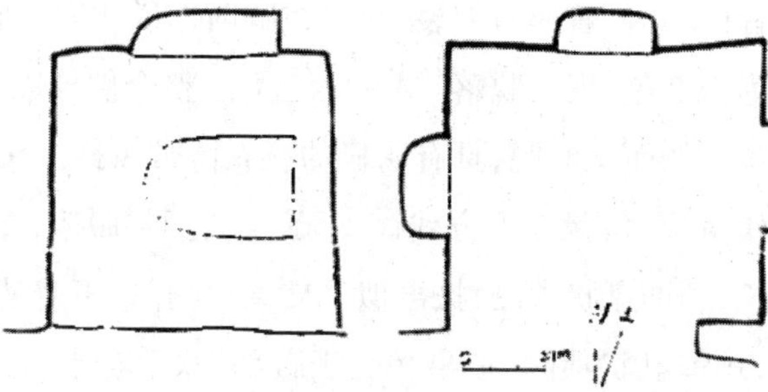

图 3.3　千佛洞第 3 窟平剖面示意图
（采自暨远志《张掖地区早期石窟分期试论》）

身为背面像，亦戴高冠，身着蓝色长袍。第二身为四分之三侧面，面南，袖手而坐，坐具为长方形。下列仅有一身，为四分之三侧面，面南。冠饰、服装和坐姿都和中栏第二身相类。整体来看，上列和中列的人物主要以上列第一身为中心，互相之间似乎在交谈。佛龛南侧第一层为千佛图像，经后代重绘。千佛图像上下共分为八列，每列残存四身佛像。佛着通肩袈裟，禅定印，结跏趺坐，颜色多用蓝色和绿色。由上向下第三、四和五列禅定坐佛上层后代绘制体型稍大的胁侍造像，头部残损，似是菩萨造像，上身袒露，下身着裙，披帛痕迹仍然清晰可见；胁侍菩萨下方绘制相同体量大小的男性供养人两身。在龛尾下方，单独绘长方形方格，造像模糊，榜题为白底朱笔："金刚力士之像"。佛龛北侧偏上残存两列坐佛图像，共计三身。龛尾下方与南侧力士造像对称，同样绘力士造像一身，残损严重，人物鼻嘴处可见，左手上举，似持戟，右手叉腰，右腿弯曲，似踩一物，左腿直立。力士造像下方存供养人四身并榜题。南起分别是："法师洪牧之像""沙弥庆宝像""丘成弥之像""□玄忍之像""止忍之像"。①

南壁圆拱形龛内壁画重层。第一层绘一佛二胁侍菩萨。佛像肉髻和面

①现在壁画榜题多已模糊，特别是第四身和第五身榜题。姚桂兰和秦春梅录文是："□忍之像"和"忍□之像"（详见《张掖马蹄寺石窟群早期石窟艺术概述》，《敦煌学辑刊》1999 年第 2 期，第 81 页）。《肃南马蹄寺石窟群》录文是："法师洪牧之像""沙弥庆宝……""□（丘）□□之像""□□（忍）之像"。最后一则不可卒读（敦煌研究院、甘肃省文物局、肃南裕固族自治县编著《肃南马蹄寺石窟群》，北京：科学出版社，2020 年，第 45 页）。

相皆已不清，着通肩袈裟，双手在胸前作说法印，结跏趺坐在须弥座上。袈裟为朱红色，现已脱落。衣领为蓝色。整个佛像以土红色起稿，墨线勾勒，线条流畅而又洒脱，具有明显的褒衣博带风格。头光四匝，头光外层经过后代重绘。佛像左上方残存飞天一身，颜料脱落，左胁侍菩萨有头光，面相较长，颈饰盘状项圈，披帛似乎交叉于胸前。下身残缺。右胁侍菩萨面部残缺，颈饰盘状项圈，披帛相交于腹部，双手合十，鲜花供养佛陀，下身着绿色长裙。整个画像以土红色起稿，除去长裙部分和鲜花，其余部分颜料尽失。佛龛下方有壁画，现已模糊。龛外壁画已无。

北壁圆拱形佛龛内外和窟顶壁画已无。

二、千佛洞第8窟

1. 位置

位于千佛洞崖面中段北端，毗邻崖面北段塔林。

2. 时代

西魏开凿，明代重修。

3. 形制

中心塔柱窟。平面略呈纵长方形。前部崩塌。西甬道类似券顶，南北甬道以及前部窟顶为平顶。洞窟高6.00米，宽约5.90米，进深约5.65米。南甬道宽约1.50米，西甬道宽约0.96米，北甬道宽约1.67米。洞窟左右两壁前部各开圆拱形佛龛。中心塔柱基座高约0.70米。塔柱东向面和北向面分为上下两栏。下栏高约1.70米，开圆拱形佛龛。上栏分三列，每列高约0.70米。塔柱南向面和西向面下栏开圆拱形佛龛，上栏为平整的壁面，不分列。（图3.4）

4. 内容

南壁前部开圆拱形佛龛。按照《河西石窟》，龛内塑一佛二胁侍。主尊高 1.40 米，[①]肉髻略低，有水波纹。面相长圆，五官舒展。似着袒右袈裟，内穿僧祇支。手部残损，手印不明。结跏趺坐。袈裟左肩后部留有衣摆。背光经过后代重描，风采依旧。头光分为若干匝，由外向内依次是坐佛、飞天和坐佛。身光分四匝，图案依次是火焰纹、飞天、坐佛和菩萨。主尊两侧的胁侍造像已无，仅剩桃形头光。在主尊背光两侧，胁侍造像上方的佛龛内壁绘制弟子像，共计十一身。弟子身穿袈裟，皆有头光。主尊背光两侧下方是菩萨造像。龛外北侧是一身菩萨立像。头部已残，仅剩宝缯。手部亦残。菩萨颈饰盘状项圈。披帛相交于身前腹部。上身袒，下身着裙。佛龛北侧为后代绘画作品，仅余墨竹。[②]然而现在龛内主尊和龛外菩萨造像已残损殆尽，唯剩主尊石胎、部分背光以及龛楣。另外在石胎右下方重绘供养菩萨脚部暴露出底层壁画，红色底子，绘花卉，墨线勾勒。（图 3.5，图 3.6）

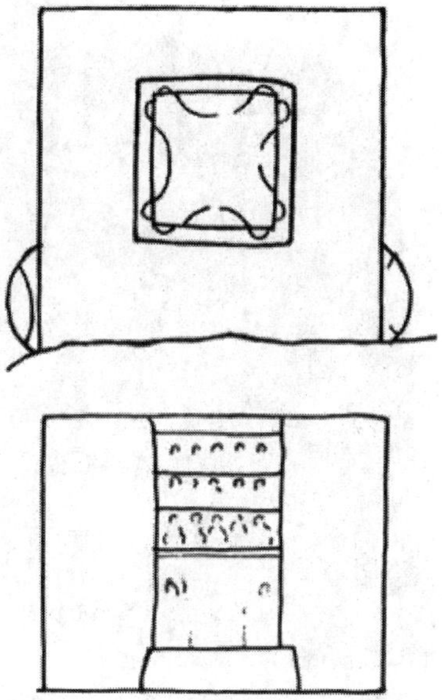

图 3.4　千佛洞第 8 窟平剖面示意图
（采自张宝玺《河西北朝中心柱窟》）

南壁中部上方重层壁画。第一层分列绘制千佛图像。佛像皆为禅定结跏趺坐，高约 0.18 米。以土红色起稿，勾勒头光、背光、莲座和人物轮廓，包括头部、双肩、双臂和腿部。每列坐佛图像之间用土红色线隔开。另外在背光顶端、佛像头顶、下颌以及手部分别标有四条与分列线平行的横向直线。现在颜色完全剥落，仅剩起稿线。第二层壁画在千佛图像下方也即龛

①甘肃省文物考古研究所编《河西石窟》，图版目录第 13 页。
②甘肃省文物考古研究所编《河西石窟》，图版 150。

图 3.5 千佛洞第 8 窟前部南壁佛龛造像旧貌
（采自《河西石窟》）

图 3.6 千佛洞第 8 窟前部南壁佛龛造像现状
（作者拍摄）

外左侧胁侍造像肩部，残存千佛图像，叠压第一层千佛图像上层。佛像面短丰腴，颈有两匝，着通肩袈裟，作禅定印，结跏趺坐。第三层为后代说法图。

南壁后部第一层残存禅定坐佛，共计六身，造型和中部上方千佛雷同。颜色剥落殆尽，部分坐佛肉髻为黑色，底色为绿。

西壁仅剩后代人物头像一方，其余壁画已无。

北壁后部，根据《河西石窟》，存有大型藏传佛教说法图。[1]现已完全剥落。

北壁中部存一铺说法图，壁画残损严重。主尊面部和胸部皆为土红色，着袒右袈裟，结跏趺坐在金刚座上。袈裟以土红色起稿，墨线勾勒，线条流畅，如屈铁盘丝。背光大概有七匝，颜色尚存，依次为火焰纹、绿色、蓝色、白色、灰色、绿色、蓝色和白色。主尊北侧壁画已无。南侧绘胁侍菩萨一身。菩

①甘肃省文物考古研究所编《河西石窟》，图版 147。

萨高 0.73 米。头戴花蔓冠，宝缯下垂而又上扬。面相长圆。颈饰项圈，并戴臂钏和手镯。上身袒，斜披络腋，下身着裙。左手在胸前，右手在腹部，持物不清。双脚呈八字，立在莲台。头光呈桃形。和主尊一样，裸露在外的肌肤全部用土红色平涂。左胁侍菩萨身后绘五列眷属。从下向上，第一列残留一身弟子，着袒右袈裟，面向主尊，胡跪，双手合十。第二列存四身弟子，有椭圆形头光，着袒右袈裟，双手合十，胡跪，面向主尊。第三列是三身弟子。头光椭圆形。其中靠近菩萨的弟子身穿通肩袈裟，其余两身不甚清楚。第四列绘六身眷属，西起第一身是弟子，有椭圆形头光，着袒右袈裟，胡跪，双手似乎持物。第二身为菩萨像，发髻呈山字形，[①]斜披络腋，双手似乎持物。第三身是菩萨像，发髻呈山字形，颈饰项圈，斜披络腋，双手持花，供养佛陀。第四身是菩萨像，颈饰项圈，双手在胸前，手势不清。第五身似为菩萨像，图像不清。第五列残存四身眷属，皆有椭圆形头光，上身袒露，斜披络腋，手里持有乐器。西起第一身手持箜篌，第三身手持琵琶。在说法图左侧和上方分栏排列千佛图像。佛像肉髻高耸，饰有髻珠。皆着通肩袈裟，作禅定印，结跏趺坐在覆莲台上。袈裟覆盖莲台。佛像旁边皆有榜题框，字迹现已磨灭。色彩多用绿色和蓝色。千佛图像上层存一层红色泥坯，残留墨线勾勒的数身坐佛。佛座下方残存发愿文榜题框，现已模糊，并有供养人像，榜题为“□丘洪畅之像”。

北壁前部开圆拱形佛龛。按照《河西石窟》，龛内塑一佛一胁侍。龛外西侧尚有一身武士装立像。龛内佛像主尊高 1.40 米，[②]造像特征与南壁前部龛内造像相类。肉髻微高，有水波纹。面相长圆。外穿袒右袈裟，内着僧祇支。佛像手部残损，手印不明。袈裟在佛左肩后方留有衣摆，并覆盖佛座。衣角呈羽状展开。背光虽经过后代重绘，但仍有原作风采。头光呈圆

①暨远志《张掖地区早期石窟分期试论》，第 25 页。

②甘肃省文物考古研究所编《河西石窟》，图版目录第 13 页。

图 3.7 千佛洞第 8 窟前部北壁旧貌
（采自《河西石窟》）

图 3.8 千佛洞第 8 窟前部北壁现状
（作者拍摄）

形，分为若干匝，最外三匝内绘小型坐佛。身光呈椭圆形，分为四匝，图案依次为火焰纹、飞天和小型坐佛。龛内北侧存胁侍像一身。头部已残，仅余宝缯。身穿通肩袈裟。手部皆残。龛外右侧是泥塑天王造像。面部略残，头戴宝缯，外披披风，内着盔甲，手部已残。龛外西上方有水墨比丘图一幅。①从壁画叠压层次来看，这幅图像覆盖北壁中部红色泥坯上的墨线千佛，属于该壁第三层壁画。现在龛内主尊、右侧胁侍造像以及龛外天王造像已经不复存在，仅剩部分龛楣壁画。龛内以及龛外东侧被夯土覆盖，内容不清。（图 3.7，3.8）

中心塔柱分为柱体和基座两部分。柱体东向面和北向面分为上下两栏，下栏开圆拱形佛龛，上栏分三列，每列各塑五身坐佛。柱体南向面和西向面不分列，下栏开圆拱形佛龛，上栏绘制壁画。

柱体东向面下栏开圆拱尖楣型佛龛，龙首龛梁。龛内塑一佛二胁侍，龛外泥塑二弟子，均经过后代重妆。按照《河西石窟》，主尊已无。背光由圆形头光和椭圆形身光组成。头光分

①甘肃省文物考古研究所编《河西石窟》，图版 151。

为若干匝，绘飞天和化佛。背光绘火焰纹、菩萨和化佛。左侧胁侍残损严重。右侧胁侍头部残缺，身穿通肩袈裟，手捧饭钵，应为弟子像。[①]其身后绘一身菩萨供养像。胁侍造像上方、主尊背光两侧绘菩萨供养像，左侧为七身，右侧为八身。尖形龛楣中绘制团花，为后代重描作品。龛外两侧各有一身胁侍弟子像。左侧弟子头部残缺，着通肩袈裟。左手下垂，握住衣角。右手上举至胸，掌心向外。双脚呈八字形，立在圆形台上。龛外右胁侍弟子造像特征与之相同。[②]柱体上栏分为三列，每列各塑五身禅定坐佛。从下向上，第一列和第二列造像已无，仅留背光和装饰性图案。第三列塑像尚存，皆为禅定印坐佛，着袒右袈裟，偏右衫，后代重妆[③]（图 3.9，3.10），今龛内

图 3.9　千佛洞第 8 窟中心塔柱东向面下栏旧貌（采自《河西石窟》）

图 3.10　千佛洞第 8 窟中心塔柱东向面上栏旧貌（采自《河西石窟》）

---

①《河西石窟》称之为菩萨像（详见《河西石窟》，图版 146，图版目录第 13 页）。

②甘肃省文物考古研究所编《河西石窟》，图版 143。

③甘肃省文物考古研究所编《河西石窟》，图版 145。

胁侍造像、龛外弟子像以及上栏第三列五身坐佛已无。（图 3.11）

图 3.11　千佛洞第 8 窟中心塔柱东向面
（采自《肃南马蹄寺石窟群》）

柱体南向面下栏开圆拱形龛，无龛楣，龛内绘制佛像。佛龛第一层绘释迦多宝二佛并坐图。二佛之间存长方形榜题框，墨书："释迦牟尼佛 / 多宝……"。佛像肉髻高耸，面相瘦长。着红色袈裟，内着僧祇支。其中释迦佛着袒右袈裟，左手握衣角，右手举至胸前。多宝佛着双领下垂式袈裟。两者互相对视，作交流状。佛像背光呈舟型。二佛宝盖上部中央绘交脚菩萨。菩萨头戴宝冠，发束宝缯，颈饰盘状项圈，上身斜披络腋，双臂覆盖披帛，胸前所戴璎珞交叉于腹部，双手做说法印。下身穿羊肠大裙，交脚而坐。背光呈舟型。释迦佛和多宝佛两侧各有一身胁侍菩萨。左侧菩萨头戴花蔓冠，面相长圆，颈饰项圈，双肩披帛。披帛在腹部打结交叉，下身着绿裙。双手合十，立在莲座上，面向二佛。身旁有榜题框，字迹已无。右侧胁侍菩萨头戴花蔓冠，面相瘦长，装饰和形态与左侧菩萨雷同。其身侧有墨书榜题："文殊师利菩萨"。在二佛和菩萨之间充满小型坐佛图像，如鱼鳞般交叉而坐，面向释迦多宝二佛。龛外两侧和柱体上方也是千佛图像。佛像结跏趺坐，整齐划一，面向壁画之外。这层壁画主要运用朱红色。人物在面部、胸部、手部和脚部等身体肌肤裸露部分用白色平涂。千佛莲座亦用白色定稿。龛外两侧各有一铺说法图，白色底子。底子的颜色把第一层千佛图像叠压。左侧说法图现存主尊佛、宝盖和右胁侍菩萨。说法图周围也布满了千佛。右侧说法图残存主尊佛和左胁侍菩萨，周围也布满千佛。相比第一层千佛，他们面相更显丰润。柱体上栏壁画重层，第一层壁画为千佛，第二层壁画位于上栏，共计六铺说法图，分上下两列。每铺都是一佛二胁侍。上列说法图已模糊，唯有中间一铺主尊背光和东侧说法图的右胁侍菩萨的裙子依稀可见。下列说法图保存相对较好。东侧说法图颜色变黑，仅能看到主尊佛和右胁侍菩萨印痕。中间说法图中主尊为立像，着红色通肩袈裟，背光似呈舟型。左右胁侍菩萨面部和上身模糊，唯有裙摆和披帛依稀可见，衣角呈羽毛状展开。西侧说法图仅剩左胁侍菩萨，但也已经模糊。佛龛上方第二层壁画千佛图像之上残留明代团云和宝盖图案。（图 3.12）

图 3.12　千佛洞第 8 窟中心塔柱南向面
（采自《肃南马蹄寺石窟群》）

柱体西向面下栏开圆拱形龛。龛内表层主要是藏传佛教尊像的肩部，其余壁画皆已脱落。从佛龛中央偏下露出的底层壁画判断，底层壁画主尊结跏趺坐。佛龛上部则是藏传佛教壁画。

柱体北向面布局和东向面相类，下栏开圆拱形尖楣龛，龛梁绘鱼鳞纹，但无龙首，现龛内主尊已无。[①]龛外左侧塑胁侍菩萨，头部已残，上身穿坎肩，[②]下身着裙。左手置于胸前，拇指与食指相捻。右臂下垂，手持忍冬。[③]菩萨上方塑一身飞天，头戴宝冠，着袒右袈裟，左手上扬，手持宝珠，右手后扬。整个身体呈直角弯曲，[④]长 0.60 米。[⑤]现在佛龛内外的塑像，包括主尊佛像、龛外两侧的胁侍像及其上部的两身飞天都已不复存在。佛龛上方有三列，每列各塑五身坐佛，现在唯剩第二层东起第一身。头部已残，着通肩袈裟，作禅定印，结跏趺坐。袈裟土红色，衣纹按捺，未经后代重妆。（图 3.13，3.14）

图 3.13　千佛洞第 8 窟中心塔柱北向面旧貌（采自《河西石窟》）

图 3.14　千佛洞第 8 窟中心塔柱北向面现状（作者拍摄）

①《河西石窟》未收主尊造像和右胁侍图版。

②暨远志《张掖地区早期石窟分期试论》，第 25 页。

③甘肃省文物考古研究所编《河西石窟》，图版 147。

④甘肃省文物考古研究所编《河西石窟》，图版 148，图版 149。

⑤甘肃省文物考古研究所编《河西石窟》，图版目录第 13 页。

窟顶部分，中心塔柱前部窟顶现无壁画，但据《河西石窟》，原绘大型说法图，主尊头部图像残损，着双领下垂式袈裟，作说法状。左右两侧各有一身胁侍菩萨，周围则分栏绘制千佛图像。[①]甬道窟顶已无壁画。北壁前部佛龛所对应的窟顶部分尚有天宫菩萨痕迹，颜色变黑并剥落。

二、下观音洞第1窟

1. 位置

位于下观音洞崖面上层。

2. 形制

中心塔柱窟，主室分前后两部分，平面呈凸字形。前部略宽于后部。两部分相连处凿台阶。后部地面高于前部地面0.55米。窟顶后部为斜坡顶，前部是横向人字坡顶。洞窟高约5.00米，宽8.40米，进深10.00米。[②]右甬道宽约0.78米，后甬道宽约1.38米，左甬道宽约0.75米。洞窟前部左右两壁开圆拱形佛龛，佛龛高约1.48米，龛沿距离地面0.60米。中心塔柱塔基呈亚字型，高约1.09米。柱体分上下两栏，每栏每面开圆拱形佛龛。下栏佛龛高约1.29米，宽0.96米。中心塔柱四个棱边、主室前部和后部相连处以及前部窟顶人字坡中央为石胎泥塑梁柱。（图3.15）

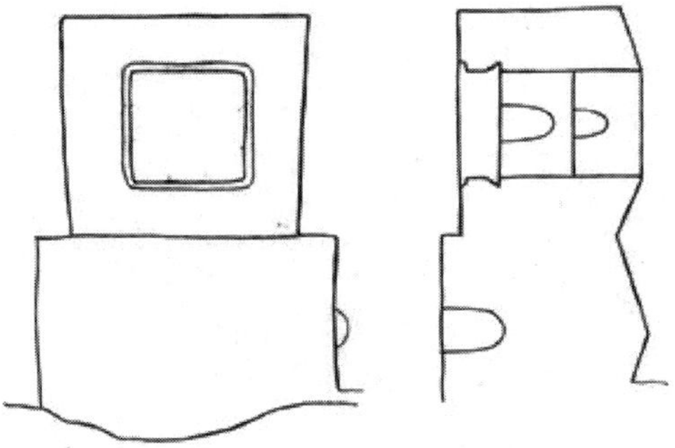

图3.15 下观音洞第1窟平剖面示意图
（采自张宝玺《河西北朝中心柱窟》）

---

①甘肃省文物考古研究所编《河西石窟》，图版145。

②以上测量数据采自《河西石窟》。张宝玺先生的测量数据为“高5.55米，宽8米，残深11.55米”（《河西北朝中心柱窟》，第131页）。

3. 内容

主室西壁前部绘制天王图像和坛城图，后部分栏布局，下栏绘制三铺菩萨像，上栏绘制罗汉图。北壁分栏布局，下栏绘大型藏传说法图，上栏绘小型坐佛。东壁前部分栏布局，下栏开圆拱形佛龛，内残留交脚弥勒菩萨之石胎。双腿和佛座较为明显，其余部分皆已不清。上栏绘天王图像和坛城图。后部分栏布局，下栏绘制三铺菩萨像，上栏绘制罗汉图。

中心塔柱南向面下栏开圆拱形龛，塑像已无。两侧分别绘制藏传壁画明王和菩萨。上栏开圆拱形佛龛，塑像已无。龛外两侧壁画已无。佛龛上方绘五身坐佛。

中心塔柱西向面布局和南向面相同，下栏开圆拱形佛龛，塑像已无。龛外两侧绘四幅藏传佛教尊像。上栏开圆拱形龛，塑像已无。龛外两侧绘明王。佛龛上方绘五身坐佛。

中心塔柱北向面布局和南向面相同，唯下栏佛龛龛沿和塔基之间泥坯残破，露出底层壁画，内容是飞天一身，背后有头光，上身似袒，披帛，作供养状。

中心塔柱北向面布局和南向面相同。塑像皆无。

窟顶部分，主室前部人字坡绘制尊像，残破。后部斜坡围绕中心塔柱一周绘制禅定坐佛。

四、洞窟年代问题

从中心塔柱布局来看，千佛洞第 8 窟至少分为前后两期工程。第一期为中心塔柱东向面和北向面，其布局和题材与千佛洞第 2 窟十分相似，主要采用下栏开龛而上栏分列塑像的方式。中心塔柱南向面和西向面为第二期工程，其特点是下栏开龛，但不塑像，而是彩绘佛像，上栏彩绘，而不是分列塑像。千佛洞第 3 窟也采用了这种龛内彩绘的方法。第 8 窟现存的法华造像和洞窟南壁千佛图像相类；北壁说法图和法华图像在色彩和风格上虽然不尽相同,但和第3窟艺术风格非常接近。我们推断第8窟南北壁壁画绘制的时间差距不会太大。下观音洞由于破坏严重,我们仅能看到交脚弥勒的石胎和飞天残片。此时人物形象偏向于清瘦。主尊袈裟轻薄贴体,衣纹繁复,一般使用遒劲有力的墨线勾勒,技法熟练。菩萨则上身袒露,披帛,下身着裙。披帛在腹部相交打结。服饰下摆多呈羽毛状展开。总体来看,这一期洞窟深受来自中原地区石窟寺风格的影响。正如暨远志先生所言,作品年代应是北魏末到西魏时期。①

---

①暨远志《张掖地区早期石窟分期试论》,第24—29页。

第二节　法华造像内容考释

以释迦多宝二佛并坐为特征的法华造像大概是中国之独创，[①]出现的时代较早，形式多样。这也是国内外学术界讨论的热点问题，日本学者水野清一、长广敏雄[②]、塚本善隆[③]和中国学者刘慧达[④]、贺世哲[⑤]、陈慧宏[⑥]、林

①贺世哲《敦煌石窟论稿》，兰州：甘肃民族出版社，2004 年，第 137 页；李玉珉《敦煌莫高窟第二五九窟研究》，敦煌研究院编《1994 年敦煌学国际研讨会文集·石窟考古卷》，兰州：甘肃民族出版社，2000 年，第 81 页。

②（日）水野清一、长广敏雄《云冈图像学》，京都大学人文科学研究所编《云冈石窟》，京都：京都大学人文科学研究所，1953 年。

③（日）塚本善隆著，林保尧、颜娟英译《龙门石窟——北魏佛教研究》，新竹：觉风佛教艺术文化基金会，2005 年。

④刘慧达《北魏石窟与禅》，《考古学报》1978 年第 3 期，第 344 页。

⑤贺世哲《关于北朝石窟千佛图像诸问题》，《敦煌石窟论稿》，第 395 页。

⑥陈慧宏《敦煌莫高窟早期的千佛图》，台湾大学艺术史研究所硕士学位论文，1994 年。

保尧[①]、李玉珉[②]、魏文斌和吴荭[③]等先生都曾经有专门深入的研究，使笔者受益匪浅。

千佛洞的这铺壁画虽然在整体上和5世纪中期以后的法华造像存在很大的相似性，不过仍然具有重要的研究价值和讨论空间。壁画中的墨书榜题对于探讨法华造像中的胁侍菩萨提供了更多证据。而龛内释迦多宝二佛和菩萨之间的千佛图像是释迦牟尼十方分身诸佛。（图3.16）在目前全国石窟法华造像资料中，这是我们能够明确地将释迦牟尼十方分身诸佛和十方佛图像区分出来的唯一一铺。

图3.16　千佛洞第8窟法华图像
（作者拍摄）

①林保尧《法华造像研究——嘉登博物馆藏东魏武定元年造释迦像考》，台北：艺术家出版社，1993年。

②李玉珉《敦煌莫高窟第二五九窟研究》，敦煌研究院编《1994年敦煌学国际研讨会文集·石窟考古卷》，兰州：甘肃民族出版社，2000年，第74—93页。

③魏文斌、吴荭《甘肃镇原县博物馆藏北魏青铜造像及有关问题》，《敦煌研究》2003年第3期，第16—21页。

在此笔者将会结合前辈研究，近距离地观察这铺壁画，放大其具体的图像特色，对壁画的各大构图要素作一考证，并对其所独有的图像特征作出阐释。

一、释迦佛和多宝佛

图像中最容易判别的部分就是释迦佛和多宝佛，主要原因是二佛并坐是法华造像的标志性图像。当释迦牟尼佛正在灵鹫山说法之时，多宝塔踊现。根据鸠摩罗什《妙法莲华经》记载：

尔时佛前有七宝塔，高五百由旬，纵广二百五十由旬，从地踊出，住在空中。种种宝物而庄校之，五千栏楯，龛室千万，无数幢幡以为严饰，垂宝璎珞宝铃万亿而悬其上。四面皆出多摩罗跋栴檀之香，充遍世界。其诸幡盖，以金、银、琉璃、车磲、马脑、真珠、玫瑰七宝合成，高至四天王宫。三十三天雨天曼陀罗华供养宝塔。余诸天、龙、夜叉、乾闼婆、阿修罗、迦楼罗、紧那罗、摩睺罗伽、人非人等千万亿众，以一切华、香、璎珞、幡盖、伎乐，供养宝塔，恭敬、尊重、赞叹。尔时宝塔中出大音声，叹言："善哉善哉，释迦牟尼世尊能以平等大慧教菩萨法佛所护念《妙法华经》为大众说。如是如是，释迦牟尼世尊，如所说者，皆是真实。"①

这时候灵鹫会上四众等都在感慨未曾有。大乐说菩萨请求释迦牟尼佛开示。于是释迦佛向四众讲述多宝佛之因缘。

此宝塔中有如来全身，乃往过去东方无量千万亿阿僧祇世

---

①[姚秦]鸠摩罗什译《妙法莲华经》，《大正藏》，第9册，第32页。

界，国名宝净。彼中有佛，号曰多宝。其佛行菩萨道时，作大誓愿：若我成佛，灭度之后，于十方国土，有说《法华经》处，我之塔庙，为听是经故，踊现其前为作证明，赞言善哉。彼佛成道已，临灭度时，于天人大众中告诸比丘，我灭度后，欲供养我全身者，应起一大塔。其佛以神通愿力，十方世界在在处处，若有说《法华经》者，彼之宝塔皆踊出其前，全身在于塔中，赞言：善哉善哉。①

聆听释尊讲述，四众倍感欣喜，并向释尊进言，希望可以看到多宝佛之色身。于是释迦牟尼佛汇集其分身诸佛后，开启佛塔。

即时一切众会，皆见多宝如来，于宝塔中坐师子座，全身不散，如入禅定。又闻其言：善哉善哉，释迦牟尼佛，快说是《法华经》，我为听是经故，而来至此。尔时四众等，见过去无量千万亿劫灭度佛，说如是言，叹未曾有。以天宝华聚，散多宝佛及释迦牟尼佛上。尔时多宝佛于宝塔中分半座与释迦牟尼佛。而作是言：释迦牟尼佛可就此座。即时释迦牟尼佛入其塔中，坐其半座，结跏趺坐。②

佛塔之所以在此踊现，并发出大声音，竺道生在《法华经疏》中指出其原因。

所以现塔者，证说法华，理必明当。一以塔证，二以所出声证……夫人情昧理，不能不以神奇致信，欲因兹显证，故现宝塔。

①[姚秦]鸠摩罗什译《妙法莲华经》，《大正藏》，第9册，第32页。
②[姚秦]鸠摩罗什译《妙法莲华经》，《大正藏》，第9册，第32页。

以事表义,使显然可见。[①]

关于二佛并坐的奥义,《法华文句记》第25卷《释见宝塔品》指出:

今谓古佛塔今佛坐,则表古今实道不生,未必预表双林不灭。一往观之,谓今现佛入古灭佛之塔,表灭不灭。今谓不然,古佛塔现示灭而不灭,释迦入塔示生而不灭,不生不灭故并坐表之。[②]

最后释迦牟尼佛以神通力使四众住于空中,在灵鹫会后开启了虚空会。由此以来,释迦多宝二佛并坐也就成为法华图像的标志性核心图像。

在石窟中,释迦多宝二佛并坐图像最早出现在甘肃永靖炳灵寺第169窟,这也是我国目前现存具有最早确切纪年题记的洞窟,而该窟存有3铺释迦多宝佛图像,分别是第11号、13号和24号壁画。其中第13号壁画位于北壁,画面中栏毁坏,上栏绘象征宝塔的刹柱和相轮。佛塔下方有两个宝盖,宝盖之间墨书题记:"多宝佛从地……说法华经教化"。[③]第24号壁画位于东壁南侧,[④]佛塔呈印度覆钵形,顶部有三塔刹,并有相轮。佛塔中,释迦牟尼佛和多宝佛皆着袒右袈裟,侧身,下身图像模糊。其中右侧佛像举手在胸前,左侧佛像微微颔首,显然二佛正在交谈。该窟中最为完整的法华造像则是位于北壁的第11号壁画。图中的佛塔和第13号、24号壁画造型相同。佛塔中释迦牟尼佛和多宝佛皆着袒右袈裟,侧身倚坐。

---

①[刘宋]竺道生《法华经疏》,《卍新纂续藏经》,第27册,第13页。
②[唐]湛然《法华文句记》,《大正藏》,第34册,第310页。
③杜斗城、王亨通主编《炳灵寺石窟内容总录》,兰州:兰州大学出版社,2006年,第193页。
④董玉祥主编《炳灵寺一六九窟》,深圳:海天出版社,1994年,第15页,图23。

炳灵寺第169窟法华图像最大的特点就是二佛的倚坐式坐姿。因为从目前搜集到的资料来看，二佛一般都是结跏趺坐（也有类似交脚而坐的例子，不过比较少见，比如日本伊藤滋收藏北魏太和八年（484）张王□为亡父造佛坐像[①]）。这种模式大概说明，释迦多宝二佛并坐图像的创作尚在摸索过程中；第169窟法华造像是内地法华图像的早期形式。

二佛并坐图像发展到5世纪中叶的时候，形制逐渐固定化，主要可以分为两类。第一类，二佛身体微微内侧，相对而坐，双手在胸前结印契并作交谈状。这种样式比较常见。北魏太安元年（455）张永造石佛佛坛下方的二佛就已经开始使用这种处理方式，[②]并一直被后代沿用。第二类，二佛并排而坐，双双面向正前方而非交谈状，作禅定印。典型代表就是美国旧金山亚洲艺术馆所藏北魏延兴二年（472）释迦多宝二佛并坐像，[③]随着时间的推移，这种图像已经成为法华造像的代表符号。

释迦佛、多宝佛之间的墨书榜题也是法华造像的铁证，不仅如此，还为二佛具体身份的判断提供了线索。

在众多法华造像中，多数造像佛像身旁并无独立的榜题，而发愿文常云“多宝”，不说“释迦”。比如北魏太和十三年（489）释迦多宝并坐像发愿文是：太和十三年八月卅日佛弟子上卜加奴妻刘□女妻□世 / 姬寄生为父母造多宝像一区愿 / 常与诸佛愿从心普成佛道清信女□化姬 / 卜保生女□男□。[④]又，延兴五年（475）徐敬姬造像题记云：延兴五年岁在乙卯七月甲午 / 朔□□□□丘县人徐敬姬为父母造多宝双坐像愿生西 / 方常与

---

①金申《海外及港台藏历代佛像珍品纪年图鉴》，太原：山西人民出版社，2007年，第411页。

②金申《海外及港台藏历代佛像珍品纪年图鉴》，第3页。

③金申《海外及港台藏历代佛像珍品纪年图鉴》，第397页。

④金申《海外及港台藏历代佛像珍品纪年图鉴》，第422页。

佛会龙华树下□共□。[①]再加上二佛造像特征并没有明显区别，我们一般很难区分孰为释迦佛孰为多宝佛。但是千佛洞第8窟造像却非常明确。二佛之间的墨书榜题"释迦牟尼佛/多宝……"便非常明确地将左右两身佛像分别确定为释迦佛和多宝佛。

按照右多宝佛左释迦牟尼佛的方式组合排列的佛像还存在于其他案例中。比如上文所提到的炳灵寺第169窟第11号壁画，释迦牟尼佛在左，多宝佛在右。(图3.17)另外一个例子是炳灵寺第184窟老君洞北壁东侧的法华造像，榜题基本保存完好。[②]在中栏左侧的法华造像中二佛的排列方式也是如此。[③]虽然《法华经》只是说多宝佛"分半座与释迦牟尼佛"[④]，并没有谈到其具体位置，然而这三铺壁画全部采用相同的构图方式，意味深长。

图3.17 炳灵寺石窟第169窟第10—13龛测绘图
(采自《炳灵寺一六九窟》)

①金申《海外及港台藏历代佛像珍品纪年图鉴》，第401页。

②甘肃省博物馆、炳灵寺石窟文物保管所《炳灵寺石窟老君洞北魏壁画清理简报》，《考古》1986年第8期，第735页，图版5—图版8。

③对于这铺造像，笔者将在下文"观世音菩萨"考释部分进行详细讨论。

④[姚秦]鸠摩罗什译《妙法莲华经》，《大正藏》，第9册，第32页。

二佛并坐图像盛行于北朝，在云冈石窟与“双窟”一道发展起来。宿白先生曾经指出，“双窟”的出现，应该是皇帝在位、太后临朝的反映，自太和之初，北魏亲贵多并称冯氏和孝文帝为二圣。[①]笔者在此重点强调的是，二佛图像固定地以右多宝佛左释迦牟尼佛出现，这与北魏五帝和昙曜五窟相对应，所包含的理念也许是相同的，或者是相类的。在北魏太武帝拓跋焘所兴法难后，文成帝登基后，“诏有司为石像，令如帝身。即成，颜上足下，各有黑石，冥同帝体上下黑子。论者以为纯诚所感。兴光元年(454)秋，敕有司于五级大寺内，为太祖以下五帝，铸释迦立像五。”[②]和平初(460)，“昙曜白帝，于京城西武周塞，凿山石壁，开窟五所，镌建佛像各一。”[③]这就是云冈石窟一期工程的昙曜五窟。这两次重大的佛教活动的理念一致。根据前辈的研究，[④]昙曜五窟第 20 窟、第 19 窟、第 18 窟、第17 窟和第 16 窟分别对应五位皇帝，包括一世太祖道武帝、二世太宗明元帝、三世世祖太武帝、四世恭宗景穆帝和五世高宗文成帝。至于具体的对应关系，学界众说纷纭，但具体到第 17 窟和 16 窟主尊，观点似乎比较一致，那就是分别代表景穆帝和文成帝。如果这种观点成立，那么刚刚去世的景穆帝和初登大宝的文成帝，也就分别扮演了过去佛和现在佛的角色，这种角色扮演和洞窟位置的左右关系，似乎恰恰和多宝佛释迦牟尼佛的组合相对应。

---

①宿白《平城实力的集聚和“云冈模式”的形成与发展》，云冈石窟文物保管所编《中国石窟·云冈石窟》(1)，北京：文物出版社，1991 年，第 191 页。

②[北齐]魏收《魏书》，北京：中华书局，1974 年，第 3036 页。

③[北齐]魏收《魏书》，第 3037 页。

④相关论著请参见宿白《云冈石窟分期试论》(《中国石窟寺研究》，北京：文物出版社，1996 年)、塚本善隆《云冈石窟三则——关于昙曜五窟与五帝》(《中国佛教史·北魏篇》，东京：弘文堂书房，1942 年)和吉村怜《论昙曜五窟》([日]吉村怜著，卞立强、赵琼译《天人诞生图研究》，北京：中国文联出版社，2002 年，第 304 页)。

二、弥勒菩萨

释迦多宝二佛宝盖上方中央绘交脚菩萨一身，上身袒露，斜披络腋，下身着红色羊肠大裙。双手在胸前结印契。根据其坐姿，可以判定为弥勒菩萨。

众所周知，弥勒菩萨是未来佛。他是小乘佛教业已承认的菩萨。在大乘佛教兴起以后，他也顺理成章地步入这个万神殿。

在法华会灵鹫山上，天降祥瑞，释迦牟尼佛以神通力，示神变相。众眷属迷惑不解。此时"弥勒菩萨欲自决疑，又观四众比丘、比丘尼、优婆塞、优婆夷及诸天龙鬼神等众会之心"①，而问文殊师利菩萨。两位菩萨的对答拉开了灵鹫会的序幕。

《法华经》阐明弥勒菩萨是未来佛的是第十五品。在虚空会上，恒河沙数他方菩萨起身向释迦牟尼佛誓言，释尊灭度以后，他们希望可以在此娑婆世界护持《法华经》。释尊则说娑婆世界自有菩萨护持。于是大地震动，无量菩萨从地踊出，礼拜释迦牟尼佛、多宝佛以及释迦牟尼十方分身诸佛。对此释尊分身佛的胁侍提出疑问。经云：

> 尔时释迦牟尼分身诸佛从无量千万亿他方国土来者，在于八方诸宝树下狮子座上结跏趺坐。其佛侍者各各见是菩萨大众，于三千大千世界四方从地踊出住于虚空，各白其佛言，世尊，此诸无量无边阿僧祇菩萨大众从何所来？尔时诸佛各告侍者，诸善男子，且待须臾，有菩萨摩诃萨，名曰弥勒，释迦牟尼佛之所授记，次后作佛，以问斯事，佛今答之，汝等自当因是得闻。②

①[姚秦]鸠摩罗什译《妙法莲华经》，《大正藏》，第9册，第2页。

②[姚秦]鸠摩罗什译《妙法莲华经》，《大正藏》，第9册，第41页。

分身佛的开示揭示了弥勒菩萨未来佛的身份。在这里,《法华经》并没有明确说明分身佛胁侍菩萨的身份。但鸠摩罗什所译《思惟略要法》却指出他们就是弥勒菩萨。

《思惟略要法》法华三昧观法云:

> 正忆念《法华经》者,当念释迦牟尼佛于耆阇崛山与多宝佛在七宝塔共坐。十方分身化佛遍满所移众生国土之中。一切诸佛各有一生补处菩萨一人为侍,如释迦牟尼佛以弥勒为侍。①

此外,根据《普贤菩萨劝发品》,读诵《法华经》,命终之后,修行者可以往生到兜率天宫。经载:"是人命终,为千佛授手,令不恐怖,不堕恶趣,即往兜率天上弥勒菩萨所"。②

"释迦多宝二佛并坐 + 弥勒菩萨"图像模式在 5 世纪中后期平城地区大行其道。云冈第二期石窟中,这种造像蔚然成风。随着时间的推移,弥勒的图像特征也开始变化,服装也由菩萨装转化为佛装,坐姿也由交脚式转变为倚坐式。麦积山第 133 窟 16 号造像碑下层佛龛龛内雕三身像。两侧是释迦佛和多宝佛,相向而坐,作交谈状。二佛之间的造像头部残缺,着双领下垂式佛装,倚坐。③虽然头部缺失,但是根据其坐姿,这身造像显然是弥勒佛。从菩萨到佛的转变,应该是这种图像模式的一大发展。

三、文殊菩萨

释迦多宝二佛并坐的右胁侍菩萨上身袒露,双肩披帛,双手合十,侧

①[姚秦]鸠摩罗什译《思惟略要法》,《大正藏》,第 15 册,第 300 页。

②[姚秦]鸠摩罗什译《妙法莲华经》,《大正藏》,第 9 册,第 61 页。

③天水麦积山石窟艺术研究所《中国石窟·天水麦积山》,北京:文物出版社,1998 年,图版 101。

身面向主尊而侍立。其左侧存墨书榜题:“文殊师利菩萨”。虽然没有特别的图像志特征,但是榜题已将其身份定格。

文殊菩萨是大乘佛教经典中最早出现的菩萨之一，与弥勒菩萨不同的是，他并没有在阿含类等小乘经典中出现，而是直接在大乘佛教里登场。[①]他是智慧的化身,经典称之为法王子。竺法护所译《正法华经》中称之为溥首菩萨。[②]

序品中,在弥勒菩萨的劝请下,文殊菩萨为灵鹫会众眷属解答疑惑,之所以如此,乃是因为在过去世他曾经是妙光菩萨,供养日月灯明佛,后其王子受其教化,先后成佛。最后正觉者,即是燃灯佛。《法华经》云:

> 时有菩萨,名曰妙光,有八百弟子。是时日月灯明佛从三昧起,因妙光菩萨说大乘经,名《妙法莲华》,教菩萨法,佛所护念,六十小劫不起于座……日月灯明佛于六十小劫说是经已，即于梵魔沙门婆罗门及天人阿修罗众中,而宣此言,如来于今日中夜当入无余涅槃。时有菩萨,名曰德藏。日月灯明佛即授其记,告诸比丘,是德藏菩萨,次当作佛,号曰净身多陀阿伽度阿罗诃三藐三佛陀。佛授记已,便于中夜入无余涅槃。佛灭度后,妙光菩萨持《妙法莲华经》，满八十小劫为人演说。日月灯明佛八子皆师妙光。妙光教化,令其坚固阿耨多罗三藐三菩提。是诸王子供养无量百千万亿佛已,皆成佛道。其最后成佛者,名曰燃灯。[③]

虚空会上诸菩萨声闻辩论最激烈同时最能彰显大乘教义的章节莫过

①孙晓岗《文殊菩萨图像研究》,兰州:甘肃人民美术出版社,2007年,第8页。

②[西晋]竺法护译《正法华经》,《大正藏》,第9册,第63页。

③[姚秦]鸠摩罗什译《妙法莲华经》,《大正藏》,第9册,第4页。

于《提婆达多品》,也即《见宝塔品》的下一品。多宝佛的胁侍智积菩萨欲返本土,却被释迦牟尼佛挽留,共与文殊师利菩萨相见,由此引出女身是否可以成佛的辩论。

该品先是讲述文殊菩萨从娑竭罗龙宫前来赴法华会。这是《法华经》中唯一提到文殊菩萨坐具的一品。其中云:

> 尔时文殊师利,坐千叶莲华大如车轮。俱来菩萨亦坐宝莲华。从于大海娑竭罗龙宫自然踊出,住虚空中诣灵鹫山。从莲华下至于佛所,头面敬礼二世尊足。①

接下来就是文殊菩萨与智积菩萨辩论开端,也是宣弘法华奥义的前奏。

> 智积菩萨问文殊师利,仁往龙宫所化众生,其数几何?文殊师利言,其数无量不可称计,非口所宣,非心所测,且待须臾,自当有证。所言未竟,无数菩萨坐宝莲华从海踊出,诣灵鹫山住在虚空。此诸菩萨皆是文殊师利之所化度,具菩萨行皆共论说六波罗蜜,本声闻人在虚空中说声闻行,今皆修行大乘空义。②

此时,智积菩萨对"修持法华迅速成佛"提出疑虑,而龙女的出现推动了法华奥义的诠释。

> 文殊师利言,我于海中唯常宣说妙法华经。智积问文殊师利

---

①[姚秦]鸠摩罗什译《妙法莲华经》,《大正藏》,第9册,第35页。

②[姚秦]鸠摩罗什译《妙法莲华经》,《大正藏》,第9册,第35页。

> 言，此经甚深微妙，诸经中宝世所希有，颇有众生勤加精进修行此经速得佛不？文殊师利言，有娑竭罗龙王女，年始八岁，智慧利根，善知众生诸根行业，得陀罗尼，诸佛所说甚深秘藏，悉能受持，深入禅定了达诸法，于刹那顷发菩提心，得不退转辩才无碍。慈念众生犹如赤子，功德具足心念口演，微妙广大慈悲仁让，志意和雅能至菩提。智积菩萨言，我见释迦如来，于无量劫难行苦行，积功累德求菩提道，未曾止息。观三千大千世界，乃至无有如芥子许非是菩萨舍身命处，为众生故，然后乃得成菩提道。不信此女于须臾顷便成正觉。言论未讫，时龙王女忽现于前，头面礼敬却住一面。①

以舍利弗为代表的声闻乘则提出"累世成佛须臾难成"和"女身犹有五障不能成佛"的观点，这是整个辩论另外的一个戏剧性冲突，进一步推动情节发展。于是龙女须臾之间变成男儿之身，并于南方世界成佛说法。这成为此次讨论的高潮部分。

> 时舍利弗语龙女言，汝谓不久得无上道，是事难信，所以者何？女身垢秽非是法器，云何能得无上菩提？佛道悬旷经无量劫，勤苦积行具修诸度，然后乃成。又女人身犹有五障：一者不得作梵天王，二者帝释，三者魔王，四者转轮圣王，五者佛身。云何女身速得成佛？尔时龙女有一宝珠，价直三千大千世界，持以上佛。佛即受之。龙女谓智积菩萨尊者舍利弗言，我献宝珠，世尊纳受，是事疾不？答言甚疾。女言，以汝神力观我成佛，复速于此。当时

---

①[姚秦]鸠摩罗什译《妙法莲华经》，《大正藏》，第9册，第35页。

> 众会皆见龙女，忽然之间变成男子，具菩萨行，即往南方无垢世界，坐宝莲华成等正觉，三十二相八十种好，普为十方一切众生演说妙法。尔时娑婆世界菩萨声闻天龙八部人与非人，皆遥见彼龙女成佛，普为时会人天说法，心大欢喜悉遥敬礼……智积菩萨及舍利弗，一切众会默然信受。①

这一品以文殊菩萨和智积菩萨为中心展开，虽然有“辩论”之名，但是实际上是宣扬大乘佛法奥义的一种方式。这和《维摩诘所说经》中文殊菩萨与维摩诘居士的辩论有异曲同工之妙。而龙女和天女的出现更是有几分类似。龙女的变化以及成佛说法，不仅批评了以舍利弗为代表的小乘佛教，同时也宣扬了大乘佛教人人皆有佛性皆可成佛的思想。而《维摩诘所说经》之《观众生品》中，天女先是散花于菩萨和弟子身上，而舍利弗用神力也不能抖落，于是引出一段关于执着于文字是否是真解脱的辩论，②后来天女又将自己变成舍利弗，把舍利弗变成天女，来说明众生如幻和男女无实相的道理。文中采用“双遣”的方法，其目的是调节佛教在理论上的空观同实践上必须承认实有的矛盾。③

在中国石窟寺中，文殊菩萨最早出现在永靖炳灵寺第169窟中，和释迦多宝二佛并坐图像时代相同。该窟10号壁画分为上下两层。下层壁画上栏绘“释迦文佛”，东侧绘一菩萨，结跏趺坐于莲花上，通肩大衣，墨书题名为“文殊菩萨”。④上层壁画残留“释迦牟尼佛”，其右胁侍菩萨则侧身向佛而立，头戴宝冠，榜题为“维摩诘之像”。⑤也有学者推测其左胁侍菩萨大

---

①[姚秦]鸠摩罗什译《妙法莲华经》，《大正藏》，第9册，第35页。

②[姚秦]鸠摩罗什译《维摩诘所说经》，《大正藏》，第17册，第547—548页。

③任继愈主编《中国佛教史》第1卷，北京：中国社会科学出版社，1985年，第416页。

④杜斗城、王亨通主编《炳灵寺石窟内容总录》，第188页。

⑤杜斗城、王亨通主编《炳灵寺石窟内容总录》，第188—189页。

概就是文殊菩萨。在这两个例子中,法华意涵并不明显。

随着法华造像的兴起，文殊菩萨作为释迦多宝二佛右胁侍菩萨的地位也逐渐固定了下来。在云冈第二期石窟第 11 窟东壁上层南侧的北魏太和邑义信士女等五十四人造像、永靖炳灵寺第 184 窟法华造像和张荣迁造像碑中存在明确题记。针对这些造像,下文“观世音菩萨”考释部分将会进行详尽讨论,在此不赘。

四、观世音菩萨

释迦多宝二佛并坐的左胁侍菩萨存有榜题框,但是文字漶灭。菩萨上身袒露,披帛由双肩而下,在腹部打结并下垂,下身着裙。花冠也和右胁侍文殊菩萨相同,并无明显的图像志特点,所以其具体身份有待进一步考证。

炳灵寺第 169 窟的法华造像中，主尊两侧尚无胁侍菩萨。到李唐时期,敦煌莫高窟法华经变兴盛之时,胁侍菩萨才固定在骑狮文殊菩萨和乘象普贤菩萨身上。[①]但是在 5 世纪到 6 世纪,释迦多宝佛两侧的菩萨鲜有明确的造像特征。部分造像虽有榜题,但是字迹不清的情况也比比皆是。如果没有榜题的辅助，我们一般很难对其身份进行释读。根据典籍和图像，能够以胁侍菩萨身份与文殊菩萨同时出现在法华造像中的人物大概有以下六种可能:弥勒菩萨、智积菩萨、药王菩萨、普贤菩萨、维摩诘居士和观世音菩萨。那么笔者以下将会以经典和图像为标准,再用“5 到 6 世纪”这个时间标尺对这数种可能进行一一考量。

1. 弥勒菩萨

弥勒菩萨和文殊菩萨共同拉开法华会之帷幕。在以《法华经》为基础所制定的某些忏悔仪式里,这两位菩萨也往往是修行者依止的对象。据刘宋元嘉年间昙摩蜜多所译《佛说观普贤菩萨行法经》,修行者如欲受具足

---

①贺世哲《敦煌石窟论稿》,第 150 页。

菩萨戒，应当在空闲处，礼拜十方诸佛，忏悔罪愆，并“作是言……今释迦牟尼佛为和上，文殊师利为我阿阇梨，当来弥勒愿授我法，十方诸佛愿证知我；大德诸菩萨愿为我伴……”[①]。

需要注意的是，这铺造像中释迦多宝二佛上方就是一身交脚弥勒。三者之间形成一个稳定的三角形结构。虽然没有独立的佛龛，但是弥勒菩萨这种高于释迦多宝二佛的布局依然能够表达他正身处兜率天并随时可为禅僧决疑的意涵。[②]如果二佛左侧的佚名胁侍菩萨是弥勒菩萨，其存在的基本问题有三。一是，在图像结构上这有碍于三佛构图的稳定和完美。二是，在单铺叙事性佛教图像中，相同人物重复出现是比较常见的现象；[③]但是在偶像型构图中相同尊格的造像分别以主尊和胁侍菩萨身份出现的情况不多。[④]三是，从下文讨论来看，“文殊菩萨 + 释迦佛多宝佛 + 弥勒菩萨”组合缺乏实物支持。虽然学术界有早期麦积山石窟中主尊佛两侧交脚菩萨和思惟菩萨分别是弥勒和文殊菩萨的看法，但是没有榜题来佐证这种观点。因此笔者对这种推断存疑。

2. 智积菩萨

关于智积菩萨，笔者已经在上文“文殊菩萨”考释部分作了介绍。智积菩萨本来就是多宝佛的眷属。这种搭配符合《法华经》原意。

然而《法华经》对两位菩萨讨论的场所有明确记载。文殊菩萨从龙宫踊出以后首先礼拜释迦牟尼佛和多宝佛。关于之后的活动，竺法护本和鸠

---

①[刘宋]昙摩蜜多译《佛说观普贤菩萨行法经》，《大正藏》，第 9 册，第 393 页。

②刘慧达《北魏石窟与禅》，第 347 页。

③Vidya Dehejia，On Modes of Visual Narration in Early Buddhist Art. *Art Bulletin* 72，no.3（1990），pp374—392.

④云冈石窟屋型龛下弥勒菩萨两侧经常搭配两身思惟菩萨。李玉珉先生认为，这种思惟菩萨是弥勒的变身。（详见《半跏思惟像再探》，《故宫学术季刊》3 卷 3 号，1986 年）只是这两身思惟像造型相同，对称排列，而且都属于弥勒菩萨的胁侍菩萨。这种模式和第 8 窟法华造像布局不尽相同。

摩罗什本有别。前者云:“与智积菩萨对相问讯。”[①]后者说:“往智积所共相慰问,却坐一面……”[②]经中的“往”和“所”似乎说明智积菩萨身在别处,而他们的讨论则类似于虚空会的“分会”。当然,我们不能完全按照这条含糊的记载来判读,另外,这种推断也缺乏图像资料的支持,综合来看,其可能性较小。

3. 普贤菩萨

针对文殊菩萨和普贤菩萨组合，小岛彩先生[③]和孙晓岗先生[④]已经进行详细梳理和翔实论证。在此笔者补充若干材料并强调以下几点。

三国两晋时期文殊菩萨和普贤菩萨造像已经出现,但是大多是单体造像。即使一铺三身像普遍发展起来以后,两者也并非固定的组合搭配。四川简州北周高祖文帝庙碑中,他们和药王菩萨属于同一个组合。[⑤]但是这是佛道混合造像碑,主尊为天尊像和佛像。炳灵寺老君洞法华造像中,虽然两者共同出现，但是文殊菩萨更大程度与释迦多宝二佛以及观世音菩萨属于一个组合。除了本文第二部分将要讨论的其他例证之外,敦煌莫高窟也有实例。西魏第 285 窟东壁门北是一铺无量寿佛说法图,图中造像皆有题记。在无量寿佛两侧下方各有两身菩萨,从右至左分别是“无尽意菩萨”“文殊师利菩萨”“观世音菩萨”和“大势至菩萨”。[⑥]普贤菩萨不在其列。

---

①[西晋]竺法护译《正法华经》,《大正藏》,第 9 册,第 105 页。

②[姚秦]鸠摩罗什译《妙法莲华经》,《大正藏》,第 9 册,第 35 页。

③[日]小岛彩《骑象普贤と骑狮文殊の图像》,《美术史》137 号,1995 年,第 43—59 页。

④孙晓岗《文殊菩萨图像学研究》,2007 年。

⑤小岛彩先生对四川简州北周高祖文帝庙碑中的文殊菩萨和普贤菩萨造像给予高度评价,其年代为 556 年。(详见(日)小岛彩《骑象普贤と骑狮文殊の图像》,第 54 页)。然而两者同时也在炳灵寺老君洞出现,学者将其时代确定为北魏。(详见《炳灵寺石窟老君洞北魏壁画清理简报》,《考古》1986 年第 8 期)

⑥施萍婷《敦煌石窟全集·5·阿弥陀经画卷》,香港:商务印书馆(香港)有限公司,2002 年,第 19 页。

文殊菩萨和普贤菩萨作为胁侍菩萨组合出现，大概主要是因为受到华严思想的影响。而这种组合中的主尊往往是毗卢遮那佛。典型代表就是安阳灵泉寺所藏北齐大方广佛华严经刻经碑。碑首盘龙纹下方开一小龛，内雕一佛二菩萨。菩萨并无坐骑，而是双手合十，侧身面佛而立。佛龛上方和左右两侧分别阴刻榜题："毗卢佛""普贤菩萨"和"文殊师利"。[①]唐宋以后的很多造像都受到这种组合的影响。在敦煌莫高窟骑狮文殊和乘象普贤组合始见于第220窟西壁龛外两侧和北壁药师经变中。初唐第331窟法华经变中的这对组合被学者称为"法华经变中首次出现的一对菩萨，也是第331窟首创性的布局"。[②]

因此，根据目前的资料，我们暂时不能将第8窟这铺6世纪前期法华造像中的佚名菩萨定名为普贤菩萨。

4. 维摩诘居士

在5世纪中后期，以《佛说维摩诘所说经》为基础的维摩诘经变相大量出现，主要以表现文殊师利问疾品为主。更有意义的是，维摩诘和文殊师利辩论的场景通常和释迦多宝二佛并坐联系在一起，甚至释迦多宝二佛直接成为整幅画面的主尊，而维摩诘和文殊菩萨分列两边，典型代表就是北魏太和元年(477)阳氏造铜佛坐像。[③]这种格局对之后的法华经变和维摩诘经变的创作都有很大影响。[④]而至于其源头，这种变相可以上溯至甘肃炳灵寺第169窟420年左右的造像。首先是上文介绍的第10号壁画。[⑤]另外，在11号壁画中有一个长方形帷幕，内有一人，着菩萨装，头梳

①李仁清主编《中国北朝石刻拓片精品集》，郑州：大象出版社，2008年，第529页。

②贺世哲《敦煌石窟论稿》，第150页。

③金申《海外及港台藏历代佛像珍品纪年图鉴》，第406页。

④李静杰《北朝后期法华经图像的演变》，《艺术学》(21)，台北：觉风佛教艺术文化基金会，2004年，第71页。

⑤杜斗城、王亨通主编《炳灵寺石窟内容总录》，第189页。

高髻，着袒右大衣，斜倚在床榻上，其榜题为“维摩诘之像”，而其正下方就是释迦多宝二佛并坐图像。[①]

即使如此，我们也不能断定千佛洞第 8 窟这身佚名菩萨就是维摩诘。首先，在炳灵寺石窟的两组早期图像中，维摩诘都着菩萨装，但是随着时间的推移，维摩诘经变相发展到 5 世纪中后期，比如阳氏造像，维摩诘已经被定格为老者形象，这种造型一直被后代作品沿袭。炳灵寺第 169 窟的菩萨形象似乎仅仅是昙花一现。千佛洞第 8 窟法华造像已经是 6 世纪的作品了。其次，炳灵寺第 169 窟第 10 号壁画中的维摩诘作为胁侍菩萨，以立像形式和供养的姿势出现也极为罕见。后期维摩诘通常手持麈尾，斜倚在床榻之上方丈之中。即使敦煌莫高窟隋代第 276 窟西壁龛北的维摩诘是立姿，[②]但是他依然是手持麈尾、作辩论状的老者形象。[③]这和千佛洞第 8 窟佚名菩萨的立姿和供养形态相矛盾。因此维摩诘像的可能也可以排除。

5. 观世音菩萨

这种推论相比以上四种更具说服力，因为：在 5—6 世纪的法华图像中，观世音菩萨造像出现的频率比较高；他常常和文殊菩萨造像作为胁侍菩萨共同出现；这种组合模式最远亦可以上溯至古代印度；不仅如此，两位菩萨分别是智慧和仁慈的化身，作为胁侍菩萨，共同诠释了成就正觉的菩萨道。

针对其观世音菩萨身份，笔者将用炳灵寺老君洞法华造像、云冈石窟第 11 窟北魏太和邑义造像、天平二年（535）张荣迁造像碑、东魏武定元年（543）骆子宽造像碑和麦积山石窟第 110 窟法华造像进行考证。

---

①杜斗城、王亨通主编《炳灵寺石窟内容总录》，第 190 页。

②敦煌文物研究所编《敦煌莫高窟内容总录》，北京：文物出版社，1982 年，第 99 页。

③敦煌文物研究所编《中国石窟·敦煌莫高窟》（二），北京：文物出版社，1984 年，图版 123。

永靖炳灵寺石窟第184窟老君洞前后清洗出两铺北魏释迦多宝二佛并坐图像，其中一铺位于洞窟东壁北侧（窟门右侧），图像内容是：上层是七佛，下层是释迦多宝并坐。胁侍菩萨皆有榜题，但是现已漫漶不清。另外就是上文“释迦佛和多宝佛”考释部分所涉及到的北壁东侧的法华造像。[①]这方壁画从上至下共分三栏，如表3–1所示。[②]

这三栏中的中下两栏三铺造像，每个单位佛像两两之间都只有一身菩萨，而不是两身。这些菩萨也并没有像后来的七佛八菩萨造像一样采用正面的形式，而是侧面。值得注意的是释迦多宝二佛的造像组合。文殊菩萨虽然可以和普贤菩萨共同构成一铺造像，但是其主尊却是□偻孙佛和□叶佛。其次，作为胁侍，文殊菩萨图像处于□偻孙佛和多宝佛之间，但是因为他面向释迦多宝二佛而背对□偻孙佛和□叶佛，从而使文殊菩萨图像更大程度上和二佛并坐图像以及观世音菩萨图像的关系更加紧密。其正下方的造像组合也能说明这一问题。药王菩萨虽然身处智华生佛和上云灯佛之间，但是由于他和药上菩萨一样，面向智华生佛背对上云灯佛，从而使“药王菩萨 + 智华生佛 + 药上菩萨”组合更加凸显。所以说在这组图像中“文殊菩萨 + 多宝佛释迦牟尼佛 + 观世音菩萨”结构完整而又紧凑，具有较强的独立性。而这种构图恰恰与第8窟法华造像——“文殊菩萨+ 多宝佛释迦牟尼佛 + 佚名菩萨”相吻合。

云冈石窟第11窟北魏太和邑义信士女等五十四人造像位于东壁上层南侧，其内容可以分为上下5栏，由上到下依次是：交脚弥勒菩萨；两个并列单身坐佛龛；释迦多宝二佛并坐佛龛；文殊菩萨、大势至菩萨和观世

---

①甘肃省博物馆，炳灵寺石窟文物保管所《炳灵寺石窟老君洞北魏壁画清理简报》，第735页，图版5—图版8。

②本图表根据《炳灵寺石窟老君洞北魏壁画清理简报》和《炳灵寺石窟内容总录》绘制而成。原文所言方向之左右，皆以观者为标准。该表则以图像中的主尊为基准。

表 3–1　炳灵寺石窟第 184 窟法华造像内容一览表

造像榜题	第七释迦牟尼佛	第六迦叶佛	第五拘那舍尼佛	第四拘留秦佛	第三随叶佛	……	第一唯越佛
方向	⊙	⊙	⊙	⊙	⊙	⊙	⊙

造像榜题	…… ……	普贤菩萨	东方□偻孙佛 □叶佛	文殊师利菩萨	释迦牟尼佛 多宝佛	观世音菩萨
方向	⊙⊙	→	⊙⊙	→	⊙⊙	←

造像榜题	宝光日殿妙尊音三佛 宝严佛	大坚佛 ⊙ 妙肩菩萨	上云灯佛	极高德聚佛 ⊙ 药王菩萨	智华生佛	药上菩萨
方向	⊙⊙	→	⊙	→	⊙	←

（注：本表格中的造像方向以壁画里的佛像为准，⊙表示造像正面面向壁画之外，→表示造像侧面面向左，←表示造像侧面面向右）

音菩萨(从右至左);发愿文。[①]龛像周围布满千佛小龛。(图 3.18)比较来看，交脚弥勒和释迦佛多宝佛所构成的三角结构和第 8 窟的造像组合如出一辙，后者必然受到云冈风格的影响，是佛教艺术东渐而又回传的证明。在竺法护本、鸠摩罗什本和阇那崛多达摩笈多本《法华经》中,文殊、观世音和大势至菩萨都名列与会菩萨之首。文殊菩萨在竺法护本译为溥首菩萨，观世音菩萨为光世音菩萨。[②]在这铺造像中虽然不是以侍立主尊两侧的形式出现，但是根据佛经和整铺图像构图来看他们依然处于眷属的地位。

图 3.18　云冈石窟第 11 窟东壁法华图像组合
(采自《中国石窟·云冈石窟》(二))

在某些由法华思想统摄的图像中，观世音菩萨和文殊菩萨也会共同出现，只是主尊就不一定是释迦多宝佛并坐组合，比如天平二年(535)张荣迁造像碑。[③]原碑存于少林寺,后遭佚失。幸有

①云冈石窟文物保管所《中国石窟·云冈石窟》(二),北京:文物出版社,1994 年,图版 90,图版 93。

②[西晋]竺法护译《正法华经》,《大正藏》,第 9 册,第 63 页。

③ 关于张荣迁碑,王静芬先生已作详细专论(What's in a Buddha's Name:Case Study of a Sixth-Century Chinese Buddhist Stele from the Shaolin Monastery,Leo Swergold and Eileen Hsu,etal.,*Treasures Rediscovered:Chinese Stone Sculpture Collections at Columbia University*,New York:Miriam and Ira D. Wallach Art Gallery,2008,pp17-26)。

拓片和照片留存于世,而铭文则已经收录于《金石萃编》。石碑上方是七佛小龛,下方开圆拱形大龛,内雕一铺三身像。根据碑侧铭文:“息荣迁修和行善……遐愿刊石建像,释迦文佛、观音、文殊……”①可以断定龛内造像是文殊菩萨、释迦佛和观世音菩萨。背阴雕刻 42 身小型坐佛,共计 7 行。每身佛像旁边各有一方榜题。根据榜题,王静芬先生指出这些佛名选自《金光明经》和《法华经》,而且排除残缺的佛名,共计 13 条佛名来自前者,其余基本全部出自《法华经》,②其中由上向下第三行正中央的两个佛龛合二为一,内雕释迦佛和多宝佛。这个位置不仅处于整个碑阴图像构图的核心位置,而且二佛形体及佛龛相比其他坐佛和佛龛略大。因此整个造像似乎都被统摄于法华思想之下,观世音和文殊菩萨自然也不例外。

释迦多宝二佛的胁侍菩萨甚至可以是双观音形象。现藏美国波士顿 Isabella Stewart Gardner Museum 的东魏武定元年(543)骆子宽造像碑就是一例。(图 3.19)碑阳雕刻一铺一佛二弟子二菩萨。碑座上环绕雕刻十身神

图3.19　东魏武定元年骆子宽造像碑
(采自松原三郎《中国佛教雕刻史论》)

①[清]王昶《金石萃编》,《石刻史料新编》第 1 辑第 1 册,台北:新文丰出版公司,1977 年,第 528 页。

②Dorothy C. Wong ,What's in a Buddha's Name:Case Study of a Sixth-Century Chinese Buddhist Stele from the Shaolin Monastery,Leo Swergold and Eileen Hsu,etal.,*Treasures Rediscovered*:*Chinese Stone Sculpture Collections at Columbia University*,New York:Miriam and Ira D. Wallach Art Gallery,2008,pp17-26.

王和两身金刚。碑阴浅浮雕释迦多宝二佛并坐一铺，两侧侍立两菩萨，佛座下方是六身比丘和双狮。[①]整个石碑除了神王和金刚，其他造像皆无榜题。但是造像碑铭文中的供养人信息却弥补了这一遗憾："……像主骆子宽……多宝像主菀士先，梵王主骆荀仁，观世音二像主王舍龙，二菩萨主赵远明……"[②]根据林保尧先生的考定，"观世音二像"就是碑阴释迦多宝二佛并坐两侧的胁侍菩萨，而"二菩萨"则是碑阳释迦牟尼佛两侧的胁侍菩萨；双观音造像屡见不鲜，而同时作为胁侍在此出现，蕴含着丰富的法华奥义。[③]

最后一例，在法华经变中，观世音菩萨和无尽意菩萨共同出现在主尊佛的两侧。麦积山石窟第 110 窟属西魏洞窟，前壁门上存说法图一铺。主尊左右两侧的胁侍菩萨题名分别是"此是观世音菩萨"和"此是无尽意菩萨"。学者推测，这幅壁画可能就是法华经普门品的初级形式。[④]如果这个推论成立的话，那么这无疑将为千佛洞第 8 窟佚名菩萨是观世音菩萨的可能性增加了砝码，即使说法图中文殊菩萨并没有出现。

综合以上案例，北朝时期法华造像的胁侍菩萨大抵有以下特点。首先，在 5—6 世纪的法华造像中，作为胁侍菩萨，观世音菩萨常与文殊菩萨搭配出现；其次，观世音菩萨出现的频率非常高，甚至一度出现二胁侍皆为观音的个案。最后，文殊菩萨和观世音菩萨的这种组合在排列顺序上似乎形成了一种固定的规律。炳灵寺老君洞与张荣迁造像碑法华造像组合都采用右文殊左观音的形式，云冈第 11 窟造像也是如此。莫高窟第 285

---

①金申《海外及港台藏历代佛像珍品纪年图鉴》，第 89—90 页。

②该题记录文转自林保尧先生大作《法华造像研究——嘉登博物馆藏东魏武定元年造释迦像考》（台北：艺术家出版社，1993 年，第 476 页）。

③林保尧《法华造像研究——嘉登博物馆藏东魏武定元年造释迦像考》，第 245—256 页。

④天水麦积山石窟艺术研究所编《中国石窟·天水麦积山》，北京：文物出版社，1998 年，图版 178，第 240—241 页。

窟无量寿佛说法图和下文所要讨论的美国纽约大都会博物馆所藏北魏永熙三年(534)造像也是这种排列顺序。所以右文殊左观音的组合非常固定。而"文殊菩萨 + 释迦多宝二佛 + 观世音菩萨"恰恰和千佛洞第 8 窟法华造像中的"文殊菩萨 + 释迦多宝二佛 + 佚名菩萨"相暗合。至此我们大概可以推断,这身佚名菩萨就是观世音菩萨。

在 5—6 世纪,中国佛教美术还处于初创时期,整个美术作品的创作过程充满摸索的艰辛。反过来正是因为这种摸索性的创新,才使佛教美术作品免受后代条条框框的束缚而焕发出无限生机。"文殊菩萨 + 释迦佛多宝佛 + 观音菩萨" 造像组合的案例较少,但也并非无本之木、无源之水,这其中也包含着丰富的义理内涵。

1. "文殊菩萨 + 观世音菩萨"组合可以上溯至古代印度

除上文数例之外,在其他一些法华主题并不明确的造像中也发现了这种组合。比如美国纽约大都会博物馆所藏北魏永熙三年(534)的佛三尊立像[①](图 3.20)。主尊为立像,左手施与愿印,右手施无畏印。其左胁侍菩萨左手上举至胸前,右手下垂,手提净瓶。右胁侍菩萨左手持桃形物,右手上举,手托梵

图 3.20　北魏永熙三年释迦牟尼佛三尊像
(采自《海外及港台藏历代佛像珍品纪年图鉴》)

①金申《海外及港台藏历代佛像珍品纪年图鉴》,第 65 页。

夹。根据手持物件以及后代经典，大概可以判定这两身菩萨分别是观世音菩萨和文殊菩萨。

由于释迦多宝概是中国内地的一个创举，所以我们也许不可能在印度和中亚找到答案。不过在此体系之外，文殊菩萨与观世音菩萨在印度却异常兴盛。

《法显传》记载，5 世纪法显游历中印度秣菟罗地区时，曾经看到大乘佛教徒“摩诃衍人则供养般若婆罗蜜、文殊师利、观世音等”①。至于具体的造像仪轨，我们不得而知。在犍陀罗地区佛教艺术品中，比如 Loriyan-Tangai(罗里延·唐盖)，②释迦牟尼两侧分别是两身半跏思惟菩萨。其中一身头戴敷巾冠饰，手持莲花。另外一身左手作思惟状，右手持有梵夹。(图 3.21)前者自然是观世音。如果按照后代经典和图像学的资料来

图 3.21　罗里延·唐盖出土佛三尊像
(采自《涅槃和弥勒的图像学》)

①[东晋]法显撰，章巽校注《法显传校注》，北京：中华书局，2008 年，第 47 页。

②(日)宫治昭著，李萍、张清涛译《涅槃和弥勒的图像学——从印度到中亚》，北京：文物出版社，2009 年，图版 38。

看，后者应该就是文殊菩萨。[①]这种模式的流行范围应该比“弥勒菩萨 + 观音菩萨”组合以及“梵天 + 帝释天”组合要小得多，东传中国之后，影响也不是非常大。大都会博物馆永熙三年(534)造像碑则是比较少见的一例。

2. 文殊菩萨与观音菩萨尊格共同诠释了实践菩萨行成就佛道的必由之路

正如《法华经》所言，在灵鹫会和虚空会上，弥勒菩萨、文殊菩萨、药王菩萨、观世音菩萨和普贤菩萨的形象可谓大放光彩，是法华会以及《法华经》传播过程中的重要角色，而在释迦多宝二佛并坐图像中，独独文殊菩萨和观世音菩萨被安排在二佛两侧的原因何在？王静芬先生研究张荣迁造像碑“释迦牟尼—观世音菩萨—文殊菩萨”组合时指出，观世音菩萨和文殊菩萨分别代表慈悲和智慧这两种成就菩萨道的根本条件。[②]笔者赞同这种观点。

观世音是慈悲的化身。在《法华经》中观世音菩萨的出场虽然比较晚，但是其影响力却远远超出文殊师利等菩萨信仰。普门品称观世音菩萨能够分别变化三十三身示现说法，引导众生。又“若有无量百千万亿众生受诸苦恼，闻是观世音菩萨，一心称名，观世音菩萨即时观其音声，皆得解脱”[③]，所以观世音菩萨的名号就已经凸显了他的慈悲尊格。又，无尽意菩萨在聆听世尊讲解观世音因缘之后，决定奉献珠宝供养观世音。大士却而不受，后经世尊规劝，方才接受无尽意菩萨和四众的供养，转而将此珍宝

①对于犍陀罗地区手持梵夹的菩萨造像，学术界尚存争议。详见：Anna Maria Quagliotti, Mañjuśrī in Gandhāran Art：A New Interpretation of a Relief in the Victoria and Albert Museum, *East and West*, 40(1990)：99–113；JuhyungRhi, Bodhisattvas in Gandhāran Art：An Aspect of Mahāyāna Buddhism (Pia Brancaccio & Kurt Behrendt, eds., *Gandhāran Buddhism：Ar－chaeology, Art, Texts*, Vancouver and Toronto：University of British Columbia Press, 2006, pp.168–169)；宫治昭著，李萍、张清涛译《涅槃和弥勒的图像学——从印度到中亚》，第 214 页。

②王静芬著，张善庆译《佛名与忏仪》，《敦煌研究》2010 年第 2 期。

③[姚秦]鸠摩罗什译《妙法莲华经》，《大正藏》，第 9 册，第 56 页。

分成两份，供养释迦牟尼佛和多宝佛。观世音“分二奉佛”的行为则体现了法华回施信仰的思想。[①]“是观世音菩萨摩诃萨，于怖畏急难之中施无畏，是故此娑婆世界，皆号之为施无畏者”——由于受到这种思想的影响，内地6世纪开始出现手施无畏印的观音菩萨像。[②]基于菩萨现世救助的特点，其信仰在民间才广为流传。在竺法护本和鸠摩罗什本《法华经》之后，普门品被单独抄录，日益流行。与之相应的，以此信仰为核心的民间观音信仰灵验记和疑伪经大量出现。奉请和供养观世音的仪轨也已经出现。在十六国时期，观世音信仰和地藏、弥勒、弥陀等信仰并驾齐驱。[③]其次，文殊菩萨是智慧的化身，在佛经之中独独他被称为法王子。《法华文句记》云：“问曰：经称文殊为法王子者，其诸菩萨何人不是法王之子？答：有二义故，一于王子中德推文殊，二诸经中文殊并为菩萨众首。”[④]在《法华经》中，文殊菩萨和弥勒的对答拉开了灵鹫会的序幕，不仅如此，通过他所讲述的因缘和偈语，我们知道，他曾在过去世为妙光菩萨，后成佛果，号曰燃灯。在接下来的若干品中，《法华经》更是通过他不断地将奥妙的大乘思想传达给世间。特别是上文所提到的提婆达多品中关于龙女成佛的辩论，在中国佛教思想史上具有重大意义。在安乐行品中，文殊菩萨向佛陀询问如何在五浊恶世修行妙法，佛陀即说四种安乐行。此说之重要使得安乐行品成为法华经四要品之一。

五、释迦牟尼十方分身诸佛

佛龛内二佛和菩萨之间充满禅定坐佛，龛外两侧和上方也是禅定坐

---

①林保尧《法华造像研究——嘉登博物馆藏东魏武定元年造释迦像考》，第253—256页。

②李玉珉《观音特展》，台北：台北故宫博物院，2000年，第18页。

③任继愈主编《中国佛教史》第3卷，北京：中国社会科学出版社，1988年，第589页。

④[唐]湛然《法华文句记》，《大正藏》，第34册，第198页。

佛。不过两者在图像上却存在很大的不同。龛外的千佛图像为正面，目光指向壁画之外，和观者形成交流，类似于偶像型构图；其次，佛像全部遵循横成行竖成列的方式并肩而坐。而龛内的千佛则是如鱼鳞一般，交叉而坐。他们的目光都集中在释迦多宝二佛身上，似乎在聆听他们的讲法，其情态类似于佛的眷属。（参照图3.22，3.23）千佛图像呈四分之三侧面的案例另外可见于丹丹乌里克和托普鲁克墩。[①]（参照图3.24，3.25，3.26）

图3.22　千佛洞第8窟中心塔柱龛内释迦牟尼十方分身诸佛图像（作者拍摄）

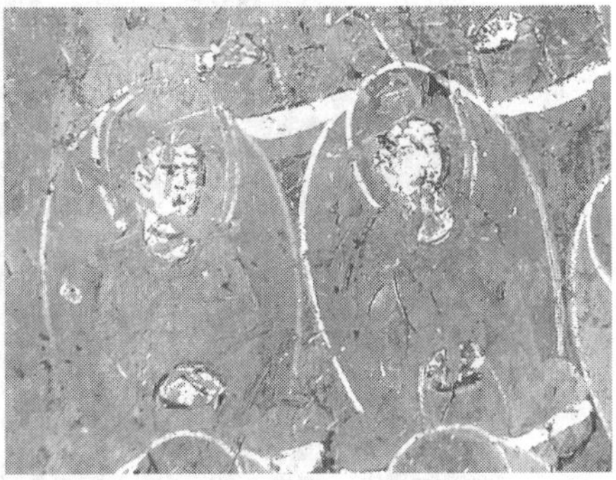

图3.23　千佛洞第8窟中心塔柱龛外十方诸佛图像（作者拍摄）

千佛图像一般都是正面，模式化特征显著。在部分造像碑中，工匠们会别出心裁地在千佛图像里雕刻出一两身侧面的佛像。麦积山第133窟有18通造像碑。[②]根据笔者实地考察，雕刻有侧面佛像的造像碑也有数通，而根据目前所公布的资料可以参见第11号造像碑。[③]不过这种佛像毕竟很少，其神格和周围千佛一面的禅定坐佛并无两样。

---

①中国新疆文物考古研究所、日本佛教大学尼雅遗址学术研究机构编著《丹丹乌里克遗址——中日共同考察研究报告》，北京：文物出版社，彩版41、图31、图32。

②麦积山石窟艺术研究所编《麦积山石窟内容总录》，天水麦积山石窟艺术研究所《中国石窟·天水麦积山》，北京：文物出版社，1998年，第287页。

③天水麦积山石窟艺术研究所《中国石窟·天水麦积山》，图版96。

图 3.24 新疆丹丹乌里克 CD4 佛寺北墙千佛壁画残块
（采自《丹丹乌里克遗址》）

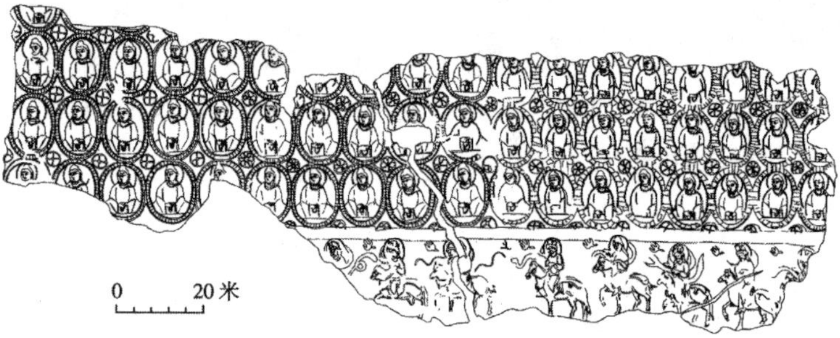

图 3.25 新疆托普鲁克墩 2 号佛寺千佛壁画残块
（采自《丹丹乌里克遗址》）

关于释迦多宝二佛并坐周围布满的千佛，前辈说法各有不同。日本学者水野清一[①]、塚本善隆[②]和刘慧达[③]等先生认为云冈石窟中二佛并坐周围

①（日）水野清一、长广敏雄《云冈图像学》，京都大学人文研究所编《云冈石窟》，京都：京都大学人文科学研究所，1953 年。

②（日）塚本善隆著，林保尧、颜娟英译《龙门石窟——北魏佛教研究》，2005 年。

③刘慧达《北魏石窟与禅》，第 344 页。

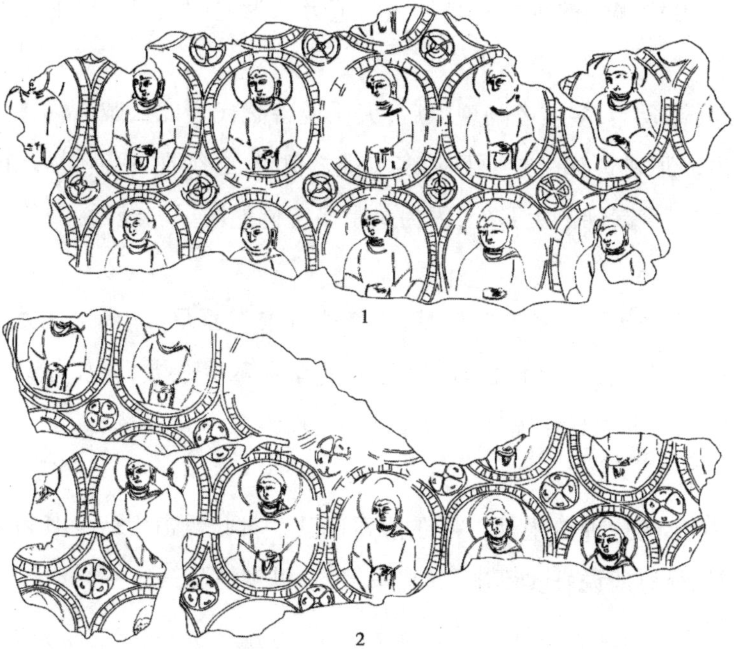

图3.26　新疆托普鲁克墩2号佛寺千佛壁画残块
（采自《丹丹乌里克遗址》）

的千佛是释迦牟尼的十方分身诸佛。贺世哲先生则认为北朝石窟中的释迦多宝二佛并坐周围的千佛群像，可以理解为释迦牟尼十方分身诸佛，也可以理解为多宝佛毛孔中流出的百千万亿化佛，而对于云冈石窟那种分布在交脚弥勒龛与释迦多宝龛两侧的类型，则没有必要分清哪些千佛是随弥勒的贤劫千佛，哪些是释迦多宝的分身化佛，因为从发愿文来看，就连某些施主也分不清。①陈慧宏先生认为这种千佛应该属于贤劫千佛。②需要指出的是，前辈推论的图像基础是类似于正面型坐佛图像，而不是侧面型图像。

①贺世哲《关于北朝石窟千佛图像诸问题》，《敦煌石窟论稿》，第395页。
②陈慧宏《敦煌莫高窟早期的千佛图》，台湾大学艺术史研究所硕士学位论文，1994年。

那么龛内坐佛的神格又是什么？笔者认为他们是释迦牟尼十方分身诸佛。

在灵鹫会上，多宝塔踊现以后，大乐说菩萨代表四众诚请释尊开启佛塔。释迦牟尼佛说如果想要见到多宝佛之色身，必须在开启佛塔之前将佛陀的十方分身诸佛汇集一处，因为这是多宝佛的愿望。经云：

> 佛告大乐说菩萨摩诃萨，是多宝佛有深重愿，若我宝塔为听法华经故，出于诸佛前时，其有欲以我身示四众者，彼佛分身诸佛，在于十方世界说法，尽还集一处，然后我身乃出现耳。①

多宝佛的这种愿望是否是在抬高自己？对此竺道生认为其目的是以此来彰显释尊所说真实不虚。《法华经疏·见宝塔品第十一》云：

> 将欲辨于真伪，故须集耳。既云十方是化，斯则今释迦是真，真佛所说，说必明当。于是群情信悟弥笃，故托多宝之愿，以集之焉。②

大乐说菩萨亦欲供养释迦牟尼十方分身诸佛，于是释尊“放白毫一光，即见东方五百万亿那由他恒河沙等国土诸佛……南西北方四维上下，白毫相光所照之处，亦复如是。尔时十方诸佛各告众菩萨言，善男子，我今应往娑婆世界释迦牟尼佛所，并供养多宝如来宝塔……是时诸佛各将一大菩萨以为侍者，至娑婆世界，各到宝树下。一一宝树，高五百由旬，枝叶华果次第庄严。诸宝树下皆有师子之座，高五由旬，亦以大宝而校饰之……

①[姚秦]鸠摩罗什译《妙法莲华经》，《大正藏》，第9册，第32页。

②[刘宋]竺道生《法华经疏》，《卍新纂续藏经》第27册，第13页。

尔时东方释迦牟尼佛所分之身，百千万亿那由他恒河沙等国土中诸佛，各各说法来集于此。如是次第十方诸佛，皆悉来集坐于八方。尔时一一方四百万亿那由他国土诸佛如来遍满其中。是时诸佛各在宝树下坐师子座，皆遣侍者问讯释迦牟尼佛。”①诸佛汇集以后，释迦佛用右手开启佛塔。过去佛和现在佛了无阻隔，共同说法。

在第十五品中，当三千大千世界无量菩萨从地踊现住于空中时，十方分身诸佛的眷属纷纷迷惑不解。十方分身诸佛对其说，且听释尊为未来佛弥勒菩萨的开示。②第二十二嘱累品里，释尊为众菩萨摸顶授记后，将法华经的弘传交给他们。之后释尊便“令十方来诸分身佛各还本土，而作是言，诸佛各随所安，多宝佛塔还可如故。说是语时，十方无量分身诸佛，坐宝树下师子座上者，及多宝佛，并上行等无边阿僧祇菩萨大众，舍利弗等声闻四众，及一切世间天人阿修罗等，闻佛所说，皆大欢喜。”③

从第十一品到第二十二品里，即虚空会开始以后，释迦牟尼十方分身诸佛和其他四众一样，一直都在聆听释尊说法。这个记载和千佛洞第8窟法华造像中龛内千佛图像特征是吻合的。

因为法华造像是禅修活动中重要的观想内容，所以十方分身诸佛也常见于禅观经中。鸠摩罗什《思惟略要法》法华三昧观法云：

> 正忆念法华经者，当念释迦牟尼佛于耆阇崛山与多宝佛在七宝塔共坐，十方分身化佛遍满所移众生国土之中，一切诸佛各有一生补处菩萨一人为侍。如释迦牟尼佛以弥勒为侍。④

①［姚秦］鸠摩罗什译《妙法莲华经》，《大正藏》，第9册，第32—33页。

②［姚秦］鸠摩罗什译《妙法莲华经》，《大正藏》，第9册，第41页。

③［姚秦］鸠摩罗什译《妙法莲华经》，《大正藏》，第9册，第52—53页。

④［姚秦］鸠摩罗什译《思惟略要法》，《大正藏》，第15册，第300页。

从文献记载来看，释迦牟尼十方分身诸佛的图像特征非常丰富，包括宝树、佛座和胁侍菩萨。但是在这里其图像极大程度地简化，以至于和普通的千佛图像并无二致。而其侧面就成为我们能够正确判定其神格的重要依据。

释迦多宝二佛并坐周围布满坐佛图像的案例比比皆是。但是坐佛图像一般都是采用正面姿态，和普通的千佛图像相混同。据此，我们很难判断其具体尊格。赖鹏举先生也指出，在同一铺造像中，单就佛像造型欲将之分为“贤劫千佛”或“十方分身诸佛”是不可行的。[①]不过千佛洞第8窟的这铺法华造像却将两者进行区别对待，特色凸显，不可不谓是一大创新。在目前全国范围内的石窟造像中，这是我们能够明确辨别释迦牟尼十方分身诸佛的唯一一铺造像。对此笔者曾经于2007年撰文论述。[②]后来赖鹏举先生2009年出版的大作《敦煌石窟造像思想研究》也说明了这一点，[③]与笔者先前的观点相契合。

六、十方诸佛

与龛内释迦牟尼十方分身诸佛不同的是龛外千佛。他们一律为正面，直视壁画之外。排列方式也整齐划一，横成行竖成列。这很类似于巫鸿先生所提出的“开放式”构图。其特点就是图像的意义不仅仅存在于其内部，还有赖于画图之外的观众和崇拜者的存在而实现。[④]

另外我们知道，修行者在行道忏悔的时候，发露的对象之一就是十方

①赖鹏举《敦煌石窟造像思想研究》，北京：文物出版社，2009年，第106页。

②张善庆、李晓斌《张掖马蹄寺石窟群千佛洞第8窟礼忏活动探析》，《敦煌学辑刊》2007年第2期，第50—59页。

③赖鹏举《敦煌石窟造像思想研究》，第106页。

④(美)巫鸿著，郑岩、王睿编《礼仪中的美术——巫鸿中国古代美术史文编》，北京：生活·读书·新知三联书店，2005年7月，第407页。

佛。昙摩蜜多《观普贤菩萨行法经》就有记载。而龛外千佛构图方式恰恰能够和礼拜者形成对视与交流。

关于十方佛的观法，根据《普贤观经》，行者在得到观普贤菩萨最初境界后，普贤菩萨会教授行者“忆念十方诸佛”之法：

> 随普贤教正心正意，渐以心眼见东方佛，身黄金色，端严微妙。见一佛已，复见一佛。如是渐渐，遍见东方一切诸佛。心相利故，遍见十方一切诸佛。①

但是行者有可能会开眼则见，闭眼则失，接下来行者要更加勤奋精进：

> 五体投地，遍礼十方佛。礼诸佛已，胡跪合掌而作是言：“诸佛世尊，十力无畏十八不共大慈大悲三念处，常在世间色中上色，我有何罪而不得见。”说是语已，复更忏悔。②

《思惟略要法》记载：

> 坐观东方，廓然明净，无诸山河石壁。唯见一佛结跏趺坐举手说法，心眼观察光明相好，画然了了，系念在佛不令他缘。心若余缘摄之令还。如是见者更增十佛，既见之后复增百千，乃至无有边际。近身则狭转远转广，但见诸佛光光相接。心眼观察得如是者，回身东南复如上观，既得成就，南方西南方西方西北方北方东北方上下方都亦如是。既得方方皆见诸佛，如东方已当复端

①[刘宋]昙摩蜜多译《佛说观普贤菩萨行法经》，《大正藏》，第9册，第390页。
②[刘宋]昙摩蜜多译《佛说观普贤菩萨行法经》，《大正藏》，第9册，第390页。

坐总观十方诸佛，一念所缘周匝得见，定心成就者，即于定中十方诸佛皆为说法。①

这样十方佛图像突破十身而扩展至无量，在图像上便融入到千佛图像的体系中。由以上三点来推断，这种定名是可以成立的。

七、六佛

中心塔柱南向面上部残存两排说法图，共计六铺。对此笔者需要特别说明一点，这部分图像严重褪色，模糊不清。从残留的遗迹来看，上排中央说法图中佛的身光和下排中央立佛身光处在塔柱南向面中心对称轴上，而且说法图的分界线也在一条直线上。②由此推断，这部分壁画共计6铺，分上下两段，主尊或为立佛，或为坐佛。壁画覆盖在下层佛龛和中层千佛图像之上，年代存在差距，但从残留的胁侍菩萨披帛和长裙尖锐的衣角来看，两者在时代上相去不远。而这六佛（或者七佛）虽然属于补绘，但是同释迦多宝二佛并坐图像并不相违，不仅没有破坏原来法华意涵的表达，而且还对这种义理进行了延伸。所以在此放在一起进行讨论。

塔柱西向面和南向面属于同一期工程，都是下部开龛，中上部绘壁画，那么西向面上栏会不会也存在相同的6铺说法图，或者是1铺说法图与之构成七佛？笔者认为第二种可能不符合图像配置的一般规律。第4窟中心塔柱北向面上栏就是七佛。七佛题材单独占据了塔柱一面的上栏。所以第8窟的七佛也可以独占一面，而不是生硬地将一身佛像置于塔柱背

①[姚秦]鸠摩罗什译《思惟略要法》，《大正藏》，第15册，第299页。

②对于这两排佛像，暨远志先生定名为立像，并联系到千佛洞第4窟七佛图像和题记，推测千佛洞第8窟沿用了第4窟的七佛八菩萨题材。（详见暨远志《五一六世纪河西石窟与河西佛教》，《中国佛教学术论典〈法藏文库〉》（84），高雄：佛光山文教基金会，2001年，第296—299页）根据笔者实地考察，这大概和实际说法图的数量有一些出入。

面。如此以来,南向面上方的说法图和下部佛龛就成为一个组合,即七佛。

对于这种解读方法的合理性，云冈石窟中的一些图像能够对此提供最好的注解。云冈石窟第 6 窟雕刻有降魔成道的小龛。释迦安然坐在佛座上,左手扶膝施降魔印,右手上举施无畏印。其周围是面目狰狞的魔军。龛楣则雕刻六身禅定像,这和降魔的释迦共同构成七佛组合。与之雷同的还有该窟东壁南侧的鹿野苑初转法轮小龛。①

所以本文认为这是七佛题材。七佛和释迦多宝二佛并坐的搭配组合也非常常见,富有代表性的就是炳灵寺老君洞的法华造像。除了上文“观世音菩萨”考释部分所提及的东壁北侧造像,②北壁东侧中层尚有一铺。壁画分为上下两层:上层绘七佛,题名分别是“第一□婆佛”“第二识佛”“第三□□佛”“第四拘留秦佛”“第五拘那舍牟尼佛”“第六伽叶佛”“第七释迦牟尼佛”;下层二佛题名是“释迦牟尼佛”和“多宝佛”。③另外东壁门上左侧还有七佛图像,可惜题名模糊。天平二年(535)张荣迁造像碑正面佛龛上方雕刻七佛,下方佛龛内雕释迦牟尼佛、文殊菩萨和观世音菩萨,④龛外两侧阴刻七佛名号,从上到下,右侧依次是毗婆尸佛、尸弃佛和毗舍婆佛;左侧分别为拘楼孙佛、拘那含牟尼佛和迦叶佛。⑤这通造像碑也由法华思想所统摄,笔者上文已经作过讨论。通过比较来看,七佛名号并不统一,同样是法华造像,而其中的七佛名号却是互相交织的。所以第 8 窟的七佛造像名号,我们也不得而知,也许会沿袭第4 窟的做法。

---

①云冈石窟文物保管所《中国石窟·云冈石窟》(1),北京:文物出版社,1991 年,图版 104。

②甘肃省博物馆、炳灵寺石窟文物保管所《炳灵寺石窟老君洞北魏壁画清理简报》,第 735 页。

③杜斗城、王亨通主编《炳灵寺石窟内容总录》,第 223 页;甘肃省博物馆、炳灵寺石窟文物保管所《炳灵寺石窟老君洞北魏壁画清理简报》,第 736 页。

④[清]王昶《金石萃编》,《石刻史料新编》第 1 辑第 1 册,第 528 页。

⑤(美)王静芬著,张善庆译《佛名与忏仪》,《敦煌研究》2010 年第 2 期。

七佛可以用于实际的受戒礼忏活动。赖鹏举先生在其大作《丝路佛教图像与禅法》中利用《七佛八菩萨所说大陀罗尼神咒经》探讨了这一问题，并就其所需要的石窟空间和造像仪轨作了深层次的研究。[①]除此之外，在早期洞窟中它主要是以辅助禅观的题材出现的，而《普贤观经》《佛说观佛三昧海经》和《禅秘要法经》也都有观七佛的方法。

小结：三世无碍与佛法永存

至此，笔者已经对以释迦多宝二佛并坐为中心的法华造像内容进行了系统的考证。内容考证虽然是以单位图像题材进行的，但实际上各个图像要素之间丝丝相扣，密切相连。综合来看，整个图像所要凸显的基本意涵是法身常在和佛法永存。

僧叡在《妙法莲华经后序》中说："寿量定其非数，分身明其无实。普贤显其无成，多宝照其不灭。"[②]言简意赅地说明法华经奥义。

多宝佛原本是过去佛，已经灭度，但是《法华经》讲解之因缘，多宝塔故而从地踊出。"多宝照其不灭"就是说明佛之法身不坏不朽，常住永存。在如来寿量品里，释迦牟尼佛向弥勒菩萨说："我成佛已来甚大久远。寿命无量阿僧祇劫常住不灭"并且"如实知见三界之相，无有生死若退若出，亦无在世及灭度者，非实非虚非如非异，不如三界见于三界"，但是如今欲入涅槃，其原因是"欲令生诸善根，以若干因缘譬喻言辞种种说法"，"若佛久住于世，薄德之人不种善根，贫穷下贱贪着五欲，入于忆想妄见网中。若见如来常在不灭，便起憍恣而怀厌怠，不能生难遭之想恭敬之心，是故如来以方便说。"[③]因此竺道生在注疏《法华经疏·见宝塔品第十一》时，针对多

---

①赖鹏举《丝路佛教的图像与禅法》，第 48—54 页。

②[姚秦]僧叡《妙法莲华经后序》，《大正藏》，第 9 册，第 62 页。

③[姚秦]鸠摩罗什译《妙法莲华经》，《大正藏》，第 9 册，第 42 页。

宝佛分半座给释迦牟尼佛，指出："所以分半座共坐者，表亡不必亡，存不必存。"[①]而这种"不生不灭"的思想正是鸠摩罗什所率领的长安僧团所宗的般若实相。[②]正因如此，在塔门打开以后，过去佛多宝佛、现在佛释迦牟尼佛和未来佛弥勒菩萨才能够了无阻隔，共同说法。

在阿含类经典中，小乘佛教已经承认过去七佛以及弥勒菩萨，但是"唯礼释迦，无十方佛"[③]。大乘佛教发展起来以后，佛教神祇迅猛增多，俨然成为一个万神殿。在承认时间的连续性的同时，它又在空间维度上将佛扩充到十方，而且贯穿过去庄严劫、现在贤劫和未来星宿劫中。这种学说的动机之一就是要宣传在每一个劫中，佛佛相继，绵延不断，而佛法也必将长存于世。

①[刘宋]竺道生《法华经疏》，《卍新纂续藏经》第 27 册，第 13 页。

②赖文英《论炳灵寺北魏石窟的"十方三世佛"——以 126、128、132 窟为例》，郑炳林、花平宁主编《麦积山石窟艺术文化论文集》(下)，兰州：兰州大学出版社，2004 年，第 334 页。

③[南朝梁]释僧祐撰，苏晋仁、萧鍊子点校《出三藏记集》，北京：中华书局，1995 年，第 232 页。

第三节 佛塔信仰与多宝塔造型艺术研究

平川彰先生认为,《法华经》的主体可以分为两部分,第一部分从第一序品到第九授学无学人记品,第二部分从第十法师品到第二十二嘱累品,第二十三药王菩萨本事品以下六品都是后来增加的;在主体部分里,最值得重视的是前九品的“佛塔信仰”和后十三品的“经卷受持”。①

诚然,通过梳理《法华经》,佛塔信仰跃然纸上,渗透在字里行间。对其中部分经文摘抄如下(表 3–2):

①(日)平川彰等著,林保尧译《法华思想》,台北:佛光山宗务委员会,1998 年,第 27 页。

表3-2　《法华经》摘录

经题	经文	页码
序品	尔时佛放眉间白毫相光，照东方万八千世界，靡不周遍，下至阿鼻地狱，上至阿迦尼咤天。于此世界，尽见彼土六趣众生。又见彼土现在诸佛，及闻诸佛所说经法。并见彼诸比丘、比丘尼、优婆塞、优婆夷诸修行得道者。复见诸菩萨摩诃萨种种因缘种种信解种种相貌行菩萨道。复见诸佛般涅槃者。复见诸佛般涅槃后以佛舍利起七宝塔。	2b
	（弥勒菩萨说偈言）……又有菩萨，佛灭度后，供养舍利。又见佛子，造诸塔庙，无数恒沙，严饰国界，宝塔高妙，五千由旬，纵广正等，二千由旬。一一塔庙，各千幢幡，珠交露幔，宝铃和鸣。诸天龙神，人及非人，香华伎乐，常以供养。文殊师利，诸佛子等，为供舍利严饰塔庙，国界自然，殊特妙好。	3b
	（文殊菩萨说偈言）……（日月灯明）佛此夜灭度，如薪尽火灭。分布诸舍利，而起无量塔。	5a
方便品	（释尊说偈言）……诸佛灭度已，供养舍利者，起万亿种塔。金银及颇梨，车磲与玛瑙，玫瑰琉璃珠，清净广严饰，庄校于诸塔。或有起石庙，栴檀及沈水，木樒并余材，砖瓦泥土等。若于旷野中，积土成佛庙。乃至童子戏，聚沙为佛塔。如是诸人等，皆已成佛道。	8c
	（释尊说偈言）若人于塔庙，宝像及画像，以华香幡盖，敬心而供养；若使人作乐，击鼓吹角贝，箫笛琴箜篌，琵琶铙铜钹，如是众妙音，尽持以供养，或以欢喜心，歌呗颂佛德，乃至一小音，皆已成佛道……若人散乱心，入于塔庙中，一称南无佛，皆已成佛道。于诸过去佛，在世或灭度，若有闻是法，皆已成佛道。	9a
譬喻品	无	

续表

经题	经文	页码
信解品	(摩诃迦叶说偈言)我等今者,真阿罗汉,于诸世间,天人魔梵,普于其中,应受供养。世尊大恩,以希有事,怜愍教化,利益我等,无量亿劫,谁能报者。手足供给,头顶礼敬。一切供养,皆不能报,若以顶戴,两肩荷负,于恒沙劫,尽心恭敬。又以美膳,无量宝衣,及诸卧具,种种汤药,牛头栴檀,及诸珍宝,以起塔庙,宝衣布地,如斯等事,以用供养。	18c–19a
药草喻品	无	
授记品	是大迦旃延,于当来世,以诸供具供养奉事八千亿佛恭敬尊重。诸佛灭后,各起塔庙高千由旬,纵广正等五百由旬,皆以金银琉璃车磲马瑙真珠玫瑰七宝合成众华璎珞涂香末香烧香缯盖幢幡,供养塔庙。过是已后,当复供养二万亿佛,亦复如是。供养是诸佛已,具菩萨道当得作佛。(偈颂)	21b
	是大目犍连,当以种种供具供养八千诸佛,恭敬尊重。诸佛灭后,各起塔庙高千由旬,纵广正等五百由旬,皆以金银琉璃车磲马瑙真珠玫瑰七宝合成众华璎珞涂香末香烧香缯盖幢幡, 以用供养。过是已后,当复供养二百万亿诸佛,亦复如是,当得成佛。(偈颂)	21b
化城喻品	无	
五百弟子受记品	富楼那亦于七佛说法人中而得第一, 今于我所说法人中亦为第一,于贤劫中当来诸佛说法人中亦复第一,而皆护持助宣佛法,亦于未来护持助宣无量无边诸佛之法,教化饶益无量众生……当于此土得阿耨多罗三藐三菩提。……其佛国土,有如是等无量功德庄严成就,劫名宝明,国名善净。其佛寿命,无量阿僧祇劫,法住甚久。佛灭度后,起七宝塔遍满其国。	27c–28a
授学无学人记品	无	

(此表格内容摘自《大正藏》第 9 册鸠摩罗什本《妙法莲华经》)

从这个摘要来看，佛塔供养的确被推到一个非常高的地位。特别是《授记品》，弟子迦旃延和目犍连起塔供养，后复供养佛陀，以此功德便能成就佛果，其功德可谓无量。而普通人乃至聚沙成塔，也能取得佛果。敦煌莫高窟盛唐第23窟北壁法华经变的西侧上方，几个活泼可爱的童子正在聚沙成塔。①

《法华经》佛塔信仰推动了佛塔的供养，同时也推动了法华造像本身内部的多宝塔题材的艺术创作。佛教艺术虽然植根佛典，但是由于它自身作为美的符号，又不能完全恪守佛典，否则就会流于平庸。工匠也不会甘心千篇一律地重复，充分展开各自的想象力，不断推陈出新。

首先需要解释的一个问题是：对于“多宝塔”的定名和描写，竺法护本和鸠摩罗什本并不相同。竺法护《正法华经·七宝塔品》云：

> 尔时佛前，七宝之塔从地踊出。二万里适现绕佛，超在虚空自然而立。其塔殊好色若千变，五种之华而雨其上，纷纷如雪。庄严校饰塔寺讲堂，以无数宝因共合成。百千栏楯窗牖轩户，不可称计。悬众幡盖垂宝璎珞，诸明月珠罗列虚空，犹如众星。香炉宝瓶满中名香，栴檀芬馨一切普勋。三千大千佛之国土，金银琉璃水精珊瑚虎魄车磲马瑙，以为宝盖。其盖高显至第一天。忉利诸天及四天王，皆散意华供养七宝塔。②

又，十方分身诸佛汇集以后，释尊欲开启塔门。经文“七宝之塔”改为“七宝寺”，而且连续重复三次。

①敦煌文物研究所编《中国石窟·敦煌莫高窟》(三)，北京：文物出版社，1987年，图版161。

②[西晋]竺法护译《正法华经》，《大正藏》，第9册，第102页。

佛以手指开七宝寺讲堂之户，亘然通彻晃若日出，譬如开于大国城门，而以管钥去其关轴内外无碍。释迦文佛以手两指开七宝寺讲堂之户，现其威德不可称限亦复若兹。如来这开七宝寺户，多宝如来至真等正觉身即现矣。①

鸠摩罗什本《妙法莲华经》则一直使用“塔”。

尔时佛前有七宝塔，高五百由旬，纵广二百五十由旬，从地踊出住在空中。种种宝物而庄校之。五千栏楯龛室千万，无数幢幡以为严饰，垂宝璎珞，宝铃万亿而悬其上。四面皆出多摩罗跋栴檀之香，充遍世界。其诸幡盖，以金银琉璃车磲马脑真珠玫瑰七宝合成，高至四天王宫，三十三天。雨天曼陀罗华供养宝塔。余诸天龙夜叉乾闼婆阿修罗迦楼罗紧那罗摩睺罗伽人非人等千万亿众，以一切华香璎珞幡盖伎乐，供养宝塔恭敬尊重赞叹。②

按照竺法护的翻译，七宝塔（寺）似乎属于殿堂建筑，而不是我们通常所习见的楼阁式佛塔。但是实际上在竺法护译经之时代，“塔”就有佛堂的意思。慧琳《一切经音义》云：“古书无塔字，葛洪《字苑》及《切韵》：塔即佛堂，佛塔，庙也。”③也许正是因为古代从事佛教美术创作的画师对“塔”释读的不同，才会使“多宝塔”的艺术形象多彩多样。

最早的多宝塔应属东晋兴宁三年（364）沙门慧力于瓦棺寺所造石多宝塔。④不过魏晋南北朝地面佛塔建筑皆已难寻，我们也只能通过遗留下

---

①［西晋］竺法护译《正法华经》，《大正藏》，第 9 册，第 103—104 页。

②［姚秦］鸠摩罗什译《妙法莲华经》，《大正藏》，第 9 册，第 32 页。

③［唐］慧琳《一切经音义》，《大正藏》，第 54 册，第 483 页。

④［唐］惠详《弘赞法华传》，《大正藏》，第 51 册，第 13 页。

来的单体佛教造像和石窟艺术资料来寻求答案。通过搜检，“多宝塔”主要可以分为三种形制。

1. 覆钵式

这种类型出现在佛教艺术初传时期，保留了较多印度因素。其代表就是永靖炳灵寺第 169 窟壁画作品。该窟共有 3 铺法华造像，二佛所处之佛龛实为塔形龛。佛塔形制相同，主体为覆钵式，上面立有三个塔刹，装饰相轮并悬幡。同一洞窟第 23 号佛龛上部尚存数座宝塔壁画。佛塔包括覆钵和塔身两大部分。顶部和法华图像中的佛塔形制相同。覆钵呈馒头形，墨绘六匝波折纹装饰带。塔身为方形。①(图 3.27)

图 3.27　炳灵寺石窟第 169 窟第 24 龛释迦多宝二佛并坐图像
(采自《炳灵寺一六九窟》)

①董玉祥主编《炳灵寺一六九窟》，第 14 页。

北魏太和二十一年(497)侯氏造释迦坐像背面同样雕刻一铺覆钵式佛塔。①方形塔身中央开券顶形佛龛,释迦多宝并坐于内。塔身上部是覆钵。顶部虽然残缺,不过原来应该刻有塔刹相轮。这种类型比较尊重覆钵形佛塔的印度原型。

2. 殿堂式

此类佛塔以汉地殿堂建筑为蓝本创造而成，是佛教艺术中国化的表现。在内涵上,它和竺法护本《正法华经》所记载的“七宝寺”颇为契合。

北魏皇兴五年(471)仇寄奴造鎏金观音立像背后阴刻法华图像。②释迦多宝二佛正面坐在殿堂之内。屋顶概为悬山顶,两端装饰鸱尾。屋顶上方还阴刻一只凤鸟。在汉代画像石中,殿堂、楼阁或者双阙上方立有凤鸟(朱雀)的案例非常普遍。虽然实物不存,但是文献却屡屡提到大型建筑上面装饰有铜凤凰的记载。③殿堂下方阴刻金刚佛座,形成一种佛座承托殿堂的感觉,显得极不协调。这种中西要素夹杂并略显僵硬教条式的风格,代表了此时中原内地工匠在佛教艺术创作上所进行的摸索。

相比之下,美国旧金山亚洲艺术馆所藏西魏大统十三年(546)造像碑在这一方面就比较成熟。石碑上方雕刻一座高大殿堂。殿堂细部雕刻精致,鸱尾、瓦垄、人字拱和帷幕一应俱全。帷幕下方,二佛结跏趺坐于金刚座上,共论佛法。弟子胁侍立在两侧。④(图 3.28)“七宝寺”的形象跃然石上。

3. 楼阁式

楼阁式佛塔出现的时代比较早。《后汉书》记载,东汉末期丹阳人笮融

①金申《中国历代纪年佛像图典》,第 61 页。

②金申《海外及港台藏历代佛像珍品纪年图鉴》,第 395 页。

③孙机《汉代物质文化资料图说》,北京:文物出版社,1991 年,第 170 页。

④金申《海外及港台藏历代佛像珍品纪年图鉴》,第 95 页。

在徐州和广陵之间大起浮图，"上累金盘，下为重楼，又堂阁周回，可容三千许人，作黄金涂像，衣以锦彩。每浴佛，辄多设饮饭，布席于路，其有就食及观者且万余人。"①可见他已经对塔这种印度建筑做了改造。

现存最早的楼阁式多宝塔大概是北魏天安元年(466)曹天度所造九层千佛石塔。②其第一层正面为二佛并坐，背面为弥勒菩萨。上面八层布满千佛。③(图3.29)这种佛塔和以云冈石窟第1窟④和第2窟⑤(图3.30)为代表的中心塔柱存在密切关系。

图3.28　美国旧金山亚洲艺术馆藏西魏大统十三年造像碑
(采自《海外及港台藏历代佛像珍品纪年图鉴》)

4. 中心塔柱式

中心塔柱窟源自印度支提式洞窟。支提，梵语caitya，中文译为塔。支提式洞窟一般为纵长方形，两侧是回廊，主室后部中央雕刻佛塔。行者便经由回廊，进行绕塔礼拜。这种窟形传到我国演变成中心塔柱窟，支提也由方形柱来代替，虽然

①[宋]范晔撰，[唐]李贤等注《后汉书》，北京：中华书局，1965年，第2368页。
②史树青《北魏曹天度造千佛石塔》，《文物》1980年第1期，第69页。
③金申《海外及港台藏历代佛像珍品纪年图鉴》，第9页。
④云冈石窟文物保管所《中国石窟·云冈石窟》(一)，图版5，图版6。
⑤云冈石窟文物保管所《中国石窟·云冈石窟》(一)，图版11。

图 3.29 北魏天安元年曹天度造九层千佛石塔
（采自《海外及港台藏历代佛像珍品纪年图鉴》）

图 3.30 云冈石窟第 2 窟中心塔柱
（采自《中国石窟·云冈石窟》）

形制有变，但是意涵未改，依然是代表佛塔。那么法华图像中的多宝塔以中心塔柱为载体也是再合理不过的。

另外，云冈石窟第二期中心塔柱普遍使用楼阁造型。法华造像也达到了顶峰，大型的释迦多宝二佛并坐像开始出现在中心塔柱上，成为塔柱某一面大型佛龛内的主尊，比如第 2 窟①、第 6 窟②和第 3 窟③。

---

①员海瑞《云冈石窟内容总录》（一），云冈石窟文物保管所《中国石窟·云冈石窟》（1），第 231 页。
②员海瑞《云冈石窟内容总录》（一），云冈石窟文物保管所《中国石窟·云冈石窟》（1），第 233 页。
③员海瑞《云冈石窟内容总录》（一），云冈石窟文物保管所《中国石窟·云冈石窟》（1），第 232 页。

图 3.31　莫高窟第 259 窟释迦多宝二佛并坐像
（采自《敦煌石窟全集·塑像卷》）

在诸种作用的推动下，佛窟内的中心塔柱不仅有佛塔之实，也符合多宝塔之名，最终成为多宝塔的另外一种载体。虽然殿堂或者楼阁也有应用，但若加上中心塔柱，就颇显多余，所以二佛并坐的空间也有简化，最终只是以一个圆拱龛来代替。莫高窟第 259 窟较有代表性。该窟开凿于北魏时期，为中心塔柱窟；其特色是，中心塔柱和洞窟正壁连在一起，因此塔柱和四壁之间没有形成一个回字形的甬道。塔柱东向面开圆拱形佛龛，内塑释迦多宝二佛并坐。（图 3.31）由此，二佛并坐所在的“多宝塔”便和中心塔柱巧妙地结合在了一起。①

5. 其他类

除了以上形式之外，多宝塔还会仅仅以普通的圆拱龛来表示。佛龛承载了表征宝塔的功能，但是“塔”的意味散失殆尽。这种形式非常普遍，但是缺乏创造性。

以上就是中古时期汉地工匠对多宝塔题材所进行的尝试。其过程包

①刘永增主编《敦煌石窟全集·塑像卷》，香港：商务印书馆（香港）有限公司，2003 年，图版 35。

含着传承，又富有创新，是中国佛教艺术发展的一个缩影。

千佛洞第 8 窟法华造像采用的就是中心塔柱式。如上文所说，这种造型兼有多宝塔之名与实。在此笔者主要就其艺术感染力作一探析。

关于多宝塔踊现之情景，《正法华经》记："尔时佛前，七宝之塔从地踊出。二万里适现绕佛，超在虚空自然而立。"[①]《妙法莲华经》云："尔时佛前有七宝塔，高五百由旬，纵广二百五十由旬，从地踊出住在空中。"[②]整合一下就是，在释尊说法之时，多宝塔突然出现，轰然踊出，超然立于大地与虚空之间。如何表现这三种感觉，特别是如何刻画宝塔从地踊出时的那份动感，最终强烈冲击观者视觉，让他们也能够像法华会上四众一样感慨这"未曾有之事"，都成为考验工匠创造性的试金石。

为此工匠们定然进行了大量探索。以上五种类型的多宝塔艺术形式都影响比较深远，是极富成效的努力，各有千秋。在此笔者需要特地介绍一铺同样包含工匠丰富思考，但是最终没有能够形成影响力的法华造像——甘肃陇东保全寺第 3 窟法华造像（图 3.32）。[③]此窟正面雕刻有弥勒、释迦多宝并坐和千佛等题材。构图似乎没有经过精心规划，和炳灵寺西秦造像布局有点相类。不过工匠并不是没有创新。他们在表示多宝塔的圆拱形龛下沿和地面之间浮雕出蘑菇状的连接。在整个石窟正壁，多宝塔和地面尚有一定距离。在周围小型千佛的映衬之下，这种造型活灵活现地捕捉到了宝塔从地踊出的那一瞬间。

千佛洞第 8 窟采用的是中心塔柱式，同样能够表达这种感染力。众所周知，早期石窟中窟顶部分题材多是飞天天宫，而接近地面的部分则是药

①[西晋]竺法护译《正法华经》，《大正藏》，第 9 册，第 102 页。

②[姚秦]鸠摩罗什译《妙法莲华经》，《大正藏》，第 9 册，第 32 页。

③甘肃省文物工作队、庆阳北石窟文物保管所《陇东石窟》，北京：文物出版社，1987 年，图版 162，图版 163。

图 3.32　甘肃保全寺石窟法华图像
（采自《陇东石窟》）

叉。[①]在这个有限的空间里古人用最简洁的方法表现了天和地的概念，而中心塔柱连接了这两部分。它和多宝塔踊现之时的动感以及住于空中的那种凛然气势做到天衣无缝的结合。

①云冈石窟第 1 窟和第 2 窟中心塔柱顶部雕刻须弥山和窟顶相连，山体绕有交龙代表天。

第四章

千佛洞第 6 窟研究

千佛洞第 6 窟又称西方三圣殿，是千佛洞汉传佛教寺院的核心佛窟之一，处于整个寺院的中轴线上，面对山门。洞窟造像全部为石雕，彩绘基本无存。1992 年张掖马蹄寺文物管理研究所对其进行石窟加固，并修建窟檐建筑，2000 年再次向国家文物局和省文物局申请拨款，对其进行岩体加固。作为千佛洞目前唯一开放的保留唐代遗迹的洞窟，旅游旺季每天吸引了大量游客来此参观。

第一节 洞窟内容

1. 位置

位于千佛洞崖面的中段。

2. 时代

初盛唐时期。

3. 形制

平顶，长方形洞窟，窟高 6.00 米，宽 5.50 米，进深 4.60 米。[①]（图 4.1）

4. 内容

洞窟西壁雕刻主尊立佛，高约 4.00 米。[②]莲台高约 0.63 米。主尊造像经过近人重修（图 4.2）[③]，现状为：立像着右袒式袈裟，左臂上曲，左手举至胸腹之间，掌心向上，手托金莲台。右手下垂，掌心向外，施与愿印。佛像肉髻低平，阴刻水波纹。脸型略呈桶型，双目下视，慈祥淡然。袈裟纹络凝滞

①甘肃省文物考古研究所编《河西石窟》，北京：文物出版社，1987 年，第 7 页。

②甘肃省文物考古研究所编《河西石窟》，图版目录第 13 页。

③主尊造像经过近人重修，原貌大改。关于具体详情，请参见下文。

图 4.1　千佛洞第 6 窟主尊造像现状
（张掖市文物保护研究所提供）

图 4.2　千佛洞第 6 窟主尊造像旧貌
（采自《河西石窟》）

不畅，下摆雕刻花卉等纹样。跣足立于莲台之上。背光为舟型，装饰全无。

南壁前圆雕弟子阿难像，高约 3.00 米。莲台高约 0.52 米。石雕圆形头光，双手相覆于腹胸之间。头部稍稍倾斜，作凝神思考之态。阿难像右侧胁侍像已无，残留石雕圆形头光。

北壁前圆雕弟子迦叶像，高约 3.00 米。所立莲台高约 0.52 米。石雕圆形头光。迦叶像头部较大，双眉微皱，嘴唇微张，作欲言辩论之状。左手上举，手部残缺，右手置于腹部，手持衣角。迦叶像左侧石雕胁侍像已无，残留石雕圆形头光。

四壁和窟顶壁画已无。①

①史岩先生考察时，“四面石壁也干净如新，没有一片泥皮残存，窟内现搭有木架。原来那像体和壁面所残存的泥皮”大概都是近几年人为铲除的，准备重新装修。详见史岩《散布在祁连山区民乐县境的石窟群》，《文物参考资料》1956 年第 4 期，第 42 页。

第二节 主尊凉州瑞像再考

张掖乃丝绸之路之要冲。隋炀帝曾在此设立交市，派重臣裴矩管理，其南部吐蕃，北部突厥，而“时西域诸藩，多至张掖，与中国交市。帝令矩掌其事。矩知帝方勤远略，诸商胡至者，矩诱令言其国俗山川险易，撰《西域图记》三卷，入朝奏之”[①]。可见彼时张掖俨然是一个对外交往的窗口。而唐代陈子昂视察此地，认为它是河西咽喉之地，景云元年(710)，设河西节度使，副使驻张掖，领河西兵马使。除此之外，张掖又在前朝交市的基础上充分发展，市场体系进一步完善。其次隋文帝佞佛甚重，曾于仁寿年间分佛骨舍利于天下，广立佛塔，一时伽蓝遍布南北。正是在最高层政治力量的推动下，在隋朝统治的短短三十七年里，于莫高窟一地便留下了 70 个洞窟。唐王朝则以更广阔的胸襟，更开放的精神，将多种文化纳入而为我所用。除武宗外，多数的皇帝都是佛道兼用。佛教因此得到了长足的发展，佛教石窟艺术亦是如此，在河西，不仅题材广泛，技法娴熟，在数量上也独占

①[唐]魏征、令狐德芬撰《隋书·裴矩传》，北京：中华书局，1973 年，第 1578 页。

鳌头。周围石窟群也多有隋唐窟,如炳灵寺石窟群有唐代窟龛130余个,然而从现存的遗迹来看,马蹄寺石窟群的唐窟只有千佛洞第6窟一个。

一、主尊尊格的讨论

针对千佛洞第6窟主尊定名问题,学术界一直存在争议,主要存在三种观点。

1. 毗卢遮那佛

1954年史岩先生对石窟群进行初步考察时指出,第6窟正壁造像乃是毗卢遮那立佛,两侧则是声闻乘弟子,从衣褶、手形、头光、莲座、洞窟样式和群像配置来看,其时代应为杨隋。[①]

2. 阿弥陀佛

姚桂兰和格桑美卓先生所作内容总录指出主尊应为阿弥陀佛,时代为隋唐。[②]李国先生亦持此种观点,并进一步将其定为隋代作品。[③]

3. 凉州瑞像

1994年日本学者肥田路美依照《河西石窟》所刊布的图版,在文章注释中将其定为凉州瑞像。[④]2006年沙武田先生发表《敦煌石窟历史的重构——敦煌吐蕃期洞窟诸现象之省思》,在"凉州瑞像的'重构'"一节中指出:"主尊处山形中,二手同前各像(这是指莫高窟第203窟、300窟、332窟以及藏经洞刺绣Ch.00260等作品——笔者注),当系凉州瑞像,时代为

---

①史岩《散布在祁连山区民乐县境的石窟群》,《文物参考资料》1956年第4期,第42页。

②姚桂兰、格桑美卓《张掖马蹄寺石窟群内容总录》,《敦煌学辑刊》1995年第2期,第78页。

③李国《河西几处中小石窟述论》,《敦煌研究》1998年第3期,第20页。

④(日)肥田路美著,牛源译《凉州番禾县瑞像故事及造型》,《敦煌学辑刊》2006年第2期,第176页。

唐前期。”[①]

1963 年甘肃省文物工作队对马蹄寺石窟群再次勘查。[②]1987 年出版的《河西石窟》一书收录了此次活动的调查报告，并刊布了第 6 窟主尊的侧面像图版。[③]如果将此图版和现在的造像相比，我们就会发现两者的外貌特征存在微妙的不同。

首先原主尊造像虽然着右袒袈裟，但是只在右胸雕刻出右袒袈裟的边沿，袈裟上下全无衣褶的刻画，通身布满纵横交错的刻痕。最为重要的是，佛左手并没有托莲台，而是握住衣襟的一角。衣角刻画精美，颇似团花。除去这部分，衣襟在石雕左臂的下端戛然而止，显然是被凿掉了。整个身体后仰，下身肥大，略呈锥形。以此推断，原来袈裟下摆定然没有花卉的刻画。

根据以上的讨论我们知道，在 1963 年之后到 90 年代之前，千佛洞第 6 窟曾进行了大规模的修缮，[④]不仅将主尊佛面部进行重妆，增刻了袈裟衣褶，还把原来手握衣襟的左手部分改成了现在手托莲台的形象。正是这次细部的改动造成主尊题材的巨大转变。以往学者也正是因为缺乏实地考察，或者对这次重修活动没有加以关注，单纯地依赖孤立的照片材料做出判断，才会产生如此大的分歧。

现在我们对主尊造像的原本面貌有了清楚的把握，也为正确地判定提供了可能。肥田路美女士在行文注释中的短短描述以及沙武田先生简

①沙武田《敦煌石窟历史的重构——敦煌吐蕃期洞窟诸现象之省思》，《圆光佛学学报》第 11 卷，2007 年，第 62 页。

②甘肃省文物工作队《马蹄寺、文殊山、昌马诸石窟调查报告》，《文物》1965 年第 3 期，第 13—30 页。

③甘肃省文物考古研究所编《河西石窟》，图版 141。

④承蒙张掖市文物保护研究所姚桂兰所长告知，1990 年之前当地僧人曾经自主进行过维修，具体重修活动不详。

洁的论断，对本文的开展无疑具有奠基作用。只是两位先生因为文章的重点并非于此，故而并未展开详论。为保持文章完整性，在此有必要介绍凉州瑞像之因缘和造像概况。

二、凉州瑞像因缘

凉州瑞像因缘故事共有两个版本：《续高僧传》和1979年武威出土的天宝《凉州御山石佛瑞像因缘记》[①]。前者是律宗大师释道宣根据北周释道安碑编纂而成，后者则是在《续高僧传》的基础上续写了初唐释道宣时代到天宝元年（742）之间的凉州瑞像历史，并对初唐之前的故事情节进一步细化，掺入大量河西民间传说。

据唐代南山律师道宣的记载，太延元年（435），稽胡刘萨诃西行游化，行至凉州番禾县，顶礼御容山，并预言山中会有佛像出现。如果佛像完好无损则天下太平，反之则世乱人苦。八十年后石佛从山岩中轰然示现，并在以后的数十年里预言了北魏和北周政权的崩溃以及北周武帝的灭佛运动。

《续高僧传》云：

> 至元魏太武大延元年（刘萨诃）流化将讫，便事西返，行及凉州番禾郡，东北望御谷而遥礼之。人莫有晓者，乃问其故，达云："此崖当有像现，若灵相圆备，则世乐时康，如其有阙，则世乱民苦。"达行至肃州酒泉县城西七里石涧中死，其骨并碎，如葵子大，可穿之，今在城西古寺中塑像手上。寺有碑云："吾非大圣，游化为业。"文不具矣。尔后八十七年至正光初，忽大风雨，雷震山裂，挺出石像。举身丈八，形相端严，惟无有首。登即选石，命工雕

①孙修身、党寿山《〈凉州御山石佛瑞像因缘记〉考释》，《敦煌研究》1983年创刊号，第104页。

镌别头，安讫还落，因遂任之。魏道陵迟，其言验矣！逮周元年，治凉州城东七里涧忽有光现，彻照幽显，观者异之，乃像首也，便奉至山岩安之，宛然符会。仪容雕缺四十余年，身首异所二百余里。相好还备，太平斯在。保定元年，置为瑞像寺焉，乃有灯光流照，钟声飞响，相续不断，莫测其由。建德初年像首频落，大冢宰及齐王躬往看之，乃令安处，夜落如故，乃经数十，更以余物为头，终坠于地。后周灭佛法，仅得四年，邻国殄丧，识者察之，方知先鉴。虽遭废除，像犹特立。开皇之始，经像大弘，庄饰尊仪，更崇寺宇。大业五年，炀帝躬往，礼敬厚施，重增荣丽，因改旧额为感通寺焉。故令模写传形，量不可测，约指丈八，临度终异，致令发信，弥增日新。①

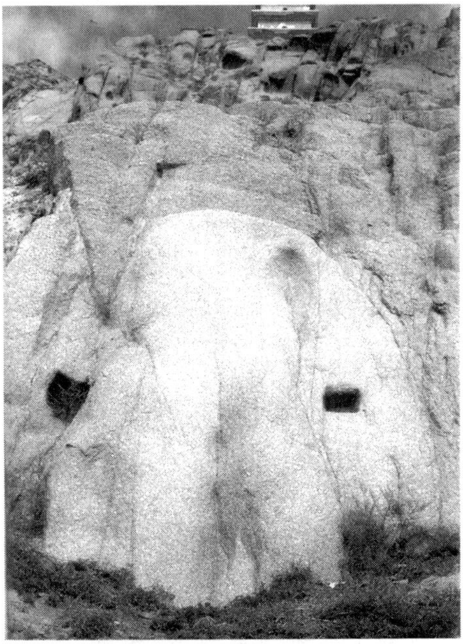

图 4.3　甘肃武威永昌御容山石佛
（采自《敦煌石窟全集·佛教东传故事画卷》）

道安碑的记载为我们提供了刘萨诃番禾授记一事，是刘萨诃和凉州瑞像研究的核心材料。不过它神话色彩浓重，疑点颇多。根据前贤的研究，我们可以肯定的是：刘萨诃在 5 世纪初曾经至河西地区游化。凉州御容山在北魏和北周时期也曾经有过造像活动。（图 4.3）

①[唐]道宣撰，郭绍林点校《续高僧传》，北京：中华书局，2014 年，第 981 页。

至于凉州瑞像的来历，在《道宣律师感通录》中，道宣对这身从道安碑了解到的佛像进行溯源。神话色彩异常浓重，只能从中透析法师之思想，但不可用作凉州瑞像雕凿之史料论证。

道安碑首次用文字的形式记录了凉州瑞像一事。根据陈祚龙先生考证，此道安就是北周冯翊胡城道安。[①]此碑已经佚失，幸由道宣律师抄录而留存于世，不仅如此，法师对这条神话传说表现出极高的热情，在他的一系列编著中频频使用，例如《续高僧传》《释迦方志》[②]《集神州三宝感通录》[③]《广弘明集》[④]等等。这种热情也影响到其他僧人的注意力和著述，例如道世《法苑珠林》[⑤]。他们记录和转引这条记录的时候，似乎是为了保持原碑碑文的原貌，对记载中的错误也全盘接纳。最明显的就是年代问题。刘萨诃太延元年，即 435 年，在西北游化并对凉州瑞像做出“预言”，道宣律师接着说，“尔后八十七年至正光初”，石像从山岩之间挺出。法师以及道世所有的记载都使用“八十七年”这个时间概念，但是实际上从太延元年(435)到正光元年(520)中间只有 86 年。《凉州御山石佛瑞像因缘记》则明确地说：“至后魏正光元年，相去八十有六年。”[⑥]

这条记载最重要的价值在于向我们展示了 5 世纪初叶和中叶凉州瑞像雕凿的过程。对于造像过程，诸位学者解读不一。孙修身先生认为，刘萨诃西游到此，在御山谷“授记”，预言“此山当有像现”；北魏正光元年(520)，其佛像身躯雕刻已成，但是由于其地石质松脆，不易于雕刻面部，

---

①陈祚龙《敦煌资料考屑》，台北：台湾商务印书馆，1979 年，第 247 页。

②[唐]道宣著，范祥雍点校《释迦方志》，北京：中华书局，2000 年，第 108—109 页。

③[唐]道宣《集神州三宝感通录》，《大正藏》第 52 册，第 417 页。

④[唐]道宣《广弘明集》，《大正藏》第 52 册，第 202 页。

⑤[唐]释道世著，周叔迦，苏晋仁校注《法苑珠林校注》，北京：中华书局，2003 年，第 465—466 页。

⑥孙修身、党寿山《〈凉州御山石佛瑞像因缘记〉考释》，第 102 页。

所以未造其首;这成为后来佛教徒附会的张本;北周初期,凉州东七里涧制成佛头,运往该处同佛身拼合组装而成为一个完整的、高达一丈八尺的佛像。[①]此种解释认为瑞像的雕凿大概是从下向上雕刻而成,与现存大型雕像从上向下雕刻顺序相反。另外,神话中的每一个情节是否都可以还原成一个现实事件,依照现在的资料,我们也无从得知。杜斗城先生认为,这则材料神话色彩非常强烈,不过仍然透露出若干信息:最迟至北魏正光年间,御谷有人雕凿了丈八石像,大概是因为雕刻的石质和技术原因,没有把佛头雕好,只好另造佛头,但是新造的佛首总是不能和佛身配合;于是人们另外雕凿佛头,只是由于恰逢乱世,没有及时安装;直到北周时,才将佛头运过来;也有可能北周时人们将缺头四十年的佛身另外安装了现时雕凿的佛头;但是安装的佛头总是不牢固,如遇震动或者其他事故又要跌落。[②]

三、千佛洞第6窟主尊造像尊格考订

中土所谓的瑞像多和传说中的佛像原型有关。其特征之一就是具有固定化的型式。[③]所以瑞像是以某一身特定造像为底本,而不断模写所形成的作品。因此凉州瑞像虽前后经历了数百年的发展历程,但是其图像却表现出惊人的相似,互相描摹的意味很浓。如果马蹄寺千佛洞第6窟主尊造像符合凉州瑞像的造像特征,那么无疑其尊格就是凉州瑞像。

1. 凉州瑞像造像模式

除了身光、华盖和莲台等辅助图像之外,凉州瑞像形成了一种固定的造像模式:佛陀着右袒袈裟,左手握衣襟于胸前,右手下垂,掌心向内或向

①孙修身、党寿山《〈凉州御山石佛瑞像因缘记〉考释》,第104页。

②杜斗城《刘萨诃与凉州番禾望御山瑞像》,第164页。

③张广达、荣新江《于阗史丛考》,上海:上海书店,1993年,第242页。

外，施与愿印，跣足立于莲台上；[1]造像风格方面，释迦双肩浑圆，束腰，袈裟紧贴佛身，如同曹衣出水，充分体现了一种人体美，保留了浓郁的古代印度秣菟罗造像余韵。（图4.4）当然也有一些造像与此相比存在细微的不同。中唐第231窟西壁龛顶东坡中央的图像，瑞像呈立姿，左手握衣襟，所着袈裟却是通肩式，右手并非下垂，而是置于胸前，结印契。[2]

而如上文所述，千佛洞第6窟主尊造像原貌为立姿，着右袒袈裟，左手握衣襟，右手下垂，掌心向外，施与愿印。（图4.5）这些特征完全符合凉州瑞像的模式化造型。这是判断其题材最为根本的依据。

图4.4　凉州瑞像造像模式示意图（白义章绘制）

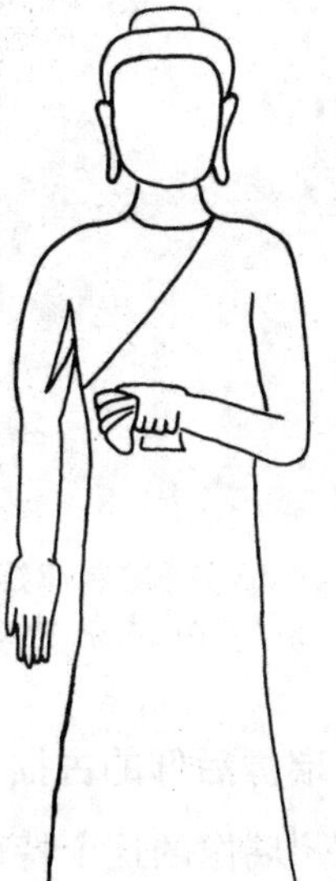

图4.5　千佛洞第6窟主尊原貌示意图（白义章绘制）

①关于凉州瑞像的造型模式，肥田路美女士《凉州瑞像故事及造型》和巫鸿先生《再论刘萨诃》已有讨论。

②孙修身主编《敦煌石窟全集·佛教东传故事画卷》，香港：商务印书馆（香港）有限公司，1999年，图版138。

这种模式在第72窟南壁得到淋漓尽致的展现。根据霍熙亮先生的线描图，[1]我们看到，画工一共描绘了14身凉州瑞像，大体可分为四类：表现天上佛国“真正”佛陀、天国成员中的“圣容像”、人间现实中的番禾瑞像以及由此复制出的绘画艺术品。[2]但是除掉背光和莲台的繁简，除掉故事情节搭配的不同，所有的造像都采用上文所论述的造像模式。画工如此“不厌其烦”不加变化地重复这个模式，传达的概念之一大概就是：这个模式同瑞像榜题一样，具有表征造像神格的作用；它是一个具有身份特征的代表符号。（图4.6）正是因为这个符号，使凉州瑞像从恒河沙数佛像中脱颖而出。同时为了保证这种符号性不在流传过程中丧失，其造像呈现出较多的模仿痕迹。

图4.6　莫高窟第72窟画师描摹凉州瑞像
（采自《中国石窟·敦煌莫高窟》第5卷）

2. 瑞像后仰的古拙姿态

凉州瑞像的这个特征在雕塑作品中表现得更加明显。除第323窟主尊被后代重妆之外，莫高窟第203窟、第300窟和榆林窟第28窟中心塔柱北向面作品，仍旧保持原貌。通观这组作品，不难发现，它们都或多或少

①霍熙亮《莫高窟第72窟及其南壁刘萨诃与凉州圣容佛瑞像史迹变》，《文物》1993年第2期，第32—47页。

②（美）巫鸿《再论刘萨诃》，郑岩、王睿编《礼仪中的美术：巫鸿中国古代美术史文编》，北京：读书·生活·新知三联书店，2005年，第443页。

地表现出一种拘谨。例如莫高窟第 203 窟，主尊身体明显后仰，几乎靠依在正壁上。在婀雅自在的胁侍菩萨的映衬之下，本来应该更显庄严超脱的主尊却略显呆板僵硬。榆林窟第 28 窟造像(图 4.7)的古拙，[①]曾经一度被误认为是北朝的作品。[②]榆林窟第 17 窟(图 4.8)亦是如此。[③]

图 4.7　榆林窟第 28 窟凉州瑞像
(采自《榆林窟》)

图 4.8　榆林窟第 17 窟凉州瑞像
(采自《榆林窟》)

千佛洞第 6 窟造像属于红砂岩石雕。从残留的两身弟子来看，造像刻画得非常细腻。阿难的聪慧与天真，迦叶的老成与庄重，都表现得惟妙惟肖，身体姿态也非常自然。然而主尊却截然不同，和莫高窟第 203 窟主尊

①敦煌研究院编《榆林窟》，南京：江苏美术出版社，2014 年，图版 4。
②敦煌研究院编《中国石窟·安西榆林窟》，北京：文物出版社，1997 年，第 228 页。
③敦煌研究院编《榆林窟》，图版 8。

一样，主尊身体明显后仰，紧贴正壁。本来主尊造像要向信徒表现出怜悯与慈悲，予人一种慰藉和关怀，但是这身造像显然没有这种意味。

3. 瑞像手部细节的承袭

凉州瑞像左手握住衣襟，其拇指和小臂呈一条直线。按照现实生活自然的习惯，如果握紧拳头，那么第三节指骨（和手掌相连接的指骨）拇指小臂所在直线相交并成锐角。（图 4.9）但是莫高窟第 237 窟西壁龛顶的瑞像并不是如此。造像左手的第三节指骨和手背处在一个平面，这样我们是不可能抓住，至少是抓牢物件的。不仅如此，造像的左手手掌和手指相连处的关节所在直线和拇指小臂所在直线成平行线状态，这也是违背正常生理结构的。这样一来造像的左手就完全呈现无棱长方体的形状。（图 4.10）

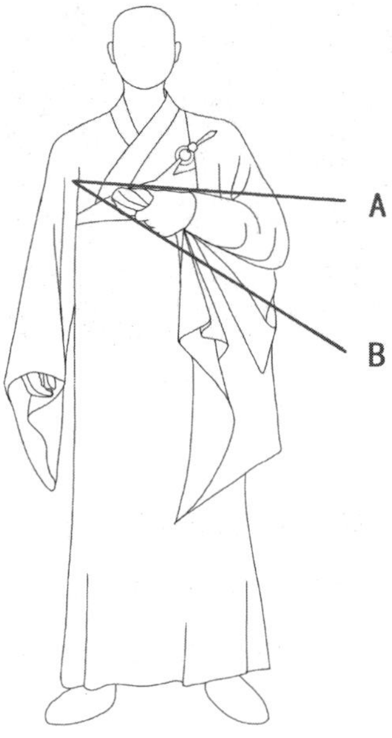

图 4.9　自然握住衣角的姿势

（神帅制图）

图 4.10　凉州瑞像握衣姿势

（白义章制图）

无独有偶，英国博物馆所藏 Ch.00260（原定名为灵鹫山释迦说法图）[①]以及山西艺术博物馆藏李元封等造佛陀立像[②]都做如此处理。佛教造像本来要极力表现释尊的相与好，虽然有许多特点也是违背世俗人生理结构的，但是有一点，造像整体上应该极力体现一种美。这个手部造型不能不说是个瑕疵，然而精通此道的工匠却对此熟视无睹。这只能说明一个问题：它或许是对某一尊现实造像的机械沿袭。

千佛洞第 6 窟主尊造像和上述诸像一样，在造像左手的处理上采用了同样的方法。如果从两壁胁侍弟子来看，这绝对不是由于古代工匠的水平所造成的。也正是因为这个特征，在 1963 年以后的重修过程中，现代工匠们利用了这块近乎长方体的石料，把造像左手第三节指骨部分凿掉，连同原来的衣襟部分，改造成现在左手掌心向上并托莲台的姿势。这样一来倒是显得自然了许多，但是从根本上改变了主尊的神格，也因此造成了现在学术界存在的分歧。

4. 瑞像衣褶纹络的模仿痕迹

中唐到宋代时期敦煌的凉州瑞像都采用绘画或者刺绣的方式展现。这些造像具有浓郁的印度风格。佛像宽肩束腰，所着袈裟轻薄柔滑，紧贴佛身。造像的腹部和两股形成圆润的字母 Y 形。但是大概由于载体不同，雕塑作品则不然。例如莫高窟第 203 窟、榆林窟第 28 窟和第 17 窟作品，为了能够达到曹衣出水的艺术效果，工匠运用了贴泥条的方法来表现衣纹。但现在看来，其线条不尽流畅，略显凝滞。袈裟丝绸般的质地以及佛陀身躯的完美都没有表达到位，给人一种弄巧成拙的感觉。

对于千佛洞第 6 窟主尊的袈裟装饰，史岩先生认为“当初像体表面一

---

①大英博物馆监修《西域美术·大英博物馆スタイン·ユレクション》，第 3 卷《染织·雕刻·壁画》，东京：讲谈社，1984 年，彩色图版 1。

②金申编《中国历代纪年佛像图典》，北京：文物出版社，1994 年，第 376 页。

定敷泥粧彩，现已剥落”[①]。不过从现存造像来看，在没有敷泥的情况下，佛像的下半身就已经显得肥大，整个造像予人一种后仰的感觉，若再敷泥，势必会更加增强这种倾向性。另外，袈裟在造像左手所握的部分下方就戛然而止，似乎是被凿掉了。残留的衣襟部分如同团花一般，也就是说，当时工匠们对袈裟的刻画也着实费了一番心思。所以原来袈裟的衣褶纹络可能属于阳刻，并且富有曹衣出水的感觉，但在后来的重修过程中被剔除掉了。这或许就是史岩先生考察时佛像身体上布满凿痕的原因。

5. 瑞像的山峦装饰

因为凉州瑞像破山岩而出，所以山峦背景是表征其神格的一个重要标志，也是判定凉州瑞像的标准之一。而且也正是因为这个装饰，使以往学术界把凉州瑞像错误地定名为释迦牟尼灵鹫山说法。莫高窟第 203 窟和第 300 窟的主尊背后就是群山浮塑，在绘画作品中除瑞像组合和甬道窟顶作品之外，中心塔柱和背屏背后的瑞像图也多有山峦的点缀。

千佛洞第 6 窟主尊背后并没有山峦。不过根据《千佛洞中区窟龛位置示意图》[②]可以看出，该窟窟外门上存有龛楣。也就是说，几百年来，第 6 窟一直没有窟檐建筑。整个洞窟可以看作是一个放大了的佛龛。而瑞像就直接面对山前的马蹄河河谷。这样造型实际上是摒弃了雕塑的山峦，而直接利用现实的山体岩石，更加形象生动地表现了瑞像示现的那一瞬间。正如沙武田先生所言“主尊处山形中”[③]。

四、凉州瑞像在古代张掖的影响

凉州瑞像，北周姚道安最早记载而道宣沿袭其说。它完全是在瑞像传

---

①史岩《散布在祁连山区民乐县境的石窟群》，第 42 页。

②甘肃省文物考古研究所编《河西石窟》，第 7 页。

③沙武田《敦煌石窟历史的重构——敦煌吐蕃期洞窟诸现象之省思》，《圆光佛学学报》第 11 卷，2007 年，第 62 页。

播过程中产生的一个中国化的瑞像。对于造像的仪轨，我们暂时没有从佛教经典中找到依据。所以在佛典方面所需进行的探讨只能打住。在此笔者重点就它在古代张掖地区的影响作一分析。

根据道宣的转述和武威出土的唐代天宝元年（742）《凉州御山石佛瑞像因缘记》[①]的记载，北周保定元年（561）宇文俭奉命查验石佛灵验，在得到证实后北周武帝“敕凉甘肃三州，力役三千人造寺，至三年功成”。这不可不说是一个声势浩大的工程。特别是，它是由当时最高统治者直接发动并领导的，带有皇家功德的意味，政治性很强。张掖能够加入到这样的一次活动，对于地方官员而言，无疑是一项重要的政绩工程；而对于地方百姓而言，定然增加了杂役负担。但是不否认这次兴福活动对当时地方社会的不同阶层存在全方位的渗透。

隋炀帝大业五年（609）亲自指挥诸军，大战吐谷浑。之后东返，经过凉州时特地到瑞像寺礼拜凉州瑞像，并题写匾额将其更名为感通道场。在凉州礼佛之前，张掖是隋炀帝东返的重要一站。炀帝于燕支山大会西域诸国，并“令武威、张掖士女盛饰纵观……以示中国之盛”[②]。如此盛大的活动在张掖乃至河西都是前所未有的。在西巡队伍中除了高僧之外还有画家随行，阎毗就是其中之一。阎毗是唐代画家阎立德和阎立本的父亲，仕于北周和杨隋两朝，“工篆隶，善丹青，当时号为臻绝”[③]。隋炀帝时官至散朝大夫将作少监。大业五年（609），他“从幸张掖郡，高昌王朝于行所，（炀帝）诏毗持节迎劳，遂将护入东都”[④]。单从这则史料来看，阎毗的西行似乎形色匆匆。虽然在画史中我们找不到关于他创作凉州瑞像的记载，但是也不

---

①孙修身、党寿山《〈凉州御山石佛瑞像因缘记〉考释》，第102—107页。

②[唐]魏征等《隋书》，北京：中华书局，1973年，第1580页。

③[唐]张彦远著，范祥雍点校《历代名画记》，北京：人民美术出版社，1964年，第158页。

④[唐]魏征等《隋书》，北京：中华书局，1973年，第1595页。

能排除这种可能性，因为杨广在礼佛之后曾经下令临摹雕绘。如果阎氏或者在队伍中有阎氏一样的画家当时确有创作，那么政府完全可以将其作为"官拓"推行到全国。《历代名画记》有记："古时好拓画，十得七八，不失神采笔踪。亦有御府拓本，谓之官拓。国朝内库、翰林、集贤、祕阁，拓写不辍。"[①]如此一来，既可以得瑞像之真，又可以省去远足之劳，可谓事半功倍。而张掖无疑有近水楼台的便利。

五、凉州瑞像发展演变[②]

关于瑞像，巫鸿先生认为：

> 从本质上说，"瑞像图"是一种"图像的图像"(metaimage)——一种对"经典表现的再表现"("a representation of a classic representation")。瑞像图的这一地位是通过它的榜题和在洞窟中的位置来界定的。它们总是在榜题中标明这是一组佛和菩萨的"像"，而不是将所绘形象称为某某佛或菩萨。[③]

凉州瑞像也就是以番禾佛像为蓝本，不断描摹所形成的系列佛教艺术作品。而它之所能够得到这一"礼遇"，主要是因为它被赋予了一种预言未来的能力。凉州瑞像在河西乃至北中国产生巨大而又深远的影响，并推

---

①[唐]张彦远著，范祥雍点校《历代名画记》，第 28 页。

②凉州瑞像研究近年又成为研究热点。2010 年本论文完成之后，2011 年张小刚先生博士学位论文《敦煌佛教感通画研究》也通过答辩，并经过修改已于 2015 年由甘肃教育出版社出版。大作也重点论证了凉州瑞像，相比之下，对敦煌石窟瑞像资料搜集更加全面，对凉州瑞像图像组合的梳理更加细致。2012 年丁得天先生发表硕士学位论文《甘肃金昌佛教文物遗迹的调查与研究》。本稿也是参考张小刚和丁得天两位先生大作，主体内容不变。

③(美)巫鸿《再论刘萨诃：圣僧的创造与瑞像的发生》，第 445 页。

动了该类题材的艺术创作。藏经洞曾经出土刺绣和绢画作品。当然数量最多的还是现存敦煌莫高窟中的雕塑和壁画作品。下面笔者重点讨论凉州瑞像发展的背景和特点。

1. 凉州瑞像发展繁荣的背景

在敦煌莫高窟,凉州瑞像最早出现在初唐洞窟。也就在这时候,大量外来瑞像粉本流入内地,高僧大德也编纂巨著对瑞像感通故事进行宣传。

(1)王玄策。他曾经在贞观年间到麟德年间前后四次出使印度。①他在出使沿途朝圣过大量佛教遗迹。由王玄策所写、现在已经佚失的《中天竺国行记》云:“西国瑞像无穷。”②在回到长安时,他也带回部分粉本,并对长安造像乃至四川等地造像都产生了很大影响。这些粉本包括菩提瑞像。在王玄策第一次出使印度的时候,曾经在摩诃菩提寺立碑。《中天竺国行记》记载:“比汉使奉敕往摩伽陀国摩诃菩提寺立碑。至贞观十九年二月十一日,于菩提树下塔西建立,使典司门令史魏才书。”③立碑的同时,朝拜了菩提瑞像,对此王玄策记载:“其像自弥勒造成已来,一切道俗规模图写。圣变难定,未有写得。王使至彼,请诸僧众及此诸使人至诚殷请,累日行道忏悔,兼申来意,方得图画,彷佛周尽。直为此像出其经本,向有十卷,将传此地。其匠宋法智等巧穷圣容,图写圣颜,来到京都道俗竞摸。”④自从他将宋法智摹本带回长安后,引起了一股摹写瑞像的风潮。《历代名画记》敬爱寺弥勒菩萨塑像条载:“麟德二年自内出, 王玄策取到西域所图菩萨像为

①王玄策出使印度次数和路线一直都是学术界讨论的热点。详见陆庆夫《论王玄策对中印交通的贡献》(《敦煌学辑刊》1984 年第 1 期)和《关于王玄策史迹研究的几点商榷》,孙修身《王玄策事迹钩沉》(乌鲁木齐:新疆人民出版社,1998 年),郑炳林、魏迎春《俄藏敦煌写本王玄策〈中天竺国行记〉残卷考释》(《敦煌学辑刊》2005 年第 2 期)。

②[唐]释道世著,周叔迦、苏晋仁校注《法苑珠林校注》,第 906 页。

③[唐]释道世著,周叔迦、苏晋仁校注《法苑珠林校注》,第 908 页。

④[唐]释道世著,周叔迦、苏晋仁校注《法苑珠林校注》,第 907 页。

样","巧儿张寿、宋朝塑。王玄策指挥。李安贴金。"[①]又,玄奘法师圆寂之前,曾经"于嘉寿殿以香木树菩提像骨,对寺僧、门人辞诀,并遗表讫,便默念弥勒,令傍人称曰:'南谟弥勒如来应正等觉,愿与含识速奉慈颜。南谟弥勒如来所居内众,愿舍命已必生其中。'"[②]另外,王玄策还在龙门宾阳南洞(第159窟)西壁出资雕刻了佛像,题记为:"王玄策□□□□/□□□下及法界/众生敬造弥勒像/一铺麟德二年九/月十五日。"[③]龛像已残,内容不清。

(2)玄奘。西游天竺归国回到长安时,他就携带了大量印度佛像,分别有:"摩揭陁国前正觉山龙窟留影金佛像一躯,通光座高三尺三寸;拟婆罗痆斯国鹿野苑初转法轮像刻檀佛像一躯,通光座高三尺五寸;拟憍赏弥国出爱王思慕如来刻檀写真像刻檀佛像一躯,通光座高二尺九寸;拟劫比他国如来自天宫下降宝阶像银佛像一躯,通光座高四尺;拟摩揭陁国鹫峰山说《法华》等经像金佛像一躯,通光座高三尺五寸;拟那揭罗曷国伏毒龙所留影像刻檀佛像一躯,通光座高尺有五寸;拟吠舍厘国巡城行化刻檀像等。"[④]回到长安以后,这些造像就成为内地摹写的底本。瑞像图一时之间迅速传播开来。

除了此时粉本大量流入内地以外,道宣、道世为代表的高僧大德搜集震旦瑞像故事,编纂《集神州三宝感通录》和《法苑珠林》等著作,很大程度上推动了这股热潮。道宣律师曾经遍游诸州,实地考察,搜集资料,并将瑞

---

①[唐]张彦远著,范祥雍点校《历代名画记》,第67页。

②[唐]道宣撰,郭绍林点校《续高僧传》,第130页。

③刘景龙、李玉昆主编《龙门石窟碑刻题记汇录》,北京:中国大百科全书出版社,1998年,第36页。

④[唐]慧立、彦悰著,孙毓棠、谢方点校《大慈恩寺三藏法师传》,北京:中华书局,2000年,第126—127页。

像专列一门，进行介绍。[①]记录凉州瑞像的道安碑早已不复存在，有赖于道宣律师的录文，我们才得以看到瑞像的前后因缘。在当时，凉州瑞像之所以繁荣，也许道安这位居于长安的佛教界领袖在其中发挥了巨大作用，在敦煌必然也有很大影响。莫高窟第323窟西壁佛龛龛壁影塑山峦，前部主尊经过后代重修，但是很多学者认为他原来可能就是凉州瑞像。洞窟南壁内容是西晋吴淞江石佛浮江、东晋杨都出金像、隋文帝延请昙延法师入朝等，北壁绘张骞出使西域、佛图澄故事和康僧会感应故事等等，东壁门南北两侧画佛教戒律画。[②]南北两壁的内容出自《集神州三宝感通录》，东壁门南北两壁的内容和律宗有关，因此巫鸿先生推断，这是敦煌道宣派"律宗"僧侣根据道宣学说和教导在他死后二三十年内所设计和建造的，以发扬本派学说。[③]

2. 凉州瑞像演变

从初唐开始，凉州瑞像的制作便进入了繁荣期。在这数百年的时间里，这种题材也发展出诸多不同的样式。肥田路美女士将其分成了四类：第一类，在构成图解瑞像故事的画面中插入很多情节；第二种，表现为一尊、三尊或者五尊形式，且不伴有故事情节的雕像或画像；第三类，与种种如来像或者菩萨像并置的形式；第四类，与牛头山等佛教圣迹图组合而构成一幅画面。[④]在此需要重点探讨第二种和第三种。

在敦煌洞窟中，凉州瑞像的首次亮相便是作为主尊出现的。莫高窟第203窟西壁佛龛龛内塑立佛，两侧是胁侍菩萨。龛壁则浮塑山峦。（图4.11）[⑤]莫高窟第300窟西壁佛龛为券形龛，龛内塑立佛，并无胁侍菩萨。（图

---

①道宣律师《集神州三宝感通录》的内容为"初明舍利表塔，次列灵像垂降，后引圣寺瑞经神僧"。（《大正藏》第52册，第404页）

②敦煌文物研究所《敦煌莫高窟内容总录》，北京：文物出版社，1982年，第119页。

③（美）巫鸿《敦煌323窟与道宣》，郑岩、王睿编《礼仪中的美术：巫鸿中国古代美术史文编》，第429—430页。

④（日）肥田路美著，牛源译《凉州番禾县瑞像故事及造型》，第167—168页。

⑤刘永增主编《敦煌石窟全集·雕塑卷》，香港：商务印书馆（香港）有限公司，2003年，图版105。

4.12)[①]也就是这时候，道宣律师对道安碑进行了录文，并在自己几乎每一部编著中频频引用。我们尚不清楚是河西民间传说还是道安的宣传直接推动了凉州瑞像的发展，然而不可否认的是，此时凉州瑞像信仰必然猛然跃进了一大步。作为主尊出现的另外一个意义是，它改变了以往佛龛供奉佛和菩萨的先例，瑞像代替佛陀成为洞窟造像的核心，开始接受世俗人的供奉。这种组合的出现要远远早于其他地区。

“佛像”开始被“人格化”，两者之间的界限开始模糊，于是瑞像的两侧开始出现胁侍弟子和菩萨。莫高窟第332窟是初唐洞窟，形制属于中心塔柱窟，较为特别，因为此时中心塔柱窟几乎已经退出敦煌舞台了。中心塔

图4.11 莫高窟第203窟凉州瑞像
（采自《敦煌石窟全集·雕塑卷》）

图4.12 莫高窟第300窟凉州瑞像
（采自孙修身《刘萨诃和尚事迹考》）

①孙修身《刘萨诃和尚事迹考》，敦煌文物研究所编《1983年全国敦煌学术讨论会文集（石窟·艺术编）》（上册），兰州：甘肃人民出版社，1985年，图版4。

柱北向面绘制一佛二菩萨，原来被学界定名为灵鹫山说法图，实为凉州瑞像。右胁侍菩萨尚能看清。菩萨一手拿着净瓶，一手持有杨柳枝，宝冠上装饰着化佛。显然这就是观世音菩萨。（图 4.13）①由于壁画颜色剥落严重，我们尚不清楚左胁侍菩萨是否是大势至菩萨，如果答案肯定，那么是否凉州瑞像被等同于阿弥陀佛？这都是值得探讨的问题。另还有一例为敦煌藏经洞出土刺绣作品。（图 4.14）

从中唐时期开始，画工将西壁龛顶的四坡用菱形几何纹分成数十个小格，并在每个方形格中各绘一身尊像，有佛陀，也有菩萨。凉州瑞像也在

图 4.13　莫高窟第 332 窟凉州瑞像
（采自《中国石窟·敦煌莫高窟》（三））

图 4.14　敦煌藏经洞刺绣 Ch.00260 凉州瑞像
（国际敦煌项目网站）

①敦煌文物研究所编《中国石窟·敦煌莫高窟》（三），北京：文物出版社，1987 年，图版 88，图版说明第 230 页。

其中,例如第237窟西壁龛顶东坡。(图4.15)[①]林敬真先生认为,“于阗与中国瑞像图实无可能无中生有,例如于阗丹丹乌里克西边的神殿寻获的木板画,画一佛穿着特殊的短裤,身上皆没有穿衣服的形象相当相似中国题材的‘酒泉释迦牟尼瑞像’,所以认为中唐西壁龛顶四坡的史迹画依据图本的机会相当大,而且图本的最初来源很可能即是于阗。”[②]笔者赞同这一观点。这种组合应该是一个体系。另外一个组合体系以晚唐第9窟和宋代第454窟甬道牛头山瑞像组合为代表。以第9窟为例,整个图像组合以于阗牛头山为背景,凉州瑞像处于中心对称轴上,其他类似瑞像故事分列

图4.15 莫高窟第237窟凉州瑞像
(采自《中国石窟·敦煌莫高窟》(5))

图4.16 莫高窟第9窟牛头山瑞像组合
(采自《敦煌石窟全集·佛教东传故事画卷》)

①敦煌文物研究所编《中国石窟·敦煌莫高窟》(4),北京:文物出版社,1987年,图版109。
②林敬真《敦煌史迹瑞像绘画初探》,台南艺术学院硕士论文,第120页。

周围。(图 4.16)[①]这个洞窟将诸多瑞像放在一个洞窟中绘制,这就意味着其与中唐时期经由于阗传来的粉本颇有渊源。这种组合体系一直持续到五代宋时期。莫高窟第 220 窟、第 76 窟和榆林窟第 33 窟主室出现大型通壁瑞像组合,其源头大概也是这一体系。

晚唐五代时期内容丰富、结构复杂的凉州瑞像的因缘变相出现了,以莫高窟第 72 窟为代表。(图 4.17)霍熙亮先生认为这铺壁画为晚唐作品,五代和宋一度填色重绘,原貌失真。[②]由于洞窟地处第一层,破坏严重,仅仅上部不足三分之一的内容清晰可辨。这铺壁画以山水为背景,详细描绘了凉州瑞像历史故事,自正光年间一直延续到吐蕃占领敦煌时期,内容包括"李师仁"猎鹿、佛像初现、佛首修复、七里涧佛首发现、画师描摹瑞像、婆罗门修缮圣容、蕃人火烧佛寺、蕃人盗取佛陀宝珠等场景。这铺壁画另外一个特点是,其绘制的依据不是佛教经典,而是中国内地僧人和民间不

图 4.17　莫高窟第 72 窟凉州瑞像因缘变相
(采自《中国石窟·敦煌莫高窟》(5))

①孙修身主编《敦煌石窟全集·佛教东传故事画卷》,图版 72。
②霍熙亮《莫高窟第 72 窟及其南壁刘萨诃与凉州圣容佛瑞像史迹变》,第 32 页。

断创造演绎的佛教故事。众所周知，莫高窟壁画内容基本都是依据佛教经典绘制而成，是图像版的佛教经典，主要用于诠释和宣传佛教义理。但是与之形成对比的是，莫高窟第72窟南壁《凉州瑞像因缘变相》的文本依据是河西地区广为流传的凉州瑞像故事，这个故事大概比《续高僧传》和唐天宝《凉州御山石佛瑞像因缘记》更加丰富。相比之下《凉州御山石佛瑞像因缘记》更加接近壁画内容。[①]这个故事画后来被极度简化，最终成为两个画面：猎师射鹿、僧人劝化。莫高窟第61窟和第98窟中心佛坛背屏背面中央绘制巨幅凉州瑞像立像，佛足两侧分别绘制这两个画面。值得思考的是，这两个洞窟全部开凿于曹氏归义军时期。另外根据实地考察，莫高窟第225窟甬道顶部绘制凉州瑞像，右下角残存一头小鹿，昂首仰望，可惜的是左下角壁画残损，完整的作品也许和上述第61窟和第98窟相似。

凉州瑞像信仰形成之后，造像便在内地广泛流行起来。除了在刘萨诃出生地(今山西省)，(图4.18)，它和敦煌石窟中的毗沙门天王造像一样，开始出现在四川等地(图4.19)。另外也对长安和洛阳造像产生了影响，黑水城也有出土(图4.20，图4.21)，时代为西夏和北元。[②]随着中日文化交流，凉州瑞像也传播到日本。高野山亲王院所藏金铜佛像就是一例凉州瑞像。

凉州瑞像遗迹分布广泛，影响深远，从北魏开始一直延续到北元时期，前后长达近乎千年的历史。然而时过境迁，我们今天已经对其茫然无知，以至于如此“重修”，完全改变了第6窟主尊造像的内容。从这个角度上讲，凉州瑞像研究具有重要研究价值和学术意义，有助于我们进一步理解佛教艺术的中国化，有利于我们认知中华文化的包容性与创造力。

---

①孙修身、党寿山《〈凉州御山石佛瑞像因缘记〉考释》，第104页。

②(俄)米哈依·彼奥特洛夫斯基著，许洋主译《丝路上消失的王国：西夏黑水城的佛教艺术》，台北：历史博物馆，1996年，第235页，第237页。

图 4.18　山西艺术博物馆藏凉州瑞像
（作者拍摄）

图 4.19　四川资阳卧佛院凉州瑞像
（作者拍摄）

图 4.20　黑水城出土泥塑凉州瑞像
（采自《丝路上消失的王国》）

图 4.21　黑水城出土北元绢画凉州瑞像
（采自《丝路上消失的王国》）

第五章

马蹄寺石窟群北朝佛教内修型洞窟研究

石窟寺研究内容具有多元性，这不仅是因为石窟寺是集合建筑、壁画、造像为一体的艺术载体，更是因为石窟寺是特定历史时期的产物，包含着丰富的社会、宗教、艺术等诸多历史信息。宿白先生巨著《中国石窟寺研究》一书全面集中地展示了石窟寺考古的系列研究内容与方法[①]；后来徐苹芳先生《中国石窟寺考古学的创建历程——读宿白先生〈中国石窟寺研究〉》一文对此进行了总结，包括"考古学的清理和记录，洞窟、造像、壁画的类型组合与题材的研究，分期分区的研究，关于社会历史的、佛教史的和艺术史的综合研究"[②]。这套研究方法对半个多世纪以来的中国石窟寺考古影响深远。

---

①宿白《中国石窟寺研究》，北京：文物出版社，1996年。

②徐苹芳《中国石窟寺考古学的创建历程——读宿白先生〈中国石窟寺研究〉》，《文物》1998年第2期，第56页。

世纪之交，学者对此也纷纷进行总结和展望。[①]在笔者看来，仪式空间和寺院仪轨依然是未来学界研讨的重点。1962年宿白先生《敦煌七讲》在论及敦煌元魏、杨隋洞窟性质的时候指出，洞窟内容要与禅观经研究相结合[②]；刘慧达先生发表《北魏石窟与禅》，以云冈石窟为中心，探讨北朝造像和禅修的关系。[③]另外贺世哲先生在宿先生讲义的引导下[④]，以敦煌石窟北朝洞窟为切入点，对造像和壁画功能加以论述。[⑤]这种研究思路在后来出

①参见李玉珉《中国佛教美术研究之回顾与省思》,《佛学研究中心学报》1996年第1期,第209—233页;李裕群《中国石窟寺考古五十年》,《考古》1999年第9期,第90—96页;樊锦诗《敦煌石窟研究百年回顾与瞻望》,《敦煌研究》2000年第2期,第40—51页;马世长《敦煌石窟考古的回顾与反思》,《文物》2000年第8期,第46—51页,后收入《中国佛教石窟考古文集》,北京:商务印书馆,2014年,第319-326页;赵声良、久野美树《十年来日本的中国佛教美术研究综述》,《敦煌研究》2004年第4期,第100—106页;魏文斌《20世纪早中期甘肃石窟的考察与研究综述》,《敦煌学辑刊》2005年第1期,第72—81页。近年综述性成果有:沙武田《吐蕃统治时期敦煌石窟研究综述》,《西藏研究》2011年第3期,第87—102页;赵声良《敦煌美术研究与中国美术史——略谈三十年来敦煌美术的研究》,《敦煌吐鲁番研究》第15卷,上海:上海古籍出版社,2015年,第1—16页。除了综合性研究综述之外,王惠民先生作了一系列专题性研究综述,更加细微地展示了目前敦煌佛教美术研究水平,例如《敦煌西方净土信仰数据与净土图像研究史》,《敦煌研究》2001年第3期,第12—19页;《敦煌经变画的研究成果与研究方法》,《敦煌学辑刊》2004年第2期;《地藏信仰与地藏图像研究论著目录》,《敦煌学辑刊》2005年第4期,第162—168页;《弥勒信仰与弥勒图像研究论著目录》,《敦煌学辑刊》2006年第4期,第173—184页;《华严图像研究论著目录》,《敦煌学辑刊》2011年第4期,第155—160页。此外还包括刘萨诃、僧伽等图像专题研究。

②宿白《敦煌七讲》(油印本)。

③刘慧达《北魏石窟与禅》,《考古学报》1978年第3期,第337—352页。修订稿收入宿白《中国石窟寺研究》,北京:文物出版社,1996年,第331—348页。

④贺世哲先生在《敦煌图像研究——十六国北朝卷》一书《前言》部分叙述了撰写《敦煌莫高窟北朝石窟与禅观》的这段机缘。

⑤贺世哲《敦煌莫高窟北朝石窟与禅观》,敦煌文物研究所编《敦煌研究文集》,兰州:甘肃人民出版社,1982年,122—143页;贺世哲《敦煌石窟论稿》,兰州:甘肃民族出版社,2004年,第1—22页。

版的《敦煌图像研究——十六国北朝卷》中得到淋漓尽致的发挥。[①]台湾学者在这一问题上用功颇深。赖鹏举先生便以雄厚的佛学功底,对印度、中亚以及中国特别是西北地区佛教造像和禅修、受戒等活动进行了深入研究。[②]此外日本学者高田修先生较早地展开了造像与观像的探讨,[③]宫治昭先生则对吐峪沟石窟不净观、净土观等图像发表过专论,[④]令学界瞩目。这些成果让后学受益匪浅,但即使如此,石窟寺窟龛功能研究却仍显薄弱。

南北朝时期在禅修活动风靡北中国的大形势之下,北朝石窟多和禅修有关系。前辈学者也都抓住了这一点,对造像和坐禅关系进行深入探讨。只是需要指出的是,禅修并不是一个独立的修行活动,与之配合的环节还有礼佛、诵经、忏悔等等;而且禅修并不是僧团内部修行活动的终结或者全部,它实际上只是内修活动的一个组成部分。

所以礼佛、诵经、忏悔、禅修乃至受戒这一系列修行活动是一个互相关联、不可分割的整体,就像内修活动链条上的一环一样,无法分割或者独立存在。赖鹏举先生在这方面已经做了大量工作,本文也是在前辈大作的指引下,以马蹄寺石窟群北朝洞窟为中心,将佛教三学"戒定慧"融入石窟造像的研究中,进而考察十六国北朝石窟寺内部洞窟功能组合,谨以此文向诸位前辈致敬。

---

①贺世哲《敦煌图像研究——十六国北朝卷》,兰州:甘肃教育出版社,2006年。

②详见赖鹏举《丝路佛教的图像与禅法》,中坜:圆光佛学研究所,2002年;赖鹏举《北传佛教的般若学——论大乘佛教的起源》,台北:台湾"佛教图像学"研究中心,2007年;赖鹏举《敦煌石窟造像思想研究》,北京:文物出版社,2009年。

③(日)高田修著,高桥宣治、杨美莉译《佛像的起源》,台北:华宇出版社,1985年,第587—599页。

④(日)宫治昭著,贺小萍译《吐峪沟石窟壁画与禅观》,上海:上海古籍出版社,2009年。

第一节 石窟寺窟龛分类与研究

一、早期佛教洞窟的选址

十六国与北朝初期的洞窟开凿一般与禅修保持密切的关系，正所谓“凿仙岩以居禅,辟重阶以通述”。僧人在选址的过程中通常都有周密的考虑。

石窟一般都位于交通要道上，但是和闹市保持一定距离。禅观经记载,如果要修习禅定,需要选择阿兰若,或者树下,或者冢间。阿兰若也就是闲静处。树下在佛教语境中是一处具有特殊意义的空间。例如在蓝毗尼佛陀降诞时,摩耶夫人一手攀附着树枝;长大之后太子在树下观耕而入禅定,此时树下伸出树枝为太子遮蔽阳光;太子在苦行林修行六年,在尼连禅河沐浴,因身体羸弱无力,最后抓住树神伸过来的枝桠才得以登岸;讲法四十余年,最后在拘尸那城外临入涅槃,娑罗树神洒下白色的花朵……冢间就是指坟墓之间,之所以选择在此修行,因为如果行者进行白骨观和不净观,坟冢无疑是最佳的修习场地。历代《高僧传》记载,大德修禅之地无外乎以上所列。这些场地都有一个共同的特点就是安静。只有远离城市的喧嚣,修行者才可以凝神聚气,达到理想的入定境界。

石窟通常靠近大江长河,主要是为了生活方便。云冈石窟立于武周川之滨,龙门石窟坐在伊河之畔,敦煌莫高窟俯视着大泉河,瓜州榆林窟横跨榆林河。目前拥有最早确切纪年题记洞窟的永靖炳灵寺石窟更是开凿在黄河岸边,如果我们今天再去参观,通常需要坐轮渡才能抵达。没有水源,僧人将无法生存,更何谈修行。

崖面中层是石窟理想的目标。莫高窟最早的三个洞窟位于崖面中层;永靖炳灵寺最早的第169窟和张掖金塔寺石窟距离峭壁之下的地面约有60多米;新疆喀什三仙洞石窟洞口离地面20余米,离峭壁顶部8米。这种做法可以上溯到古代印度,例如阿旃陀石窟。其目的之一是为了避免老虎毒蛇的侵害。

僧团为了修行而如此选址,理想的地方自然是名山大川,最终的结果便是"天下名山僧占多"。

二、石窟寺窟龛分类

就受众而言,按照窟龛与寺院生活结合的紧密程度来划分,石窟寺窟龛也许可以分为功德性和实用性两种。

功德性窟龛在寺院生活中实用性相对微弱,属于巫鸿先生所提出的"奉献式艺术",其本质是"'图像的制作'(image-making)而非'图像的观看'(image-viewing)",他以莫高窟第196窟西壁劳度叉斗圣变为例进行说明。[①]这种类型常见的形式是小型窟龛,寺院修行活动可能无法在此展开;部分窟龛内部空间较大,可以容纳僧团在此举行一定规模的实践活

①(美)巫鸿《何为变相?——兼论敦煌艺术与敦煌文学的关系》,(美)巫鸿著,郑岩、王睿编《礼仪中的美术:巫鸿中国古代美术史文编》,北京:读书·生活·新知三联书店,2005年,第366页。

动,但是综合洞窟形制、图像内容、历史背景来看,也不排除单纯的功德性洞窟的可能,典型案例是麦积山乙弗氏皇后功德窟第127窟。[①]

实用性窟龛图像与寺院仪轨结合紧密,扮演着多重角色,其作用大抵可分为内修和外弘,前者侧重于僧伽自身修行,后者侧重于僧伽方便说法,弘扬佛教。石窟寺窟龛功能具有多样性,一方面,洞窟开凿营建耗资巨大,这也决定了僧团在设计之初需要充分考虑空间的有效利用问题;另一方面,某些洞窟形制也决定了洞窟功能并非单一,例如毗诃罗窟。因此,内修和外弘这两个角色并非可以截然分开。同一个洞窟的造像也许偏重于内修,也许偏重于外弘,甚至两者并重。[②]

- 石窟寺窟龛分类(以功能为中心)
  - 功德性窟龛
  - 实用性窟龛
    - 内修型窟龛
      - 行道
      - 礼佛
      - 忏悔
      - 禅修
      - 受戒
    - 外弘型窟龛

窟龛功能的不同,也就决定了研究方法的不同。对于功德性窟龛,我们需要通过考古类型学的方法、艺术风格的对比、佛教经典的考据、社会历史的分析等角度展开研究。而针对实用性洞窟,研究任务又多了一层——仪式空间和寺院仪轨。

---

①麦积山第127窟作为皇家洞窟,可以看作是乙弗氏皇后的"纪念堂",其功德性的意味非常浓重。对此笔者另外撰文详论。

②如同北朝石窟寺中的弥勒造像,世俗供养人希冀通过作此功德,往生兜率天净土,而修行者希望弥勒菩萨能够于其禅定之中予以援手;释迦多宝二佛并坐图像可以帮助修行者入定观像,但对于世俗社会来说,这种造像可能和冯太后与孝文帝同时执政的朝局相印证。

仪式空间的考察涉及到洞窟形制、图像内容、图像特点等。洞窟形制，例如毗诃罗窟、中心塔柱窟等，一直都是学界探讨洞窟功能的重要线索。形制不同的洞窟组合在一起，会形成功能的互补，甚至构建起石窟寺的寺院生活。典型案例是克孜尔石窟。[①]僧团会根据不同形制的洞窟或讲经说法，或礼佛坐禅。造像壁画题材的选择和布局也往往会以洞窟功能为中心。例如北朝图像林林总总，但是经过前辈的归纳，只用“禅观”一词便可统摄。除此之外，图像与观者之间互动的角度和方式也成为学界的关注点。考察内容包括造像台座的高低、身体比例、主尊目光焦点等等，这些内容都会在图像和观者互动交流的过程中凸显出独特的奥妙之处。赖鹏举先生对这一角度的探讨和发挥基本融入到先生的著作当中。[②]巫鸿先生在研究西王母图像时提出的偶像型和情节型的概念，[③]同样也可应用于佛教图像研究中。[④]笔者也曾就这个角度对马蹄寺千佛洞第 8 窟法华图像进行考察，发现龛内和龛外千佛有别：前者呈鱼鳞状排列，为四分之三侧面，和龛内主尊存在互动；后者纵横成行，为正面，和壁画之外的观者存在交流。依据文献佐证，拙稿推断前者是释迦牟尼佛十方分身诸佛，而后者是十方佛。这大概是我们目前能够将两者明确区分开来的一铺法华图像。[⑤]这和

①晁华山《克孜尔石窟的洞窟分类与石窟寺院的组成》，佛光山文教基金会总编辑《法藏文库》第 84 册，高雄：佛光山文教基金会，2001 年，第 1—53 页；(意)魏正中《区段与组合——龟兹石窟寺院遗址的考古学探索》，上海：上海古籍出版社，2013 年。

②参照赖鹏举《丝路佛教的图像与禅法》，中坜：圆光佛学研究所，2002 年；赖鹏举《北传佛教的般若学——论大乘佛教的起源》，台北：台湾“佛教图像学”研究中心，2007 年。

③(美)巫鸿著，柳扬、岑河译《武梁祠——中国古代画像艺术的思想性》，北京：生活·读书·新知三联书店，2006 年，第 149—150 页。

④(美)巫鸿《何为变相？——兼论敦煌艺术与敦煌文学的关系》，(美)巫鸿著，郑岩、王睿编《礼仪中的美术：巫鸿中国古代美术史文编》，第 361 页。

⑤张善庆、李晓斌《张掖马蹄寺石窟群千佛洞第 8 窟礼忏活动探析》，《敦煌学辑刊》2007 年第 2 期，第 53—54 页。

赖鹏举先生 2009 年出版的《敦煌石窟造像思想研究》的定名相同。[①]后学读后备受鼓励。

寺院仪轨的探讨主要是在仪式空间考察的基础上,结合历史文献,再现寺院生活。以北朝石窟图像为例,根据《思惟略要法》等禅观经,图像围绕"禅修"开展。然后禅修并不是一个孤立的修行活动,以北凉石塔为例,七佛和弥勒图像都是禅观的主要内容,除此之外,还和受戒、忏悔有关,石塔结构又说明了"绕塔"活动的存在。[②]再比如千佛图像和中心塔柱窟也有紧密联系。[③]因此礼佛、诵经、行道、忏悔、坐禅、受戒等实际上是一个环环相扣、相辅相成的系列修行活动。从这个角度讲,洞窟功能并不是单一的,例如拥有中心方坛的第 285 窟虽然是一个毗诃罗窟,除了禅修,受戒也应该是其功能之一。[④]

仪式空间和寺院仪轨考察的有效结合,才能更大限度地还原寺院生活。片面强调仪式空间,这种方法容易陷入空谈;孤立讨论寺院仪轨,就会失去深入探讨的根基。洞窟功能考察的难度虽然因此而增大,形同抽丝剥茧,但是前辈们的研究已经为我们做出了最好的示范。在仪式空间和寺院仪轨研究中,针对内修型窟龛和外弘型窟龛,我们考察的重点自然也不尽相同。前者侧重于僧团,紧密结合佛教经典和寺院修行活动;后者则更应该侧重图像宗教意义的表达和俗众的接受。

---

①赖鹏举《敦煌石窟造像思想研究》,106 页。

②参考赖鹏举《纪元后北传地区"过去七佛"造像与受戒、忏悔法》《北凉佛教"中心塔柱式"石窟的形成》,《丝路佛教的图像与禅法》,第 60—66 页,第 182—191 页。

③宁强、胡同庆《敦煌莫高窟第 254 窟千佛画研究》,《敦煌研究》1986 年第 4 期,第 28—30 页。

④赖鹏举《敦煌石窟造像思想研究》,第 300—303 页。

第二节　马蹄寺石窟群北朝内修型洞窟的划分

在北朝时期，河西石窟成熟的洞窟形制主要有中心塔柱窟、毗诃罗窟、方形禅窟等等。它们主要扮演僧团日常活动空间的角色，用作礼拜殿堂、讲堂、禅室等。和佛教东传的上一站——古代新疆地区石窟寺相比，和隋唐时期大江南北的石窟寺相比，马蹄寺石窟群北朝洞窟和其他河西石窟一样，具有鲜明的时代特色。而正是这种特色决定了北朝内修型洞窟的特点。

（一）马蹄寺石窟群内修型洞窟概况

马蹄寺石窟群内修型洞窟主要包括中心塔柱窟、大像窟、方形禅窟，其中方形禅窟属于典型的内修型洞窟。

中心塔柱窟的原型是印度支提窟。洞窟平面多呈倒 U 形。窟内空间多被两列石柱纵向分成三部分，中间是主室，既宽又高，两边是侧廊，较低而且比较窄。主室前端是入口，后端是半圆形后室；后室中央雕凿佛塔，两侧石柱在佛塔后部相接；主室的顶部为纵向肋骨筒拱，侧廊顶部为半圆扇

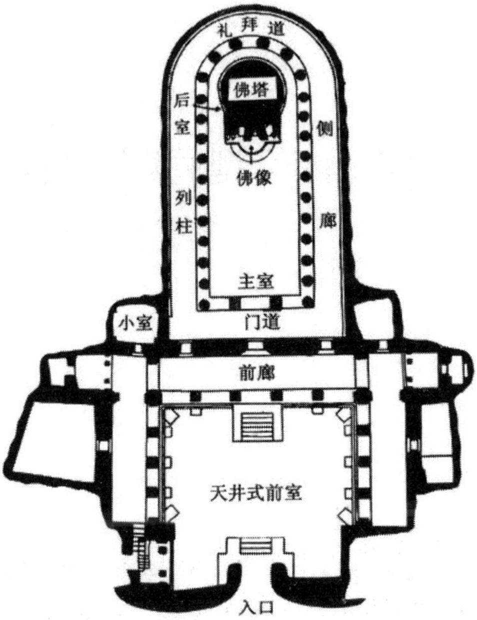

图 5.1 印度埃洛拉第 10 窟平面图
（采自李崇峰《中印佛教石窟寺比较研究》）

形。[①]（图 5.1）这样佛教徒就可以经过侧廊进行绕塔礼拜。

古代龟兹地区中心塔柱窟平面多已变成纵长方形。洞窟后部凿方形塔柱，代替原来的佛塔。印度式的侧廊立柱消失了，取而代之的是甬道。主室顶部呈纵券顶，侧廊甬道亦是如此，而且往往低于主室，这样的构造使洞窟中心塔柱正面略呈蘑菇状。

在中国内地，中心柱窟并不是佛教石窟一经开凿就出现的。敦煌莫高窟北朝第一期洞窟[②]第 268 窟属于印度式的毗诃罗窟；第 275 窟窟顶为盝形顶，平面呈纵长方形；第 272 窟则是一个穹窿顶方形窟。在莫高窟北朝第二期洞窟里，中心塔柱才开始大量出现，并一直兴盛到初唐。云冈第一期石窟全部是大像窟，到第二期，中心塔柱窟才开始流行起来，例如第1 窟、第 2 窟、第 6 窟和第 11 窟。中心塔柱也直接模仿中国传统的楼阁建筑。[③]

①李崇峰《中印佛教石窟寺比较研究——以塔庙窟为中心》，北京：北京大学出版社，2003 年，第 7 页。

②樊锦诗、马世长、关友惠《敦煌莫高窟北朝洞窟的分期》，敦煌文物研究所《敦煌研究文集》，兰州：甘肃人民出版社，1982 年，第 381 页。

③虽然经过万里百年的传播演变，但是中心塔柱的基本意涵并没有消失，以中心塔柱为中心展开的寺院仪轨依然如旧。那么今日所说“中心塔柱窟”自然不能简化成“中心柱窟”，“塔”字一旦省略，其本质的意涵也就被人为地掩盖过去。

马蹄寺石窟群中心塔柱窟包括金塔寺东窟、西窟，千佛洞第 2 窟、第4 窟和第 8 窟，下观音洞第 1 窟。按照其具体的特点，又可以分为以下 4 种类型。①

第一种是金塔寺东窟、西窟和千佛洞第 2 窟。由于这三个洞窟前部全部崩塌，所以原来的形状以及是否有前室，我们都不得而知。从残存的遗迹来看，现在其平面呈方形或长方形，后部凿中心塔柱。柱体分上下两部分，下栏开圆拱形大龛，上栏则分为若干栏。窟顶为平面加覆斗顶。

第二种类型以千佛洞第 4 窟为代表，平面略呈方形。中心塔柱正面开圆拱形佛龛，其余各面不开龛，绘制壁画。洞窟前部南北壁开龛，内设石胎泥塑立佛。甬道窟顶是券顶，高度也低于洞窟前部，所以中心塔柱窟正面剖面呈蘑菇状。这种洞窟形制显示了河西石窟艺术与龟兹石窟之间的联系。

第三种类型以千佛洞第 8 窟为代表，平面略呈纵长方形。该窟中心塔柱分前后两期工程，其中第一期工程为中心塔柱东面和北面，造像布局和千佛洞第 2 窟相同。第二期工程为中心塔柱南面和西面。下栏开圆拱形佛龛，不设塑像，绘制壁画；上栏不开龛，绘壁画。洞窟窟顶全部为平顶。

第四种类型是下观音洞第 1 窟。洞窟分为前后两部分，平面呈凸字形。中心塔柱安设在后部。柱体四面分上下两栏，各开一个圆拱形佛龛。洞窟前部左右两壁各开一个圆拱形佛龛。窟顶前部为人字坡，后部则是斜坡顶。

综合来看，在不到 200 年的时间里，马蹄寺石窟群工匠们在洞窟设计上不断摸索，推陈出新。首先是继承和模仿西域龟兹石窟的模式，将窟顶

①关于马蹄寺石窟群中心塔柱窟分类，请参照马世长、丁明夷《中国佛教石窟考古概要》，北京：文物出版社，2009 年，第 91—92 页；暨远志《张掖地区早期石窟分期试论》，《敦煌研究》1996 年第 4 期，第 23—24 页。

改造成了券顶。后来逐渐中国化,并最终仿照中国房屋建筑,引进了人字坡顶,数量不多,但却是古人改造佛教艺术的缩影。

大像窟实际上属于中心塔柱窟,因为独特的大像内容,学者经常将其作为一种独立的类型进行介绍。①在佛教艺术传播之路上,龟兹地区大像窟极具特色。洞窟分成主室、中心塔柱和后室,大像位于中心塔柱正壁中央,绕塔也就成了绕佛;发展到后来,中心塔柱逐渐消失,大像则直接塑于洞窟正壁之上,绕行的甬道则开在佛像双脚处。云冈第一期洞窟基本都是模仿椭圆形平面、穹窿顶的草庐形式,内设高大造像,属于大像窟。②

马蹄寺石窟群大像窟以千佛洞第1窟为代表。洞窟平面呈方形,后部凿方形中心塔柱,柱体正面安设巨大立佛,其他各面不开龛,仅绘制壁画。甬道顶部为券顶,高度略低于洞窟前部。所以这个洞窟整体上接近龟兹大像窟。③

方形禅窟和印度毗诃罗窟之禅室非常接近。毗诃罗平面多为方形,主室中央是方形大厅,大厅左、右、后三壁开凿若干小型禅室与之相通。④大部分时间僧人会在各自的禅室入定修行,大厅则是僧人用来休息和交流的公共空间。禅室空间有限,也许仅仅容纳一人在此静坐。(图5.2)

龟兹地区的方形禅室别具一格。其特征是在主室旁边开凿一个甬道,甬道的尽头设有方形小室;甬道左侧或者右侧开一条很短的门道通向主室。也就是说,主室的窟门并不是直接开在崖面上的。主室为方形,内设炕和灶台。⑤其禅修应该主要在甬道尽头的禅室进行。

---

①宿白先生曾对克孜尔石窟洞窟形制进行分类,包括中心塔柱窟、大像窟、僧房窟、方形窟等类型。参《新疆拜城克孜尔石窟部分洞窟的类型与年代》,《中国石窟寺研究》,第21—38页。

②宿白《云冈石窟分期试论》,《中国石窟寺研究》,第76页。

③马世长、丁明夷《中国佛教石窟考古概要》,第91页。

④李崇峰《中印佛教石窟寺比较研究——以塔庙窟为中心》,第5页。

⑤霍旭初《关于克孜尔石窟内容总录》,新疆龟兹石窟研究所《克孜尔石窟内容总录》,乌鲁木齐:新疆美术摄影出版社,2000年,第269页。

内地石窟群现存最早的一批洞窟也基本都是用于坐禅，其形制极富异域特色。莫高窟第 268 窟就直接拷贝自印度毗诃罗窟，主室平面呈纵长方形，窟顶为平顶，高 166—183 厘米，大约一人的高度；南北两壁各开两个小型禅室，高 160—175 厘米，空间也仅容一人趺坐。以第 271 窟（第268 窟北壁西侧禅室）为例，洞窟平面近乎方形，高 160—164 厘米，东西宽99—100 厘米，南北进深 83 厘米。[①]第 272 窟是一个方形洞窟，内设倚坐佛。其空间要比第 268 窟的禅室大很多，信徒可以礼佛亦可坐禅。

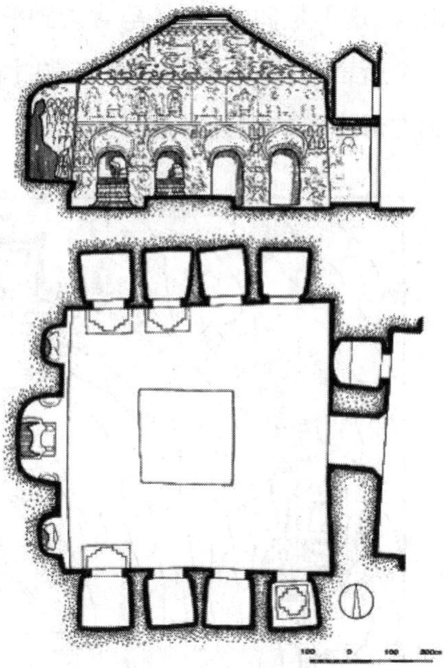

图 5.2　莫高窟第 285 窟实测图
（采自《中国石窟·敦煌莫高窟》）

马蹄寺石窟群并没有毗诃罗窟，而方形禅窟只有千佛洞第 3 窟。该窟位于千佛洞第 2 窟和第 4 窟这两个中心塔柱窟之间。窟顶略呈穹窿顶。洞窟也仅有一人之高。如果进行禅修，一二人尚可，三四人则已拥挤不堪。

（二）内修型洞窟仪式空间的功能互补

不同的洞窟形制决定了它们在寺院生活中发挥着不同的功用，而不同功用的洞窟巧妙地组合在一起，彼此之间形成了一种互补，最终构成了一座完整的石窟寺。这种设计理念也应该是源自印度，以阿旃陀石窟为例，从平面图上看（图 5.3）[②]，支提窟和毗诃罗窟总像一个固定组合，同时

①以上莫高窟洞窟测量数据采自《莫高窟第 266~275 窟考古报告》（敦煌研究院编，北京：文物出版社，2011 年，第 48—52 页）。

②国家文物局教育处《佛教石窟考古概要》，北京：文物出版社，1993 年，第 196 页。

出现。这不是偶然,而是蕴含着独有的设计理念。龟兹石窟更是如此,诚如上文所言,石窟寺院的痕迹非常明显。马蹄寺石窟群中心塔柱窟、大像窟和方形禅窟的组合也是如此。

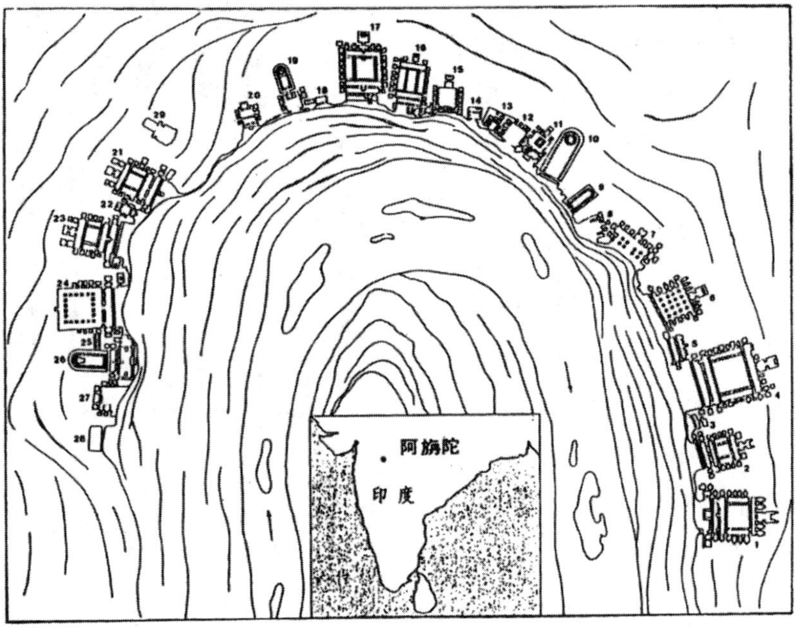

图 5.3 印度阿旃陀石窟总平面图
(采自《佛教石窟考古概要》)

1. 禅修与礼佛、行道

方形禅窟由于内部空间狭小，不可能开展诸如中心塔柱窟内所进行的行道实践活动，大概只能用于坐禅与诵读。千佛洞第 3 窟西壁长 2.30 米,南壁残长 2.16 米,北壁残长 2.24 米,窟高 2.04 米。佛龛距离地面在 0.28 米到 0.33 米之间。因此该窟的主要特点是空间狭小,造像底座非常低。当修行者进入该窟,趺坐观像时,会非常自然地与四壁的造像和壁画形成了一种互动。这种窟形和佛像安设的方式决定了它只能用于僧人禅修和诵经等静态的活动。

禅修之时，行者需要结跏趺坐，排除杂念，静心谛观。对于具体威仪，《禅秘要法经》讲："应当静处，敷尼师坛，结跏趺坐，齐整衣服，正身端坐，偏袒右肩，左手着右手上，闭目以舌拄腭，定心令住。"[①]由此可见，坐禅之时，行者需要身姿端正，心无旁骛。方形禅窟虽然空间狭小，但是完全可以满足这种静坐修行。

行者坐禅时往往累日不起，时间较长。《禅秘要法经》记载：行者应"昼夜六时，常坐不卧，不乐睡眠，身倚侧者。"[②]所以僧传也常有高僧禅修时"累日不起"的记载。《高僧传》习禅篇云：竺僧显"贞苦善戒节，蔬食诵经，业禅为务。常独处山林，头陀人外。或时数日入禅，亦无饥色"[③]。帛僧光则"每入定，辄七日不起"，住世 110 岁，最后以衣蒙头，寂然坐化。[④]武昌樊山释法晤"有时在树下坐禅，或经日不起……"[⑤]钱塘灵隐山释昙超"至齐太祖即位，被敕往辽东，弘赞禅道。停彼二年，大行法化。建元末还京，俄又适钱塘之灵苑山。每一入禅，累日不起"[⑥]。法师释昙霍，也是"蔬食苦行，常居冢间树下"[⑦]。来自粟特康国的沙门宝意在宋孝建中来到京师瓦棺寺，"恒于寺中树下坐禅，又晓经律，时人亦号三藏"[⑧]。

文献所记"七日""累日""数日"等词语意在强调高僧大德的修行功夫，但在日常僧人禅修中，因为长时间地结跏趺坐也必然会有腿脚麻木甚至大脑昏沉的情况，这时僧人就会走出禅室。《续高僧传》释昙韵传载：法

①[姚秦]鸠摩罗什译《禅秘要法经》，第 243 页。

②[姚秦]鸠摩罗什译《禅秘要法经》，第 268 页。

③[梁]释慧皎著，汤用彤校注《高僧传》，北京：中华书局，1992 年，第 401 页。

④[梁]释慧皎著，汤用彤校注《高僧传》，第 402 页。

⑤[梁]释慧皎著，汤用彤校注《高僧传》，第 422 页。

⑥[梁]释慧皎著，汤用彤校注《高僧传》，第 424 页。

⑦[梁]释慧皎著，汤用彤校注《高僧传》，第 375 页。

⑧[梁]释慧皎著，汤用彤校注《高僧传》，第 134 页。

师“常居别室，自勤修业，余有众侣，难嗣其踪。每云：‘吾年事如此，何可放舍？’若坐昏闷，即起礼佛”[①]。那么印度式毗诃罗禅窟中央所开设的宽阔的大厅恰恰为僧人提供了方便。莫高窟第 268 窟主室尽头安设了交脚弥勒佛像，僧人在走出禅室的时候还可以礼佛。第 285 窟的主室远远大于第 268 窟，[②]不仅可以礼佛，还可以经行，亦可观像。

千佛洞第 3 窟这种方形禅窟，丧失了毗诃罗窟中央的大厅。出定的僧人只能选择窟外空地经行，如果禅窟附近有礼拜窟，也可以选择进入该窟礼佛。而千佛洞第 1 窟就是大像窟，第 2 窟和第 4 窟都是中心塔柱窟，它们和第 3 窟也仅仅有数步之遥，恰恰为这种活动提供了方便。[③]（图 5.4，图 5.5）

图 5.4 千佛洞第 1-4 窟崖面旧貌
（张宝玺先生提供）

①[唐]释道宣撰，郭绍林点校《续高僧传》，北京：中华书局，2014 年，第 758 页。

②敦煌文物研究所编《中国石窟·敦煌莫高窟》(一)，北京：文物出版社，1982 年，第 225 页。

③从残存的壁画风格看，千佛洞第 3 窟的年代和千佛洞第 8 窟第二期工程属于同一个时代，比毗邻的第 1 窟、第 2 窟和第 4 窟要晚。虽然它们并不同期，但是却因为功能的互补性紧紧地联系在一起。

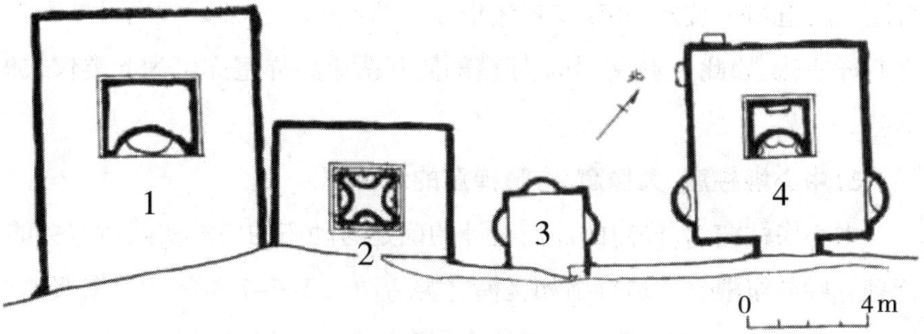

图 5.5　千佛洞第 1–4 窟平面图
（采自《河西北朝石窟》）

2. 禅修与观像、忏悔、受戒

行者往往需要在礼拜堂观像，然后回到禅室静心观想。千佛洞第 3 窟四壁绘制了千佛、金刚力士等图像，但是河西石窟更多的禅室是素壁。例如莫高窟北凉第 268 窟主室以及南北两壁的禅室壁画约有三层，其中底层只是在泥面上涂白粉，没有壁画装饰，是窟内所知最早的遗迹。[①]如果观像，则需要走出禅窟，进入礼拜窟进行观佛。所以《思惟略要法》称，行者需要“相相谛取，还于静处，闭目思惟，系心在像，不令他念”[②]。因此禅窟更需要一个诸如千佛洞第 1 窟这样的大像窟来配合。

某些寺院仪轨的进行也需要在主要场所的旁边别立一室。《法华三昧忏仪》是隋代智者大师根据《妙法莲华经》和刘宋昙摩蜜多所翻译的《观普贤菩萨行法经》制定而成，其中讲到在举行忏仪时——忏仪包括行道、礼佛这种可以和中心塔柱窟结合起来的宗教实践，需要严净道场。其“严净道场法”说：“当于闲静之处，严治一室以为道场。别安自坐之处，令与道场

①敦煌研究院编《莫高窟第 266~275 窟考古报告》，第 48—52 页。

②[姚秦]鸠摩罗什译《思惟略要法》，第 299 页。

有隔。于道场中敷好高座,安置法华经一部……"①这种记载也可见于《金光明忏法》。如此一来,在中心柱窟外侧开凿小型禅室亦可为此类仪式做准备。

3. 中心塔柱窟、大像窟、方形禅窟的结合

中心塔柱窟、大像窟的洞窟设计的确是为动态的宗教实践所服务的,而且有些洞窟根本不适合诸如坐禅之类活动。表 5-1 是笔者根据实地测量所获资料,以此来说明中心塔柱窟洞窟设计与宗教活动的关系。

表 5-1 马蹄寺石窟群洞窟甬道和塔基测量数据表

单位:米 窟号	右甬道(宽度)	后甬道(宽度)	左甬道(宽度)	塔基(高度)	补充
金塔寺东窟	3.25	1.90	3.10	1.00	
金塔寺西窟	2.44	1.10	2.40	0.70	
千佛洞第 2 窟	1.65	1.05	1.50	1.00	
千佛洞第 1 窟	1.50—1.78	1.83	1.75	0.96	
千佛洞第 4 窟	1.30	1.22	1.40	0.75	主室前部两侧佛龛距离地面 0.30 米左右
千佛洞第 8 窟	1.50	0.96	1.67	0.70	主室前部两侧佛龛距离地面 0.30 米左右
下观音洞第 1 窟	0.78	1.38	0.75	1.09	主室前部左侧佛龛距离地面约 0.60 米

①[隋]智顗《法华三昧忏仪》,《大正藏》第 46 册,第 950 页。

中心塔柱窟前室空间通常比较大。龟兹石窟和敦煌石窟中心塔柱窟窟顶虽然有纵向券顶和横向人字坡顶的区别，但是这都增大了洞窟的进深或者宽度。敦煌石窟左右两壁前部人字坡下往往绘有大铺说法图，这样就和中心塔柱正面造像形成了一个组合。在这个宽阔的空间中，僧人可以进行礼佛，也可以讲经。金塔寺和千佛洞洞窟前部多已崩塌，我们尚不能估计其确切面积。下观音洞第 1 窟前部虽然也已残破，但是其人字坡保存得相对完整，据此我们可以进行一个保守的估算，其人字坡前部和后部两部分下方壁面的长度近乎 6.00 米，宽 8.40 米。如此大的空间能够容纳的人数是非常可观的。

中心塔柱塔基一般比较高。从上表可以看出，塔基一般在 1.00 米左右，那么下方佛龛内的造像距离地面至少有 1.00 米。而作为禅室，千佛洞第 3 窟佛龛距离地面在 0.28—0.33 米。两者之间形成鲜明对比。所以在中心塔柱窟礼佛的方法只能采用近距离站立礼佛，或者远距离跪拜。金塔寺东窟中心塔柱塔基高约 1.00 米，而塔基上面的造像也在 1.85 米左右。如果观者进行跪拜，想和佛像形成一个互动，那么他应该站在距离中心塔柱大约 2.00 米的位置才可以实现。后甬道宽仅仅约 1.90 米，采用跪拜的方式显然并不理想。左右两个甬道分别宽 3.10 米和 3.25 米，这个条件远比后甬道要好一些。

甬道一般狭窄，最利于少数人的行道活动和简洁的问讯。印度支提窟两边的侧廊和大厅之间各有高大粗壮的立柱。在这个倒 U 形的回廊中，信徒们进行绕塔活动。所以甬道最大的功能就是提供旋绕的方便。中国内地的中心塔柱窟也是如此，甬道宽度一般较小。例如表格中千佛洞第 2 窟后甬道仅 1.05 米而塔基高 1.00 米。在这个空间，僧人无法跪拜。如果坐下来，佛像则已经高过僧人头顶。

从以上讨论看，由于主室后部中心塔柱的雕凿、塔基的高耸以及甬道的狭窄，所以整个中心塔柱窟的后部非常适合僧人进行动态的宗教实践活动，而中心塔柱窟前部由于空间比较大，动态和静态的宗教仪轨都可以进行。这种功能的多样性，特别是它为僧人提供动态修行的空间，足以弥补方形禅窟功能的单一性。这两种洞窟的并列开凿为石窟寺僧团佛事活动提供了充足的空间。

这种方位毗邻、功能互补的洞窟组合在一起，便构成了完整的寺院。根据晁华山先生的研究，克孜尔石窟就有五佛堂的组合，包括了佛堂、讲堂、僧房和杂房。[①]敦煌莫高窟也是一样，南区洞窟内设佛像，彩绘壁画，属于礼佛区，而北区则属于僧侣的生活区，内设僧房和禅房等。僧人的日常修行其实就隐含在这每日行色匆匆的南北穿梭之中。

---

①晁华山《克孜尔石窟的洞窟分类与石窟寺院的组成》，佛光山文教基金会编辑《法藏文库》(84)，第46—47页。

第三节　僧团内修实践活动的开展

内修实践主要是指寺院僧团内部的修行活动，以求自觉和自证。其主要内容包括诵经、礼佛、行道、忏悔、坐禅和受戒等等。在此笔者结合洞窟形制和图像内容对上述活动进行初步探讨。

（一）礼佛与行道

礼佛与行道就是礼拜佛陀以及右绕佛陀的活动。北凉《贤愚因缘经》[①]记载，舍卫国给孤独长者须达在王舍城第一次见到释尊，因为不知道佛门礼仪，手忙脚乱，“直问世尊，不审瞿昙，起居何如？”这时首陀会天看到这种情景，于是变化成四人，上前礼佛，以作示范。经云：“时首陀会天，遥见须达，虽睹世尊，不知礼拜供养之法，化为四人，行列而来。到世尊所，接足作礼，长跪问讯，起居轻利，右绕三匝，却住一面。是时须达，见其如是，乃为愕然，而自念言，恭敬之法，事应如是。即起离坐，如彼礼敬，问讯起居，

①关于《贤愚因缘经》的翻译时间，前辈龙莲法师、方广锠先生和杜斗城先生都曾经撰文讨论，将《大正藏》“元魏说”订正，认为该经译于435年。具体讨论详见杜斗城《北凉译经论》，兰州：甘肃文化出版社，1995年，第238页。

右绕三匝,却住一面。”[①]所以整个礼佛的过程分为接足礼拜、长跪问讯、右绕礼佛。

印度支提窟的开凿就是用以僧俗礼拜和绕塔等宗教活动。洞窟中后部的佛塔就代表着佛陀,代表着佛陀法身。部分佛塔上还雕刻佛像,例如阿旃陀石窟第19窟[②],设计有点类似于大像窟,无疑更加彰显了这种意涵。那么,礼塔绕塔也就成了礼佛绕佛。中国内地的中心塔柱窟和大像窟亦是如此。千佛洞第1窟是大像窟,正面安设高大的立佛,左右后三面的甬道恰恰可以为此提供通道。在大佛前方的空间,僧人可以礼拜,然后经由甬道行道绕佛。

对于绕塔功德,作为中国北朝洞窟图像重要的佛典依据之一——《佛说观佛三昧海经》就把绕塔功德和十方佛相连,指出十方佛乃是因为绕礼功德才在十方得成正觉。《观本行品》载:“东方善德佛告大众言……时彼佛世有一比丘有九弟子,与诸弟子往诣佛塔,礼拜佛像,见一宝像,严显可观,既敬礼已,目谛视之,说偈赞叹,随寿修短,各自命终。既命终已,生于东方宝威德上王佛国土,在大莲花结跏趺坐,忽然化生,从此已后恒得值遇无量诸佛。于诸佛所净修梵行,得念佛三昧海。既得此已,诸佛现前即与授记,于十方面随意作佛。东方善德佛者则我身是。南方栴檀德佛、西方无量明佛、北方相德佛、东南方无忧德佛、西南方宝施佛、西北方华德佛、东北方三乘行佛、上方广众德佛、下方明德佛,如是等十佛世尊,因由礼塔一赞偈故,于十方面得成为佛。岂异人乎?我等十方佛是。”[③]唐代于阗高僧实叉难陀又专门翻译《右绕佛塔功德经》一部。[④]

---

①[北凉]慧觉等译《贤愚经》,《大正藏》,第4册,第419页。

②国家文物局教育处《佛教石窟考古概要》,第225页。

③[东晋]佛驮跋陀罗译《佛说观佛三昧海经》,《大正藏》,第15册,第688页。

④[唐]实叉难陀译《右绕佛塔功德经》,《大正藏》,第16册,第801—802页。

僧传对于“行道”这种修行方法也多有记载。为了规范佛门仪轨，东晋道安法师曾经制定过《僧尼轨范》，不过内容不详。《高僧传》记载：“所制《僧尼轨范》《佛法宪章》，条为三例：一曰行香定座上讲经上讲之法；二曰常日六时行道饮食唱时法；三曰布萨差使悔过等法。天下寺舍，遂则而从之。”[①]在三国时期，粟特僧人康僧会来到江南，“初达建邺，营立茅茨，设像行道”[②]。也就在佛教初传时期，僧人们已经开始安设尊像，行道礼佛。南齐释法晤“不食粳米，常资麦饭，日一食而已。诵《大小品》《法华》。常六时行道，头陀山泽，不避虎兕”[③]。

根据经典记载，行道绕佛的方向多为右绕。《四分律》法揵度载：“时彼（比丘）于塔边左行过。护塔神瞋，佛言不应左行过，应右绕塔而过。”[④]唐代南山律宗道宣法师《四分律删繁补阙行事钞》讲到：“绕塔法，一低头视佛，二不得蹈虫，三不左右视，四不唾地，五不与人语；又当念佛恩大难报，念佛智慧，念佛经戒，念佛功德，念佛精进乃至泥洹；又念僧恩师恩父母恩同学恩；又念一切人皆使解脱离苦；又念学慧除其三毒求出要道。”[⑤]

文献记载中礼佛“右绕”，但是在现实实践过程中，因为不能确定其“右”是以主尊为参照还是以礼拜者为参照，于是产生了些许困惑，也有学者专文讨论。[⑥]如果我们把马蹄寺石窟群的考古数据作为参考，这个问题就比较容易解释。

金塔寺西窟窟顶为平顶加斜坡顶。平顶部分绘制飞天，靠近中心塔柱

①[梁]释慧皎著，汤用彤校注《高僧传》，第 183 页。

②[梁]释慧皎著，汤用彤校注《高僧传》，第 15 页。

③[梁]释慧皎著，汤用彤校注《高僧传》，第 422 页。

④[姚秦]佛陀耶舍、竺佛念译《四分律》，《大正藏》，第 22 册，第 930—931 页。

⑤[唐]释道宣《四分律删繁补阙行事钞》，《大正藏》，第 40 册，第 132 页。

⑥刘艳燕、吴军《莫高窟礼佛仪式的左旋与右旋》，《敦煌研究》2015 年第 6 期，第 47—53 页。

斜坡顶外圈绘飞天,内圈绘供养菩萨。供养菩萨身穿袒右式袈裟,胡跪,双手合掌,以中心塔柱为中心,从西面开始(洞窟坐北向南,南壁和窟顶南坡前部已毁),顺时针排列,至东面前部。西甬道窟顶斜坡现存八身供养菩萨,北甬道窟顶斜坡残留十三身,东甬道窟顶斜坡存十身。虽然现存壁画不全,但是我们可以肯定原来的胡跪供养菩萨图像是按顺时针右绕佛塔一周,[①]也就是说,窟顶胡跪的供养菩萨正在围绕中心塔柱右绕礼拜,其

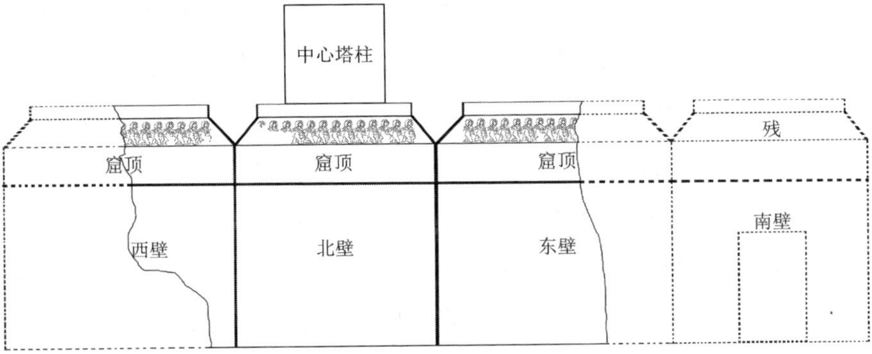

图 5.6　金塔寺西窟窟顶供养菩萨右绕示意图(一)
(张善庆、邵强军制图)

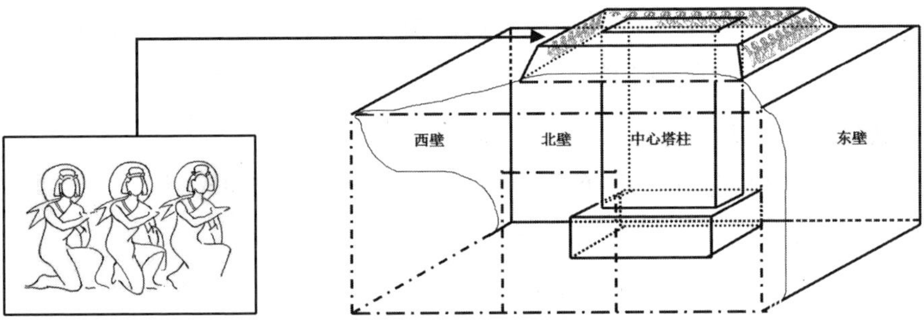

图 5.7　金塔寺西窟窟顶供养菩萨右绕示意图(二)
(张善庆、邵强军制图)

①供养菩萨线描图采自《马蹄寺、文殊山、昌马诸石窟调查简报》(《文物》1965 年第 3 期),示意图由笔者和邵强军完成。

“右”是以中心塔柱为基准，以中心塔柱上的佛像为参照。这条资料生动形象地再现了右绕礼佛的仪轨，难能可贵。

千佛洞第 2 窟（洞窟坐西向东）中心塔柱南向面上栏绘制十方佛，现存六身，西起第一方、第三方、第四方和第五方榜题分别为：“□方明□□”“西北方□□□”“西南方宝施佛”“东南方无□□”。[①]按照题名的顺序，笔者推断它和《十住毗婆沙论》存在密切的关系，那么在此需要强调的是另外一个问题。按照《十住毗婆沙论》和《佛说观佛三昧海经》等经典，念佛和观佛的顺序都是以东方善德佛开始，依次为南、西、北，接下来是东南、西南、西北和东北。僧人所设计的十方佛的顺序也是如此，而且其顺序是从中心塔柱南向面的东段开始，结束于西段。如果以中心塔柱为中心，塔柱南向面的东段就是中心塔柱的右边。这个顺序即是观佛的顺序，也符合行道的方向。也就是说，僧人在行道过程中还可以观佛，其顺序与此宛然相合。这种设计可谓巧妙之至。

此外，台湾丝路佛教图像文献整合研究中心藏有一件犍陀罗佛教造像。主尊佛作禅定印，结跏趺坐。佛像下方则是一身供养人形象。其左腿着地，面向佛陀右侧胡跪，双手合十，显然正在右绕礼敬佛陀。[②]

莫高窟第 254 窟四壁也绘满了千佛图像，而有幸的是榜题保存尚好。根据宁强、胡同庆先生的研究，洞窟东壁门南、南壁、西壁南侧千佛主要是过去庄严劫千佛，洞窟西壁北侧、北壁和东壁门北主要是未来星宿劫千

①张掖市文物保护研究所姚桂兰和秦春梅两位先生对第五方榜题录文是“东南方无威□佛”（详见《张掖马蹄寺石窟群早期石窟艺术概述》，《敦煌学辑刊》1999 年第 2 期，第 81 页），第一方未录。对此，敦煌研究院刘永增先生录文为“东南方无□□”（详见《敦煌石窟中与禅观相关的几个问题》，颜廷亮、王亨通主编《炳灵寺石窟学术讨论会论文集》，兰州：甘肃人民出版社，2003 年，第 253 页）。笔者 2005 年和 2009 年考察时，“无”字以后的字迹已经完全不清。经查阅，佛经中并无“无威佛”，今榜题录文从刘永增先生。

②图版请参见赖鹏举《丝路佛教的图像与禅法》，第 62 页。

表 5-2 千佛洞第 2 窟十方佛题名与行道和观佛顺序对应表

	方向	10	9	8	7	6	5	4	3	2	1	方向
佛名题记			□方明□□		西北方□□□	西南方宝施佛	东南方无□□					
十方佛名	西（右）	上方广众德佛	下方明德佛	东北方三乘行佛	西北方华德佛	西南方宝施佛	东南方无忧佛	北方相德佛	西方无量明佛	南方旃檀德佛	东方善德佛	东（左）
观佛方向		←……←……←……←……←										
行道方向		←……←……←……←……←										

佛。[①]后日本学者滨田瑞美提出，洞窟西壁中央的白衣佛图像应该是释迦牟尼佛的“佛影”，而释迦牟尼佛又属于现在贤劫千佛，如此一来，整个洞窟的千佛图像实际上是按照顺时针的顺序安排了过去千佛、现在佛、未来千佛，[②]这样僧人礼拜中心塔柱东向面交脚佛之后右绕佛塔的方向正好与此吻合。

当然也有部分考古数据与此相悖。莫高窟第 431 窟开凿于北魏，初唐重修。重修之时，地面下凿，令人困惑的是，工匠以逆时针的顺序，在北、

①宁强、胡同庆《敦煌莫高窟第 254 窟千佛画研究》，第 28—30 页。

②(日)滨田瑞美《莫高窟第 254 窟的造像壁画和观想念佛——试论敦煌北魏时期中心柱窟的造像构思》，《艺术与科学》第 9 卷，北京：清华大学出版社，2009 年，第 130—140 页。

西、南三壁下栏分别绘制了未生怨、十六观和九品往生。[1]这种顺序和右绕矛盾，个中原因，学界未有论及。

由此可见，更多情况下右绕的方法就是以佛或者佛塔为中心，以其右侧开始行道，经由其后方，从其左侧绕佛一匝。这种绕行方法在现存的佛教造像，特别是金塔寺西窟窟顶供养菩萨壁画和千佛洞第 2 窟十方佛图像中得到了印证。

（二）忏悔

行道的目的并非只是礼佛、绕塔，在很多情况下行道的同时也是在忏悔。忏悔，梵文 Ksama 的意译，原来单单表示"忏"，指希望他人能够原谅自己的罪过，但是一经翻译，"悔"改过反省的成分被加了进来。通过忏悔，行者不仅可以为自己消除无量宿世的罪愆，还可以为法界一切众生赎罪。

在原始佛教时期忏悔的对象主要是释迦牟尼佛和僧团中有德僧众，这就是所谓的对首忏；随着大乘佛教的兴起，僧人忏悔的对象开始超越原始佛教的时空界限，范围从释迦牟尼佛扩展到十方三世佛、三十五佛、三世三千佛以及一切菩萨摩诃萨，这就是取相忏；除此之外，还有主张"正观法性平等、罪性本空"的无生忏；前两者总称事忏，后者为理忏。[2]

在诸经典中忏悔常常被看作禅修中得诸三昧的前提条件，认为宿罪因缘会障住行者的心眼。《思惟略要法》十方诸佛观法说："若宿罪因缘不见诸佛者，当一日一夜六时忏悔随喜劝请，渐自得见。纵使诸佛不为说法，是时心得快乐身体安隐。"[3]所以历史上有许多高僧大德都是禅忏双修。僧

---

①敦煌文物研究所编《敦煌莫高窟内容总录》，北京：文物出版社，1982 年，第 159—160 页。

②关于忏法的分类，请参考释大睿《天台忏法之研究》，台北：法鼓文化事业股份有限公司，2000 年，第 30 页；杨明芬《唐代西方净土礼忏法研究：以敦煌莫高窟西方净土信仰为中心》，北京：民族出版社，2007 年，第 18—19 页。

③［姚秦］鸠摩罗什译《思惟略要法》，《大正藏》，第 15 册，第 299 页下。

传记载:会稽释弘明“少出家,贞苦有戒节,止山阴云门寺。诵《法华》,习禅定。精勤礼忏,六时不辍”[①]。弘农释慧弥“荤醪鲜豢,一皆永绝,足不出户三十余年。晓夜习定,常诵《波若》,六时礼忏,必为众先”[②]。上定林寺释法通“晦迹钟阜三十余载,坐禅诵念,禅忏精苦”[③]。

从其分类来看,事忏与佛教石窟造像联系最为紧密。其修持的方法也多种多样,分为礼佛、称念佛名、观佛、持咒等等,有时候还必须配合“行道”。炳灵寺第169窟南壁第23号五佛佛龛上方绘覆钵形佛塔,并有墨书榜题:“……岁在丙申六月十八日清信/张隆自慨过回尘秽/兹湮世沉沦迴波莫知/济故发微心来此灵/岩行道忏悔回观旧/率自兴感遂发愤志/造宜修治此/……□请□/……者/一生……/共兴此□同发此愿。”[④]借此,我们知道在当时这里曾进行过忏悔仪式,并且伴有“行道”。而与之相应的造像可能就是第23号龛的五佛。

马蹄寺石窟群中与此类修持活动相关的图像主要是佛陀立像、千佛图像、十方三世佛、七佛和法华图像。

千佛图像是北朝洞窟常见的题材,金塔寺石窟、千佛洞第2窟、第3窟和第4窟四壁皆有绘制,小型千佛图像之间再配以说法图。其绘制的依据是大藏经中的千佛名经,包括《过去庄严劫千佛名经》《现在贤劫千佛名经》《未来星宿劫千佛名经》《佛说观药王药上二菩萨经》和《佛说佛名经》等等。这些洞窟的千佛图像皆有题名,特别是千佛洞第4窟和第8窟,佛像旁边榜题框尚存,但是字迹已无。所以我们不能确切地诠释其经典依据。不过这些经典都有一个特点,就是宣扬持念千佛名号,能够消灾

---

①[梁]释慧皎撰,汤用彤点校《高僧传》,第468页。
②[梁]释慧皎撰,汤用彤点校《高僧传》,第474页。
③[梁]释慧皎撰,汤用彤点校《高僧传》,第340页。
④杜斗城、王亨通主编《炳灵寺石窟内容总录》,兰州:兰州大学出版社,2006年,第204页。

灭罪。[①]例如《佛说佛名经》中有言:"若持诵此千佛名者,则灭无量阿僧祇劫所集众罪,必当得佛诸三昧神通无碍智慧及诸法门诸陀罗尼。"[②]在持名诵经忏悔发露的同时,僧人还要跪拜。《续高僧传》记载:清河释道美"开皇末岁,观化京师,受持戒检,礼忏为业。因往太白山,诵《佛名经》一十二卷,每行忏时,诵而加拜。人以其总持念力,功格涅槃"[③]。

金塔寺东窟和千佛洞第2窟中心塔柱表现的都是十方三世佛。这种题材除了为僧人提供观像之用,也是僧人忏悔的重要对象之一。《慈悲道场忏法》相传是梁武帝为了超度已故的皇后郗氏延请高僧所制定,流传至今仍然是寺院普遍使用的一种忏法。其忏仪之中就有启请依止弥勒佛、释迦牟尼佛和十方佛以及诸大菩萨的记载。[④]《现在贤劫千佛名经》行文中间,行者发愿时首先称:"南无过现未来十方三世尽虚空界一切诸佛,归命忏悔,至心忏悔",然后开始对十方佛发露自己的罪过,例如"或作五逆""或造一阐提、断善根业、轻诬佛语、谤方等业、破灭三宝、毁正法业""不孝二亲、反戾之业""年三长斋、不常修业""或以盛年、放恣情欲、造众罪业"等等,最后再次称念"今日发露,向十方佛,尊法圣众,皆悉忏悔。"[⑤]面向十方三世诸佛忏悔修持方法在诸多佛经中都有论述,非常普遍。

七佛题材在河西地区出现得比较早,以北凉石塔为始。后来这种题材又和法华图像结合。千佛洞第4窟中心塔柱北向面上栏尚存七佛图像,现

---

①关于千佛的灭罪思想,详见宁强、胡同庆《敦煌莫高窟第254窟千佛画研究》,第28—30页;杨明芬《唐代西方净土礼忏法研究:以敦煌莫高窟西方净土信仰为中心》,第176—178页;陈慧宏《敦煌莫高窟早期的千佛图》,台湾大学艺术史研究所硕士学位论文,1993年,第50—51页。

②佚名译《佛说佛名经》,《大正藏》,第14册,第300页。

③[唐]释道宣撰,郭绍林点校《续高僧传》,第1221页。

④《慈悲道场忏法》,《大正藏》,第45册,第926页。

⑤佚名译《现在贤劫千佛名经》,《大正藏》,第14册,第377页。

存榜题“第二式佛像”“第三迦叶佛像”。[①]对于七佛题材的造像依据，暨远志先生[②]、殷光明先生[③]和赖鹏举先生[④]都认为是《七佛八菩萨所说陀罗尼经》。上面所谈到的《佛说佛名经》和《慈悲道场忏法》之类的经典都是强调持名念佛的修持方法，但是这部佛经则是强调持咒的重要。经文的结构就是过去七佛、文殊菩萨、虚空藏菩萨、观世音菩萨、救脱菩萨、跋陀和菩萨、大势至菩萨、得大势至菩萨、坚勇菩萨分别说咒，随即讲解持咒的功德。例如释迦牟尼佛说陀罗尼之后，经曰：“若有众生欲修行此陀罗尼者，……欲除过去亿百千劫障道五逆犯四重禁，现世除灭令无遗余，应当修行此陀罗尼。三七二十一日护持禁戒犹如明珠，一日一夜，六时行道，忏悔十方，净洁洗浴，着新净衣，用七色华三种名香，供养奉散释迦牟尼佛，于舍利塔前五体投地悔过自责，尔时当诵此陀罗尼句八十一遍，日日常尔，乃至七日一七日不得，复至二七日乃至三七日，亿百垓劫所有重罪悉灭无余。”[⑤]按此经典，如果想要除去罪愆，那么就必须在佛塔前面五体投地，忏悔自责，说陀罗尼，并且要六时行道。这种修持方法显然能够和中心塔柱窟结合起来。以千佛洞第4窟为例，七佛图像所在的中心塔柱就代表了佛典所说的舍利塔。在佛塔之前跪拜供养实际上也就是在供养七佛。中心塔柱位于洞窟之中央，它与洞窟四壁之间就形成了一个回字形的甬道，这就为经中所言“六时行道”提供了空间。洞窟四壁绘满了千佛图像。修行者在行道过程

---

①暨远志先生在20世纪90年代考察时还能看到“第二式佛像”南侧的“第一”。但是现在这个榜题框业已不存。对于佛像题记，先生的录文是“第一　第二式佛像　第三迦叶佛像”。详见暨远志《五一六世纪河西石窟与河西佛教》，《法藏文库》(84)，高雄：佛光山文教基金会，2001年，第292页。

②暨远志《五——六世纪河西石窟与河西佛教》，第353页。

③殷光明《北凉石塔研究》，新竹：财团法人觉风佛教艺术文化基金会，1999年，第166—167页。

④赖鹏举《丝路佛教的图像与禅法》，第172页。

⑤佚名《七佛八菩萨所说陀罗尼经》，《大正藏》，第21册，第538页。

中发露忏悔的同时也正是在“忏悔十方”。因此诸如千佛洞第4窟绘制了七佛图像的中心塔柱窟非常适合持咒灭罪的修行。[①]

千佛洞第8窟中心塔柱尚存法华造像一铺。根据鸠摩罗什所译《思惟略要法》,法华造像紧紧和禅观相联系。虽然经文也提到了忏悔思想,但是对忏悔灭罪的重视远远不如昙摩蜜多所翻译的《佛说观普贤菩萨行法经》。《佛说观普贤菩萨行法经》在阐述忏悔行道的时候,提到“胡跪”约有四次。例如在禅观中见到了释迦牟尼佛和分身诸佛,行者就要“复更诵读大乘经典,昼夜六时胡跪忏悔。”[②]那么金塔寺西窟窟顶围绕中心塔柱一周的胡跪供养菩萨也许就是这种修持方法的一种写照。

(三)禅观

早期石窟的开凿与禅修的关系,20个世纪中叶学者们就已经开始探讨。刘慧达先生《北魏石窟与禅》[③]和贺世哲先生《敦煌莫高窟北朝石窟与禅观》[④]不仅将洞窟内容与禅修活动联系起来,最为重要的是这一研究逐渐引领学者们开展仪式空间与寺院仪轨的考察,成为今天年轻学者必读论著之一。而赖鹏举先生关于丝路图像与禅法的论断更是对这一研究的极大推进。

南北朝时期,中国佛教在南北方形成了不尽相同的两种态势。如汤用彤先生所言:“南朝佛法,沙门居士,多以义学著称,而于戒定少所注重,其建功德立寺礼拜,虽亦为社会普遍之宗教表现,然其与行证固蔑如也。北土佛徒,特重禅定。始有觉贤、罗什之授禅,继有玄高、佛陀之行化,终郁为

---

①赖鹏举先生曾经就《七佛八菩萨所说陀罗尼神咒经》讲到其中的忏悔和受戒思想,结合北凉石塔,讨论忏悔仪轨的进行。先生对忏悔思想的关注及其仪轨的开展,都是以往学者所没有涉及的。这对于千佛洞第4窟的考察是一个有力的参考。

②[刘宋]昙摩蜜多译《佛说观普贤菩萨行法经》,《大正藏》,第9册,第391页。

③刘慧达《北魏石窟与禅》,第337—352页。

④贺世哲《敦煌莫高窟北朝石窟与禅观》,第122—144页。

北朝末造禅法各派之大观。”[①]在这种风气的影响之下，石窟如同雨后春笋一般遍布北中国。

石窟图像也多与禅修有密切的关系，其经典依据则是禅观经，主要包括鸠摩罗什所译《坐禅三昧经》《思惟略要法》《禅秘要法经》等，佛驮跋陀罗所译《佛说观佛三昧海经》，昙摩蜜多所译《佛说观普贤菩萨行法经》以及沮渠京声所译《观弥勒菩萨上生兜率天经》等。其中鸠摩罗什译经对石窟图像设计影响尤巨。[②]石窟壁画成为禅修僧人定中所见的再现。

石窟图像林林总总，绚烂多彩，但是万变不离其宗——禅观经。《思惟略要法》是一部精简的禅观经，其内容包括四无量观法、不净观法、白骨观法、观佛三昧法、生身观、法身观、十方诸佛观法、观无量寿佛法、诸法实相观法、法华三昧观法。解读其内涵，诸多佛陀尊像、千佛图像、本生故事、因缘故事、佛传故事等等都可由此经典统摄。贺世哲先生曾经出版《敦煌图像研究——十六国北朝卷》，虽然内容是生动有趣的故事，但是结构却暗藏玄机。贺先生用生身观、法身观等观法，架构起这些看似芜杂的图像，可谓匠心独运，深入浅出。[③]

马蹄寺石窟群北朝造像皆可以用以观像，例如立佛、七佛、弥勒菩萨、十方三世佛、释迦多宝二佛并坐图像等等。由于前辈的努力，在此笔者无须征引佛典考证图像。只是需要强调以下两点。

方形禅窟因为空间狭小，其功能也就变得相对单一。除了禅定观像之外，所能做的也许就是诵经和忏悔。《高僧传》也有记载：高昌释法绪“德行清谨，蔬食修禅。后入蜀，于刘师冢间头陀山谷，虎兕不伤。诵《法华》《维

①汤用彤《汉魏两晋南北朝佛教史（增订本）》，北京：北京大学出版社，2011 年，第 424 页。

②李崇峰《鸠摩罗什与中土早期石窟：以禅经为例》，《佛教考古——从印度到中国》，上海：上海古籍出版社，2014 年。

③贺世哲《敦煌图像研究——十六国北朝卷》，兰州：甘肃教育出版社，2006。

摩》《金光明》,常处石室中,且禅且诵。盛夏于室中舍命,七日不臭"[①]。

千佛洞第3窟虽然绘制了壁画,修行者只需要趺坐在洞窟之中就可以观像,但是诸如上述入定前的准备工作还需要修行者走出禅室,走进第3窟旁边的第1窟、第2窟或者第4窟礼拜佛像,念诵经文、右绕中心塔柱胡跪、面向十方诸佛持佛名号发露忏悔,或者礼拜七佛、诵持陀罗尼忏悔,然后再入禅窟,系念谛观,如此反复,方能证得三昧。

(四)受戒

杜斗城先生于《北凉译经论》中谈及《菩萨戒本》和《优婆塞戒经》时指出,如果修行者发大愿,践行菩萨道,自度度人,便需要受持菩萨戒;在某种意义上,受持菩萨戒是成佛的根本所在。[②]

而菩萨戒的特点之一就是自誓受戒,其方法就是在佛像面前忏悔,得见好相,就可得戒。[③]在此过程中,修行者就需要忏悔,入定观像,然后才能受戒。

据圣凯法师研究,昙摩蜜多所译《佛说观普贤菩萨行法经》就是一部详细解说忏悔方法并将忏悔与受戒结合的经典。[④]根据文献,如果修行者自誓受戒,那么他需要在空闲处普礼十方诸佛,然后发露忏悔,并称念"今归依佛,唯愿释迦牟尼正遍知世尊,为我和上;文殊师利具大慧者,愿以智慧,授我清净诸菩萨法;弥勒菩萨胜大慈日,怜愍我故,亦应听我受菩萨法;十方诸佛,现为我证",然后烧香、礼佛、思惟大乘义理。

千佛洞第8窟中心塔柱南向面下栏佛龛绘制法华造像一铺,内容为释迦多宝二佛并坐、弥勒菩萨、文殊师利菩萨和观世音菩萨。据考证,其经

---

①[梁]释慧皎著,汤用彤校注《高僧传》,第408页。
②杜斗城《北凉译经论》,兰州:甘肃文化出版社,1995年,第225页。
③圣凯《中国佛教忏法研究》,北京:宗教文化出版社,2004年,第291页。
④圣凯《中国佛教忏法研究》,第292页。

典依据之一就是《佛说观普贤菩萨行法经》。那么这铺造像也许就可以对修行者受戒有所辅助。

坐禅、忏悔、观像、受戒实为一体,《高僧传》北凉昙无谶传就有一条极好的佐证案例,文载:

> 初谶在姑臧,有张掖沙门道进,欲从谶受菩萨戒,谶云:"且悔过。"乃竭诚七日七夜,至第八日,诣谶求受,谶忽大怒,进更思惟,但是我业障未消耳。乃戮力三年,且禅且忏,进即于定中,见释迦文佛与诸大士授己戒法,其夕同止十余人,皆感梦如进所见。进欲诣谶说之,未及至数十步,谶惊起唱言:"善哉,善哉,已感戒矣,吾当更为汝作证。"次第于佛像前为说戒相。[①]

这条记载真切地再现了道进和尚自誓受戒的过程。从中我们也看到,发露、坐禅、观像和受戒紧密连接在一起。通过以上讨论可知,这一系列宗教实践活动都可以在洞窟之中结合图像得以完成。

结语

20 世纪 60 年代，学者们就提出了石窟寺功能是石窟艺术研究的方向之一。这个研究思路就像黑暗中的一丝光亮,指引着学界此后 60 多年的探索。北朝石窟寺造像与禅修研究极具代表性。掩卷之后再次出发,置身石窟寺,我们获得了新的认知。

其一,僧团内修活动的复杂性决定了洞窟功能的多样性。一个洞窟的内容并不能简单地用一部经典来诠释,其功能也并非单一的。这不仅是因

①[梁]释慧皎撰,汤用彤点校《高僧传》,第 79 页。

为石窟寺资源有限，也是因为僧团内修活动的多样性和灵活性。其二，北朝内修型洞窟不仅可以用于禅修，还可以和礼佛、行道、忏悔、受戒等僧团活动结合起来。其三，禅修不是孤立的修行活动，而是这一系列修行活动链条上的一环。禅修活动并非只是静态地结跏趺坐，抛弃杂念，一心谛观，其准备工作异常繁复。

第四节　千佛洞第8窟内修实践个案研究

一、法华造像与《佛说观普贤菩萨行法经》

千佛洞第8窟中心塔柱南向面绘法华造像一铺。各个组成部分的内容,笔者已经进行详尽的考释,在此不赘。(图5.8)对于释迦多宝并坐、十方佛和七佛的题材,前辈的考察主要集中在它们作为辅助禅观的价值上。《思惟略要法》和《佛说观佛三昧海经》等经典都明确提出法华三昧观法、十方诸佛观法和七佛观法。龛内上方仍以菩萨装形象出现的交脚弥勒,处在和释迦多宝二佛构成的三角地带的顶端,不仅表示了三世佛的概念,同时显示了弥勒菩萨现在仍然在兜率天宫内说法,并随时为禅僧解惑决疑。作为禅观的内容这铺构图可以说是非常完美,富有创意。

而且它的忏悔功能也是不容忽视的,它是行者进行禅定之前的一种方便法门。《普贤观经》就是这样一部鲜明地融合礼忏和坐禅为一体的经典。[①]

该经是刘宋元嘉年间由昙摩蜜多在扬州翻译的，主要是依照《法华经·普贤菩萨劝发品》生发出来，将原文中的三七日观普贤菩萨的方法进一步细化。[②]内容是释迦牟尼佛在毗舍离国大林精舍讲堂上宣言自己即将涅槃。这时候弟子阿难、摩诃迦叶和弥勒菩萨向佛请问未来世如何使众生种植善根，成就无上道，不失菩提之心，“不断烦恼不离五欲，得净诸根灭除诸罪；父母所生清净常眼，不断五欲而能得见诸障外事”[③]。释迦佛说应当学普贤行，接下来就分别解说如何观普贤菩萨、释迦牟尼佛在耆阇崛山说法，十方分身诸佛的汇集，多宝塔的涌现，再次诸条叙述六根的忏悔，最后提出无生忏和忏悔功德。同《法华经》相比它最大的特点就是增加了忏悔法门，特别是六根清净忏悔法和无生忏。

图 5.8　千佛洞第 8 窟法华图像示意图
（作者制图）

《普贤观经》更是将这种忏悔思想发挥到极致。根据日本学者船山徹统计，经中出现“忏悔”60 次，“悔过”2 次，“（遍）礼十方佛”9 次，“六根清净”3 次，“清净六根”1 次，“忏悔六根”2 次。[④]因此全文充斥着不断礼佛忏

①关于忏法的研究，圣凯法师的大作《中国佛教忏法研究》已经有相当深入的研究。这对本节的撰写有很大的帮助和启发。

②圣凯《中国佛教忏法研究》，第 123 页。

③［刘宋］昙摩蜜多《佛说观普贤菩萨行法经》，《大正藏》，第 9 册，第 389 页。

④（日）船山徹《六朝时代における菩薩戒の受容过程——刘宋·南齐期を中心に》，《东方学报》第 67 册，第 69 页。

悔念诵大乘经的情节。

从单单表现千佛洞第 8 窟塔柱右面的这三组图像的经文中，我们就可以看出这一点。

在经过观普贤菩萨最初境界之后，普贤菩萨会教行者由东方阿閦佛及妙喜国开始，忆念十方诸佛。但是行者可能会闭目能见，但开眼则失。这时候就需要礼十方佛，胡跪忏悔。得清净以后，菩萨会现于其前，坐卧行住不离其侧，并于梦中为行者说法。如是经三七日，行者即得旋陀罗尼，并在梦中得见七佛，而释迦佛为之说法。塔柱右面的释迦牟尼作说法状，并从固定的七佛列像中单独转移到下栏龛内这个和行者距离较近的位置，大概也是和七佛之中唯有释迦说法的记载相呼应。

行者再次忏悔礼佛，并向诸佛发露，就可得“诸佛现前三昧”。行者被授六根忏悔法，再次得观十方佛土中诸佛于树下宝座之上说法。

接下来，行者勤诵法华，于梦中得见释迦佛在耆阇崛山与众菩萨说法华，演一实义，并可看到释迦佛的十方分身诸佛一时云集的情景。禅观到这种境界，经典记载，行者不坠恶道，常与一切陀罗尼菩萨共为眷属。如此既已行者要勤修忏悔眼根罪法，即得清净后要昼夜六时胡跪忏悔，经七日就可观得多宝塔从地涌出，释迦佛以右手开启多宝塔塔门，见多宝如来现色身三昧。

之后行者要分别忏悔耳、鼻、舌、身和意等根之罪以及最有特色的无生忏。最后佛说：行者因为“得见我身及多宝佛塔、十方分身无量诸佛。普贤菩萨、文殊师利菩萨、药王菩萨、药上菩萨恭敬法故，持诸妙华住立空中，赞叹恭敬行持法者。但诵大乘方等经故，诸佛菩萨昼夜供养是持法者”①。而且释迦佛和贤劫菩萨以及十方诸佛都是因此忏悔六根观普贤菩萨法从

①[刘宋]昙摩蜜多译《佛说观普贤菩萨行法经》，《大正藏》，第 9 册，第 393 页。

而除去了无量生死之罪,并于各方成就佛智。这就是此忏法的功德。

以上诵经观像等禅观活动,主要针对礼敬十方佛,勤诵大乘经,这属于事忏。接下来就是另外一种忏悔方法:思第一义甚深空法。这属于理忏。[①]其基本内容是"我心自空,罪福无主,一切法如是,无住无坏","如此忏悔,观心无心,法不住法中,诸法解脱,灭谛寂静"[②]。这种思想多为后来的忏法所吸收,特别是天台宗。

就《普贤观经》的主旨而言,在早期禅观经中,特别是关于法华三昧禅法经典,它大概是最大程度体现忏悔思想的经典。经中所记载的每个修行层次的达到和圆满,都是不断地向十方佛忏悔礼拜,精勤念诵法华经的结果。而南北朝正是禅修活动风靡的时期,礼忏的主要目的大概还是为了消除自己的罪愆,以服务坐禅。该经字里行间强烈凸显了这一点。另外通过考察译经师昙摩蜜多的活动也能够看出这一点。首先是昙摩蜜多在扬州译经之前的活动。他早在罽宾的时候,就"屡值明师,博贯群经,特深禅法",又因为"生而连眉",所以有连眉禅师之称;后来远涉流沙,在敦煌稍事停留便到达凉州,那时候"学徒济济,禅业甚盛";424 年他经由巴蜀到达南朝京都,"常以禅道教授,或千里咨受,四辈远近,皆号大禅师焉"[③]。再由其译经来看,除了《佛说观普贤菩萨行法经》之外,他还翻译了《五门禅经要用法》《观虚空藏菩萨经》《虚空藏菩萨神咒经》《佛说转女身经》《佛说象腋经》以及《佛说诸法勇王经》等经典。其中的前两部经主要围绕禅法展开。《五门禅经要用法》和鸠摩罗什翻译的《禅法要解》属于同本异出,[④]所以在内容上包括了念佛三昧、白骨观、不净观、生身观、法身观、十方佛观

①圣凯《中国佛教忏法研究》,第 293 页。

②[刘宋]昙摩蜜多译《佛说观普贤菩萨行法经》,《大正藏》,第 9 册,第 392 页。

③[梁]释慧皎撰,汤用彤点校《高僧传》,第 121 页。

④[梁]释僧祐撰,苏晋仁、萧錬子点校《出三藏记集》,第 76 页。

法、慈心观以及四无量观等观法。而《观虚空藏菩萨经》则是针对虚空藏菩萨观法进行专门论述的经典。因此连眉禅师佛经翻译的一个核心就是禅法。《普贤观经》也是因为其独有的特色迎合了当时佛教传播的发展而问世。

《普贤观经》一经翻译，大江南北便有许多高僧大德举行普贤斋忏。《高僧传》卷7记载，京师中兴寺释道温，曾于大明四年（460年）造普贤菩萨形象，并与其中兴禅房设斋。[①]同书卷8又记，刘宋元嘉年间，山阴法华山释慧基曾造普贤菩萨并六牙白象，在宝林精舍设三七斋忏。[②]同书卷12又载，京师南涧寺释道冏素诵《法华经》，曾经在困境中凭借于此，并加诵观世音佛号而得以脱险，后来他勤修禅业，"频作数过普贤斋，并有瑞应"[③]。数，大可引申为列举，过，就是过错。可见当时的普贤斋忏就是为了忏悔。《高僧传》主要侧重讲述江南高僧事迹，在西北，具体到张掖千佛洞的寺院活动，更是不可能提及，但是不能否认它的存在。

二、图像在法华三昧忏仪中的功能以及相关问题

南北朝时期高僧大德举行的普贤斋忏都是如何进行的，我们不得而知。因为虽然当时忏悔非常兴盛，但是忏悔的具体仪轨并不完善。直到《法华三昧忏仪》的出现才使这种局面得以改观。

天台宗智者大师结合《法华经·普贤菩萨劝发品》《普贤观经》和《思惟略要法》制定了《法华三昧忏仪》。其开篇就提出修行该忏法的原因：

> 比丘比丘尼优婆塞优婆夷，诵大乘经者，欲修大乘行者，发

①[梁]释慧皎撰，汤用彤点校，汤一玄整理《高僧传》，第288页。

②[梁]释慧皎撰，汤用彤点校，汤一玄整理《高僧传》，第324页。

③[梁]释慧皎撰，汤用彤点校，汤一玄整理《高僧传》，第462页。

> 大乘意者,欲见普贤菩萨色身者,欲见释迦牟尼佛多宝佛塔分身诸佛及十方佛者,欲得六根清净入佛境界通达无阂者,欲得闻十方诸佛所说,一念之中悉能受持通达不忘,解释演说无障阂者,欲得与文殊师利普贤等诸大菩萨共为等侣者,欲得普现色身一念之中不起灭定遍至十方一切佛土供养一切诸佛者,欲得一念之中遍到十方一切佛刹,现种种色身作种种神变,放大光明说法度脱一切众生,入不思议一乘者,欲得破四魔,净一切烦恼,灭一切障道罪,现身入菩萨正位,具一切诸佛自在功德者,先当于空闲处,三七日一心精进入法华三昧。①

经过对比经典可以看出,这种主旨和《普贤观经》主旨雷同,也可以说是原文照搬的。

该忏仪属于半行半坐三昧,主要分为十科,分别是严净道场、净身、三业供养、供请三宝、赞叹三宝、礼佛、忏悔、旋绕、奉诵法华和思惟一实境界。而千佛洞第8窟中心塔柱上的十方佛、释迦多宝并坐和七佛等题材主要集中在供请赞叹和礼佛这三部分。下面逐一说明。

1. 十方佛

起源于印度原始佛教布萨的忏悔,由最初向僧尼同修发露,逐渐发展到向诸佛菩萨忏悔。《普贤观经》认为,行者欲修忏法之时,十方诸佛是其供请的对象之一;当行者达到一定的阶段,或者因为过去世所犯下的罪过障住心眼的时候,往往要礼拜十方诸佛,并向他们发露忏悔。发展到《法华三昧忏仪》,十方诸佛被详尽地罗列了出来,包括了东方善德佛、东南无忧佛、南方旃檀德佛、西南宝施佛、西方无量明佛、西北华德佛、北方相德佛、

①[隋]智顗《法华三昧忏仪》,《大正藏》,第46册,第949页。

东北三乘佛、上方广众德佛和下方明德佛,非常重要的是还包括了各方法界一切诸佛。在奉请之时还要“应运心想:东方诸佛身黄金色,相好具足放大光明,与诸大众前后围绕,来到道场,叆塞虚空,受我供养,南西北方四维上下,亦复如是”①。与之对应的是,在塔柱右面的最上栏两排列像和下栏圆拱龛之间布满了千佛,也就是说,当行者礼忏的时候,十方诸佛会在其视野范围内占据相当大的空间;而且正如上文所言,这些类似于“开放式”构图中的千佛,将目光投向了壁画之外,同礼拜者之间形成一种互动,这大概是其最本质的用意吧。因此十方诸佛图像的开放式构图和占据空间大的特点,恰好和它在忏仪中的作用相吻合,迎合了忏仪的需要。

2. 塔柱下栏圆拱小龛内容极为丰富

释迦佛、多宝佛和释迦牟尼十方分身诸佛同十方佛一样,他们不仅仅是禅观过程中示显于修行者眼前的好相,同时又是忏悔中不可或缺的一部分,是供请顶礼的对象。《法华三昧忏仪》要求,在奉请之时还要心想:释迦牟尼佛由菩萨眷属围绕从耆阇崛山来;多宝佛塔从地涌出;分身诸佛云集于宝树之下;文殊师利菩萨和弥勒菩萨亦由无量菩萨围绕。他们“悉现道场”,接受行者的供养。那么在距离行者咫尺之遥的壁面上,绘画上述诸种图案,是否有利于行者的“心想”,是否表示诸佛菩萨“悉现道场”? 这大概就是寺院描绘此类壁画的初衷吧。

3. 七佛

在《普贤观经》中,行者得到旋陀罗尼之后,他会常念不忘诸佛所说之法,在梦中见到过去七佛,而且释迦佛会为其说法。《法华三昧忏仪》,七佛则成为被敬礼的对象,除此之外别无记载,相比上述的两大题材,其功能相对弱化一些。

---

①[隋]智顗《法华三昧忏仪》,《大正藏》,第46册,第950页。

行文至此，我们可以看出，原来在《普贤观经》里行者禅定过程中示现于面前的好相在《法华三昧忏仪》中则变成了被顶礼膜拜的对象。它们主要和忏仪中的前面诸科对应，其功能就是表示奉请的诸佛菩萨来到道场，行者希望他们能够为自己证明加持，属于事忏。那么接下来属于理忏的六根忏悔法和无生忏才是该忏仪的特色所在，这是思惟一实境界一科中所要完成的，也是无法用绘画来描述的。

虽然智者大师制定《法华三昧忏仪》距离这一铺壁画的绘制有一定的时间间隔，但是从现存的遗迹来看，马蹄寺石窟群自从开窟以来，历代都有僧人的活动。距离它不远的第 6 窟就是一个唐代洞窟，窟内马蹄形佛坛上雕凿了一佛二弟子三身像。而金塔寺石窟尚有十方佛西夏文题记，在千佛洞区域尚有浮雕舍利塔，这都说明在千佛洞第 8 窟的这铺壁画绘制后，马蹄寺仍有佛事活动，而它完全可以运用到智者大师制定《法华三昧忏仪》的时代。因此这种时间上的前后差距不会构成矛盾。

马蹄寺石窟群北朝石窟包含中心塔柱窟和方形禅窟两种窟形。由于功能上的不同，两者形成强烈的互补。通过对其内部造像与壁画内容的考察，我们会发现，早期石窟的功能并不能单纯地定义为“禅观”，除此之外，洞窟造像亦可用于礼拜佛像、忏悔发露、入定观像和自誓受戒。由于僧团内修活动的复杂性，所以其功能也具有多样化的特点。这数种宗教实践或者独立开展，或者相辅相成。通过这一研究，我们认识到石窟寺佛教仪轨的丰富性，为进一步深入地探讨打下基础。

表 5-3

壁画	《普贤观经》	《法华三昧忏仪》
十方佛	禅定中，由白象观至普贤菩萨后，行者要忏悔，礼敬十方佛。普贤菩萨教行者意念十方佛，令之得见。 行者再忏，发露罪愆，得诸佛现前三昧，并见十方佛。 行者得六根清净，并谛观东方世界，乃至十方世界造作大宝树宝座，最后得见十方佛。 修行六根忏悔法，应该观十方佛，十方佛会以手摩行者顶，并说修六根忏悔法的重要和功德。如此行者心清净，如同流水，念念之中，得见十方佛。佛灭度后，如有人能够“昼夜六时礼十方佛，诵大乘经，思第一义甚深空法，一弹指顷，除去百万亿亿阿僧祇劫生死之罪”。 欲得菩萨戒，需在空旷处礼十方佛，并忏悔罪愆，礼请十方佛为行者证明。	诵大乘经者，欲修大乘行者……欲见释迦牟尼佛多宝佛塔分身诸佛及十方佛者，欲得六根清净入佛境界通达无阂者，欲得闻十方诸佛所说，一念之中悉能受持通达不忘，解释演说无障阂者……先当于空闲处，三七日一心精进入法华三昧。(出自《明三七日行法华忏法勸修第一》) 一心敬礼东方善德佛尽东方法界一切诸佛，一心敬礼东南方无忧德佛尽东南方法界一切诸佛，一心敬礼南方栴檀德佛尽南方法界一切诸佛， 一心敬礼西南方宝施佛尽西南方法界一切诸佛，一心敬礼西方无量明佛尽西方法界一切诸佛，一心敬礼西北方华德佛，尽西北方法界一切诸佛，一心敬礼北方相德佛，尽北方法界一切诸佛，一心敬礼东北方三乘行佛，尽东北方法界一切诸佛，一心敬礼上方广众德佛，尽上方法界一切诸佛，一心敬礼下方明德佛，尽下方法界一切诸佛。(出自《第六明礼佛方法》) 我比丘(某甲)至心劝请十方法界无量佛，唯愿久住转法轮，含灵抱识还本净，然后如来归常住。(出自《明劝请法》) 我比丘(某甲)至心回向，三业所修一切善，供养十方恒沙佛。(出自《明回向法》)

续表

壁画	《普贤观经》	《法华三昧忏仪》
弥勒菩萨	欲得菩萨戒，需在空旷处礼十方佛，并忏悔罪愆，请弥勒"亦应听我受菩萨法"。	一心奉请南无弥勒菩萨摩诃萨（亦如前运心想）。（出自《第四明行者请三宝方法》） 一心敬礼文殊师利菩萨弥勒菩萨摩诃萨。（出自《第六明礼佛方法》）
释迦牟尼佛	佛说，若有"发大乘意者，乐见释迦牟尼佛及分身诸佛者，乐得六根清净者，当学是观"。 禅定中，由白象观至普贤菩萨后，行者要忏悔，礼敬释迦牟尼佛。 即见十方佛，更颂大乘经，得见释迦牟尼佛在耆阇崛山说法。 欲修忏悔舌根罪法，应忏悔并称南无释迦牟尼佛等语，并香华供养，胡跪合掌，以种种偈赞叹诸佛。 欲得菩萨戒，需在空旷处礼十方佛，并忏悔罪愆，礼请释迦牟尼佛为行者大和上。	诵大乘经者，欲修大乘行者……欲见释迦牟尼佛多宝佛塔分身诸佛及十方佛者……先当于空闲处，三七日一心精进入法华三昧。（出自《明三七日行法华忏法勘修第一》） 一心奉请南无释迦牟尼佛。（出自《第四明行者请三宝方法》） 一心敬礼本师释迦牟尼佛。（出自《第六明礼佛方法》） 礼毕，右旋，称南无释迦牟尼佛。（出自《第八明行道法》）

续表

壁画	《普贤观经》	《法华三昧忏仪》
多宝佛	佛说，若有“发大乘意者……乐见多宝佛塔者……当学是观”。 禅定中，由白象观至普贤菩萨后，行者要忏悔，礼敬多宝佛塔。 修行忏悔眼根罪法，更忏发露，经七日得见多宝塔从地涌出，释迦开启宝塔，二佛并坐其中。多宝佛为行者证明。 欲修忏悔耳根罪法，发露既已，得见多宝佛放大光明，遍照十方世界。 欲修忏悔舌根罪法，应忏悔并称南无多宝佛塔等名号，并以香华供养，胡跪合掌。以种种偈赞叹诸佛。	诵大乘经者，欲修大乘行者……欲见释迦牟尼佛多宝佛塔分身诸佛及十方佛者……先当于空闲处，三七日一心精进入法华三昧。（出自《明三七日行法华忏法勘修第一》） 一心奉请南无过去多宝世尊。（即应心想，多宝佛塔从地涌出，影现道场，受我供养）（出自《第四明行者请三宝方法》） 一心敬礼过去多宝佛。（出自《第六明礼佛方法》） 礼毕，右旋，称南无多宝佛。（出自《第八明行道法》）
释迦牟尼十方分身诸佛	佛说，若有“发大乘意者……乐见释迦牟尼佛及分身诸佛者，乐得六根清净者，当学是观”。 得见释迦牟尼说法后，世尊又将十方分身诸佛汇集于一处。 欲修忏悔舌根罪法，应忏悔并称南无十方释迦牟尼佛分身诸佛等名号香花供养，胡跪合掌。以种种偈赞叹诸佛。	诵大乘经者，欲修大乘行者……欲见释迦牟尼佛多宝佛塔分身诸佛及十方佛者……先当于空闲处，三七日一心精进入法华三昧。（出自《明三七日行法华忏法勘修第一》） 一心奉请南无释迦牟尼十方分身诸佛（即应心想，分身诸佛悉皆云集，在宝树下受我供养）。（出自《明三七日行法华忏法勘修第一》） 一心敬礼十方分身释迦牟尼佛。（出自《第六明礼佛方法》） 礼毕，右旋，称南无释迦牟尼分身佛。（出自《第八明行道法》）

续表

壁画	《普贤观经》	《法华三昧忏仪》
文殊菩萨	文殊菩萨会持诸妙花，住立空中,赞叹护持修行忏悔六根观普贤菩萨法的行者。 欲得菩萨戒,需在空旷处礼十方佛,并忏悔罪愆,礼请文殊菩萨为行者阿阇黎,并授清净法。	诵大乘经者,欲修大乘行者……欲得与文殊师利普贤等诸大菩萨共为等侣者……先当于空闲处，三七日一心精进入法华三昧。(出自《明三七日行法华忏法勘修第一》) 一心奉请南无文殊师利菩萨摩诃萨(运心想念,与无量菩萨围绕受我供养)。(出自《第四明行者请三宝方法》) 一心敬礼文殊师利菩萨弥勒菩萨摩诃萨。(出自《第六明礼佛方法》) 礼毕,右旋,称南无文殊师利菩萨。(出自《第八明行道法》)
七佛	行者得见十方佛，但闭目则见,闭目则失。普贤菩萨为之说法,令其得旋陀罗尼,并与梦中得见过去七佛,唯有释迦佛说法。	一心敬礼往古来今三世诸佛、七佛世尊、贤劫千佛。(出自《第六明礼佛方法》)

第六章

马蹄寺石窟群唐代佛教外弘型洞窟研究

经过南北朝时期的酝酿，李唐时期中国佛教发展到顶峰。而随着时间的推移，净土宗和禅宗逐渐占据鳌头。特别是净土宗，由于倡导念佛方便法门，佛教向世人开启了西方净土世界的大门。与此同时，佛教中国化也进入一个新的层次。在佛教艺术方面，石窟寺佛教造像艺术也开始逐渐将奥义深刻的造像转向生动活泼、多姿多彩的内容。所有这些中原民众喜闻乐见的形式都是佛教向世人传教说法的一种方便法门。

瑞像便是僧团向世俗社会弘传佛教的一种产物。中原瑞像文化在魏晋南北朝初期处于萌芽状态，瑞像崇拜也只限于东南地区和西北地区个别寺院；唐朝初期瑞像传说和记载增多，瑞像文化轮廓已经粗具。[①]瑞像崇拜达到一个高峰，洞窟中也开始出现瑞像的复制品，更有甚者，瑞像代替佛陀一跃成为洞窟主尊。这些造像一般富含当时甚至当地的灵验故事，其弘传佛教的意味更加浓郁。

马蹄寺石窟群千佛洞第 **6** 窟就是一个例证。该窟是一个大型洞窟，容纳的人数比内修型洞窟略多。根据西北地区的民间传说，工匠在洞窟西壁雕凿了本土瑞像——凉州瑞像。由此一来，佛像便被本土化并和当地百姓生活联系起来。从中我们也可以看到，佛教洞窟从内修走向外弘。当然外弘和内修并没有截然不同的区别，在更多的情况下，两者仅仅是倾向的细微不同。

---

①张弓《汉唐佛寺文化史》，北京：中国社会科学出版社，1997 年，第 664 页。

第一节 刘萨诃、凉州瑞像信仰的末法思想与释道宣

凉州瑞像信仰影响被及今天山西、甘肃、宁夏、四川等地乃至漂洋过海传到日本，时代跨越了从北魏到元明千余年。在此期间，不同的人群总是根据不同的需要不断添加新的记载，就像信徒为了表达自己的虔诚，接连不断地为刘萨诃重塑金身，研究者需要抽丝剥茧才能还原历史的本来面目。

凉州瑞像故事由北周道安勒石记录，据陈祚龙先生考订，他是北周冯翊胡城道安。[①]后释道宣对其进行录文并编排在《续高僧传》刘萨诃传记之中，并在《释迦方志》[②]《集神州三宝感通录》[③]《广弘明集》[④]等编著中反复地介绍，不仅如此，释道宣还在《道宣律师感通录》中追溯瑞像"前世"因缘。

①陈祚龙《刘萨河研究——敦煌佛教文献解析之一》，《华冈佛学学报》第3号，1973年5月；后收入氏著《敦煌资料考屑》，台北：台湾商务印书馆，1979年，第247页。

②[唐]道宣著，范祥雍点校《释迦方志》，北京：中华书局，2000年，第108—109页。

③[唐]道宣《集神州三宝感通录》，《大正藏》，第52册，第417页。

④[唐]道宣《广弘明集》，《大正藏》，第52册，第202页。

可以说，释道安和释道宣的记载属于一个版本，代表着当时佛教上层精英。凉州瑞像信仰之所以发展起来，一定程度上得力于当时长安僧人的推波助澜。那么问题是，他们为何会对西北地区童山之中的一身瑞像倾注如此大的热情？这身瑞像对于当时僧团而言具有何种意义？瑞像信仰兴起之后又有怎样的影响？本节紧紧围绕《续高僧传》等相关记载，结合图像以及道安与道宣两位高僧的社会与个人背景，试作分析。

为了方便讨论，笔者再次将这段故事完整地呈现。《续高僧传》云：

至元魏太武大延元年（刘萨诃）流化将讫，便事西返，行及凉州番禾郡，东北望御谷而遥礼之。人莫有晓者，乃问其故，达云："此崖当有像现，若灵相圆备，则世乐时康，如其有阙，则世乱民苦。"达行至肃州酒泉县城西七里石涧中死，其骨并碎，如葵子大，可穿之，今在城西古寺中塑像手上。寺有碑云："吾非大圣，游化为业。"文不具矣。尔后八十七年至正光初，忽大风雨，雷震山裂，挺出石像。举身丈八，形相端严，惟无有首。登即选石，命工雕镌别头，安讫还落，因遂任之。魏道陵迟，其言验矣！逮周元年，治凉州城东七里涧忽有光现，彻照幽显，观者异之，乃像首也，便奉至山岩安之，宛然符会。仪容雕缺四十余年，身首异所二百余里。相好还备，太平斯在。保定元年，置为瑞像寺焉，乃有灯光流照，钟声飞响，相续不断，莫测其由。建德初年像首频落，大冢宰及齐王躬往看之，乃令安处，夜落如故，乃经数十，更以余物为头，终坠于地。后周灭佛法，仅得四年，邻国殄丧，识者察之，方知先鉴。虽遭废除，像犹特立。开皇之始，经像大弘，庄饰尊仪，更崇寺宇。大业五年，炀帝躬往，礼敬厚施，重增荣丽，因改旧额为感通寺焉。故令模写传形，量不可测，约指丈八，临度终异，致令发信，弥增日新。①

一、《续高僧传》关于凉州瑞像的记载充满神话色彩，并非完全的“信史”

凉州授记大概属于附会，重要的依据有三。

1. 神话的构成。因为番禾授记发生在特殊的时间——435年、特殊的地点——凉州，并具有特殊的功能——预言了北魏北周的灭亡和北周武帝的灭佛活动。

2. 神话的传播。凉州瑞像故事由北周道安勒石记录，不见于几乎同一时代的《冥祥记》和《高僧传》，但却出现在初唐，距离刘萨诃“授记”有200年左右，距离北魏正光元年(520)也有100余年。在所有文献中，《冥祥记》和《高僧传》最为接近刘萨诃的生活年代，但它们对此却只字未提。后来释道安特地勒碑描述。道宣不仅将此录文还在他的绝大部分著作中反复引用。这种兴趣也波及到同时代的其他高僧，如释道世。②

3. 神话故事中历史事件时间的模糊性。因为是追述，所以记载中的年代信息看似精准，但又略显模糊。整个记载共包含7则年代信息，只有隋炀帝西巡的时间——大业五年(609)非常确定，这大概是因为隋炀帝此举朝野皆知，而且发生在释道宣生活的时代；其余六则年代信息全部用“元年”或者“初”：太延元年，刘萨诃“授记”；正光初或者元年，瑞像示现；北周初期，佛首被发现于七里涧；保定元年，瑞像寺建成；建德初，佛首频繁跌落；“开皇之始”，寺院焕然一新。也许这些事件全部发生在“某某元年”，但是整个记载全部用“元年”，甚至和“初”年混杂，而不是一年、二年、三

---

①[唐]道宣撰，郭绍林点校《续高僧传》，北京：中华书局，2014年，第981页。

②[唐]释道世著，周叔迦、苏晋仁校注《法苑珠林校注》，北京：中华书局，2003年，第465—467页。

年……也许这是历史的巧合，但更有可能表达出讲述者在追叙往事时对时间信息的不确定，原本可能发生在二年、三年……的事情，被有意或者无意地讹化为“初年”“元年”。

为了清晰展示这个问题，笔者根据《集神州三宝感通录》以及《广弘明集》《续高僧传》的记载制表如下：

表 6-1

时间	事件	备注
太延元年	（刘萨诃）至凉州西一百七十里番禾郡界东北，望御谷山遥礼	《广弘明集》作“太延中”
正光元年	因大风雨雷震山岩，挺出石像	《续高僧传》作“正光初”，《广弘明集》作“正光年初”
周元年	凉州城东七里涧石忽出光照烛幽显。观者异之，乃像首也	
保定元年	立为瑞像寺	《广弘明集》作“保定中”
建德初	首又自落	《续高僧传》作“建德初年”
开皇	依前置寺	《续高僧传》作“开皇之始”
大业五年	（隋）炀帝西征，躬往礼觐，改为感通道场	

二、凉州瑞像授记的时间——太延元年(435)

据道宣录文，道安碑记载刘萨诃于“太延元年”经过番禾，为御容山授记。这个纪年在刘萨诃的传记中最为明确，不过尚丽新先生对其可信度提出异议。先生基本认定太延番禾授记属于一种附会，并把刘萨诃的圆寂系于玄始九年(420)稍后。①笔者赞同先生的观点。

①尚丽新《“敦煌高僧”刘萨诃的史实与传说》，《西南民族大学学报（人文社科版）》2007 年第 4 期，第 79 页。

问题是，既然刘萨诃在5世纪20年代已经圆寂，太延说就是出于杜撰。但为什么发生在20年代的事情，会被移植到435年？这一年具有怎样的特殊意义？

太延元年前一年，即延和三年（甲戌年，434）在中原佛教徒的心目中是一个异常特殊的年份。法华宗三祖慧思于其《南岳慧思大禅师立誓愿文》中指出："……末法从甲戌年（即延和三年，434）至癸丑年，足满一万岁止住。"[①]这是汉地高僧第一次明确系统地阐明正、像、末三个阶段。这样延和三年就被认为是佛教发展史上的一个分水岭，是末法时代的开端。

图6.1 中国国家博物馆藏白氏塔
（采自《中国美术全集·雕塑编·魏晋南北朝雕塑》）

在思大禅师之前，番禾瑞像所在的凉州地区早在十六国北凉时期就已经开始形成了这种观点。最具说服力的就是现甘肃和新疆境内出土的十四座北凉石塔。据殷光明先生研究，在现存有纪年题记的石塔中，"生值末世"和"生值末法"等词语仅仅出现在434年白氏塔（图6.1）[②]和436年程段儿石塔上（图6.2）[③]。这是造于5世纪

①［北齐］慧思《南岳思大禅师立誓愿文》，《大正藏》，第46册，第786页。

②林樹中主编《中国美术全集·雕塑编·魏晋南北朝雕塑》，北京：人民美术出版社，2006年，第32页。

③林樹中主编《中国美术全集·雕塑编·魏晋南北朝雕塑》，第31页。

图 6.2　甘肃酒泉博物馆藏程段儿塔
（采自《中国美术全集·雕塑编·魏晋南北朝雕塑》）

20 年代的□基德塔、马德惠塔、高善穆塔和田弘塔所没有的内容。联系到塔肩七佛一弥勒的造像，可以推断北凉佛教徒相信北凉缘禾三年（即延和三年，434 年）佛教已经开始进入末法时期。[①]这样看来，河西十六国北凉文化圈特别是番禾瑞像所在的凉州地区，僧俗对于末法概念非常明确，末法思想异常浓郁。

在此背景之下，发生在 5 世纪 20 年代的番禾授记，却被嫁接到末法时代的第二年 435 年。这种做法和北凉石塔题记中末法(世)词语仅仅出现在 434 年之后是吻合的。这样凉州瑞像就具备了应末法时代降临而示现的特征。而瑞像根本的特点就是极力模仿释迦真容，是释迦涅槃后长存于世的法身代表，实际上表达了在这个无佛的末法时代，人们殷切地祈求佛陀护佑的愿望。因此 435 年的选择并非出自偶然。

①殷光明《北凉石塔研究》，新竹：觉风佛教艺术文化基金会，2000 年，第 140—141 页。

三、凉州瑞像“无首”状态与示现的时间——正光元年(520)

《续高僧传》记载:“至正光初,忽大风雨,雷震山裂,挺出石像。举身丈八,形相端严,惟无有首。”这表明正光年间出现的这尊凉州瑞像具有一大特点:不具足,即佛像不完备。

根据孙修身先生调查,瑞像位于今甘肃省金昌市永昌县后大寺,这里也是《续高僧传》所记瑞像寺的所在地。①学者们认为,《瑞像因缘记》也许是后来人们对6世纪当地系列造像活动的附会。②在这个记载中,凉州瑞像的轰然示现,被系在北魏“正光元年”或者“初”。如果是附会,这个时间信息是否真实?如果是附会,凉州瑞像具有怎样的特质而被系在北魏“正光”?“正光”在历史书写者的眼中又有什么特殊的意义?这都是摆在我们面前尚需考察的问题。

1. 正光元年北魏明帝举行三教论衡,而释道安和释道宣都曾经亲身经历过类似讨论

自文成帝登基复法以后,北魏皇帝大都笃信佛教,佛教在北中国迅猛发展,蒸蒸日上。寺院伽蓝涌现,石窟造像巍峨壮丽。与南朝相比,北魏佛教重视禅修持戒,重视营窟造像,追求积累功德,此外,“北朝君权集中,没有发生沙门应否礼敬君王的辩论”③。

然而就在这样的背景下,正光元年(520),北魏孝明帝元诩却召集举行了一次三教优劣的辩论。道宣《广弘明集》记载:

①孙修身《古凉州番禾县调查记》,《西北民族文丛》1983年第3期,第150页。

②孙修身、党寿山《〈凉州御山石佛瑞像因缘记〉考释》,《敦煌研究》1983年创刊号,第102—107页;杜斗城《刘萨诃与凉州番禾望御山“瑞像”》,敦煌研究院编《段文杰敦煌研究五十年纪念文集》,北京:世界图书出版公司,1996年;又杜斗城等《河西佛教史》,北京:中国社会科学出版社,2009年;尚丽新《“敦煌高僧”刘萨诃的史实与传说》,第76—82页。

③任继愈主编《中国佛教史》第3卷,北京:中国社会科学出版社,1988年,第43页。

正光元年，明帝加朝服，大赦天下，召佛道二宗门人殿前。斋讫侍中刘腾宣敕，请法师等与道士论议，以释弟子疑网。时清通观道士姜斌与融觉寺僧昙谟最对论。……帝加斌极刑。三藏法师菩提流支苦谏乃止。配徙马邑。[①]

辩论的结果是道士姜斌被发配马邑，佛教获胜，然而这次事件不可不说给佛教信徒再次敲响了警钟。

据《续高僧传》，释道安是第一个记录凉州瑞像的人。在北周灭佛运动之前，他也参加了周武帝主持的三教优劣讨论。天和五年（570）甄鸾上《笑道论》，驳斥道教。但五月武帝就以“伤蠹道士”为名，焚毁此论。为此道安“慨时俗之混并，悼史籍之沈网”，作《二教论》，称儒教和佛教分别是“内教”和“外教”，道教则依附于儒教。[②]论点论据独特而又严密，无人能驳。然后这一切的努力都没有能够阻止“法难”的到来，建德三年（574）五月武帝下诏禁断佛道二宗。[③]

在道宣生活的时代，三教论衡更是甚嚣尘上。从武德四年（621）傅奕上书，攻击佛教，到贞观十三年（639）道士秦世英上奏法琳著书立说，诽谤皇宗，这场持续的辩论以法琳流放益州结束，途中法琳圆寂，当时释道宣44岁。这期间，高祖发布沙汰僧尼诏令，释道宣少时出家所在的日严寺也被废除。凉州瑞像的记载较早见于《续高僧传》，此书初稿所载僧人上起梁初，下至贞观十九年（645），后来多次修改补充，最终完成于唐麟德二年（665）。也就在编纂工作完成前，他被推举为僧伽之首，抗议龙朔二年

①［唐］释道宣《广弘明集》，《大正藏》，第52册，第100页。

②［唐］释道宣撰，郭绍林点校《续高僧传》，第915—917页。

③对此笔者曾有相关论述。张善庆、沙武田《刘萨诃与凉州瑞像信仰的末法观》，《敦煌研究》2008年第5期，第12—13页。

(662)四月十五日唐高宗发布的讨论僧尼是否应该致拜君亲的诏令。他先后致书唐高宗第四子时任雍州牧的沛王、武则天母亲荣国夫人以及朝中大臣。[①]在此前后,道宣法师编纂了《集古今佛道论衡》(唐龙朔元年至麟德元年,661—664)、《广弘明集》(麟德元年,664)等重要论著,这些著作也都与三教论衡有关,同时也反映出法师内心急切、复杂的心情。

此外,《续高僧传》的一个科目细节需要注意。相比《高僧传》,"护法"是新增的一科,专门记载佛教发展浮沉历史上护持佛法的慷慨之僧。名列第一者并非他人,正是参加正光元年三教论衡的昙无最。值得思考的是,除了简洁地介绍昙无最生平,释道宣用了五分之三的文字记述这次辩论的过程;最后却没有记载法师的卒年,史载:"不测其终"[②]。这种写法非常类似于释慧皎《高僧传》中的刘萨诃传记——虽然是个人传记,但是大部分的篇幅却在叙述江南地区的佛教遗迹,刘萨诃成了一位线索人物。对此巫鸿先生认为,这大概强调的是一种南方观点。[③]那么昙无最的传记也许恰恰透露出道宣对三教优劣讨论的重视,而这个事件就发生在正光元年。

2."正光"在北朝史学家和隋唐高僧眼中是中国佛教僧团发展的一个重要转折点

《魏书·释老志》在佛教部分末尾总结说:

> 正光已后,天下多虞,王役尤甚,于是所在编民,相与入道,

---

①其内容保存在《广弘明集》,分别是《西明寺僧道宣等上雍州牧沛王论沙门不应拜俗启一首》《西明寺僧道宣等上荣国夫人杨氏请论沙门不合拜俗启一首》《西明寺僧道宣等序佛教隆替事简诸宰辅等状一首》。([唐]释道宣《广弘明集》,《大正藏》,第52册,第100页)

②[唐]释道宣撰,郭绍林点校《续高僧传》,第899—901页。

③(美)巫鸿《再论刘萨诃——圣僧的创造与瑞像的发生》,(美)巫鸿著,郑岩、王睿编,郑岩等译《礼仪中的美术:巫鸿中国古代美术史文编》,北京:生活·读书·新知三联书店,2005年,第434页。

假慕沙门，实避调役，猥滥之极，自中国之有佛法，未之有也。略而计之，僧尼大众二百多万矣，其寺三万有余，流弊不归，一至于此，识者所以叹息也。[①]

据此资料，北魏后期，百姓为了逃避沉重的徭役兵役和赋税，纷纷躲进山门，这样就造成了中央政府财政收入的巨大流失。根据《通典·食货典》记载："明帝正光以前，时惟全盛，户口之数，比夫晋太康倍而余矣。"杜佑按："晋武帝太康元年平吴后，大凡户二百四十五万九千八百，口千六百一十六万三千八百六十三。今云倍而余者，是其盛时则户有至五百余万矣。"[②]僧尼人数所占之比例，显示出百姓负担之重。因此杨衒之不仅撰写《洛阳伽蓝记》揭示寺院靡费国库，并上书条陈僧团膨胀的影响："释教虚诞，有为徒费。无执戈以卫国，有饥寒于色养。逃役之流，仆隶之类，避苦就乐，非修道者。"[③]这种反佛思想在北朝非常普遍。

释道宣在《广弘明集》中也收录了《释老志》，并完全抄录了这段论述。他对这句话的理解也许会更加深刻。

寺院经济的膨胀，是释道宣极力批判的现象。在此之前中国佛教已经经历了北魏拓跋焘和北周武帝所发动的两次灭佛运动，而法难兴起的一个重要原因就是世俗政权和寺院僧伽之间的经济矛盾。释道宣对此有深刻认识，他在《广弘明集》总结说："又以寺塔崇华，糜费于财事，僧徒供施，叨滥于福田。过犯滋彰，讥嫌时俗。通污佛法，咸被湮埋"。[④]佛寺伽蓝的富丽堂皇，寺院财产的无限膨胀，在释道宣眼中，都是社会讥讽僧团的重要

①[北齐]魏收撰《魏书》卷114《释老志》，北京：中华书局，1974年，3048页。

②[唐]杜佑撰，王文锦等点校《通典》卷7《食货七》，北京：中华书局，1988年，第146页。

③[唐]释道宣《广弘明集》，《大正藏》，第52册，第128页。

④[唐]释道宣《广弘明集》，《大正藏》，第52册，第118页。

诱因。

僧团戒律松弛，释道宣对此更是深恶痛绝，在他看来，这也是统治上层发动灭佛运动的诱因。正光以后，由于僧团急剧膨胀，内部良莠不齐，正所谓“猥滥之极”。那连提耶舍所译《莲花面经》提出，未来世破坏佛法的不是他人，正是不守戒律的“非法”比丘。[①]深受佛教影响的史学家魏收都不禁为僧团现状扼腕叹息。身为律宗的开创者，释道宣法师更是自不必言。所以他晚年所作《关中创立戒坛图经》再次重申戒律的重要性：“以戒为佛法之源，本立而不可倾也！故使中原河之左右既不行之，由此佛法三被诛除，诚所宜也。”[②]

3.“正光”年间的佛教态势和凉州瑞像的无首状态宛然契合

寺院经济的膨胀和正光年间的佛教态势很容易使人联想到当时非常流行的末法观。天台宗慧思明确提出正法、像法、末法三个时段的具体时间，而佛教进入末法的时间就是434年，慧思感慨自己出生之时已经是末法第82年了。[③]这种说法对社会各个阶层都产生了深远的影响。他在传法过程中接连遭受僧团内部不法比丘的毒害：“年三十四时在河南兖州界论义，故遭值诸恶比丘以恶毒药令慧思食。举身烂坏，五脏亦烂，垂死之间，而更得活。”“至年三十九，……淮南郢州刺史刘怀宝共游郢州山中，唤出讲摩诃衍义。是时为义相答。故有诸法师起大瞋怒，有五人恶论师以生金药置饮食中，令慧思食，所有余残，三人噉之，一日即死。慧思于时身怀极困，得停七日，气命垂尽。”“至年四十二……在光州城西观邑寺上，又讲摩诃衍义一遍。是时多有众恶论师竞来恼乱，生嫉妒心，咸欲杀害毁坏般若波罗蜜义。”“至年四十三……在南定州。刺史请讲摩诃衍义一遍。是时多

---

①[北齐]那连提耶舍译《莲花面经》，《大正藏》，第12册，第1072页。

②[唐]释道宣《关中创立戒坛图经》，《大正藏》，第45册，第813页。

③[西魏]慧思《南岳思大禅师立誓愿文》，《大正藏》，第46册，第786—792页。

有众恶论师，竞起恶心作大恼乱，复作种种诸恶方便，断诸檀越不令送食。经五十日唯遣弟子化得以济身命。”[①]比丘的这种做法显然加深了他对末法的理解。

正光就在思大禅师所说的末法时代范围内。根据经典记载，在这样的末法时代，往往会出现不完整的佛像。汉文戒律明确记载，禁止雕凿绘制不具足、不完整的佛像。[②]《集神州三宝感通录》的作者释道宣，撰有“南山五大部”，其中《四分律删繁补阙行事钞》记载：“不应造作半身佛像。若有形像身不具足，当密藏覆，劝人令治。治具足已，然后显示。见毁坏像，应当志心供养，恭敬如完无别。如是供养，要身自作。自若无力，当为他使，亦劝他人令作助之。”[③]然而凉州瑞像在正光年间出现的时候就没有佛首，属于不具足的造像，直到今天甘肃金昌市永昌县博物馆还保存着 1 件雕刻精美的佛首（图 6.3）[④]和 3

图 6.3　甘肃省永昌县博物馆藏佛首
（采自《金昌文物》）

①[西魏]慧思《南岳思大禅师立誓愿文》，《大正藏》，第 46 册，第 786—787 页。

②王玉冬先生《半身形像与社会变迁》对佛教半身像作过细致的专题研究。（《艺术史研究》第 6 辑，广州：中山大学出版社，2004 年，第 5—6 页）

③[唐]释道宣《四分律删繁补阙行事钞》卷 11，《大正藏》，第 40 册，第 134 页。

④金昌市文化出版局编《金昌文物》，兰州：甘肃人民出版社，2011 年，第 153 页。

尊残损不一的凉州瑞像。[1]在末法时代，此类佛像屡见不鲜。《佛说像法决疑记》记载："未来世中一切众生造立形像，皆不具足成就众相。或作半身，或手足不成，耳鼻眼口悉不成就，粗有影像而已。或造塔庙不安形像，若有破塔坏像更不修治，如此人辈获罪无量。"[2]凉州瑞像就属于"手足不成"的类型。几经周折，佛首最终被发现于凉州七里涧，瑞像虽然庄严完备，但是其后又发生了佛首跌落事件，并"预言"了世间的战乱以及旷世的法难。根据佛典，这种情况同佛教正法、像法时期的国泰民安与佛教昌隆形成了鲜明的对比。所以说，凉州瑞像示现时的不具足状态恰恰与佛法颓败时期的世间诸相完全相符。[3]

四、凉州瑞像佛首跌落与建德大地震

《续高僧传》记载："建德初年像首频落，大冢宰及齐王躬往看之，乃令安处，夜落如故，乃经数十，更以余物为头，终坠于地。后周灭佛法，仅得四年，邻国殄丧，识者察之，方知先鉴。虽遭废除，像犹特立。"

凉州瑞像信仰的盛行很大程度上是因为瑞像神异的"预言"功能，这也是释道宣将它列入《集神州三宝感通录》"瑞像"行列的主要依据。它"预言"了北周政权的灭亡乃至北周武帝的灭法运动，凉州瑞像一跃成为护国

①在 2012 年 9 月"河西石窟凉州瑞像巡礼"考察活动中，笔者与吕德廷、石建刚对敦煌石窟、酒泉文殊山石窟、张掖金塔寺及千佛洞石窟、金昌市永昌圣容寺和永昌县博物馆等地凉州瑞像遗迹进行了系统调查。关于永昌县博物馆藏情况，可参见文静、魏文斌《唐代石雕刘萨诃瑞像初步研究》，《华夏考古》2011 年第 2 期，第 98 页；丁得天《甘肃金昌佛教文物遗迹的调查与研究》，兰州大学硕士学位论文，2012 年，第 13—15 页。

②佚名《佛说像法决疑经》，《大正藏》，第 85 册，第 2870 页。

③拙稿曾经就此问题做过讨论（张善庆、沙武田《刘萨诃与凉州瑞像信仰的末法观》，第 11 页），为了论证完整，再做赘述。关于道宣末法观的讨论，还请参照季爱民《道宣与中国佛教史上"法难观"的形成》，《东北师大学报（哲学社会科学版）》2011 年第 2 期，第 65—70 页。

护教的偶像。但值得注意的是，释道宣有关凉州瑞像的各种著作对建德年间凉州地区的社会历史都没有任何涉及，而事实真相又是如何？在此笔者重点强调的是这条记载中完全没有提到的凉州大地震。

凉州地区在建德年间曾经频繁发生强烈的地震。《隋书·五行志》记载："建德二年，凉州地频震。城郭多坏，地裂出泉。"[①]又，《北史·周本纪》云："（建德三年）十二月……凉州比年地震，坏城郭，地裂涌泉出。"[②]

首先，在时间上，建德年间凉州大地震和番禾瑞像佛头跌落的时间相吻合。虽然在释道宣的叙述中都没有明确写明佛首跌落的年份，一直用"建德初"，但是这和史书记载的"建德二年"和"建德三年"不相矛盾。

其次，瑞像佛首的"频落"与建德年间凉州地震的特点相符。记载称建德二年、三年"凉州地频震"，"比年地震"。由此可以推断，凉州在建德初年发生过多次地震，余震频繁。这应该就是"大冢宰及齐王躬往看之，乃令安处。夜落如故，乃经数十，更以余物为头，终坠于地"[③]的主要原因。

再次，建德年间地震强度高，破坏性强。地震时不仅有大量的地下水涌出，而且用于军事防御工事的城墙也遭受到了较大损毁。从孙修身先生的调查来看，现存瑞像佛首和永昌后大寺佛身不是同一种石料。如果佛首是另外雕凿安装上去的，即便就像记载描述的那样，"宛然符会"，但是终究不牢固。连连遭遇建德年间这种强烈而又频繁的地震，佛首跌落事件的发生也在情理之中。

除此之外，《续高僧传》有关番禾瑞像第一次"预言"的记载以及此时凉州地区的自然气候也值得关注。《续高僧传》载："尔后八十七年至正光初，忽大风雨，雷震山裂，挺出石像。举身丈八，形相端严，惟无有首。"也就

①[唐]魏征、令狐德棻《隋书》，北京：中华书局，1973年，第664—665页。
②[唐]李延寿《北史》，北京：中华书局，1974年，第361页。
③[唐]道宣撰，郭绍林点校《续高僧传》，第981页。

在这一年，凉州出现了异常天气现象。《魏书·灵征志》云："肃宗正光元年十一月辛未，西北赤气竟天畔，似火气。京师不见，凉州以闻。"[①]此前该地区还发生了两次大地震。《魏书·灵征志》称：北魏宣武帝景明"四年(503)正月辛酉，凉州地震"[②]。史书对此次地震强度和危害性没有更多记载。又，《魏书·灵征志》云：北魏宣武帝正始"三年(506)七月己丑，凉州地震，殷殷有声，城门崩"[③]。这里增加了地声的描写。正始凉州大地震，震级远远高于景明年间的地震。当然据此我们尚不能断言番禾瑞像在6世纪20年代左右曾经一度处于"身首异所"的状态和某种灾害有关，不过也说明凉州地区地震的活跃。

古凉州地区自古以来就是一个地震多发地带。张掖和武威之间的永昌县就处于河西走廊地震带。在武威以西，金塔和阿拉善右旗以南，门源、祁连、北大河以北，安西和敦煌以东，分布着一系列北西西向深、大断裂带，自第三纪晚期以来具有强烈活动。[④]自从见诸史书记载的后汉顺帝汉安二年(143)大地震开始，[⑤]仅河西走廊地震带，具有破坏性的5级或者5级以上的地震就有25次，[⑥]包含8级地震1次。[⑦]

---

①[北齐]魏收《魏书·灵征志》，第2914页。

②[北齐]魏收《魏书·灵征志》，第2896页。

③[北齐]魏收《魏书·灵征志》，第2896页。

④袁林《西北灾荒史》，兰州：甘肃人民出版社，1994年，第193页。

⑤范晔《后汉书·顺帝纪》记载："建康元年春，正月辛丑，诏曰：陇西、汉阳、张掖、北地、武威、自去年九月以来，地百八十震，山谷圻裂，坏败城寺，杀害民庶，夷狄叛逆，赋役重数，内外怨旷，惟咎叹息。其遣光禄大夫案行，宣畅恩泽，惠此下民，勿为烦扰。"(范晔《后汉书》，北京：中华书局，1965年，第274页)

⑥关于凉州地区地震灾害统计，参见王会安、闻黎明主编《中国地震历史资料汇编》(北京：科学出版社，1983年)，国家地震局兰州地震研究所编《甘肃省地震资料汇编》(北京：地震出版社，1989年)和袁林《西北灾荒史》(兰州：甘肃人民出版社，1994年)。

⑦在1927年古浪大地震中，古浪全城房屋倒塌，番禾瑞像所属的武威和永昌、山丹、永登等地倒塌房屋50余万间，41400人死亡。

凉州地震灾害给该地区的佛教建筑造成了巨大破坏。刘萨诃在河西游化之时正是卢水胡沮渠氏统治的北凉时代。沮渠蒙逊崇奉佛教,不仅组织规模宏大的凉州译经团进行经教宣传,[①]还大力弘传像教,开窟立寺,创立了著名的凉州石窟。许多学者认为这就是武威天梯山石窟。[②]沮渠氏为了使佛教石窟和尊像永固长存,抛弃木构建筑和金铜装饰而选择在山岩中开窟造像。《集神州三宝感通录》记载:“(沮渠蒙逊)以国城寺塔终非云固,古来帝宫终逢煨烬,若依立之效尤斯及。又用金宝,终被毁盗。乃顾眄山宇,可以终天,于州南百里,连崖绵亘,东西不测,就而斲窟,安设尊仪。或石或塑,千变万化。”[③]但由于天梯山石窟地近武威—天祝断裂和皇城—塔儿庄断裂,[④]沮渠蒙逊所有的努力都毁于5世纪以来凉州地区频繁的地震之中。1955年史岩先生在报告中称:天梯山石窟就是凉州石窟,“是由蒙逊首先创凿的,可是他所创凿的石窟现在已经不存在了”。[⑤]

至西夏时期,凉州护国寺感通塔和距离永昌不远的甘州大佛寺都曾经遭受地震灾害。1092年凉州发生地震,护国寺感通塔出现倾斜;1093年乾顺及皇太后发起修葺佛寺活动,1094年完工。《重修护国寺感通塔碑》汉文和西夏文对这一盛举皆有详细记录。西夏文云:“此凉州金塔者,年日已过,风击雨著,染色已褪。去年发生大地震,因见木毁柱斜,德盛皇太后、仁净皇帝等……故派遣头监,集聚诸工。天祐民安癸酉四年六月十二日匠

---

①杜斗城《北凉译经论》,兰州:甘肃文化出版社,1995年,第171—281页。

②向达《西征小记》,《唐代长安与西域文明》,石家庄:河北教育出版社,2001年,第332—333页;史岩《凉州天梯山石窟的现存状况和保存问题》,《文物参考资料》1955年第2期,第95页。

③[唐]释道宣《集神州三宝感通录》,《大正藏》,第52册,第418页。

④石玉成、王旭东《甘肃地区石窟文物保护中的地震危害性估计》,《敦煌研究》2005年第5期,第86页。

⑤史岩《凉州天梯山石窟的现存状况和保存问题》,第95页。

事着手,其翌年正月十五日匠事完毕。”①汉文载:“大夏开国,奄有西土,凉为辅郡,亦已百载。塔之感应,不可殚纪……前年冬,凉州地大震。因又欹仄,守臣露章具列厥事。诏命营治,鸠工未集,还复自正……臣等奉诏,辞不获让,抽毫抒思,谨为之铭。其词曰:巍巍宝塔,肇基阿育。以因缘故,兴无量福。奉安舍利,妆严具足。历载逾千,废置莫录……况属前冬,壬申岁直。武威地震,塔又震仄。凌云势挠,欲治工亿。龙天护持,何假人力。二圣钦崇,再诏营治。杇者绘者,罔有不备……天祐民安五年岁次甲戌正月甲戌朔十五日戊子建。”②今张掖大佛寺始建于西夏时期,是乾顺为其母亲梁氏追福所建。其中的卧佛身长 35 米,堪称全国室内卧佛之最。明朝成化年间,大佛寺亦遭受地震。据佛身中发现的成化十三年(1477)铜牌记载:“崇宗皇帝永康元年嵬咩国师始创卧佛圣像,后兵燹之乱,旧像犹存。至我大明永乐年间,重建盈完,与成化十三年四月初一日申时地震,佛首倾颓。”另,康熙二十六年(1687)铜牌记载:“累代重修,其间沧桑几致,佛首倾圮,不可枚举,惟佛面存焉。但今时逢康熙二十六年四月初四日子时,佛顶脱落,右面犹存。”③可见,屡次的地震已使大佛面目全非。

通过历史文献分析和文物资料考察可知,凉州瑞像建德年间“像首频落”事件大概就是由凉州地区建德年间的大地震造成的,而对于这则信息我们在以刘萨诃和番禾瑞像为核心的文献材料中并未找到。

五、凉州瑞像“前世”与法难

《道宣律师感通录》曾经对瑞像“前世”因缘进行追溯:“迦叶佛时有利宾菩萨,见此山人不信业报,以杀害为事。于时住处有数万家,无重佛法

---

①史金波《西夏佛教史略》,台北:台湾商务印书馆股份有限公司,1993 年,第 222 页。

②史金波《西夏佛教史略》,第 226—227 页。

③吴正科《大佛寺史探》,兰州:甘肃人民出版社,2004 年,第 64 页、第 101 页。

者。菩萨救之,为立伽蓝。大梵天王手造像身。初成以后,菩萨神力能令此像如真佛不异,游步说法教化诸人。虽蒙此导,犹不信受。于时菩萨示行怖畏,手擎大石可落,欲下压之。菩萨佯怖劝化。诸人便欻回心,信敬于佛。所有杀具变成莲花。随有街巷花如种植。瑞自此方,摄化神力。菩萨又劝诸清信士,令造七寺,南北一百里,东西八十里,弥山亘谷,处处僧坊佛堂。经十三年方得成就。同时出家有二万人,在七寺住。经三百年,彼诸人等,现业力大。昔造恶业,当世轻受,不入地狱。前所害者,在恶趣中,又发恶愿:彼害我者,及未成圣,我当害之。若不加害,恶业便尽。我无以报,共吐大火,焚烧寺舍,及彼聚落。一时焚荡,纵盗得活。又以大水而漂杀之,无一孑遗。时彼山神,寺未破前,收取此像,远在空中。寺破以后,下内石室,安置供养。年月既久,石生室灭。至刘萨何礼山,示其像者,前身元是利宾菩萨。"[①]因此瑞像在迦叶佛时代就已经经历了一次法难,而道宣的这种追溯也似乎为瑞像对北周武帝灭法运动的预言提供了依据。这样凉州瑞像和法难之间形成了千丝万缕的联系。

《道宣律师感通录》主要记载道宣和"天人"之间一系列的对话。谈论的核心话题大抵有二:一是戒律,一是瑞应。凉州瑞像因缘就来源于此。这是道安碑所没有的内容。不过就其真实性而言,同是律宗的另一派系东塔宗怀素就曾经批评说:"南山犯重,则与天神言论,是自言得上人法也。"[②]虽然不能把它当作信史来佐证瑞像真正的历史原貌,不过道宣律师记述的笔法,却也耐人寻味。因为这段描述中的佛像处理方式和在道宣之前的两次灭佛运动有相似之处。《佛祖统纪》记载,北魏拓跋焘于太平真君下令灭佛,太子缓宣诏书,"沙门多亡匿获免,收藏经像。唯塔庙在魏境者,无复

①[唐]道宣《道宣律师感通录》,《大正藏》,第52册,第437页。
②[宋]赞宁撰,范祥雍点校《宋高僧传》,北京:中华书局,1987年,第335页。

子遗。”[①]又，隋文帝开皇十三年(593)，“幸岐州，搜于南山，逐兽入古窑中，忽失所在，但见满窑损佛像。沙门昙迁曰：此北周武帝毁法，故圣像多委沟壑。”[②]因此在道宣和“天人”的对话中，凉州瑞像因缘似乎是道宣有感于这两次灭佛运动而杜撰的。凉州瑞像被人为地涂上末世思想的色彩。

六、刘萨诃的“授记”与人间导师角色

《道宣律师感通录》在交代瑞像来历的同时，还指出刘萨诃乃是迦叶佛时代的利宾菩萨。这就揭示了刘萨诃能够屡屡感应佛陀胜迹的原因。在他看来，在这个远离佛陀的时代，佛法衰落。众生迷痴而不知珍惜，就像大量佛陀圣物被掩埋于黄土之下，不为世人所知一样。而刘萨诃依靠前世的宿缘将这些遗物发掘出来，其意义无异于在这个漫漫长夜，帮助众生启以光明。他是佛陀时代的见证者，在某种意义上也是这个无佛时代的导师。世间只要有这样的导师存在，佛法就不会湮灭。

敦煌地区僧众更是把刘萨诃的地位推向了一个新的高度。敦煌文献P.2917《壁画榜书底稿》正面记载“东壁第一须菩提、第二富楼那、第三摩诃伽旃延……第十一师子比丘、第十二达摩祖师、第十三惠可禅师、第十四璨禅师……第二十二刘萨诃……”，背面为“大迦叶第一、第二阿难陀、第四商那和修比丘……第十三龙树、第十四提婆”。从这个记载看，背面所载大概依照《付法藏因缘传》，正面第十二至十七属于禅宗传灯谱系。因此，刘萨诃应该是被按照一定的标准纳入到一个传法系统中。众所周知，著者编写传法谱系的目的大概有三，其一证明所在团体的正统合法性，其二记录团体的历史发展，其三希望团体能够永远昌盛下去，分别着眼于过

①[宋]志磐《佛祖统纪》,《大正藏》,第 49 册,第 537 页。

②[宋]志磐《佛祖统纪》,《大正藏》,第 49 册,第 360 页。

去、现在和未来。关于第三个层次，今以《付法藏因缘传》为例加以说明。北魏延兴年间，该经由北台石窟译经场翻译出来。昙曜希望能够“流通后贤，意存无绝”[①]。换言之，昙曜组织翻译《付法藏因缘传》的初衷是希望现实世界中的法师能够像该经所记载的祖师一样，把佛法一代一代地付嘱传播下去，期望佛教能够像他所组织开凿的武周山石窟一样，坚不可摧，长存于世。之所以有如此宏愿，主要是因为昙曜亲身经历过拓跋焘七年的灭佛运动，从而形成了强烈的危机意识。大概也正是在这种思想的支配下，在敦煌地区刘萨诃被纳入到这个付法系统中，成为一位护持与传承佛法的人间导师。

七、敦煌中唐凉州瑞像与末法思想的盛行

从吐蕃占领敦煌开始，画工将西壁龛顶的四坡用菱形几何纹分成数十个小格，并在每个方形格中各绘一身尊像，有佛陀，也有菩萨。凉州瑞像就是其中的一种题材。而且它所处的位置也比较显著。从晚唐开始，瑞像组合开始向甬道转移，并和于阗牛头山史迹图构成一种新的组合。另外依照《敦煌石窟凉州瑞像一览表》可以看出，在四铺中唐作品中，它都出现在瑞像组合的中央位置。根据伯希和所拍图片可以看出，第220窟南壁的表层壁画可以分为上下5列，上面4列就是诸佛和菩萨瑞像，下面1列属于佛教故事。凉州瑞像位于第3列的中央位置，属于整个南壁的核心位置。[②]对于瑞像大量的出现，张广达和荣新江两位先生指出，这和当时于阗地区战乱相寻、社会动荡、佛教像法阶段即将过去而未来阶段即将到的思想有关。[③]这些瑞像不仅是在宣扬佛教，而且主要是着眼于以灵瑞来护持日益

①[唐]释道宣撰，郭绍林点校《续高僧传》，第12页。

②郑炳林、高国祥主编《敦煌莫高窟百年图录》，兰州：甘肃人民出版社，2008年，第519页。

③张广达、荣新江《于阗史丛考》，上海：上海书店，1993年，第213—214页。

受到各种威胁的佛法。[1]由此一来，凉州瑞像就成为佛法式微时期的护法，是应末法时代降临而出现的。从一定程度上说，凉州瑞像就是末法时代的一个符号。

八、凉州瑞像因缘故事画与弥勒经变组合的出现

凉州瑞像因缘故事画的主要内容是叙述瑞像历史的发展脉络，以莫高窟第72窟南壁壁画为代表，这种构图的特点是在凉州瑞像的周围插入其他故事情节，简洁直观地向朝拜者展示瑞像示现的前后因缘。依照道宣等高僧的记载和河西民间传说，画工在南壁通壁绘制刘萨诃与凉州瑞像因缘变相。众所周知，莫高窟壁画绘制的依据主要是佛教经典。即便存在佛传故事、因缘故事或者本生故事，但是这些都属于佛教故事，基本不包含现实的历史事件。但是刘萨诃与凉州瑞像因缘变相绘制的依据不是出自佛典，而是中国中古时期所形成的民间传说。从这个角度上讲，凉州瑞像因缘故事被敦煌社会极力地抬高，一定程度上被“佛典化”了。

接下来的问题是这种组合所要表达的意涵。因为在中唐时期，莫高窟洞窟壁画形成了一壁两铺或三铺的格局，南北两壁对应的壁画形成了固定的搭配关系，从而构成具有时代共性的壁画法则。[2]法华经变对应华严经变，这是基于佛教义理上的圆融。观无量寿经变对应药师经变，这是着眼于东、西方净土空间上的呼应。而依照《敦煌莫高窟内容总录》，笔者对盛唐到宋代与弥勒经变搭配的经变画做了一个统计，发现弥勒经变与天请问经变的搭配组合最为流行。对于这种搭配关系，公维章先生认为是由于经变上部忉利天宫与兜率天宫的对称所致；[3]释觉旻法师认为，从两者

---

①张广达、荣新江《于阗史丛考》，第242页。

②沙武田《敦煌石窟历史的重构》，《圆光佛学学报》第11期，第43页。

③公维章《涅槃、净土的殿堂：敦煌莫高窟第148窟研究》，北京：民族出版社，2004年，第233页。

表 6–2　莫高窟弥勒经变布局搭配一览表

搭配经变	盛唐	中唐	晚唐	五代	宋代	说明
千佛 + 说法图	1①					
阿弥陀经变	3					
观无量寿佛经变	7	3				
法华经变	1②				1	均位于窟顶
天请问经变	1③	6	5	6/7	3	
十方佛赴会		1④				
金光明经变		1	1			
金刚经经变		3	3			
报恩经变		2	2		1	
药师经变		1	1⑤	1⑥		
华严经变			1⑦		1⑧	均位于窟顶四坡
楞伽经变			2⑨		1⑩	均位于窟顶四坡
瑞像图				1⑪	1⑫	

（说明：1. 经变搭配关系包括主室南北壁的搭配、甬道南北壁的搭配以及窟顶四坡的搭配。2. 弥勒经变对应的经变画有一些模糊不清及名称未定者，此表没有包含）

---

①第 33 窟南壁为弥勒经变，北壁为千佛并说法图。

②第 23 窟窟顶西坡弥勒经变，东坡法华经变，南坡法华经变普门品，北坡阿弥陀经变。

③第 148 窟南北两壁龛上。

④第 202 南壁为弥勒经变，北壁为十方诸佛赴会。

⑤第 14 窟中心塔柱南向面为药师经变，北向面为弥勒经变。

⑥第 384 窟甬道南壁为弥勒经变，北壁为药师经变。

⑦第 9 窟窟顶东坡为弥勒经变，其他三坡各有华严三会。

⑧第 25 窟窟顶东坡为弥勒经变，其他三坡各有华严三会。

⑨第 85 窟和第 156 窟窟顶布局相同：窟顶西坡弥勒经变，东坡楞伽经变，南坡法华经变，北坡华严经变。

⑩第 55 窟窟顶西坡弥勒经变，东坡楞伽经变，南坡法华经变，北坡华严经变。

⑪第 72 窟南壁刘萨诃因缘变。

⑫第 220 窟南壁牛头山瑞像组合。

的对置规律性以及弥勒净土是处于三界内的兜率天之属性两点来推论，造窟者应该是取《天请问经》经题和主角天神来象征天国的意义，才有了这样的搭配。[①]那么刘萨诃因缘变相与弥勒经变的结合点是义理、空间，还是构图？

变相绘制的依据是民间传说和高僧著述，不属于佛典，自然也就谈不上义理上的圆融。壁画中的故事开始于北魏正光元年（520），中间穿插大业五年（609）隋炀帝礼佛，最后还有吐蕃占领敦煌时期的故事，不仅有农民劳作的场景，[②]也有乡间庆典时的表演活动，[③]显然它所描绘的并非东西方净土而正是我们所生活的现实世界。

在这个世界里，人们残害生灵，生性好斗。[④]佛像身首异处，[⑤]人王屡兴法难，百姓生灵涂炭。俗人不信佛教，高架云梯盗取佛珠。[⑥]这些种种不法的行为，在佛教看来，只有佛法衰颓的末法时代才会出现。如果再联系到北壁弥勒经变乃是表征未来世界的话，那么这种新型的经变搭配，应该是出自一种时间上的对应——现在与未来。刘萨诃因缘变相表现的不是遥不可及的释迦时代，而正是一个众生备受诸苦煎熬、翘首等待弥勒降生的末法时期。

---

①杨明芬《唐代西方净土礼忏法研究：以敦煌莫高窟西方净土信仰为中心》，北京：民族出版社，2007 年，第 302 页。

②壁画东段下层绘农夫耕作图，榜题为“农人耕种时”。关于第 72 窟刘萨诃与凉州瑞像因缘变相题记，请参照霍熙亮先生《莫高窟第 72 窟及南壁刘萨诃与凉州圣容佛瑞像史迹变》，《文物》1993 年第 2 期，第 32—47 页。下同。

③瑞像面前绘有杂技场景，榜题为“大众持华迎本头时”。

④壁画榜题有“□萨诃和尚见猎师对以劝化时”“二人共斗诤时”。

⑤壁画榜题有“圣容像初下无头时”。

⑥东段中层存榜题“蕃人放火烧寺天降雷鸣将蕃人霹历打煞时”；还有“蕃人无惭愧盗佛宝珠扑落而死时”。

九、凉州瑞像记载与释道安、释道宣

在刘萨诃专题上，巫鸿先生1994年发表的《再论刘萨诃》具有里程碑式的意义。他指出，“文献和艺术中的刘萨诃更多地是一个传奇式的虚构，而非真实的历史人物。为什么他如此频繁地出现在文献和艺术作品中？对于从5世纪到10世纪精心编制刘萨诃故事的作家和艺术家来说，他的身世和灵迹意味着什么？”而需要解决的问题是“对不同古代作家和艺术家来说，刘萨诃到底意味着什么？”[①]尚丽新先生也认为，“与其花费力气去勾稽史实，不如将重心放在研究传说的产生、衍变和影响上，从而反思在刘萨诃信仰在4—11世纪历史变迁中一种民间状态的佛教信仰对社会、文化、风俗和思想的影响。”[②]

通过上文讨论可以看出，刘萨诃与凉州瑞像相关图像和文献，都强烈地凸显了一种末法思想。如果寻根究底，所有的这一切都应该归结于首次记录这一类资料的作者。也就是道安和道宣这两位分别记载和转引凉州瑞像因缘的高僧。

1. 释道安

释道安是记录凉州瑞像因缘的第一人。北魏之时凉州御容山可能的确有造像，但是因为材料或者技术的原因，佛头并没有能够雕凿完善。佛首频频跌落。后人将此同当时社会重大时间相联系，强加附会，从而形成了这样一则神话。[③]但道安为什么会使用如此特殊的记述要素来描述这一系列的事件？北周冯翊胡城道安传记列在《续高僧传》的护法篇。据记载，

---

①巫鸿《再论刘萨诃——圣僧的创造与瑞像的发生》，第431—433页。

②尚丽新《“敦煌高僧”刘萨诃的史实与传说》，第82页。

③杜斗城《刘萨诃与凉州番禾望御山“瑞像”》，敦煌研究院《段文杰敦煌研究五十年纪念文集》，第164页。

道安亲身经历北周武帝的灭佛运动。在运动之前，周武帝曾经多次召集僧人道士以及儒生讨论三教之优劣。天和五年(570)甄鸾上《笑道论》，驳斥道教。道安曾作《二教论》，称儒教和佛教分别是“内教”和“外教”，道教则依附于儒教。[①]今日我们尚能在释道宣《广弘明集》中领略法师的风采。正是因为法师威武不能屈的牺牲奉献精神，释道宣在编纂《续高僧传》的时候将其名列《护法》篇。然而这一切的努力都没有能够阻止“法难”的到来。建德三年(574)五月，武帝下诏禁断佛道二宗。随着北周对北齐征战的胜利，灭佛运动也蔓延到邺城地区。慧思、耶连提耶舍以及阇那崛多等高僧所宣扬的末法思想，在北中国得以迅速传播开来。三教之争，灭佛运动，末法思想流布，这就是道安生活时代的集中写照，而凉州瑞像因缘记就是在这样的背景下完成的。

2. 释道宣

道宣是发现道安碑并频频转引这段录文的高僧。隋唐之际，佛教已经作为独立的力量繁荣发展起来，诸大宗派正在酝酿形成中。可是就在这繁荣景象的背后，末法思想正在扩张。和道安生活的时代一样，两次灭佛运动所带来的旷世浩劫仍然让佛教徒感到心有余悸。静琬法师发起的房山石经工程业已开始。这就是道宣时代的大背景。

经过杨隋时期的复法运动，初唐的佛教可谓惊魂未定，然后却又接连受到来自外界的限制和排挤等诸多阻力。武德四年(621)傅奕上书，奏请废僧尼，减少塔寺。唐高祖采纳其进谏，主持关于佛教损益的讨论。武德五年(622)法琳著《破邪论》、普应作《破邪论》、东宫李帅政制《内德》和《正邪》驳斥傅奕。武德七年(624)傅奕再次上疏，斥责佛教害政。明概作《决对论》反击。武德八年(625)唐高祖下诏叙三教之先后，老先，次孔，末释。武

①[唐]释道宣撰，郭绍林点校《续高僧传》，第913—921页。

德九年(626)下诏沙汰僧尼和道士,诏曰:“朕膺期驭宇,兴隆教法。深思利益,情在护持,欲使玉石区分,薰获有辩。长存妙道,永固福田,正本澄源,宜从沙汰。诸僧尼道士女冠等,有精勤练行,遵戒律者,并令就大寺观居住,官给衣食,勿令乏短。其不能精进,戒行有阙者,不堪供养,并令罢道,各还桑梓。所司明为条式。务依法教,违制之事,悉宜停断。京城留寺三所观,其余天下诸州,各皆一所,余悉罢之。”[①]从诏书内容看,当时佛教僧团内部良莠不齐,存在违背戒律的现象,亟需整治。唐太宗在贞观二年曾经说过梁武帝父子热衷佛教,最终导致亡国灭种,需要引以为戒;他所热衷的乃是“惟在尧、舜之道,周、孔之教”[②]。贞观十一年(637)唐太宗颁布诏书《道士女冠在僧尼之上韶》,从而再次引发佛道先后问题的大讨论。智实、法琳、法常、慧净等上表力争,最终失败,智实也惨遭杖责并于次年病卒。贞观十三年(639),道士秦世英上奏法琳著书立说,诽谤皇宗,最后法琳被流放到益州,不幸在长途跋涉之中圆寂。因此在释道宣生活的时代,虽然没有释道安所经历的灭法运动, 但却充满了三教优劣大辩论以及统治阶层对佛教发展的种种打压或者限制。这都无疑对释道宣形成强烈的刺激,使众多佛教徒都有朝不保夕的忧患意识。也就在 626 年,沙汰僧尼诏令下达的那年,道宣法师三十岁,他发奋完成《四分律删繁补阙行事钞》。在他看来, 北周的灭法运动以及此次沙汰令颁布的直接原因就是佛教僧团的腐败和僧尼的堕落,唯有护持戒律,佛教僧团方能获得重生。[③]

在这种情况下,佛教界兴起了一场影响深远的护法运动。和三阶教、净土宗、禅宗一样,律宗应运而生,担负起重整佛教、清净形象的重任。[④]耶

①[清]董浩等编《全唐文》,北京:中华书局,1983 年,第 38 页。

②[唐]吴兢撰,[元]戈直集注,裴汝诚导读《贞观政要》卷 6,上海:上海古籍出版社,2008 年,第 143 页。

③藤善真澄《道宣传の研究》,京都:京都大学学术出版会,2002 年,第 28 页。

④圣凯《中国佛教忏法研究》,北京:宗教文化出版社,2004 年,第 288 页。

连提耶舍所译《莲花面经》提出，未来世破坏佛法的不是他人，而正是不守戒律的"非法"比丘。[①]道宣也在《续高僧传》提出："或有问曰，大圣垂教，正、像为初，禅法广行，义当修习。今非斯时，固绝条绪，其次不伦，方称末法，乃遵戒之行，斯为极也。"[②]并不断地重申此意，将戒律的弘扬推至一个无上的高度。律宗的创立就是道宣等法师护持佛教的一种尝试。

出于同样的动机，道宣律师还编著有大量著作，如《广弘明集》《集古今佛道论衡》《集神州三宝感通录》等等。他在《释迦方志》中单列《时住篇》，介绍诸经关于正、像、末三个时段的不同说法，并在末尾痛心疾首地罗列出至初唐时期中原佛教所经历的三次浩劫。在《续高僧传》的序言里，他感慨地说："犹恨逮于末法，世挺知名之僧，未覩嘉猷，有沦典籍。庶将来同好，又尘斯意焉。"

他的这种危机意识也潜移默化地影响了他对某些事件的客观描述，甚至加入了感情化的成分。典型例证就是上文提到的建德年间大地震。《隋书·五行志》云："建德二年，凉州地频震。城郭多坏，地裂出泉。"[③]又，《北史·周本纪》云："（建德三年）十二月……凉州比年地震，坏城郭，地裂涌泉出。"[④]佛头跌落事件必然与此相关，然而道安碑却没有记载，道宣也没有提及，不仅没有再查事实真相，反而为瑞像"发现"了瑞像的因缘。另外一则材料就是律师对北凉法难的记述。北凉沮渠兴国在元嘉元年（424）的征战中丧命。沮渠蒙逊以为"事佛无应，即遣斥沙门，五十以下皆令罢道"。[⑤]这次小小的法难虽然没有对河西以外的地方产生直接的影响，但实

①［隋］耶连提耶舍译《莲花面经》，《大正藏》，第 12 册，第 1072 页。

②［唐］释道宣撰，郭绍林点校《续高僧传》，第 810 页。

③［唐］魏征、令狐德棻《隋书》，第 664—665 页。

④［唐］李延寿《北史》，第 361 页。

⑤［梁］慧皎著，汤用彤校注，《高僧传》，北京：中华书局，1992 年，第 78 页。

际上它已经向佛教徒敲响了警钟。时隔二百年,道宣再次记录此事时却增加了这样的一段描述:“(蒙)逊后行至杨述山,诸僧候于路侧,望见发怒,立斩数人。”①道宣不仅增加了《高僧传》所没有的内容,还在慧皎记述的基础上渲染了灾难程度。这其中大概就掺入了律师个人的感情成分。所以我们需要用甄别的眼光看待律师的作品,包括凉州瑞像因缘。

东晋道安法师提出“不依国主,则法事难立”②,如何才能引起上层统治者的兴趣?此时在释道安和释道宣的笔下,番禾瑞像便以“护国护教”的角色出现在历史舞台上。它不仅是末法时代降临的一个符号,更是维护国运昌盛的保护神。

道安和道宣时代是一个末法思想流行的时代。作为当时佛教界上层的两位高僧,他们对佛教的发展都具有强烈的忧患意识。有感于佛教的历次浩劫,两位高僧都曾经用文字的形式大声疾呼,来护持佛教,希望佛教能够免遭湮灭的危险。在此社会与个人背景之下,凉州瑞像因缘记脱颖而出,并连同原有的刘萨诃记载以及河西民间传说,在西北地区形成一种强大的信仰。大量现存于世的佛教艺术作品就是明证。但无论是文献记载,还是艺术品,都或隐晦或直接地折射出这种信仰所蕴含的末法观。

---

①[唐]道宣《集神州三宝感通录》,《大正藏》,第52册,第418页。

②[梁]慧皎著,汤用彤校注,《高僧传》,第178页。

第二节 凉州瑞像因缘故事与民间文学的传播

诚如前文所说，凉州瑞像因缘故事共有两个版本:《续高僧传》和1979年武威地区出土的天宝《凉州御山石佛瑞像因缘记》①(以下简称《瑞像因缘记》)。前者是律宗大师释道宣根据北周释道安碑编纂而成,后者则是在《续高僧传》的基础上续写了初唐释道宣时代到天宝元年(742)之间的凉州瑞像历史,并对初唐之前的故事情节进一步细化,掺入大量河西民间传说。《瑞像因缘记》出土后,孙修身和党寿山先生指出碑文是“刘萨诃和尚在河西走廊进行宗教活动以及凉州番禾县御山谷中石佛瑞像故事最为接近的原始传说”②。较之《续高僧传》,这个版本和莫高窟第72窟南壁凉州瑞像因缘故事画联系更加紧密。

这个版本由于掺入河西地区民间传说，一定意义上推动了凉州瑞像信仰的兴盛,促进了佛教的外弘,强烈地凸显了民间文学的传播特点。在此,笔者谨以《瑞像因缘记》中“李师仁”的真实性以及河西“柰”的出现为

①孙修身、党寿山《〈凉州御山石佛瑞像因缘记〉考释》,第104页。

②孙修身、党寿山《〈凉州御山石佛瑞像因缘记〉考释》,第104页。

切入点，试作分析。

《瑞像因缘记》在叙述北魏正光元年（520）凉州瑞像示现的时候添加了　“李师仁”的故事。自1983年《瑞像因缘记》碑文刊布以来，就引发了学者对莫高窟第61窟、第98窟和第72窟相关图像的讨论[①]，直到目前，学者大多认为图像的经典依据是《瑞像因缘记》，并没有对“李师仁”的真实性提出质疑。然而，《瑞像因缘记》上距北魏正光年间有200多年的历史，上距道宣生活的初唐时代也有半个多世纪。那么“李师仁”是否是一位真实的历史人物？如属虚构，这个角色又是如何产生的？“李师仁”故事中出现了一个元素“柰”，“柰”的出现对于历史研究来说又有怎样的启迪？

一、“李师仁”实乃稽胡离石刘萨诃

凉州瑞像在北周时期第一次进入史家的视野，其记载被辗转收入初唐著述之中。此时“李师仁”尚未出现。释道宣《续高僧传》记载：

> 尔后八十七年至正光（520—525）初，忽大风雨，雷震山裂，挺出石像。举身丈八，形相端严，惟无有首。即选石命工，雕镌别头，安讫还落，因遂任之。魏道陵迟，其言验矣！[②]

天宝元年《瑞像因缘记》虽以《续高僧传》为蓝本，但增加了李师仁深山猎鹿并巧遇神僧这个插曲，其文云：

> 至后魏正光元年，相去八十有六年，猎师李师仁趂鹿于此

①史苇湘《刘萨诃与敦煌莫高窟》，《文物》1983年第6期，第5—13页；孙修身、党寿山《〈凉州御山石佛瑞像因缘记〉考释》，第104页。

②[唐]道宣撰，郭绍林点校《续高僧传》，第981页。

山，忽见一寺俨然化□□□□□/（缺）□师仁稽首作礼，举头不见其僧，窃念常游于兹，怪未曾有，如是遂垒石为记，将拟验之，行未越界，忽□雷震/（缺）□属魏末丧乱，生人涂炭，萨何之言，至是验焉。师仁于时怀果，走诣所部，言终出柰，柰化为石，于是□□叹此希有之。[①]

对比来看，因为"李师仁"角色的加入，《瑞像因缘记》的故事情节更加富有神秘色彩。

莫高窟第61窟[②]和第98窟[③]中心佛坛背屏背面是一铺巨大的凉州瑞像。（图6.4，图6.5，图6.6，图6.7）瑞像脚下两侧根据礼佛右绕的仪轨由南到北分别绘图一幅：第一幅绘猎师策马深山，对准一头疾驰奔跑的小鹿拉弓射箭；第二幅绘猎师下马，或跪或立，面对一身举手劝化的僧人聆听教化，僧人身后正是那头小鹿。类似图像还见于莫高窟第72窟南壁刘萨诃与凉州瑞像因缘变相，画师在僧人面前增添了小桥流水，在其背后描绘一座殿堂，旁书榜题："□萨诃和尚见猎师对以劝化时"[④]。另据笔者2011年实地调查，第225窟甬道顶部凉州瑞像右下方绘有一只小鹿，昂首站立，面向瑞像；身后是蜿蜒的山路和茂密的丛林。由于图像残损严重，左侧与小鹿对称处是否有猎师或者其他图像，我们都不得而知，也许是相同的题材。

史苇湘先生最早指出第61、98窟背屏立佛当是凉州瑞像，立佛脚下

---

①孙修身、党寿山《〈凉州御山石佛瑞像因缘记〉考释》，第102页。

②赵声良编著《敦煌石窟艺术·莫高窟第六一窟（五代）》，南京：江苏美术出版社，1995年，第69页。

③孙修身主编《敦煌石窟全集·佛教东传故事画卷》，香港：商务印书馆（香港）有限公司，1999年，第163页。

④霍熙亮《莫高窟第72窟及其南壁刘萨诃与凉州圣容佛瑞像史迹变》，第42页。

图 6.4　莫高窟第 61 窟中心佛坛背屏背面神僧劝化
（采自《敦煌石窟艺术·莫高窟第六一窟（五代）》）

图 6.5　莫高窟第 61 窟中心佛坛背屏背面猎师逐鹿
（采自《敦煌石窟艺术·莫高窟第六一窟（五代）》）

图 6.6　莫高窟第 98 窟中心佛坛背屏背面神僧劝化
（采自《敦煌石窟全集·佛教东传故事画卷》）

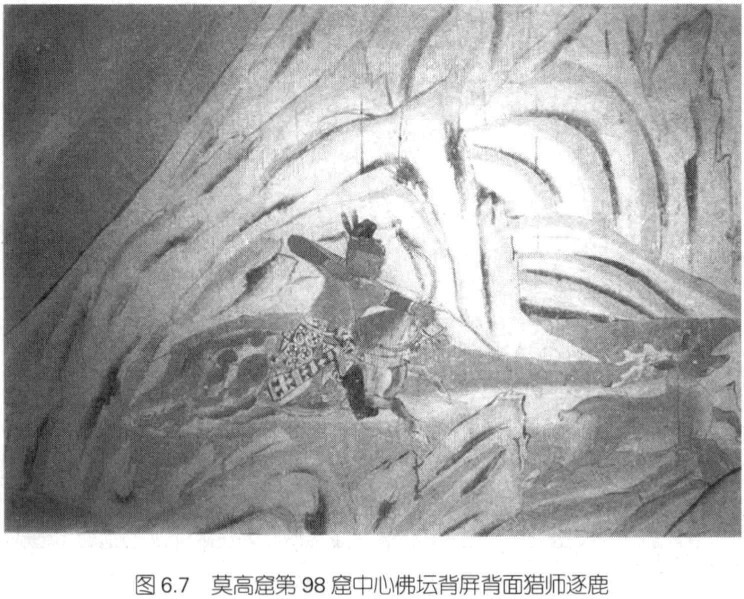

图 6.7　莫高窟第 98 窟中心佛坛背屏背面猎师逐鹿
（采自《敦煌石窟全集·佛教东传故事画卷》）

两侧的图像"即《刘萨诃因缘记》与梁、唐《高僧传》上所谓'(萨诃)性好游猎,多曾煞鹿''见一道人云,是其前世师,为其说法,训诲令出家'。"[①]这就是说,猎师是刘萨诃,僧人是他的"前世师"。根据《瑞像因缘记》,孙修身和党寿山先生指出,画面表现了"猎师李师仁趁鹿入山,见化佛、寺及僧等,然后雷震山裂,挺出石像的故事",[②]意为猎师是李师仁,僧人是刘萨诃。

"李师仁"研究也就成为解决前辈分歧的关键所在。经过梳理,笔者认为,"李师仁" 实际乃是刘萨诃与凉州瑞像故事在河西民间传播过程中衍生出来的一位虚构的人物,其原型就是"离石人"稽胡刘萨诃。

在论述之前,笔者略对第 61 窟神僧劝化场景中的回鹘文题记(图 6.8)作一说明,今经松井太先生辨析,题记为:adityazin yükünü tägintim,意为"我,阿迪提牙孙(adityazin)恭敬地礼拜"[③]。此人在第 19、26、36 等窟都留下了题记。[④]也就说,这是一段与壁画内容无关的游人漫题,不是对榜题框内文字的翻译,为图像的进一步解读扫清了障碍。

---

①史苇湘《刘萨诃与敦煌莫高窟》,第 6 页。

②孙修身、党寿山《〈凉州御山石佛瑞像因缘记〉考释》,第 104 页。

③图中,猎人下马站在僧人面前,举首仰望着神僧,神僧画像面前有红底榜题框,惜文字已经漫灭不清,榜题框外,竖写少数民族文字题记。(图版见俄罗斯国立艾尔米塔什博物馆、上海古籍出版社《俄藏敦煌艺术品》Ⅳ,上海古籍出版社,2000 年,第 12 页)这显然是后人所写。其内容有两种基本的可能:一种是对榜题框内汉文题记的翻译,是对图像内容的解释;另一种就是游人漫题,与壁画内容无关。无论哪一种情况,我们都有必要对此进行考释。初,伯希和在笔记中记载:"此处于比丘旁边有一条简短的蒙文题记。"([法]伯希和著,耿昇译《伯希和敦煌石窟笔记》,兰州:甘肃人民出版社,1993 年,第 199 页)奥登堡《敦煌千佛洞石窟叙录》记录为"近旁有一小行回鹘文题记……(见照片)"([俄]奥登堡《敦煌千佛洞石窟叙录》,俄罗斯国立艾尔米塔什博物馆、上海古籍出版社《俄藏敦煌艺术品》Ⅵ,上海古籍出版社,2005 年,第 164 页)。2013 年 12 月 21 日在兰州大学冯培红教授主持"法藏敦煌文献轮读会"举行之际,笔者就此题记求教于日本弘前大学松井太先生。松井先生即刻做出解答,并在回国后来信详解了这段题记,认为 adityazin 是人名,梵语 ādityasena 的借用语,依据 10—14 世纪的汉语资料,可使用"阿迪提牙孙"等汉字来表示。笔者在此对松井先生所提供的帮助特表感谢。

④(日)松井太《敦煌诸石窟のウイグル语题记铭文に关する劄记》,《人文社会论丛·人文科学篇》30,弘前大学人文学部,2013 年,第 40 页。

图 6.8 莫高窟第 61 窟中心佛坛背屏回鹘文题记
（改制自《俄藏敦煌艺术品》Ⅳ）

(一)稽胡刘萨诃籍贯为离石

诸多文献对刘萨诃的籍贯记载不同，主要有三种说法：离石、定阳、慈州，略显纷杂。单是释道宣的数部著述也有不同说法。对此，尚丽新先生做过详细考证，认为这三种说法并不矛盾，“离石说产生最早，具有史源意义。……定阳说应起因于刘萨诃在该地有广泛深入的传教活动，而慈州说则是随着定阳稽胡东渡黄河而来。”①

“离石说”出现最早，见于南朝王琰《冥祥记》和梁慧皎《高僧传》，影响深远，唐代释道宣、道世等也采用了这种说法。因此陈祚龙先生说：“参审各书所载，知其原有籍贯，殆不出于东晋元魏间之河汾地域。唯据“高僧传”，则其原有之籍贯，当为目前山西省之离石县所辖的山地。”②在北周道

①尚丽新《“敦煌高僧”刘萨诃的史实与传说》，第 76—78 页。

②陈祚龙《刘萨河研究——敦煌佛教文献解析之一》，《华冈佛学学报》第 3 号，1973 年 5 月；后收入氏作《敦煌资料考屑》，第 249 页。

安和初唐道宣生活的年代，离石位于今山西吕梁市。释道宣同时代的李泰等所编《括地志》（成书于贞观十六年（642）卷二石州条载："离石县，今石州所理县也。"[①]李吉甫《元和郡县图志》卷十四石州条云："《禹贡》冀州之域，……亦为白狄之地，今步落稽其胄也。在秦为西河郡之离石县。灵帝末……其郡遂废。魏黄初三年复置离石县，晋惠帝末刘元海起于河西，攻陷郡县，其离石又没于贼。石勒时改为永石郡，后魏明帝改为离石镇。高齐文宣帝于城内置西汾州，周武帝改为石州。隋大业二年，又为离石郡，武德元年改为石州，五年置总管，七年改为都督，贞观六年复为石州。"[②]石州管辖5个县，其中离石县"本汉旧县也，属西河郡，县东北有离石水，因取名焉。汉末荒废，魏黄初复置，后陷刘元海。石勒改为永石郡。高齐文宣帝于此置昌化县，属怀政郡。后周复为离石，属石州。隋氏不改，皇朝因之。"[③]

由于离石说影响最大，史书多把籍贯与名字连文，比如《集神州三宝感通录》[④]、《法苑珠林》[⑤]、《唐大和上东征传》[⑥]称呼刘萨诃为"离石沙门刘萨诃"，乃至"离石人刘萨何"。类似的情况俯拾即是。离石是稽胡重要聚居区之一（详见下文稽胡研究介绍），所以稽胡又被称为离石胡。史籍也多用"离石胡某某某"的方式称呼某位历史人物，比如"离石胡帅呼延铁"[⑦]、"离石胡刘苗王"[⑧]、"离石胡刘季"[⑨]等。

由此可以推知，《冥祥记》和《高僧传》成书以后，"离石人"刘萨诃的神

---

①[唐]李泰等著，贺次君辑校《括地志辑校》，北京：中华书局，1980年，第64页。

②[唐]李吉甫撰，贺次君点校《元和郡县图志》，北京：中华书局，1983年，第389页。

③[唐]李吉甫撰，贺次君点校《元和郡县图志》，第389页。

④[唐]道宣《集神州三宝感通录》，《大正藏》，第52册，第404页。

⑤[唐]释道世著，周叔迦、苏晋仁校注《法苑珠林校注》，第1209页。

⑥（日）真人元开著，汪向荣校注《唐大和上东征传》，北京：中华书局，2000年，第55页。

⑦[北齐]魏收撰《魏书》卷2《帝纪》，北京：中华书局，1974年，第32页。

⑧[唐]魏征、令狐德棻等撰《隋书》卷4《帝纪》，第88页。

⑨[宋]欧阳修、宋祁撰《新唐书》卷1《本纪》，北京：中华书局，1975年，第9页。

奇故事开始在江南地区广为流行，而对于江南人来说，离石，这个远在北中国元魏统治之下的地域名称，也就成了刘萨诃的身份标识之一。“离石人”刘萨诃的故事在传播过程中，特别是在口头文学里，主人公的姓名极易被简化甚至省略，仅剩籍贯，刘萨诃的事迹最终转化为“离石人”的事迹，这为“李师仁”的出现埋下了伏笔。

（二）猎师刘萨诃与李师仁生平记载几近相同

《瑞像因缘记》赋予李师仁的角色是“猎师”，故事为猎杀小鹿（《瑞像因缘记》：“猎师李师仁趁鹿于此山”），而相同的角色和相同的事迹也出现在刘萨诃的传记中。“李师仁”几乎成了刘萨诃的翻版。

《冥祥记》记载，刘萨诃猝死之后，神游冥界，因为生前杀鹿，而备受酷刑。文载：

> 晋沙门慧达，姓刘，名萨荷，西河离石人也。未出家时，长于军旅，不闻佛法，尚气武，好畋猎。年三十一，暴病而死，体尚温柔。家未殓，至七日而苏。说云：……荷作礼而别。出南大道，广百余步，道上行者，不可称计。道边有高座，高数十丈，有沙门坐之。左右僧众，列倚甚多。有人执笔，北面而立。谓荷曰：在襄阳时，何故杀鹿？跪答曰：他人射鹿，我加创耳。又不噉肉，何缘受报？时即见襄阳杀鹿之地，草树山涧，忽然满目。所乘黑马并皆能言。悉证荷杀鹿年月时日。荷惧然无对。[①]

《高僧传》吸收《冥祥记》刘萨诃“好田猎”的记载[②]，但是删除了神游地府、襄阳猎鹿等情节。《续高僧传》把刘萨诃籍贯、族属从“并州西河离石”

①[唐]释道世著，周叔迦、苏晋仁校注《法苑珠林校注》，第2483—2485页。

②[梁]释慧皎撰，汤用彤校注《高僧传》，第178页。

更改并补充为“咸阳东北三城定阳稽胡”，其他并无变化。[①]

但时隔百年，敦煌藏经洞出土的《刘萨诃因缘记》再次将深山猎鹿纳入刘萨诃传记中，目前这个因缘记共有4个写本，分别是P.2680、P.3570、P.3727以及杏雨书屋羽698R[②]，进一步指出因杀鹿恶习，刘萨诃在接受阎王审判时被变化成鹿，身受利箭之苦。今节录P.2680如下（详细录文和校对，请参见前文）[③]：

> 和尚俗姓刘氏，自（字）萨诃，丹州定阳人也。性好游猎，多曾煞鹿。后忽卒亡，乃被鬼使擒捉，领至阎罗王所。问萨诃言：“汝曾煞鹿以否？”萨河因即诋讳。须臾乃见怨家，竟来相证。即便招丞（承）。闻空中唱声：“萨诃为鹿。”当即变身成鹿，遂被箭射，下迷闷，无所觉知。实时又复人身。[④]

《刘萨诃因缘记》与《冥祥记》之间的渊源关系一目了然。

---

①[唐]道宣撰，郭绍林点校《续高僧传》，第981页。

②2013年3月《敦煌秘笈》影片册第九册出版，公布了杏雨书屋羽698R遗书图版，正面定名为《十方千五百佛名经》，背面定名为《和尚说返魂记》。“2013年7月14日松浦典弘氏于‘俄藏会’上释读此文书。‘俄藏会’成员山本孝子氏指出此为《刘萨诃和尚因缘记》”（参见吕德廷《〈敦煌秘笈〉部分佛教与道教文书定名》，高田时雄主编《敦煌写本研究年报》第8号，京都大学人文科学研究所，2014年3月，第202—203页）。此卷在内容、书写格式等诸多方面存在若干疑点（拙稿《日本杏雨书屋羽698R〈刘萨诃和尚因缘记〉献疑》（待刊），以下录文暂且不作参考。

③学界前辈对《刘萨诃和尚因缘记》多有录文校对：陈祚龙《刘萨河研究——敦煌佛教文献解析之一》，《华冈佛学学报》第3号，1973年5月；魏普贤《刘萨诃与莫高窟》，[法]谢和耐、苏远鸣等著，耿昇译《法国学者敦煌学论文选萃》，北京：中华书局，1993年，第465—467页（原载《敦煌学论文集》第2卷，日内瓦，1981年）；王国良《〈刘萨诃和尚因缘记〉探究》，项楚、郑阿财主编《新世纪敦煌学论集》，成都：巴蜀书社，2003年，第582—597页；杨宝玉《敦煌本佛教灵验记校注并研究》，兰州：甘肃人民出版社，2009年，第84—89页，第258—268页。

④图版参见上海古籍出版社、法国国家图书馆编《法藏敦煌西域文献》第17册，上海：上海古籍出版社，2001年，第222—223页。

刘萨诃与李师仁具有共同的“猎师”身份，都有杀生恶习，从南齐到初唐记载中，这种恶习就被具体化为“杀鹿”。两者角色和生平的相似性，一方面使学者们在释读第61、98窟背屏壁画时产生了分歧，另一方面也为我们解读“李师仁”和“刘萨诃”的关系提供了更有力的证据。

（三）中古时期“离石人”和“李师仁”六字读音相近或相同[①]

“李师仁”不见于北周道安和初唐道宣的记载，却出现在天宝元年的碑文中，其来历耐人寻味。如果我们摆脱字形和字义的束缚，诵读这一名字，就会发现“李师仁”和“离石人”这六个字在中古时期读音相近或相同。

1.《广韵》：李，良士切，来母止韵开口三等上声止摄。其拟音为 lĭə。[②]《广韵》：离，吕支切，来母支韵开口三等平声止摄。其拟音为 lĭe。[③]

《广韵》：人和仁，皆为如邻切。[④]

由《广韵》可知，“李”和“离”语音近似，“人”和“仁”同音；另外根据《广韵》同韵例和汉语语音史的发展，[⑤]唐代天宝年间的止韵和支韵实为同韵，这里虽有声调的差异，但在通语音和方言音的对应方面往往会在声调方面容易混同，如兰州方言阳平的调值是51，[⑥]这跟普通话的去声的调值一样，故兰州人说普通话就容易把普通话的阳平读如普通话的去声。

①本小节由西北师范大学长期从事汉语史研究的杨同军先生协助完成。2011年笔者将此观点转发给杨先生，当即得到他的认可，只因他身在国外，工作繁忙，无暇系统论述。2014年笔者再次就这一问题向他请教后，他翻阅相关文献，经过三次修改最终定稿。笔者在此特对先生的热情帮助表示由衷的感谢。另外笔者还要感谢敦煌研究院李正宇研究员和陕西师范大学黑维强教授的指点。

②参见余迺永校注《新校互注宋本广韵》，上海：上海辞书出版社，2000年，第252页；郭锡良编著《汉字古音手册（增补本）》，北京：商务印书馆，2010年，第132页。

③参见郭锡良编著《汉字古音手册（增补本）》，第132页。

④参见郭锡良编著《汉字古音手册（增补本）》，第368页。

⑤参见王力《汉语语音史》，北京：中国社会科学出版社，1985年，第215—217页。

⑥参见张文轩、莫超《兰州方言词典》，北京：中国社会科学出版社，2009年，第6页。

2.《广韵》:师,疏夷切,山母脂韵开口三等平声止摄。其拟音为 ʃi。[①]《广韵》:石,常只切,禅母昔韵开口三等入声梗摄。其拟音为 ʑĭɛk。[②]

在此,山即床母三等,与禅母相混。《颜氏家训·音辞》也有记载:"南方水土和柔,其音清举而切诣,失在浮浅,其辞多鄙俗。北方山川深厚,其音沈浊而鈋钝,得其质直,其辞多古语。然冠冕君子,南方为优;闾里小人,北方为愈。易服而与之谈,南方士庶,数言可辩;隔垣而听其语,北方朝野,终日难分。而南染吴、越,北杂夷虏,皆有深弊,不可具论。其谬失轻微者,则……以石为射……以是为舐如此之例,两失甚多。"[③]周祖谟注释曰:"石,切韵常尺反,射,食亦反,同在昔韵;而石属禅母,射属状母三等。是,切韵承纸反,舐,食氏反,同在纸韵;而是属禅母,食属床母三等。南人误石为射,读是为舐,是床母三等与禅母无分也。"[④]

根据《广韵》、汉语语音史的发展(山、禅等母后来混同)和唐五代西北方音的特点(如入声已开始消变[⑤])可知,"师"和"石"语音近似。因此,从语音情况来看,"离石人"和"李师仁"在当时一些地区读音相近甚至相同。

事实上文献还包含着许多词汇,需要我们仔细甄别。单单刘萨诃的名字,史籍也有若干种记载,比如刘萨荷、刘萨诃、刘萨何、刘萨和、刘萨阿,甚至刘薛。对于"刘薛",今天我们使用的繁体字"薩","应是宋代刻板书流行以后才产生的……不见于《说文》,乃'薛'的后起分化字"[⑥]。另外,文献

---

①参见余迺永校注《新校互注宋本广韵》,第 52 页;郭锡良编著《汉字古音手册》(增补本),第 88 页。

②参见郭锡良编著《汉字古音手册(增补本)》,第 89 页。

③王利器撰《颜氏家训集解(增补本)》,北京:中华书局,1993 年,第 529—530 页。

④王利器撰《颜氏家训集解(增补本)》,第 541 页注释 31。

⑤邵荣芬先生在《敦煌俗文学中的别字异文和唐五代西北方音》(载《中国语文》1963 年第 3 期)中说:"由于-p、-t、-k 在高元音 i、u 的后面不太显著,和阴声字相通就完全可能的了。"

⑥张涌泉《敦煌写本文献学》,兰州:甘肃教育出版社,2013 年,第 660 页。

中还有很多音译的稽胡语言，比如库利、贺兰、骨胡、库碣、可野、渭牙、步落稽等。[①]

既然中古时期历史记载与民间传说中的“离石人”和碑文“李师仁”读音相近或相同，那么在刘萨诃故事传播过程中，“离石人”也就非常容易被讹传为“李师仁”。

（四）慈州稽胡刘萨诃与李师仁折射在盛唐小说中的身影

唐戴孚所撰《广异记》记载一则稽胡故事，后收入宋李昉《太平广记》。主要内容是慈州稽胡在深山逐鹿，偶遇化身为道士的虎王；虎王宣称命中注定稽胡将被老虎所吃；稽胡诚惶诚恐乞求解脱之法，最终虎王借助稽胡衣物、草人和猪血等，采用类似于交感巫术[②]的方法，才使稽胡幸免于难，逃过一劫。

这个故事被归入《太平广记》“虎”类，故事情节和费忠条、峡口道士条类似。让人玩味的是故事开头部分。其文云：

> 慈州稽胡者以弋猎为业。唐开元末，逐鹿深山。鹿急走投一室，室中有道士，朱衣凭案而坐。见胡惊愕，问其来由。胡具言姓名，云：“适逐一鹿，不觉深入，辞谢冲突。”道士谓胡曰：“我是虎王，天帝令我主施诸虎之食，一切兽各有对，无枉也。适闻汝称姓名，合为吾食。”案头有朱笔及杯兼簿籍，因开簿以示胡。胡战惧良久，固求释放。道士云：“吾不惜放汝，天命如此，为之奈何！若放汝，便失我一食。汝既相遇，必为取免。”[③]

①参见何星亮《稽胡语若干词试释》，《民族语文》1982 年第 3 期，第 38—42 页。

②（英）J.G.弗雷泽著，徐育新、汪培基、张泽石译《金枝》，北京：新世界出版社，2006 年，第 15—48 页。

③［宋］李昉等编《太平广记》卷 427 稽胡条，北京：中华书局，1961 年，第 3475—3476 页。

佛教禁断杀生，佛典多有描绘猎师或者国王等猎杀动物（鹿、雁、熊、狮等）的故事，宣传果报不爽，劝恶从善。如若寻根溯源，这则稽胡故事的原型概与早期翻译的《萨婆多部毘尼摩得勒伽》[①]、《善见律毗婆沙》[②]有关系。至于故事源头，笔者另外撰文专论，在此就稽胡与刘萨诃、李师仁故事做一个简要对比。

首先，故事主人公的籍贯、族属、职业与刘萨诃完全相同，和李师仁故事颇为相似。虽然稽胡"具言姓名"，《广异记》并未具体记载，但是交代了主人公是"慈州稽胡"，以"弋猎"为生，字里行间折射着刘萨诃的身影。

慈州——历史记载中刘萨诃籍贯之一，也是稽胡主要的聚居区，位于今山西省吉县。《括地志》慈州条仅保留有吉昌县、昌宁县和文成三县。[③]《元和郡县图志》慈州条吉昌条清晰记载了北魏稽胡迁徙至此的历史："后魏孝文帝于今州置定阳郡，并置定阳县，会有河西定阳胡人渡河居于此，因以为名。十八年，改定阳县为吉昌县。贞观八年改置慈州，县依旧属焉。"[④]

稽胡——刘萨诃的族属，又称步落稽、步落坚。关于其源头，史书记载纷纭杂陈，有匈奴后裔说、山戎赤狄后裔说、白狄后裔说，学界研究也比较丰富。[⑤]据《周书·稽胡传》，稽胡主要生活在"自离石以西，安定以东，方七八百里，居山谷间，种落繁炽"[⑥]，而根据林幹先生研究，安定以北和以南也有稽胡，其分布范围非常辽阔。[⑦]稽胡姓氏多有匈奴姓和西域胡姓，匈奴

---

①[刘宋]僧伽跋摩译《萨婆多部毘尼摩得勒伽》，《大正藏》，第23册，第588页。

②[南齐]僧伽跋陀罗译《善见律毗婆沙》，《大正藏》，第24册，第682页。

③[唐]李泰等著，贺次君辑校《括地志辑校》，第63—64页。

④[唐]李吉甫撰，贺次君点校《元和郡县图志》卷12慈州条，第342页。

⑤杜登《稽胡族源问题研究综述》，《元史及民族与边疆研究集刊》第22辑，2010年，第162—168页。

⑥[唐]令狐德棻等撰《周书》卷49《稽胡传》，北京：中华书局，1971年，第896页。

⑦林幹《稽胡（山胡）略考》，《社会科学战线》1984年第1期，第149页。

图 6.9 英藏 Ch.0059 刘萨诃与凉州瑞像（采自国际敦煌项目网站）

姓主要有三姓或者六姓，刘姓即是其中之一。[①]刘萨诃就属于这个部族，《续高僧传》明确记载他是“本咸阳东北三城定阳稽胡也”[②]。针对英藏编号 Ch.0059 中手执香炉的刘萨诃，史苇湘先生指出，他“庞眉、大眼、隆鼻”，具有鲜明的少数民族特征。[③]这从图像上印证了刘萨诃的胡人身份。（图 6.9）

在稽胡聚居地，出身于稽胡的刘萨诃自然备受崇拜，被民间传为观世音菩萨的化身，民众纷纷为他建寺立像。道宣法师在游历当地后记载道：“余以贞观之初历游关表，故谒达之本庙。图像俨肃，日有隆敬。自石、隰、慈、丹、延、绥、威、岚等州，并图写其形，所在供养，号为刘师佛焉。”[④]慈州地区稽胡人刘萨诃信仰之盛可见一斑。682 年稽胡白铁余还模仿刘萨诃发动了一次声势浩大的佛教运动。[⑤]

其次，故事开头的情节也和《瑞像因缘记》颇为相似。

①林幹《稽胡（山胡）略考》，第 153 页。

②［唐］道宣撰，郭绍林点校《续高僧传》，第 980 页。

③史苇湘《刘萨诃与敦煌莫高窟》，第 7 页。

④［唐］道宣撰，郭绍林点校《续高僧传》，第 981—982 页。

⑤罗汉《剥开蚕茧：在白铁余 682—683 年的佛教运动中的民族、财物和末法意识》，胡素馨编《佛教物质文化：寺院财富与世俗供养国际学术研讨会论文集》，上海：上海书画出版社，2003 年，第 322—331 页。

深山逐鹿，是两段故事开启时相同的序幕。如果《瑞像因缘记》没有出土，学者们也许会认定第61、98窟背屏图像的文献依据是《高僧传》或者《广异记》。不仅如此，这个场景又和《冥祥记》刘萨诃襄阳杀鹿情节相似。所谓"草树山涧"[①]更与石窟图像吻合。

偶遇道人，幸受教诲，是两段故事展开后相同的情节模式。无论是偶遇的道士、还是化现的僧人，无论是猛然误闯的石室，还是突然化现的寺院，对于故事主人公来说，都是一种神奇的巧遇。接下来僧人或者道士对主人公教诲的场景，又是两段故事另外一组相似的画面。而指点或者劝化的结果，也是一致的。《广异记》中道士采用交感巫术方法，使得稽胡摆脱了死难；莫高窟第72窟南壁李师仁跪拜僧人的图像中存有榜题"□萨诃和尚见猎师对以劝化时"，可知，僧人正对李师仁劝说感化，但是因为《瑞像因缘记》下部文字残缺（《瑞像因缘记》载：猎师李师仁趂鹿于此山，忽见一寺俨然化□□□□□/（缺）□师仁稽首作礼，举头不见），所以对于僧人所说内容，我们今天不得而知，但从"劝化"一词推测，僧人所说定然是因缘果报，其内容也许就有唯有禁断杀生才会避免冥间利箭之酷刑（《刘萨诃因缘记》记载，因为杀生，刘萨诃身受利箭）。

兹将刘萨诃、李师仁和稽胡故事类似单元总结如下（表6–3）：

表6–3

项目 人物	族属	角色	情节1	情节2	情节3	情节4	备注
离石稽胡 刘萨诃	稽胡	猎师	襄阳深山 策马杀鹿	神游地狱 巧遇观音		无疾猝死 神游冥界 巧遇观音 蒙受点化	
李师仁		猎师	深山逐鹿	偶遇僧人	佛寺化现	幸受劝化	籍贯
慈州稽胡	稽胡	猎师	深山逐鹿	偶遇道士	误闯石室	蒙受指点 侥幸脱难	籍贯 族属

（说明：备注所列乃是"李师仁"和"慈州稽胡"角色所保留的刘萨诃信息）

①［唐］释道世著，周叔迦、苏晋仁校注《法苑珠林校注》，第2483—2485页。

三者之间的关系可以大致厘清。天宝元年(742)《瑞像因缘记》李师仁故事实际上就是刘萨诃故事的一个翻版和改造,而成书于766—779年之间的《广异记》很有可能吸收了民间流传的刘萨诃故事,并与李师仁故事存在交集。

至此我们可以推断,两晋南北朝时期,高僧刘萨信仰逐渐形成并发展起来,影响范围包括江南和北方地区,在远距离石的人群里,在口头传播的过程中,故事主人公"离石人刘萨诃"极易被简化成"离石人",刘萨诃故事也就变成"离石人"的故事,这为"李师仁"的出现埋下伏笔。在中古时期,"离石人"和"李师仁"读音相近或相同,这是"李师仁"角色登台的直接因素。刘萨诃故事也就成为《瑞像因缘记》乃至《广异记》的主要资料来源,因为时代的久远和口头文学的模糊性,李师仁和慈州稽胡的故事不同程度上都保留下了刘萨诃主要的历史信息:"李师仁"保留下刘萨诃的籍贯,慈州稽胡保留的则是籍贯和族属。综合来看,《瑞像因缘记》中的"李师仁"乃是刘萨诃故事在民间传播过程中衍生出来的一个虚构的人物形象,其原型是"离石人"刘萨诃。

二、李师仁故事与河西美柰

《凉州御山石佛瑞像因缘记》在叙述北魏正光初年瑞像乍现情节时,增加了李师仁猎鹿和巧遇圣僧的情节:李师仁怀揣"果""柰",最终变化成石,为整个故事增加了更多神秘色彩。这是初唐《续高僧传》《集神州三宝感通录》等典籍所没有的内容,显然属于后人的添加。那么有关李师仁的这段记载产生于何时何地?因何添加?此前学界并没有讨论。

(一)李师仁故事流行于河西地区

《凉州御山石佛瑞像因缘记》记载:

> 至后魏正光元年,相去八十有六年,猎师李师仁趂鹿于此

> 山，忽见一寺俨然化□□□□□/(缺)□师仁稽首作礼，举头不见其僧，窃念常游于兹，怪未曾有，如是遂垒石为记，将拟验之，行未越界，忽□雷震/(缺)□属魏末丧乱，生人涂炭，萨何之言，至是验焉。师仁于时怀果，走诣所部，言终出柰，柰化为石，于是□□叹此希有之。①

由于《瑞像因缘记》石碑残损，故事内容略有遗缺。猎师李师仁在山中游猎，偶遇圣僧，蒙受教化。圣僧所说，盖是预言。瑞像出现之后，李师仁怀揣“果”“柰”，可能是和他人叙说过往殊胜因缘，此后，怀中“果”“柰”变化成石。

凉州瑞像主要分布于今天甘肃地区，其次是山西、内蒙古、四川等地，表现形式主要是单尊像，或者三尊、五尊像；或者和其他瑞像乃至牛头山瑞像作为一个组合出现；或者出现在内容翔实、结构复杂的瑞像因缘变相中。李师仁故事通常被描绘在最后一类。目前所见比较具有代表性的分别保存于莫高窟第 72 窟、第 61 窟、第 98 窟和第 225 窟。藏经洞出土绢画（编号 Ch.0059）也应该是瑞像因缘变相的残片。

第 72 窟开凿于晚唐时期，②南壁通壁绘制凉州瑞像因缘变相，内容和《瑞像因缘记》相近，③详细描绘了瑞像示现前后的重要事件。壁画中央对

---

①孙修身、党寿山《〈凉州御山石佛瑞像因缘记〉考释》，第 102 页。

②该窟开凿年代存在争议。《敦煌莫高窟内容总录》《敦煌石窟内容总录》都将该窟确定为五代时期。（详见敦煌文物研究所整理《敦煌莫高窟内容总录》，北京：文物出版社，1982 年，第 24 页；敦煌研究院编《敦煌石窟内容总录》，北京：文物出版社，1996 年，第 30 页）霍熙亮先生认为洞窟建造于晚唐初期，后来经过五代和北宋重修。（霍熙亮《莫高窟第 72 窟及其南壁刘萨诃与凉州圣容佛瑞像史迹变》，第 46 页）张小刚认为晚唐张氏归义军初期。（张小刚《凉州瑞像在敦煌——体现地方性的一种瑞像实例》，《魏晋南北朝隋唐史资料》总第 26 辑，第 264 页；张小刚《敦煌佛教感通画研究》，兰州：甘肃教育出版社，2015 年，第 413 页）

③霍熙亮《莫高窟第 72 窟及其南壁刘萨诃与凉州圣容佛瑞像史迹变》，第 46 页。

称轴北侧下方描绘李师仁猎鹿和巧遇圣僧两个重要情节。李师仁策马驰骋,搭弓射箭,瞄向疾驰奔走的小鹿。另外一个场景中,李师仁下马跪地,双手合十,面向僧人。僧人背后描绘一座殿堂,旁书榜题:“□萨诃和尚见猎师对以劝化时”[①]。(图 6.10)除此之外,壁画中尚有多处《瑞像因缘记》所没有的内容。不知道出于何种原因,曹氏归义军开凿的第 61 窟和第 98 窟对这两个情节特别青睐,在中心佛坛背屏瑞像下方的两侧重点绘制。英藏绢画凉州瑞像因缘变相(编号 Ch.0059)现今只剩下残片,从仅有的图像推测,大概和第 72 窟同样精彩,只是我们已经看不到这两个情节了。从目前笔者所搜集到的资料,除上述武威《瑞像因缘记》、莫高窟壁画和绢画资料,李师仁故事再也没有出现在河西之外的其他地区。

图 6.10 莫高窟第 72 窟南壁猎师逐鹿与神僧劝化
(采自霍熙亮《莫高窟第 72 窟及其南壁刘萨诃与凉州圣容佛瑞像史迹变》)

①霍熙亮《莫高窟第 72 窟及其南壁刘萨诃与凉州圣容佛瑞像史迹变》,第 38 页。

从上文考证来看,“李师仁”是一个虚构的人物角色,大概是刘萨诃的故事在传播过程中不断被讹传而产生的,刘萨诃作为稽胡人,来自离石;在古代西北方言中,“李师仁”和“离石人”读音相同或者相仿。从这一点上看,“李师仁” 的出现大抵产生于中古西北地区。综合上述图像和文献资料,笔者初步推断李师仁故事产生于河西。

(二)李师仁故事中的“柰”盛产于河西地区

李师仁故事出现了一个特别的元素“柰”。这就成为我们探讨李师仁故事产生地区的另外一条重要线索。

柰,根据专家们的研究,就是指中国绵苹果,不同于我们今天所食用的西洋苹果——西洋苹果最早于1871年从美国被引进过来,首先在山东烟台种植;在中国古代,苹果属的果树主要有林檎和柰,其中林檎也称沙果、花红、文林郎果,原产地为中国;柰的种植历史则长达两千年之久,西汉时期上林苑就已经移植成功。[①]关于柰的产地和传入中国的时间,学界说法众多。有学者认为,绵苹果原产地是新疆,在战国后期到秦汉之际传入陇西、甘南等地,并在汉武帝建元年间输入关中。[②]

搜索与柰相关的历史文献就会发现:首先,这些资料分散在《上林赋》《初学记》《酉阳杂俎》《新唐书》《太平御览》等典籍,特别是类书,内容丰富,而且也比较集中,被学界一而再、再而三地反复引用;其次,这些文献资料把柰的生产地集中指向一个地区,那就是河西走廊,西起敦煌、酒泉、张掖,东到武威、永靖。高启安、买小英《河西柰的神话及传播》[③](以下简称

①中国农业百科全书编辑部编《中国农业百科全书·果树卷》,北京:农业出版社,1993年,第267页。

②沈广斌、丁燕燕《绵苹果传入中土时间考》,《农业考古》2014年第6期,第258页。

③高启安、买小英《河西柰的神话及传播》,范鹏、颜廷亮、马廷旭主编《敦煌文化中的中韩文化交流——敦煌文化与东亚文化国际学术研讨会论文选》,兰州:甘肃人民出版社,2013年,第157—162页。

《河西柰》)全面搜罗历代相关文献资料,非常完整地再现了河西地区柰的种植、加工以及相关的种种传说;闫廷亮《河西古代的土贡——以史志资料为中心的考察》[①]对河西冬柰的相关历史文献作过梳理;这都是本文继续探讨的基础,特别是《河西柰》一文。笔者结合敦煌遗书,补充若干资料,对河西美柰再次作一介绍,为完整呈现这段历史,谨将学界耳熟的类书记载赘述如下。

汉代上林苑曾经移植栽种过柰树。司马相如撰写《上林赋》,详尽罗列这座皇家园囿中的奇珍异果,其中就包括柰:“枇杷橪柿,楟柰厚朴”[②],北周庾信著诗《移树》,其中一句是“酒泉移赤柰,河阳徙石榴”[③]。《河西柰》认为这个典故指的就是上林苑柰树来自河西。[④]也就是说,柰在当时已经被移植在皇家园囿中,但是长安周边可能还没有广泛种植。

三国时期河西柰成为贡品。曹植《谢赐柰表》一直为学界津津乐道。对此,元魏《齐民要术》[⑤]记载较略,盛唐《初学记》则非常详细。“即夕殿中虎贲宣诏,赐臣等冬柰一奁。以柰夏熟,今则冬生,物以非时为珍,恩以绝口为厚,非臣等所宜荷之。蒙报植等诏曰:山柰从凉州来,道里既远,又东来转暖,故柰中变色不佳耳。”[⑥]原本夏熟的绵苹果,却能够在冬季收获,实属稀罕;只是保鲜条件有限,千里迢迢从凉州运来,颜色虽然略有变化,但是已经弥足珍贵了。可见当时凉州冬柰已经名声在外。

两晋时期的记载里,凉州、张掖、酒泉、瓜州等地都盛产柰。“(西)晋武

①闫廷亮《河西古代的土贡——以史志资料为中心的考察》,《中国地方志》2017 年第 11 期,第 45—46 页。

②[西汉]司马迁《史记》卷 117《司马相如列传》,北京:中华书局,1982 年,第 3028 页。

③[北周]庾信撰,[清]倪璠注,许逸民校点《庾子山集注》,北京:中华书局,1980 年,第 381 页。

④高启安、买小英《河西柰的神话及传播》,第 157 页。

⑤[北魏]贾思勰《齐民要术》,南京:江苏古籍出版社,2001 年,第 136 页。

⑥[唐]徐坚《初学记》,北京:中华书局,1962 年,第 673 页。

帝泰始二年六月壬申，嘉柰一蒂十实，生酒泉。”[①]张载有诗曰：“江南郡蔗，张掖丰柿，三巴黄甘，瓜州素柰。凡此数品，殊美绝快，渴者所思，铭之裳带。”[②]西晋郭义恭《广志》记载：“柰有白青赤三种。张掖有白柰，酒泉有赤柰，西方例多柰。家以为脯，数十百斛，以蓄积，如收藏枣栗。”[③]这是《齐民要术》的引文，《艺文类聚》[④]只引前半部分，《初学记》[⑤]则悉数全引。可见，张掖和酒泉柰的产量较大，当地居民甚至做成果脯储备起来。至宋代《太平御览》引用这段记载时，在末尾加一句“若榇汁黑，其方作羹，以为豉用也。”[⑥]《河西柰》认为，这或许是中国典籍所见最早的制作果酱的记录。[⑦]

南北朝时期，敦煌寺院的园圃之中出现了柰。来自罽宾的连眉禅师昙摩密多曾经驻锡敦煌，“于闲旷之地，建立精舍。植榇千株，开园百亩。房阁池沼，极为严净。”[⑧]“千株”“百亩”，规模不可谓小。这条资料不见于历代类书。千里之外的江南，梁褚沄作《咏柰诗》，赞叹河西美柰：“成都贵素质，酒泉称白丽；红紫夺夏藻，芬芳掩春蕙。映日照新芳，丛林抽晚蒂；谁为种三株，终焉竞八桂。不让圆邱中，粢洁华庭际。”[⑨]

至唐代，河西美柰更是声名大振，成为地方贡品，并不断地被加以夸张乃至神化。《新唐书·地理志》记载：甘州张掖郡上供的方物乃是“冬柰”。[⑩]段成式《酉阳杂俎》记载：“白柰，出凉州野猪泽，大如兔头。”[⑪]《洽闻

①[梁]沈约《宋书》卷29《符瑞志下》，北京：中华书局，1974年，第836页。
②[唐]徐坚《初学记》，第673页。
③[北魏]贾思勰《齐民要术》，第136页。
④[北宋]欧阳询撰，汪绍楹校《艺文类聚》，上海：上海古籍出版社，1985年，第1483页。
⑤[唐]徐坚《初学记》，第673页。
⑥[北宋]李昉等《太平御览》，北京：中华书局，1960年，第4302页。
⑦高启安、买小英《河西柰的神话及传播》，第158页。
⑧[梁]释慧皎撰，汤用彤校注，汤一玄整理《高僧传》，第121页。
⑨[唐]徐坚《初学记》，第673页。
⑩[宋]欧阳修、宋祁《新唐书》卷40《地理志四》，第1045页。
⑪[唐]段成式撰，方南生点校《酉阳杂俎》，北京：中华书局，1981年，第176页。

记》记载:“河州凤林关有灵岩寺,每七月十五日,溪穴流出圣柰,大如盏,以为常。”①经刘满教授考证和实地调研,认为凤林关应该在甘肃临夏东北莲花镇境内原唵哥集,只是现在已经没入刘家峡水库之中。②对此,谢重光先生认为,这可能是灵岩寺培育出的柰品质优良,秘不示人,到盂兰盆节时让它从溪穴中流出,宣传寺院神圣灵应。③

上述材料均来自传世典籍,且多集中于类书之中。同一条信息可能会被反复传抄,一定程度上不能如实地反映类书编纂之时河西柰的种植情况。现在有赖于敦煌遗书的发现和刊布,我们得以窥探唐五代宋时期敦煌美柰的生产状况。

晚唐五代时期园囿在敦煌社会经济发展中发挥着重要作用,分为官府所有、寺院所有和个人私产。柰园、桃园、苜蓿园、葡萄园、栗树园都见于记载,为寺院、官府和市场提供了蔬菜、瓜果和粮食;为加强管理,归义军政权还专门设置都园官一职,对此郑炳林先生做过深入研究。④

P.2685《戊申年(828?)年沙州善护、遂恩兄弟分书》是一件分割财产的文书,记载:“南园,于柰子树以西大郎,已东弟。”⑤S.6981V(8)《年代不明诸色斛斗破历》是一件10世纪寺院支出账,据王祥伟先生研究,可与

---

①[宋]李昉等《太平广记》卷410,第3331页。

②刘满、史志林《凤林山、凤林津有关问题辨正》,《敦煌学辑刊》2012年第2期;刘满《凤林津、凤林关位置及其交通路线考》,《敦煌学辑刊》2013年第1期;刘满《北朝以来炳灵寺周围交通路线考索》,《敦煌学辑刊》2014年第4期。关于凤林关的词条也因此被改写,并收入《中国历史地名大辞典》,详见史为乐主编《中国历史地名大辞典(增订本)》,北京:中国社会科学出版社,2017年,第509页。

③谢重光《晋—唐寺院的园圃种植业》,《中国社会经济史研究》1989年第3期,第3页。

④郑炳林《晚唐五代敦煌园囿经济研究》,《敦煌学辑刊》1997年第1期,第24—37页。

⑤沙知《敦煌契约文书辑校》,南京:江苏古籍出版社,1998年,第431页;宋翔《唐五代时期敦煌城外园宅地的空间布局》,《敦煌研究》2017年第6期,第71页。

Дx.1419V、S.1600V(1)缀合。[①]其中记载“粟一斗,下柰子日就园看判/官用。”[②]“下”当解释为“采摘”。此“判官”由僧人担任,职责是监督寺院物产。[③]BD15246(2)也是一件支出账,据王祥伟先生研究,可以和P.3364、S.5008缀合,时代为947年或者948年,[④]其中记载“白面贰斗,油壹抄,下柰子日就园和尚/法律破用。”[⑤]由此推测,敦煌柰园规模较大。

耐人寻味的是S.5804《门僧智弁请赐美柰状》,这是一件书状,卢向前[⑥]和高启安[⑦]先生都有录文。杨宝玉先生录文并对其内容做了详细考证,释智弁生活在晚唐时期,是和归义军节度使关系密切的“门僧”;这份书状内容是,他听闻归义军节度使之子“参君(军)郎君”出城摘柰(出墎(郭),于园收柰),请求赏赐一颗。[⑧]“柰”之“美”,令人神往。

除此之外,敦煌遗书保存着中古敦煌人所使用的识字典籍,包含着“柰”字或者有关“柰”的解释,如蒙学识字用书《千字文》《开蒙要训》(P.2487、P.2578)、《孔子备问书》(P.2581、P.2919)和《俗务要名林》(P.2609)。

---

①王祥伟《敦煌文书S.6981V(8)+Дx.1419V+S.1600V(1)缀合研究》,《敦煌研究》2019年第2期,第102—105页。

②唐耕耦、陆宏基《敦煌社会经济文献真迹释录》第3辑,北京:全国图书馆文献缩微复制中心,1990年,第143页。

③赵青山《唐末宋初僧职判官考——以敦煌文献为中心》,《敦煌学辑刊》2013年第1期,第47—62页。

④王祥伟《敦煌文书BD15246(2)、P.3364与S.5008缀合研究》,《敦煌学辑刊》2016年第1期,第51—59页。

⑤图版见中国国家图书馆编《国家图书馆藏敦煌遗书》,第141册,北京:北京图书馆出版社,2011年,第181页。释文参见唐耕耦《敦煌寺院会计文书研究》,台北:新文丰出版股份有限公司,1997年,第324页;王祥伟《敦煌文书BD15246(2)、P.3364与S.5008缀合研究》,第52页。

⑥卢向前《关于归义军时期一份布纸破用历的研究》,北京大学中国中古史研究中心编《敦煌吐鲁番文献研究论集》第3辑,北京:北京大学出版社,1986年,第432页。

⑦高启安、买小英《河西柰的神话及传播》,第161—162页。

⑧杨宝玉《释智弁与晚唐敦煌门僧》,中国社会科学院历史研究所文化史研究室编《形象史学研究》(2014),北京:人民出版社,2015年,第203—209页。

图6.11 S.5804《门僧智弁请赐美柰状》
(采自国际敦煌项目网站)

P.2919《孔子备问书》记:“何谓五菓?桃李杏柰枣,是五菓也。”①敦煌文献中的“时要字书”,是萃取民间社会生活中各种重要常用语汇,按照便于学习、检索和实用的原则,分类加以编排的通俗字书,反映了当时社会生活中最常见、最重要的事物。②这在一定程度上加深了敦煌人对“柰”的认知。

敦煌藏经洞出土了数量可观的占卜类遗书,包括《宅经》。一定数量的柰,被栽植在房屋院落的某个位置,被赋予了祛病禳灾的功能。P.2630V 内容为《宅经》,黄正建先生认为,第三部分叙述禳法,③采用在住宅院墙内外种植树木的方法,如柰、李、桃、槐等。文载:“九尺刺梢山魏法:□□疾病,令西北角种榆一根,比政不得□□衰,天虚令人富贵,南种李十二根,外李(残)利舍东北□种柰二根法,衣志路小避□不置田蚕(残)大种□大(六)根,令人生贵子,二千石。(残)种李十二根,内桃外李□□□九尺,避除疾病,大富。

①上海古籍出版社、法国国家图书馆编《法藏敦煌西域文献》,第 16 册,上海:上海古籍出版社,2001 年,第 105 页。

②余欣《园菜果瓜助米粮:敦煌蔬菜博物志》,《兰州学刊》2013 年第 11 期,第 12 页。

③黄正建《敦煌占卜文书与唐五代占卜研究(增订版)》,北京:中国社会科学出版社,2014 年,第 69 页。

财惠,种柰十三根吉,令廿五(残)食宜留子……”[①]陈于柱先生指出,这在写卷中称“树木法”,与P.2615a“卜种树法”比较接近,[②]树木包括青桐、梓树、桃木、榆树、桑、槐、李等,唯无柰。[③]如果当时敦煌百姓比较崇信这类《宅经》(P.2630V)的话,那么必然会促进柰的种植。

总结来看,从南北朝昙摩密多的千株柰树,到晚唐五代郭外柰园,敦煌植柰的历史可谓悠久。这也就印证了历代有关河西美柰的记载。河西美柰声名远播,以至于被文人墨客记载下来,同时也走进了民间传说之中。《瑞像因缘记》李师仁故事中有关“柰”的记载,很有可能就是初唐至天宝年间在河西地区添加进来的。

三、凉州瑞像故事与民间文学

“李师仁”角色的产生,首先是口头传播的结果,展示了口头文学的变异特征。到唐开元天宝年间,刘萨诃襄阳猎鹿故事在民众口中丧失掉了故事主人公的姓名,只保留下了籍贯——离石,辗转到了故事整理者的笔下,主人公也仅仅剩下籍贯和族属。更有意思的是,从“离石人刘萨诃”,到“离石人”,最后到“李师仁”,这与孟姜女故事的发展演变有着惊人的相似:孟姜女丈夫在《左传》本为“杞梁”,“杞”字至《文选集注》为“杞梁”,敦煌小曲为“犯”,最后变成与犯同音的“范”,乃至“万”。[④]其结果就是,斗转星移,河西民众竟然在故事和图像中安排了刘萨诃与李师仁的一次偶遇,

①图版参见上海古籍出版社、法国国家图书馆编《法藏敦煌文献》,第16册,第370页。录文参见金身佳《敦煌写本宅经》,北京:民族出版社,第176—177页。

②陈于杜《关于敦煌写本宅经分类问题的再讨论》,《敦煌学辑刊》2003年第2期,第74页。

③图版参见上海古籍出版社、法国国家图书馆编《法藏敦煌文献》,第16册,第270页。录文参见金身佳《敦煌写本宅经》,第48页。

④顾颉刚《孟姜女故事研究》之《孟姜女故事历史的系统》,后收入《顾颉刚民俗文集》(卷2),北京:中华书局,2010年,第27—36页。

而这个李师仁其实就是被重新塑造重新装扮的刘萨诃，不可不说是因缘弄人。

关于“柰”的添加，笔者认为，这大概就是为了增加凉州瑞像故事的吸引力，以河西地区常见的、也是极负盛名的特产“柰”，拉近听众和故事主角的距离。凉州瑞像不再遥远，而是恰恰来自他们生活的河西；凉州瑞像和听众之间不再没有任何联系，由于“柰”是河西居民生活中的水果特产，听众和瑞像自然也就产生了亲近感。这个情节对瑞像故事的传播无疑起到了推波助澜的作用。在此，笔者试举另外一则辅证案例。劳度叉斗圣变是晚唐五代宋时期敦煌石窟中常见的一种题材，其文献依据就是盛行的《降魔变文》。梳理《降魔变文》就会发现一个有趣的情节：临近斗法之时，须达长者四处寻找舍利弗，最后在牧童的指引下，在七里涧尼拘树下寻找到入定的舍利弗。“七里涧”在哪里？项楚先生认为，七里涧“在今河南省洛阳市东”，并敏锐地指出“这是转变艺人援用中土地名入印度故事之例”。[1]笔者同意这是艺人援引了佛教文献中所没有的中土地名，但是七里涧位于“河南洛阳市东”一说，值得商榷。释道宣《续高僧》记载，正光年间凉州瑞像出现之时，身首异处；北周初年，“治凉州城东七里涧忽有光现，彻照幽显，观者异之，乃像首也，便奉至山岩安之，宛然符会。仪容雕缺四十余年，身首异所二百余里，相好还备，太平斯在。”[2]这段文字非常明确，“七里涧”位于凉州城东。如果说艺人援引中土地名能够增强变文的感染力，那么在敦煌演绎变文，援引河西当地的地名，似乎更加合情合理。进一步说，援引河西特产，更在情理之中。

在有关凉州瑞像历史叙述的“层累”过程中，敦煌或者河西元素被添加进来的案例远远不止于拙稿所举。“李师仁”这个虚构的人物角色的出

①项楚《敦煌变文选注（增订本）》，北京：中华书局，2006 年，第 724 页。

②［唐］释道宣撰，郭绍林点校《续高僧传》，第 981 页。

现、“柰”这个极富地域特色的元素的增加，都是河西地方文化的影响所致。刘萨诃信仰和凉州瑞像信仰影响力深远，影响区域广阔，究其原因就是它宏大的包容性，就如同一条长河，之所以源远流长、奔腾不息，其实就是源自不同地区的万川涌入，涓流汇集。

第三节　历史叙述的“层累”与佛教图像的外弘功能

从《高僧传》到《刘萨诃因缘记》，从《续高僧传》到《瑞像因缘记》，刘萨诃与凉州瑞像的记载经历了一个不断“层累”的过程。其结果就是：刘萨诃从凡夫俗子变成了一代名僧，[①]凉州瑞像的神秘色彩也逐渐厚重。但是不论后代如何“重塑金身”，这则传说的深层一直包裹着一个史实，那就是古代甘肃永昌御山的确存在一系列佛事活动。数百年中，人们造像立寺，香火不断，声名远扬，以至于隋炀帝西巡东归也要亲自拜谒，赐题匾额。御山圣迹至今仍存。

对于刘萨诃与凉州瑞像的大规模深入的研究始于 20 世纪 70 年代，至今已经持续了半个世纪，目前学界依然不断推出新的学术成果，其原因就在于研究资料的丰富性。这些资料具有两个基本特点：时代越晚历史文献与考古文物越丰富，从而形成了一条资料长河；历史史实和神话传说交织在一起，构成了这条洪流中的资料漩涡，令人困惑。

①孙修身《从凡夫俗子到一代名僧的刘萨诃》，《文史知识》1988 年第 8 期。

20世纪初，古史辨派顾颉刚先生为“层累地造成的中国古史”[①]提供佐证，开始着手研究中国民间四大爱情故事之一的孟姜女故事，撰写《孟姜女故事的转变》《孟姜女故事研究》，以“孟姜女故事历史的系统”“地域的系统”为题，阐述这一爱情故事的发展脉络，展示出故事的地域性特征。这一研究最终成就了一种研究神话传说的范式，对于今天的刘萨诃与凉州瑞像信仰研究依然具有启发意义。

首先，神话传说包含着历史史实，两者并非完全对立。虽然是神话传说，但是经过抽丝剥茧，我们就会发现神话背后的历史史实。正如赵世瑜先生所说，“传说、历史、历史记忆，这三个概念在表面上是由一系列个案构成的知识组合，而在这背后，历史学、民俗学、人类学的知识、方法、概念和理论，后现代的思考，都可合而为一。因为无论是历史还是传说，它们的本质都是历史记忆，哪些历史记忆被固化为历史，又有哪些成为百姓口耳相传的故事，还有哪些被一度遗忘，都使我们把关注点从客体转移到主体，转移到认识论的问题上，这也就不可避免地牵扯到后现代的问题。因为在现代性的语境或科学主义的话语中，传说与历史之间的区别就是虚构与事实之间的差别；而在后现代的语境中，虚构与事实之间是否有边界本身可能就是一种‘虚构’。”[②]

其次，不断“层累”、不断加入的元素都有特定历史背景。我们需要思考的是，这些元素因何被添加进来。就如同顾先生在《孟姜女故事研究》结论部分所说，需要“就历代的时势和风俗看这件故事加入的分子”。例如，

---

①顾颉刚《与钱玄同先生论古史书》，《古史辨》第1册，第60页；后收入《顾颉刚古史论文集》(卷1)，北京：中华书局，2010年，第181页。

②赵世瑜《传说·历史·历史记忆——从20世纪的新史学到后现代史学》，《中国社会科学》2003年第2期，第175页；后收入《小历史与大历史——区域社会史的理念、方法与实践》，北京：北京大学出版社，2017年，第99—100页。

西汉时期天人感应学说成为普遍信仰，杞妻的哭，就成了崩城坏山的感应；六朝隋唐时期，百姓苦于繁重的徭役，于是崩城就变成崩长城，杞梁的战死也变成了因逃役而被打杀。[①]孟姜女故事在敦煌藏经洞出土遗书中也有保留，字里行间也掺杂着河西元素。1925 年，身处巴黎的刘半农先生提供法藏 P.2809 录文，[②]使顾先生"狂喜"不已，[③]然而由于条件制约，顾先生所见材料有限。随着敦煌遗书逐渐公布，孟姜女故事在敦煌流传的情况日渐清晰，颇受学界关注。据学界整理，和孟姜女故事相关的体裁有变文（如 P.5019、P.5039、[④]S.8466、S.8467[⑤]），也有诗歌（如 P.2809、P.3718、P.3319、P.3911）。[⑥]经过学者的考据，Д x 11018+BD11731+P.5019 可拼合为一卷，正面为《孟姜女变文》，背面则是白描长城、远山和劳作的人物。[⑦]这种图文结合的形式和法藏 P.4524《降魔变文》相似。需要重点强调的是，Д x 11018+BD11731+P.5019 变文之中出现"莫贺延碛"。莫贺延碛地近敦煌，是唐代经由沙洲、瓜州前往伊州的必经之地，不在长城附近，也不是孟姜女故事发生地；它的出现很有可能就是讲唱者有意无意将自己和听众熟悉的地名加入变文。[⑧]这一资料的整理与探讨对顾先生的专题研究来说无疑是一个有力的注脚。

---

①顾颉刚《孟姜女故事研究》，收入《顾颉刚民俗论文集》（卷 2），第 64 页。

②刘复《敦煌写本中之孟姜女小唱》，收入《顾颉刚民俗论文集》（卷 2），第 173 页。

③关于这段书信往来，详见《顾颉刚民俗论文集》（卷 2），第 174—175 页。

④王重民《伯希和劫经录》，收入王重民编《敦煌遗书总目索引》，北京：中华书局，1983 年，第 312 页。

⑤荣新江《英国图书馆藏敦煌汉文非佛教文献残卷目录》，台北：新文丰出版公司，1994 年，第 94 页。

⑥相关研究，请参见刘波、林世田《〈孟姜女变文〉残卷的缀合、校录及相关问题研究》，《文献》2009 年第 2 期，第 18—20 页。

⑦刘波、林世田《〈孟姜女变文〉残卷的缀合、校录及相关问题研究》，第 18—19 页；张新朋《〈孟姜女变文〉〈破魔变〉残片考辨二题》，《文献》2010 年第 4 期，第 21—25 页。

⑧刘波、林世田《〈孟姜女变文〉残卷的缀合、校录及相关问题研究》，第 24 页。

一、历史叙述的“层累”与佛教中国化

南齐王琰和南梁慧皎的生活年代和刘萨诃相去不远。王琰《冥祥记》最早记载刘萨诃个人生平以及神游地狱和襄阳猎鹿，对地狱场景有非常细致的描写；慧皎《高僧传》则简单地介绍他在地狱之中巧遇观音，受到大士点化，再生之后皈依佛教，重点介绍他在江南地区的礼忏巡礼活动，详细记述江南地区佛寺圣迹。

时至唐朝，释道宣《续高僧传》首次记录刘萨诃与凉州瑞像的因缘故事，值得玩味的是：释道宣的生活年代上距刘萨诃已有数百年之久，王琰和慧皎没有记载的内容却出现在一位初唐学问僧的笔下。这篇僧传另外的一个特点是它完全放弃了个人传记的完整性，只是极具选择性地抄录了北周释道安碑关于凉州瑞像的记载。这是史籍第一次记载正光年间瑞像示现事件，情节简单，只是讲述了正光时瑞像在风雷交加的一天轰然示现，在此刘萨诃却变成了一位具有先知的神僧。与此同时，释道宣在《律师感通录》中，通过他和“天人”的对话，揭示了佛像从岩石中示现的因缘，把瑞像历史无限延伸到过去世迦叶佛时代；并把刘萨诃的前世追溯到迦叶佛时代的利宾菩萨。这样刘萨诃的人物形象被极力地夸大，最终变化为菩萨。

天宝年间《瑞像因缘记》演化出凉州瑞像的另外一个版本，在原来《续高僧传》的基础上，增加了李师仁猎鹿和巧遇神僧的情节。“李师仁”角色的出现，增强了瑞像故事的戏剧性，为瑞像的亮相平添了一层神秘色彩。另外从莫高窟第72窟南壁凉州瑞像因缘变相的榜题来看，它所依据的版本远远要比《瑞像因缘记》丰富，比如榜题有“刘萨诃和尚焚香启愿时”“圣者刘萨和尚坐禅入定时”，这就表明除了《瑞像因缘记》，敦煌还存在另外一个情节更加丰富的文本。

这个过程就是佛教中国化的过程。凉州瑞像故事就这样逐渐地层累

叠加起来。在这些材料中,瑞像历史被无限地延伸,故事主人公被极力地放大,今天我们很难去还原一位真实的刘萨诃,但是从中我们可以知道南北朝时期人们的地狱观念的形成,了解到初唐时期今天山西、陕西境内稽胡人的分布、信仰乃至经济生活。今天历史文献和考古资料呈献给我们的就是这样一段层层叠加起来的历史。

二、佛教的中国化与佛教图像的外弘功能

佛教中国化的过程应该就是佛教文化与中国文化不断融合的过程,在这个过程之中,佛教经典的翻译与阐释、佛教艺术的沿袭与创新……都会随着时代的推进而不断演变,其目的就是满足民众需求,适应文化土壤,获得最大的发展空间。凉州瑞像外弘功能在僧团和世俗民众的推动之下获得充分展示。

刘萨诃授记太延元年说、佛像示现正光说、建德年间佛首跌落事件,都是法师开俗引凡宣说佛教的一种权宜方便,除了某些特殊的政治和宗教观点之外,[1]也反映出他们内心强烈的忧患意识。作为《续高僧传》的作者,释道宣是唐代律宗开创者,一生著作丰厚,声名远播。从其著述来看,他高瞻远瞩,有感于佛教发展的未来,有感于佛教所宣说的末法,危机意识非常强烈,这种意识实际上也是法师高度责任感的体现。在远离佛陀的时代,僧伽担负着传播弘扬佛教的重担,之所以能够成为佛教的代言人,关键在于戒律。佛经记载,佛陀涅槃之时,弟子问未来以谁为师,佛陀回答,以大迦叶为师,以戒律为师。抛弃了戒律,僧伽和世俗民众就没有了分

①巫鸿先生指出:"这些佛教事迹和人物志的汇编因此反映了对国家统一的政治要求。这也进一步说明道宣的刘萨诃传所代表的是当时一种特殊的政治、宗教观点;其他有关这个佛教圣僧以及番和瑞像的传说可以在不同的社会阶层中、为了不同的意图而发展起来。"(巫鸿《再论刘萨诃——圣僧的创造与瑞像的发生》,第 439 页)

别。这也是唐代律宗兴起和南山五大部编纂的背景之一。道宣《续高僧传》也提出:“或有问曰,大圣垂教,正象为初。禅法广行,义当修习。今非斯时,固绝条绪,其次不伦,方称末法。乃遵戒之行,斯为极也。”①在唐高祖《沙汰僧尼道士女冠诏》颁布后,在初唐三教优劣大辩论、僧尼是否礼拜君亲大讨论的声浪中,他所编纂的诸多著述的字里行间,都流露出危机意识。典型的案例是,他在《释迦方志·时住篇》胪列了诸家对正法、像法与末法的不同观点,最后有言:“佛法之垂震旦,三被诛焚。初赫连勃勃号为夏国,初破长安,遇僧皆煞。二魏太武用崔皓言,夷灭三宝。后悔,皓加五刑。三周武帝但令还俗,皆不得其死。”②回归到 6 至 7 世纪,这种意识与整个社会思想潮流密不可分。一方面,在瑞像故事产生的时代,社会上广泛流行数种谣谶,比如“永宁见灾”“东海出天子”“白衣天子出东海”等,把佛教异象和王朝盛衰相联系。对此,姜望来先生曾做综合研究,指出北朝时期“具有‘预占吉凶’功能、反映特定社会政治背景、出于某种政治目的而造作并为某种势力服务之谣谶极为兴盛,并与北朝皇权嬗替、佛道之争及地域社会势力变迁密切相关,对于北朝整体政治进程有着深远影响”③。严耀中先生也指出,这种做法“能吸引广大的民众由此体验佛法的神通奇妙而信奉佛教”④。凉州瑞像因缘故事也可纳入到这个范畴。另一方面,末法思想盛行于北朝隋唐时期。中国历史上四次大规模的灭佛运动中就有两次发生在这一时间段。在此期间,北魏昙曜主持在武周塞石崖上开凿了著名的“昙曜五窟”,又煞费苦心地翻译出《付法藏因缘传》;北朝邺城地区刻经之风

①[唐]释道宣撰,郭绍林点校《续高僧传》,第 810 页。

②[唐]释道宣著,范祥雍点校《释迦方志》,第 116 页。

③姜望来《谣谶与北朝政治研究》,天津:天津古籍出版社,2011 年,第 236 页。

④严耀中《魏晋南北朝时期的占卜谶言与佛教》,《史林》2000 年第 4 期,第 15 页。

盛行。[①]天台宗慧思的《南岳思大禅师立誓愿文》[②]明确提出正法、像法、末法三个时段的具体时间，对社会各个阶层都产生了深远的影响。为了防止“法灭”，幽州静琬在隋大业年间开刻房山石经。[③]信行宣说三阶观念，所创三阶教异军突起……作为当时僧伽上层领袖，他们在朝堂之上奋力力争，在寺院统领十方僧众。相比下层普通佛教信徒，他们站在时代前沿，体察现实僧团深层，放眼佛教未来前景；除了对佛教的虔诚膜拜，他们还担负着引领佛教僧团发展的重担。这大概是凉州瑞像因缘故事产生的具体语境。

另一方面，“李师仁”故事更加侧重渲染瑞像出现的戏剧性，这大概和瑞像对敦煌乃至河西社会的独特意义有关。和敦煌地区流行的其他瑞像不同，凉州瑞像并非“腾空而来”，不是来自印度，也不是出自于阗，而是本地创造，所以河西社会自然对瑞像崇拜有加。因此他们创造了形式多样的凉州瑞像构图模式，[④]由于自身的政治性和本土性，瑞像成为敦煌佛教的代表。[⑤]因为立足点不同，视野不同，临时抱佛脚的普通民众对佛教未来发展基本都是持漠视态度，也许根本无法去体会释道安、释道宣的忧虑，他们更加在意的是故事的吸引力。而瑞像故事戏剧性的增强，对凉州瑞像的信仰起到了推波助澜的作用。

在这种情况下，部分洞窟的外弘功能比较突出。而洞窟内容也日趋通俗化。以马蹄寺千佛洞第 6 窟凉州瑞像为代表的本土灵验瑞像成为宣传

---

①李裕群《北朝晚期石窟寺研究》，北京：文物出版社，2003 年，第 239—244 页。

②[西魏]慧思《南岳思大禅师立誓愿文》，《大正藏》，第 46 册，第 786—792 页。

③[唐]唐临《冥报记》，《大正藏》，第 51 册，第 789 页。

④(日)肥田路美著，牛源译《凉州番禾县瑞像故事及造型》，《敦煌学辑刊》2006 年第 2 期，第 165—180 页。

⑤张小刚《凉州瑞像在敦煌——体现地方性的一种瑞像实例》，《魏晋南北朝隋唐史资料》第 26 辑，第 266—267 页。

佛教的一种有效方式。因为这种佛像并非出自遥远的印度,而是出现在中土，另外这些佛像本身所富含的灵验故事和当时当地的百姓生活息息相关。这样一来,本土瑞像在宣扬佛教方面形成自己更胜一筹的长处。正如佛教典籍所记载，如果说观世音大士能够根据说法对象的不同而示现种种变化身进行说法是一种善权方便，那么以凉州瑞像为代表的瑞像和以千佛洞第 6 窟为代表的外弘型洞窟,也应该是一种方便。

余　论

通过抽丝剥茧的方式还原石窟原貌，尽最大可能透视中古时期的寺院生活，这是本论文的着眼点所在。前述章节主要就洞窟内容、图像意涵、寺院仪轨展开，但不能忽视的还有石窟群图像美术风格问题。石窟图像是佛教思想的重要载体，对图像美术风格的探讨也必将有助于我们更加深入地理解图像义理的传承和宗教实践的开展。在此笔者略陈管见，权作余论。

马蹄寺石窟群位于古代东西向和南北向数条交通要道的十字路口，其佛教艺术呈现出西承古代印度中亚、东衔中原云冈龙门的特点。东向传播的古代印度风格和西向回传的中原风格在同一个石窟群呈现，相映成趣。

一、古代印度佛教艺术之风

犍陀罗造像和继其之后兴起的秣菟罗造像对世界佛教艺术产生了重要影响,它们沿着丝绸之路传播开来,成为工匠早期模仿的“粉本”。马蹄寺石窟群也不例外,其金塔寺石窟造像虽经后代重妆,但无论是人体形态,还是着装,抑或是发式细节,都呈现出深刻的古代印度佛教艺术的印迹。

(一)人体形态

犍陀罗造像深受希腊罗马风尚的影响,技术高超,写实性强,其立像多有作行走状者,似乎是举步向前,或有立像一腿直立,一腿弯曲,整个身体的重心放在一腿之上,形态自然。虽然服装整体上略显厚重,但是造像膝盖部分比较突出,这是工匠刻意雕琢的部分。秣菟罗造像袈裟轻薄如纱,身体轮廓清晰可见,即使是双腿并立,膝盖部分也非常突出。受此影响,中国内地十六国北朝石窟造像通常会照搬这种造像风格。因为是机械模仿,部分造像不符合人物造像的实际生理结构,略显僵硬。

金塔寺石窟东窟中心塔柱下栏佛龛两侧的胁侍菩萨膝盖部分凸显,略呈球形。金申先生已经注意到这一点,指出这显然属于秣菟罗和西北印雕像因素。[①]此外东窟中心塔柱北向面佛龛两侧的胁侍弟子像也呈现出这种特点：阿难面容清秀，袈裟轻薄贴体，两股和腹部略呈圆润的Y形，其造像两腿直立，工匠们按照印度模式刻意地凸显了膝盖部分。西窟中心塔柱北向面佛龛右侧胁侍菩萨亦是如此。（图7.1）此外，武威天梯山石窟第4窟中心塔柱右向面下层佛龛右侧第1层存北凉立姿菩萨壁画，现藏甘肃省博物馆。右手部分壁画脱落，左手下垂，手持净瓶。胯部前倾，整个身体呈S形。左腿挺直，但膝盖部分依然非常突出。[②]由于壁画略有残损，这一特征非常容易被忽视。[③]（图7.2）

图7.1　金塔寺石窟西窟胁侍造像
（作者拍摄）

图7.2　天梯山石窟第4窟胁侍菩萨
（采自《武威天梯山石窟》）

①金申《流散海外的北魏早期石佛造像》，《佛教美术丛考》，北京：科学出版社，2004年，第11页。

②敦煌研究院，甘肃省博物馆编《武威天梯山石窟》，北京：文物出版社，2000年，彩版51。

③《武威天梯山石窟》（彩版51）所载菩萨图像临摹本并没有勾勒菩萨膝盖部分。这和彩版51菩萨图像原图存在细微的出入。

图 7.3 莫高窟第 260 窟中心塔柱胁侍菩萨
（采自《敦煌石窟全集·雕塑篇》）

相比之下，甘肃永靖炳灵寺第 169 窟时代虽然早至西秦，但其造像没有采用这种处理方式。在莫高窟，由于北凉三窟主尊皆为坐姿且并无胁侍造像，我们很难看到这种处理痕迹。北朝洞窟立姿胁侍造像虽有此特征，但相对金塔寺石窟造像而言，特征不甚明显。（图 7.3）从这一点上来看，和同时代其他石窟造像相比，金塔寺石窟造像风格独特，更加接近古印度造像。

（二）人物着装

在印度犍陀罗和秣菟罗地区的佛教艺术作品里，菩萨和力士造像体格健美，由于受到古希腊审美文化的影响，造像多身体肌肉发达，胸肌腹肌清晰可见，雕塑感强烈。这些特征的凸显主要是通过菩萨力士的着装呈现出来的。他们通常上身赤裸，仅仅披帛，下身着裙，衣裙腰部下拉，以至于整个平整的小腹全部暴露在外。整个造型彰显人体的健美，焕发出巨大的能量和生命的活力。这是犍陀罗地区菩萨力士造像的普遍特征。

汉地工匠大概由于受到礼教思想的影响，似乎断然放弃了这种处理方法。菩萨造像虽然上身袒露，衣裙腰部相对犍陀罗造像略高，而且全然没有肌肉的表现。就像中国古代人物画一样，工匠们把更多的精力放在了服饰的描绘刻画上。虽然如此，金塔寺石窟由于时代较早，地处交通要冲，因此更容易受到西方风格的影响,所以造像艺术呈现出另外一种面貌。菩萨造像的显著特点是:臀部丰腴,腹部微鼓,下身大裙多为低腰,因此其小腹全部袒露于外。这种风格极具异域色彩,其代表就是金塔寺东窟中心塔柱第二栏胁侍菩萨立像。(图 7.4,图 7.5)他们上身赤裸,裙腰下拉,小腹外露。但敦煌莫高窟工匠团队似乎没有那么大胆,菩萨塑像裙腰的这种特征并不明显。

图 7.4 金塔寺石窟东窟胁侍菩萨
(作者拍摄)

图 7.5 金塔寺石窟东窟胁侍菩萨
(作者拍摄)

犍陀罗菩萨立像的裙摆紧贴双腿,因此腿部的轮廓清晰可见,裙摆呈筒状缀于双腿两侧,如同微风吹过,双腿显露,裙摆向两侧飘举,边缘呈现圆形而非尖形,因此造型类似裤管;其次菩萨披帛绕过手臂而下垂,其末端褶皱繁缛,以数条波浪线进行刻画;双腿之间的裙摆亦是复杂。这些特征强烈凸显了犍陀罗造像服饰的厚重、雕刻技法的写实。法国集美美术馆所藏犍陀罗菩萨立像堪称代表,(图 7.6)其服饰褶皱繁复,下垂感较强,人物身体重心位于左腿之上，右腿微微弯曲，腿部轮廓清晰，值得注意的是右腿侧后方的衣褶的形状。[1]相传来自陕西三原县、现存日本藤井有邻馆藏菩萨立像（图 7.7）[2]，被学界普遍认为具有浓郁的犍陀罗风格，该像右腿侧后方的衣角亦呈筒形，披帛末端和双腿之间的褶皱也是如出一辙。同样的衣褶刻画方法出现在金塔寺石窟。东窟中心塔柱西向面佛龛两侧的菩萨衣裙下摆、披帛末端褶皱都与前述两例非常接近。（图 7.8）西窟中心塔柱下栏胁侍菩萨塑像亦复如是。（图 7.9）

图 7.6　法国集美美术馆藏菩萨立像
（采自《ガンダーラ美术 II 佛陀の世界》）

图 7.7　日本藤井有邻馆藏菩萨立像
（采自《海外及港台藏历代佛像珍品纪年图鉴》）

①（日）栗田功《ガンダーラ美术 II 佛陀の世界》，东京：二玄社，1990 年，第 9 页。

②金申编著《海外及港台藏历代佛像珍品纪年图鉴》，太原：山西人民出版社，2007 年，第 376 页。

图 7.8 金塔寺石窟东窟胁侍菩萨
（作者拍摄）

图 7.9 金塔寺石窟西窟胁侍造像
（作者拍摄）

除此之外，造像发式也具有这种风格。金塔寺东窟中心塔柱南向面中栏两端的胁侍菩萨头发呈波浪状。(图 7.10,图 7.11)西窟中心塔柱北向面下部佛龛胁侍菩萨的披发则分成两股，下垂至肩部，无高髻。头发呈明显的波浪状。(图 7.12)这种发式和犍陀罗地区的佛像头发具有很大的相似性,而菩萨造像并不多见。

图 7.10 金塔寺石窟东窟胁侍菩萨发饰特写
（作者拍摄）

图 7.11 金塔寺石窟东窟胁侍菩萨发饰特写（作者拍摄）

图 7.12 金塔寺西窟胁侍菩萨发饰特写（作者拍摄）

二、太和改制之影响

太和十八年(494)，孝文帝出于政治、经济和文化等因素的考虑，迁都洛阳，这是太和改制的一项重要举措。与此同时孝文帝延续平城开窟造像的传统，开始在龙门营建石窟。太和改制内容还包括改革官制，改姓氏，推行汉服、汉话，全盘吸收汉文化。这场改革虽然是政治文化层面的改革，但也影响了佛教造像的创作，因此成为中国佛教造像艺术风格的分水岭。太和改制之后，诸佛菩萨造像日渐呈现“秀骨清像”“褒衣博带”的特征，具体表现为佛像一般面容清瘦，脸型秀气，原本魁梧的肩膀变成削肩，人物一般身穿宽袍大袖，袈裟裙摆覆盖佛座的大部分面积。

随着孝文帝改革的推行，北中国兴起汉化浪潮。其影响也被及佛教艺术创作。这种风格凝聚成巨大的影响力，辐射到当时北中国大小石窟所在地，因此佛教美术风格沿着佛教东传路线开始西向回传。马蹄寺石窟群无疑也受到这股浪潮的影响。千佛洞北魏晚期西魏时期的图像便显现出强烈的汉化风格,与金塔寺造像形成鲜明对比。今以千佛洞第 8 窟法华图像为中心,略作说明。

千佛洞第 8 窟法华造像构图成熟,创意大抵来自中原皇家洞窟。从现存考古资料来看,石窟寺法华造像最早出现在炳灵寺第 169 窟。该窟北壁第 13 号龛就是一铺法华造像,今残留多宝塔塔刹和墨书榜题。其右侧第 12 号佛龛是一铺说法图。在佛陀正上方绘制小型禅定坐佛,右上方绘弥勒菩萨。弥勒菩萨像正好位于这两个佛龛交界处。魏文斌和吴荭两位前辈将其壁画作为一个整体进行考察,认为释迦牟尼佛、释迦牟尼佛和多宝佛、弥勒菩萨以及千佛图像是一个图像组合。[①]如果这种观点成立,那么释迦多宝二佛并坐和弥勒菩萨造像组合的雏形在 420 年左右的炳灵寺石窟就已经形成。不过此时的结构尚显凌乱,并不成熟。时隔数十年后,二佛并坐图像在云冈石窟大行其道,与“双窟”一道发展起来。宿白先生曾经指出,“双窟”的出现,应该是皇帝在位、太后临朝的反映,自太和之初,北魏亲贵多并称冯氏和孝文帝为二圣。[②]根据贺世哲先生统计,仅昙曜五窟就有 120 余铺二佛并坐图像。[③]此时的构图逐渐成熟并呈现模式化趋向。造像多分上下两个佛龛。上方为盝形龛或者屋型龛,内雕交脚菩萨;下方开圆拱形佛龛,内雕释迦多宝二佛并坐像。[④](图 7.13)这样弥勒菩萨就从炳灵寺石窟的小型千佛群像中摆脱出来,体量变大,并跻身三佛行列。三者

①魏文斌、吴荭《甘肃镇原县博物馆藏北魏青铜造像及有关问题》,《敦煌研究》2003 年第 3 期,第 17 页。

②宿白《平城实力的集聚和“云冈模式”的形成与发展》,云冈石窟文物保管所编《中国石窟·云冈石窟》(1),北京:文物出版社,1991 年,第 191 页。

③贺世哲《敦煌石窟论稿》,兰州:甘肃民族出版社,2004 年,第 137 页。

④云冈石窟文物保管所编《中国石窟·云冈石窟》(2),北京:文物出版社,1994 年,图版 96,图版 175。

之间组成一个稳定的三角形结构，不仅展现了三世佛的概念，在构图上也表现了佛佛相继的时间性。千佛洞第 8 窟法华造像显然受到这种布局的影响。壁画内容丰富，结构合理，整体设计非常成熟。（图7.14）

法华造像中的人物造像也趋向于清瘦，显然受到中原风尚的影响。犍陀罗造像健硕的风格已经荡然无存。原本散发无限活力和力量的尊像此时则表现出深沉的宁静与庄严。释迦牟尼佛和多宝佛面相清瘦，魁梧的双肩也变成削肩，袈裟为双领下垂，衣纹繁复，下垂盖住佛座，呈现明显的褒衣博带风格。背光改用细长的舟型。文殊菩萨造像，面相较长，略呈瓜子脸型，颧骨较高，下巴尖俏。二佛宝盖上方的弥勒菩萨五官精致，鼻梁并没有像炳灵寺第 169 窟造像一样直通眉际，而是略呈蒜头状。这也是佛教艺术中国化的一个典型案例。除了第 8 窟，第 3 窟龛内所绘图像同样具备这一特征。

图 7.13　云冈石窟第 11 窟法华图像
（采自《中国石窟·云冈石窟》）

图 7.14　马蹄寺石窟群千佛洞第 8 窟法华图像
（作者拍摄）

总之,马蹄寺石窟群开凿的时间比较早,又因处于交通要冲,所以汉传佛教洞窟呈现出浓郁的古代印度风格。随着拓跋鲜卑对北中国的统一以及孝文帝改革的推行,造像风格骤然发生转变。可以说,这种变化也是中国佛教艺术发展的一个缩影,是佛教艺术中国化的一个过程。这一过程不仅仅是美术风格的转变,其背后隐含着丰富的社会历史信息。内地风格的传入带来世俗社会剧变的信息,同时还有中原精英僧团完整成熟的修行仪轨。所有的这一切都为马蹄寺石窟群佛教僧团的内修和外弘提供了必备条件。

附　录

附录1 敦煌石窟凉州瑞像一览表

出处	作品年代	位置	组合	补充说明
第203窟	初唐	西壁佛龛	立佛并二胁侍	《总录》称"倚山像"。背景为浮塑山峦
第448窟	初唐	中心塔柱西向面	立佛并二胁侍	《总录》称"灵鹫山说法"。参见张小刚文
第332窟	初唐	中心塔柱北向面	立佛并二胁侍	《总录》称"灵鹫山说法"。背景为壁画山峦
榆第28窟	初唐	中心塔柱北向面	立佛	
榆第17窟	唐	中心塔柱东向面	立佛	
第323窟	盛唐	西壁佛龛	倚坐佛并二弟子二菩萨	主尊为倚坐像,背景是浮塑山峦,可能原为凉州瑞像,经后代重修①
第300窟	初唐	西壁佛龛	立佛	《总录》称"倚山像"。影塑山峦

①史苇湘先生和巫鸿先生推测第323窟主尊为凉州瑞像,请参见史苇湘《刘萨诃与敦煌莫高窟》和巫鸿《敦煌323窟与道宣》。

续表

出处	作品年代	位置	组合	补充说明
第 53 窟	中唐	西壁龛顶	瑞像组合	
第 231 窟	中唐	西壁龛顶 东坡中央	瑞像组合	位于中央对称轴上
第 236 窟	中唐	西壁龛顶东坡南起第 6 格	瑞像组合	东坡共计 10 格，故其在中央对称轴
第 237 窟	中唐	西壁龛顶东坡中央	瑞像组合	东坡共有 13 格，故其在中央对称轴
第 449 窟	中唐	西壁龛顶南坡东起第 3 格	瑞像组合	南坡共计 6 格，故其在中央对称轴
第 9 窟	晚唐	甬道顶部	佛教史迹画 并瑞像图	位于中心对称轴
第 72 窟	五代	西壁龛顶西坡南起第 2 格	瑞像组合	西坡共计 10 格。张小刚文定为晚唐
	五代	南壁	通壁变相画	西壁佛龛帐门北侧上方绘刘萨诃像。张小刚文定为晚唐
第 85 窟	晚唐	甬道顶部南坡东起第 2 格	瑞像组合并千佛	南坡共计 14 格
第 138 窟	晚唐	佛坛背屏背面	立佛	参见张小刚文
第 340 窟	晚唐	甬道顶部	佛教史迹画 并瑞像图	
第 4 窟	五代	佛坛背屏背面	立佛	参见张小刚文。《总录》称“接引佛”
第 26 窟	五代	甬道顶部	单独绘制并 璎珞垂幔	《总录》称“接引佛”。洞窟开凿于盛唐
第 30 窟	五代	甬道顶部	单独绘制并 趺坐佛	《总录》称“接引佛”。洞窟开凿于晚唐

续表

出处	作品年代	位置	组合	补充说明
第31窟	五代	甬道顶部	单独绘制并垂幔	《总录》称“接引佛”。洞窟开凿于盛唐
第39窟	五代	甬道顶部	佛教史迹画并瑞像图	洞窟开凿于盛唐
第42窟	五代	甬道顶部	单独绘制并垂幔	参见张小刚文。洞窟开凿于盛唐
第45窟	五代	甬道顶部	佛教史迹画并瑞像图	洞窟开凿于盛唐
第49窟	五代	甬道顶部	单独绘制并趺坐佛(残)	《总录》称“接引佛”。洞窟开凿于盛唐
第61窟	五代	背屏背面	立佛并猎师射鹿和高僧教化场景	《总录》称“立佛”
第84窟	五代	甬道顶部	残损	《总录》称“接引佛”,现已残。洞窟开凿于盛唐
第98窟	五代	背屏背面	立佛并猎师射鹿和高僧教化场景	《总录》称“立佛”
第125窟	五代	甬道顶部	单独绘制	参见张小刚文。洞窟开凿于盛唐
第129窟	五代	甬道顶部	单独绘制	参见张小刚文。洞窟开凿于盛唐、中唐时期
第132窟	五代	甬道顶部	单独绘制	参见张小刚文。《总录》称“坐佛二身”。洞窟开凿于晚唐
第180窟	五代	甬道顶部	单独绘制并趺坐佛	参见张小刚文。洞窟开凿于盛唐
第225窟	五代	甬道顶部	单独绘制并小鹿和趺坐佛	洞窟开凿于盛唐

续表

出处	作品年代	位置	组合	补充说明
第 220 窟	五代	主室南壁	通壁瑞像组合	南壁共计瑞像 35 身，凉州瑞像位于中央。现在壁画已无。图版参见伯希和图录。洞窟开凿于初唐
第 272 窟	五代	甬道顶部	单独绘制并跌坐佛	《总录》称“接引佛”。洞窟开凿于北凉
第 296 窟	五代	甬道顶部	单独绘制并跌坐佛	《总录》称“接引佛”。洞窟开凿于北周
第 297 窟	五代	甬道顶部	单独绘制并跌坐佛	《总录》称“接引佛”。洞窟开凿于北周
第 342 窟	五代	甬道顶部	佛教史迹画	参见张小刚文。洞窟开凿于初唐
第 397 窟	五代	甬道顶部	佛教史迹画	洞窟开凿于隋、初唐
第 401 窟	五代	甬道顶部	佛教史迹画	洞窟开凿于隋代
第 334 窟	五代	甬道顶部	佛教史迹画	洞窟开凿于初唐
第 199 窟	五代	甬道顶部	单独绘制	参见张小刚文。洞窟开凿于盛唐
第 454 窟	宋代	甬道顶部	佛教史迹画	位于中心对称轴
榆第 33 窟	五代	主室南壁	通壁瑞像组合	南壁绘史迹瑞像，上部为经变画形式，下部为两栏瑞像图

续表

出处	作品年代	位置	组合	补充说明
第76窟	五代	西壁龛顶	瑞像组合	现在已经漫漶不清
	宋代[①]	甬道顶部	单独绘制	《总录》称“接引佛”。洞窟开凿于唐
第146窟	五代	甬道顶部	佛教史迹画	位于中心对称轴
	宋代	背屏背面	立佛	《总录》称“接引佛”。洞窟开凿于五代
第16窟	宋代	背屏背面	立佛	《总录》未记录
第46窟	宋代	甬道顶部	单独绘制并茶花图案。佛像右下绘制礼拜人物与马	《总录》称“接引佛”。洞窟开凿于盛唐
第55窟	宋代	背屏背面	立佛	《总录》称“经行佛”
第94窟	宋代	背屏背面	立佛	《总录》称“接引佛”。洞窟开凿于晚唐
第122窟	宋代	甬道顶部	单独绘制	《总录》称“接引佛”。洞窟开凿于盛唐
榆第35窟	宋代	甬道顶部	佛教史迹画	参见张小刚文
西第19窟	回鹘	窟顶	立佛	窟顶立佛周围绘禅定僧
西第9窟	西夏	中心塔柱东向面	立佛	
东第3窟	西夏	主室正壁	主尊立像	参见张宝玺文

①《总录》将此壁画定为“元画”。孙修身先生认为是宋代。参见孙修身主编《敦煌石窟全集·佛教东传故事画卷》,图版139图版说明。

续表

出处	作品年代	位置	组合	补充说明
第7窟	元代	西壁龛下	两身立佛	《总录》称“立佛”。参见张小刚文
第340窟	元代	主室东壁	立佛	位于东壁门南。参见张小刚文
榆第39窟	元代	甬道券顶		参见张小刚文

（本图主要依据《敦煌莫高窟内容总录》《敦煌石窟内容总录》、肥田路美《凉州番禾县瑞像故事及造型》、张小刚《敦煌佛教感通画研究》以及本人实地调查制成。其中“榆”代表榆林窟，“西”代表西千佛洞，“东”代表东千佛洞，未特地标明者为莫高窟；《总录》代表《敦煌莫高窟内容总录》）

附录 2 敦煌藏经洞出土凉州瑞像一览表

编号	年代	组合	补充说明
新德里博物馆藏、英藏 Ch.xxii.0023	7—8 世纪	瑞像组合	绢画。大概分裂为两块,分别藏于英国博物馆和印度新德里博物馆
英藏编号 Ch.00260	8 世纪	一佛二弟子二菩萨	刺绣。原来定名为"灵鹫山说法图"
英藏编号 Ch.0059	8—9 世纪	瑞像故事画	刺绣。原定名为"灵鹫山说法图",刘萨诃侍立于凉州瑞像右侧

附录 3 其他地区散见凉州瑞像一览表

出处	年代	材质	内容	资料来源
甘肃永昌圣容寺	北魏	石雕	立像	实地调查。张宝玺《甘肃佛教石刻造像》,图版 76
	北魏	石雕	立像	实地调查。张宝玺《甘肃佛教石刻造像》,图版 77
	北周	石雕	瑞像佛首	实地调查。张宝玺《甘肃佛教石刻造像》,图版 200
	北魏	浮雕	依山浮雕立像	实地调查。孙修身主编《敦煌石窟全集·佛教东传故事画卷》,图版 140
甘肃省博物馆	698 年	石雕	立像	实地调查
山西艺术博物馆	737 年	石雕	立像	实地调查。金申《中国历代纪年佛像图典》

续表

出处	年代	材质	内容	资料来源
日本高野山亲王院	660—710 年	金铜像	立像	*Transmitting the Forms of Divinity: Early Buddhist Art from Korea and Japan*
甘肃炳灵寺石窟第 13 龛	唐	石雕	立像	实地调查。《中国石窟·永靖炳灵寺》
甘肃马蹄寺石窟群千佛洞第 6 窟	唐	石雕	立像	实地调查。《河西石窟》
甘肃肃南县皇城石佛崖第 1 窟	唐	壁画	立佛	张小刚《敦煌佛教感通画研究》
甘肃省永昌县青龙山庙遗址	唐	石雕	立像	实地调查。《金昌文物》
河南龙门西山	唐	石雕	立像	王剑平、雷玉华《四川唐代摩崖造像中部分瑞像的辨识》
四川安岳千佛寨第 56 号窟	唐	石雕	立像	张小刚《敦煌佛教感通画研究》
四川安岳卧佛院第 64 号龛	唐	石雕	立像	实地调查。曾德仁《四川安岳石窟的年代与分期》，第 54 页；王剑平，雷玉华《四川唐代摩崖造像中部分瑞像的辨识》。此像存疑
四川安岳卧佛院第 49 号龛	唐	石雕	立像	实地调查。王剑平、雷玉华《四川唐代摩崖造像中部分瑞像的辨识》，图 9

续表

出处	年代	材质	内容	资料来源
四川广元千佛崖第 251 号龛	唐	石雕	立像	王剑平、雷玉华《四川唐代摩崖造像中部分瑞像的辨识》，图 8
甘肃文殊山石窟万佛洞	西夏元代	壁画	凉州瑞像群	实地调查
甘肃马蹄寺石窟群金塔寺东窟	西夏元代	壁画	凉州瑞像群	实地调查
黑水城出土，俄编号 X.2297	西夏	泥塑	立像	实地调查。图版采自《丝路上消失的王国》
黑水城出土	元代	木质雕版	立佛	《丝路上消失的王国》
黑水城出土，俄编号 X.2432	北元	绢本设色	立佛	《丝路上消失的王国》

图版目录

图版目录

参考文献

参考文献

一、古代典籍

[南朝宋]范晔撰，[唐]李贤等注《后汉书》，北京：中华书局，1965 年。

[北齐]魏收《魏书》，北京：中华书局，1974 年。

[唐]房玄龄等《晋书》，北京：中华书局，1974 年。

[唐]魏征、令狐德棻《隋书》，北京：中华书局，1973 年。

[唐]李延寿《北史》，北京：中华书局，1974 年。

[宋]司马光撰，胡三省注《资治通鉴》，北京：中华书局，1956 年。

[南朝梁]释僧祐撰，苏晋仁、萧錬子点校《出三藏记集》，北京：中华书局，1995 年。

[南朝梁]释慧皎著，汤用彤校注，汤一玄整理《高僧传》，北京：中华书局，1992 年。

[南朝梁]释宝唱著，王孺童校注《比丘尼传校注》，北京：中华书局，2006 年。

[唐]释道宣撰，郭绍林点校《续高僧传》，北京：中华书局，2014 年。

[宋]赞宁撰,范祥雍点校《宋高僧传》,北京:中华书局,1987 年。

[唐]释道世著,周叔迦、苏晋仁校注《法苑珠林校注》,北京:中华书局,2003 年。

[唐]玄奘、辩机著,季羡林等校注《大唐西域记校注》,北京:中华书局,2000 年。

[唐]慧立、彦悰著,孙毓棠、谢方点校《大慈恩寺三藏法师传》,北京:中华书局,2000 年。

[唐]张彦远著,范祥雍点校《历代名画记》,北京:人民美术出版社,1964 年。

[清]王昶《金石萃编》,《石刻史料新编》第 1 辑第 1 册,台北:新文丰出版公司,1977 年。

[清]刘喜海《金石苑》,《续修四库全书》第 894 册,上海:上海古籍出版社,2002 年。

[清]钟赓起《甘州府志》,《中国方志丛书》(华北地方·第五六一号),台北:成文出版社,1976 年。

[清]徐传钧《东乐县志》,中国西北文献丛书编辑委员会《中国西北文献丛书·西北稀见方志文献》,兰州:兰州古籍书店,1990 年。

二、中文著作

陈寅恪《金明馆丛刊二编》,北京:生活·读书·新知三联书店,2001 年。

陈祚龙《敦煌资料考屑》,台北:商务印书馆,1979 年。

董玉祥主编《炳灵寺一六九窟》,深圳:海天出版社,1994 年。

杜斗城、王亨通主编《炳灵寺石窟内容总录》,兰州:兰州大学出版社,2006 年。

杜斗城《北凉译经论》,兰州:甘肃文化出版社,1995 年。

段文杰等编《1990 敦煌学国际研讨会文集》,沈阳:辽宁美术出版社,1995 年。

段文杰主编《1987 敦煌石窟研究国际讨论会文集》,沈阳:辽宁美术出版社,1990 年。

敦煌文物研究所编《1983 年全国敦煌学术讨论会文集·石窟艺术编》,兰州:甘肃人民出版社,1985 年。

敦煌文物研究所编《敦煌莫高窟内容总录》,北京:文物出版社,1982 年。

敦煌文物研究所编《敦煌研究文集》,兰州:甘肃人民出版社,1982 年。

敦煌文物研究所编《中国石窟·敦煌莫高窟》(1),北京:文物出版社,1982 年。

敦煌文物研究所编《中国石窟·敦煌莫高窟》(2),北京:文物出版社,1984 年。

敦煌文物研究所编《中国石窟·敦煌莫高窟》(3),北京:文物出版社,1987 年。

敦煌文物研究所编《中国石窟·敦煌莫高窟》(4),北京:文物出版社,1987 年。

敦煌文物研究所编《中国石窟·敦煌莫高窟》(5),北京:文物出版社,1987 年。

敦煌研究院、甘肃省博物馆编《武威天梯山石窟》,北京:文物出版社,2000 年。

敦煌研究院编,刘永增主编《敦煌石窟全集·塑像卷》,香港:商务印书馆(香港)有限公司,2003 年。

敦煌研究院编,施萍婷主编《敦煌石窟全集·阿弥陀经画卷》,香港:商务印书馆(香港)有限公司,2002 年。

敦煌研究院编，孙修身主编《敦煌石窟全集·佛教东传故事画卷》，香港：商务印书馆（香港）有限公司，1999 年。

敦煌研究院编，谭蝉雪主编《敦煌石窟全集·服饰画卷》，香港：商务印书馆（香港）有限公司，2005 年。

敦煌研究院编，王惠民主编《敦煌石窟全集·弥勒经画卷》，香港：商务印书馆（香港）有限公司，2002 年。

敦煌研究院编《1994 敦煌学国际研讨会文集·石窟考古卷》，兰州：甘肃民族出版社，2000 年。

敦煌研究院编《2000 年敦煌学国际学术讨论会文集·历史文化卷》，兰州：甘肃民族出版社，2003 年。

敦煌研究院编《2004 年石窟研究国际学术会议论文集》，上海：上海古籍出版社，2006 年。

敦煌研究院编《中国石窟·安西榆林窟》，北京：文物出版社，1997 年。

敦煌研究院、甘肃省文物局、肃南裕固族自治县文物局编著《肃南马蹄寺石窟群》，北京：科学出版社，2020 年。

甘肃省文物工作队、庆阳北石窟文物保管所《陇东石窟》，北京：文物出版社，1987 年。

甘肃文物考古研究所编《河西石窟》，北京：文物出版社，1987 年。

公维章《涅槃、净土的殿堂：敦煌莫高窟第 148 窟研究》，北京：民族出版社，2004 年。

（日）宫治昭著，李萍、张清涛译《涅槃和弥勒的图像学——从印度到中亚》，北京：文物出版社，2009 年。

古正美《贵霜佛教政治传统与大乘佛教》，台北：允晨文化实业股份有限公司，1993 年。

国家地震局兰州地震研究所《甘肃省地震资料汇编》，北京：地震出版社，1989 年。

国家图书馆善本特藏部敦煌吐鲁番学资料研究中心编《敦煌与丝路文化学术讲座》(第2辑),北京:北京图书馆出版社,2005年。

国家文物局教育处《佛教石窟考古概要》,北京:文物出版社,1993年。

河南省文物研究所编《中国石窟·巩县石窟》,北京:文物出版社,1989年。

贺世哲《敦煌石窟论稿》,兰州:甘肃民族出版社,2004年。

贺世哲《敦煌图像研究:十六国北朝卷》,兰州:甘肃教育出版社,2006年。

侯旭东《五六世纪北方民众佛教信仰》,北京:中国社会科学出版社,1998年。

黄永武主编《敦煌宝藏》,台北:新文丰出版公司,1986年。

(日)吉村怜著,卞立强、赵琼译《天人诞生图研究》,北京:中国文联出版社,2002年。

贾应逸、祁小山《印度到中国新疆的佛教艺术》,兰州:甘肃教育出版社,2002年。

金申《佛教美术丛考》,北京:科学出版社,2004年。

金申《海外及港台藏历代佛像珍品纪年图鉴》,太原:山西人民出版社,2007年。

金申《中国历代纪年佛像图典》,北京:文物出版社,1994年。

金维诺、罗世平《中国宗教美术史》,南昌:江西美术出版社,1995年。

金维诺《中国古代佛雕——佛造像样式与风格》,北京:文物出版社,2002年。

赖鹏举《敦煌石窟造像思想研究》,北京:文物出版社,2009年。

赖鹏举《丝路佛教的图像与禅法》,中坜:圆光佛学研究所,2002年。

李崇峰《中印佛教石窟寺比较研究:以塔庙窟为中心》,北京:北京大学出版社,2003 年。

李仁清主编《中国北朝石刻拓片精品集》，郑州：大象出版社,2008 年。

李淞《长安艺术与宗教文明》,北京:中华书局,2002 年。

李焰平等《甘肃窟塔寺庙》,兰州:甘肃教育出版社,1999 年。

李玉珉《观音特展》,台北:台湾故宫博物院,2000 年。

李裕群《古代石窟》,北京:文物出版社,2003 年。

李正晓《中国早期佛教造像研究》,北京:文物出版社,2005 年。

林保尧《法华造像研究——嘉登博物馆藏东魏武定元年石造释迦像考》,台北:艺术家出版社,1993 年。

刘景龙、李玉昆主编《龙门石窟碑刻题记汇录》,北京:中国大百科全书出版社,1998 年。

陆庆夫《丝绸之路史地研究》,兰州:兰州大学出版社,1999 年。

马德《敦煌莫高窟史研究》,兰州:甘肃教育出版社,1996 年。

马世长、丁明夷《中国佛教石窟考古概要》,北京:文物出版社,2009 年。

(日)牧田谛亮著,索文林译《中国近世佛教史研究》,台北:华宇出版社,1985 年。

(日)平川彰等著,林保尧译《法华思想》,台北:佛光山宗务委员会,1998 年。

任继愈主编《中国佛教史》第 1 卷,北京:中国社会科学出版社,1985 年。

任继愈主编《中国佛教史》第 2 卷,北京:中国社会科学出版社,1985 年。

任继愈主编《中国佛教史》第 3 卷,北京:中国社会科学出版社,1988 年。

沙武田《敦煌画稿研究》,北京:民族出版社,2006年。

圣凯《中国佛教忏法研究》,北京:宗教文化出版社,2004年。

史树青主编《中国历史博物馆藏法书大观·战国秦汉唐宋元墨迹》,上海:上海教育出版社,2001年。

释大睿《天台忏法之研究》,台北:法鼓文化事业股份有限公司,2000年。

宿白《中国石窟寺研究》,北京:文物出版社,1996年。

孙机《汉代物质文化资料图说》,北京;文物出版社,1991年。

孙晓岗《文殊菩萨图像研究》,兰州:甘肃人民美术出版社,2007年。

孙修身《王玄策事迹钩沉》,乌鲁木齐:新疆人民出版社,1998年。

汤用彤《汉魏两晋南北朝佛教史》,北京:北京大学出版社,1997年。

天水麦积山石窟艺术研究所《中国石窟·天水麦积山》,北京:文物出版社,1998年。

王会安、闻黎明主编《中国地震历史资料汇编》(第1卷),北京:科学出版社,1983年。

王靖主编《中国美术全集·书法篆刻编·魏晋南北朝书法》(55),北京:人民美术出版社,2006年。

王静芬著,毛秋瑾译《中国石碑:一种象征形式在佛教传入之前与之后的运用》,北京:商务印书馆,2011年。

王尧、陈践《敦煌吐蕃文献选》,成都:四川民族出版社,1983年。

(美)巫鸿著,郑岩、王睿编《礼仪中的美术:巫鸿中国古代美术史文编》,北京:读书·生活·新知三联书店,2005年。

新疆龟兹石窟研究所《克孜尔石窟内容总录》,乌鲁木齐:新疆美术摄影出版社,2000年。

新疆维吾尔自治区文物管理委员会、库车县文物保管所、北京大学考古系编《中国石窟·库木吐喇石窟》,北京:文物出版社,1992年。

阎文儒、王万青《炳灵寺石窟》，兰州：甘肃人民出版社，1993 年。

颜廷亮、王亨通主编《炳灵寺石窟学术讨论会论文集》，兰州；甘肃人民出版社，2003 年。

杨明芬《唐代西方净土礼忏法研究：以敦煌莫高窟西方净土信仰为中心》，北京：民族出版社，2007 年。

姚桂兰主编《马蹄寺石窟》，兰州：读者出版社，2018 年。

姚桂兰主编《金塔寺石窟》，兰州：甘肃人民美术出版社，2019 年。

殷光明《北凉石塔研究》，新竹：觉风佛教艺术文化基金会，1999 年。

袁林《西北灾荒史》，兰州：甘肃人民出版社，1994 年。

云冈石窟文物保管所《中国石窟·云冈石窟》(二)，北京：文物出版社，1994 年。

云冈石窟文物保管所《中国石窟·云冈石窟》(一)，北京：文物出版社，1991 年。

张宝玺《甘肃佛教石刻造像》，兰州：甘肃人民美术出版社，2001 年。

张宝玺《甘肃石窟艺术·壁画编》，兰州：甘肃人民美术出版社，1997 年。

张宝玺《甘肃石窟艺术·雕塑编》，兰州：甘肃人民美术出版社，1994 年。

张弓《汉唐佛寺文化史》，北京：中国社会科学出版社，1997 年。

张广达、荣新江《于阗史丛考》，上海：上海书店，1993 年。

郑炳林、高国祥主编《敦煌莫高窟百年图录》，兰州：甘肃人民出版社，2008 年。

郑炳林、花平宁主编《麦积山石窟艺术文化论文集》，兰州：兰州大学出版社，2004 年。

郑炳林《敦煌佛教艺术文化国际学术研讨会论文集》，兰州：兰州大学出版社，2002 年。

智观巴·贡却乎丹巴绕著，吴均等译《安多政教史》，兰州：甘肃民族出版社，1989 年。

（日）塚本善隆著，林保尧、颜娟英译《龙门石窟：北魏佛教研究》，新竹：觉风佛教艺术文化基金会，2005 年。

三、中文论文

（日）八木春生著，苏哲译《河西石窟群年代考——兼论云冈石窟与河西石窟群的关系》，《美术史研究集刊》第 4 期，1997 年。

晁华山《克孜尔石窟的洞窟分类与石窟寺院的组成》《法藏文库》（84），高雄：佛光山文教基金会，2001 年。

陈明达《巩县石窟寺的雕凿年代及特点》，河南省文物研究所编《中国石窟·巩县石窟》，北京：文物出版社，1989 年。

陈晓露《从八面体佛塔看犍陀罗艺术之东传》，《西域研究》2006 年第 4 期。

陈悦新《金塔寺石窟佛像服饰与年代》，《敦煌学辑刊》2013 年第 1 期。

陈祚龙《刘萨诃研究》，《敦煌资料考屑》，台北：台湾商务印书馆，1979 年。

丹曲《肃南藏传佛教名寺马蹄寺述略》，《甘肃民族研究》1994 年第 2 期。

董玉祥、杜斗城《北凉佛教与河西诸石窟的关系》，《敦煌研究》1986 年第 1 期。

董玉祥《河西走廊马蹄寺、文殊山、昌马诸石窟群》，甘肃省文物考古研究所《河西石窟》，北京：文物出版社，1987 年。

杜斗城《关于河西早期石窟的年代问题》，《敦煌学辑刊》1994 年第 2 期。

杜斗城《刘萨诃与凉州番禾望御山瑞像》,敦煌研究院编《段文杰敦煌研究五十年纪念文集》,北京:世界图书出版公司,1996 年。

樊锦诗、马世长、关友惠《敦煌莫高窟北朝洞窟的分期》,敦煌文物研究所《敦煌研究文集》,兰州:甘肃人民出版社,1982 年。

樊锦诗、梅林《莫高窟第 112 窟图像杂考》,《敦煌研究》第 1996 年第 4 期。

樊锦诗、赵青兰《吐蕃占领时期莫高窟洞窟的分期研究》,《敦煌研究》1994 年第 4 期。

(日)肥田路美著,李静杰译《唐代菩提伽耶金刚座真容像的流布》,《敦煌研究》2006 年第 4 期。

甘肃省博物馆、炳灵寺石窟文物保管所《炳灵寺石窟老君洞北魏壁画清理简报》,《考古》1986 年第 8 期。

甘肃省文物工作队《马蹄寺、文殊山、昌马诸石窟调查简报》,《文物》1965 年第 3 期。

古正美《于阗与敦煌的毗沙门天王信仰》,敦煌研究院编《2000 年敦煌学国际学术讨论会文集·历史文化卷》,兰州:甘肃民族出版社,2003 年。

郭俊叶《托塔天王与哪吒——兼谈敦煌毗沙门天王赴哪吒会图》,《敦煌研究》2008 年第 3 期。

郭乃彰《印度佛教莲花纹饰之探讨》,《法藏文库》(90),高雄:佛光山文教基金会,2001 年。

贺世哲《敦煌北朝洞窟之十方佛造像新探》,敦煌研究院编《段文杰敦煌研究五十年纪念文集》,北京:世界图书出版公司,1996 年。

贺世哲《敦煌莫高窟北朝石窟与禅观》,敦煌文物研究所编《敦煌研究文集》,兰州:甘肃人民出版社,1982 年。

贺世哲《敦煌莫高窟释迦、弥勒、阿弥陀的三佛造像》,敦煌研究院

《1994 年敦煌学国际学术研讨会论文集·石窟考古卷》，兰州：甘肃民族出版社，2000 年。

贺世哲《关于敦煌莫高窟的三世佛与三佛造像》，《敦煌研究》1994 年第 2 期。

贺世哲《关于十六国北朝时期的三世佛与三佛造像诸问题》（二），《敦煌研究》1993 年第 1 期。

贺世哲《关于十六国北朝时期的三世佛与三世佛造像诸问题》（一），《敦煌研究》1992 年第 4 期。

贺世哲《莫高窟北朝五佛造像试释》，《敦煌研究》1995 年第 3 期。

霍熙亮《莫高窟第 72 窟及其南壁刘萨诃与凉州圣容佛瑞像史迹变》，《文物》1993 年第 2 期。

霍旭初《关于克孜尔石窟内容总录》，新疆龟兹石窟研究所《克孜尔石窟内容总录》，乌鲁木齐：新疆美术摄影出版社，2000 年。

霍旭初《克孜尔石窟降魔图考》，《敦煌研究》1993 年第 1 期。

暨远志《五—六世纪河西石窟与河西佛教》，《法藏文库》（84），高雄：佛光山文教基金会，2001 年。

暨远志《张掖地区早期石窟分期试论》，《敦煌研究》1996 年第 4 期。

贾应逸《克孜尔与莫高窟的涅槃经变比较研究》，段文杰等编《1990 敦煌学国际研讨会文集》，沈阳：辽宁美术出版社，1995 年。

金申《关于神王的探讨》，《敦煌学辑刊》1995 年第 1 期。

金申《流散海外的北魏早期石佛造像》，《佛教美术丛考》，北京：科学出版社，2004 年。

金申《一方神王浮雕石台座》，《文物天地》1997 年第 1 期。

（韩）梁银景《甘肃金塔寺石窟的开凿年代及其与北凉佛教的关系》，李砚祖主编《艺术与科学》第 9 卷，北京：清华大学出版社，2009 年。

赖鹏举《健陀罗大乘“法身”思想及其在中亚、河西地区的开展》，郑炳林主编《敦煌佛教艺术文化国际学术研讨会论文集》,兰州:兰州大学出版社,2002 年。

赖文英《论炳灵寺北魏石窟的“十方三世佛”——以 126、128、132 窟为例》,郑炳林、花平宁主编《麦积山石窟艺术文化论文集》,兰州:兰州大学出版社,2004 年。

雷玉华、王剑平《试论四川的菩提瑞像》,《四川文物》2004 年第 1 期。

雷兴福《张掖金塔寺石窟艺术研究》,《雕塑》2010 年第 5 期。

李国《河西几处中小石窟述论》,《敦煌研究》1998 年第 3 期。

李静杰《北朝后期法华经图像的演变》,《艺术学》(21),台北:觉风佛教艺术文化基金会,2004 年。

李静杰《敦煌莫高窟北朝隋代洞窟图像构成试论》,云冈石窟研究院编《2005 年云冈国际学术研讨会论文集·研究卷》,北京:文物出版社,2006 年。

李静杰《四川南朝浮雕佛传图像考察》,中国古迹遗址保护协会石窟专业委员会、龙门石窟研究院编《石窟寺研究》,第 1 辑,北京:文物出版社,2010 年。

李南《印度河流域文明与吠陀时期的女神》,《南亚研究》2006 年第 2 期。

李凇《略论中国早期天王图像及其西方来源》,郑炳林、花平宁主编《麦积山石窟艺术文化论文集》,兰州:兰州大学出版社,2004 年。

李永宁、蔡伟堂《敦煌壁画中的〈弥勒经变〉》,段文杰主编《1987 敦煌石窟研究国际讨论会文集》,沈阳:辽宁美术出版社,1990 年。

李玉珉《半跏思惟像再探》,《故宫学术季刊》第 3 卷第 3 期,1986 年。

李玉珉《宾阳中洞研究》,《宿白先生八秩华诞纪念文集》,北京:文物出版社,2002 年。

李玉珉《敦煌莫高窟第二五九窟研究》,敦煌研究院编《1994 敦煌学国际研讨会文集·石窟考古卷》,兰州:甘肃民族出版社,2000 年。

李玉珉《金塔寺石窟考》,敦煌研究院编《2004 年石窟研究国际学术会议论文集》,上海:上海古籍出版社,2006 年。

李玉珉《试论唐代降魔成道装饰佛》,《故宫学术季刊》第 23 卷第 3 期,2006 年。

梁涛、彭杰、再帕尔·阿不都瓦依提《于阗地神图像流变相关问题再探》,《敦煌研究》2009 年第 5 期。

刘慧达《北魏石窟与禅》,《考古学报》1978 年第 3 期。

刘慧达《北魏石窟中的“三佛”》,《考古学报》1958 年第 4 期。

刘永增《敦煌石窟中与禅观相关的几个问题》,颜廷亮、王亨通主编《炳灵寺石窟学术讨论会论文集》,兰州;甘肃人民出版社,2003 年。

陆庆夫《论王玄策对中印交通的贡献》,《敦煌学辑刊》1984 年第 1 期。

陆庆夫《五凉佛教及其东传》,《敦煌学辑刊》1994 年第 1 期。

罗世平《四川唐宋佛教造像的图像学研究》,《法藏文库》(82),高雄:佛光山文教基金会,2001 年。

马德《炳灵寺第 169 窟 6 号龛“十方十智佛”臆测》,颜廷亮、王亨通主编《炳灵寺石窟学术讨论会论文集》,兰州;甘肃人民出版社,2003 年。

马世长《大足北山佛湾 176 与 177 窟——一个奇特题材组合的案例》,重庆大足石刻艺术博物馆编《2005 年重庆大足石刻国际学术研讨会论文集》,北京:文物出版社,2007 年。

马世长《库木吐喇的汉风洞窟》,《中国石窟·库木吐喇石窟》,北京:文物出版社,1992 年。

彭杰《库车克孜尔尕哈石窟壁画中的地神》,《西域研究》2007 年第 3 期。

彭杰《于阗地神崇拜及其图像流变》,李砚祖主编《艺术与科学》卷 9,

北京:清华大学出版社,2009年。

秦春梅、姚桂兰《金塔寺石窟中的早期遗迹概述》,《敦煌学辑刊》1996年第1期。

秦春梅《浅谈中心柱窟的演变及马蹄寺石窟群中的中心柱窟》,《敦煌学辑刊》2001年第1期。

饶宗颐《刘萨诃事迹与瑞像图》,段文杰等编《1987敦煌石窟研究国际讨论会文集·石窟艺术篇》(上),甘肃人民出版社,1990年。

荣新江《于阗王国与瓜沙曹氏》,《敦煌研究》1994年第2期。

沙武田《敦煌石窟历史的重构——敦煌吐蕃期洞窟诸现象之省思》,《圆光佛学学报》,第11卷,2007年。

尚丽新《"敦煌高僧"刘萨诃的史实与传说》,《西南民族大学学报(人文社科版)》2007年第4期。

尚丽新《敦煌本〈刘萨诃因缘记〉解读》,《文献》2007年第1期。

尚丽新《刘萨诃信仰解读—关于中古民间佛教信仰的一点探索》,《东方丛刊》2006年第3期。

施萍婷《〈金光明经变〉研究》,段文杰等编《1987敦煌石窟研究国际讨论会文集·石窟考古》,沈阳:辽宁美术出版社,1990年。

史树青《北魏曹天度造千佛石塔》,《文物》1980年第1期。

史苇湘《刘萨诃与敦煌莫高窟》,《文物》1983年第6期。

史岩《酒泉文殊山的石窟寺院遗址》,《文物参考资料》1956年第7期。

史岩《散布在祁连山区民乐县境的石窟群》,《文物参考资料》1956年第4期。

(日)松本文三郎著,金申译《兜跋毗沙门天考》,《敦煌研究》2003年第5期。

宿白《凉州石窟遗迹与"凉州模式"》,《考古学报》1986年第4期。

孙修身、党寿山《〈凉州御山石佛瑞像因缘记〉考释》,《敦煌研究》1983年创刊号。

孙修身《从凡夫俗子到一代名僧的刘萨诃》,《文史知识》1988 年第 8 期。

孙修身《凉州御山石佛瑞像因缘变相》,《敦煌研究》1985 年第 5 期。

孙修身《刘萨诃和尚事迹考》,敦煌文物研究所编《1983 年全国敦煌学术讨论会文集·石窟艺术篇》,兰州:甘肃人民出版社,1985 年。

孙修身《圣者刘萨诃的故事》,《敦煌研究》1983 年试刊第 2 期。

(印)谭中《印度文化对敦煌以至中国石窟文化的贡献》,敦煌研究院编《1994 年敦煌学国际研讨会文集·石窟考古卷》,兰州:甘肃民族出版社,2000 年。

王丁《吐鲁番安伽勒克出土北凉写本〈金光明经〉及其题记研究》,季羡林、饶宗颐主编《敦煌吐鲁番研究》第 9 卷,北京:中华书局,2006 年。

王泷《甘肃早期石窟的两个问题》,敦煌文物研究所编《1983 年全国敦煌学术讨论会文集·石窟艺术编上》,兰州:甘肃人民出版社,1985 年。

王毅《北凉石塔》,《文物资料丛刊》(1),北京:文物出版社,1977 年。

王玉东《半身形象与社会变迁》,《艺术史研究》第 6 辑,广州:中山大学出版社,2004 年。

(法)魏普贤《敦煌写本和石窟中的刘萨诃传说》,(法)谢和耐、苏远鸣等著,耿昇译《法国学者敦煌学论文选萃》,北京:中华书局,1993 年。

(法)魏普贤《刘萨诃和莫高窟》,(法)谢和耐、苏远鸣等著,耿昇译《法国学者敦煌学论文选萃》,北京:中华书局,1993 年。

魏文斌、唐晓军《关于十六国北朝七佛造像诸问题》,《北朝研究》1993年第 4 期。

魏文斌、吴荭《甘肃镇原县博物馆藏北魏青铜造像及有关问题》,《敦煌研究》2003 年第 3 期。

(美)巫鸿《再论刘萨诃:圣僧的创造与瑞像的发生》,郑岩、王睿编《礼仪中的美术:巫鸿中国古代美术史文编》,北京:读书·生活·新知三联书店,2005年。

谢继胜《涉及吐蕃美术的唐宋画论》,《文艺研究》2006年第6期。

徐苹芳《僧伽造像的发现和僧伽崇拜》,《文物》1996年第5期。

姚桂兰、格桑美卓《张掖马蹄寺石窟群内容总录》,《敦煌学辑刊》1995年第2期。

姚桂兰、秦春梅《张掖马蹄寺石窟群早期石窟艺术概述》,《敦煌学辑刊》1999年第2期。

员海瑞《云冈石窟内容总录》,云冈石窟文物保管所《中国石窟·云冈石窟》,北京:文物出版社,1991年—1994年。

张宝玺《甘肃石窟雕塑艺术》,《甘肃石窟艺术·雕塑编》,兰州:甘肃美术出版社,1994年。

张宝玺《河西北朝石窟编年》,敦煌研究院编《1994敦煌学国际研讨会文集·石窟考古卷》,兰州:甘肃民族出版社,2000年。

张宝玺《河西北朝中心柱窟》,段文杰等编《1987年敦煌石窟研究国际讨论会文集·石窟考古编》,沈阳:辽宁美术出版社,1990年。

张宝玺《建弘题记及其有关问题的考释》,阎文儒、王万青《炳灵寺石窟》,兰州:甘肃人民出版社,1993年。

张宝玺《马蹄寺石窟名称来历》,《敦煌研究》1995年第1期。

张学荣、何静珍《论凉州佛教及沮渠蒙逊的崇佛尊儒》,《敦煌研究》1994年第2期。

赵莉《克孜尔石窟降服六师外道壁画考析》,《敦煌研究》1995年第1期。

赵青兰《莫高窟吐蕃时期洞窟龛内屏风画研究》,《敦煌研究》1994年第3期。

郑炳林、魏迎春《俄藏敦煌写本王玄策〈中天竺国行记〉残卷考释》,《敦煌学辑刊》2005年第2期。

郑汝中《新发现的莫高窟275窟音乐形象》,《敦煌研究》1992年第2期。

四、外文资料

大英博物館監修《西域美術·大英博物館スタイン·コレクション》第1巻《敦煌絵画Ⅰ》,東京:講談社,1982年。

大英博物館監修《西域美術·大英博物館スタイン·コレクション》第2巻《敦煌絵画Ⅱ》,東京:講談社,1982年。

大英博物館監修《西域美術·大英博物館スタイン·コレクション》第3巻《染織·雕刻·壁画》,東京:講談社,1984年。

栗田功《ガンダーラ美術Ⅰ仏伝》,東京:二玄社,1988年。

栗田功《ガンダーラ美術Ⅱ仏陀の世界》(改訂增補版),東京:二玄社,2003年。

肥塚隆、宮治昭主編《世界美術大全集·東洋編·インド》(1),東京:小学館,2000年。

小島彩《騎象普賢と騎獅文殊の図像—中国における成立過程》,美術史学会編《美術史》第44冊137号,1995年。

田辺勝美、前田耕作《世界美術大全集·東洋編·第15巻·中央アジア》,東京:小学館,1999年。

中川原育子《キジル石窟の"降魔成道"について》,宮坂宥勝博士古稀記念論文集刊行会《インド学密教学研究:宮坂宥勝博士古稀記念論文集》,京都:法蔵館,1993年。

並河萬里《ガンダーラ　並河萬里写真集》,東京:岩波書店,1984年。

東山健吾《敦煌莫高窟北朝期尊像の図像的考察》,《東洋学術研究》第24卷第 1 期,1985年。

船山徹《六朝時代における菩薩戒の受容過程 – 劉宋·南斎期を中心に》,《東方学報》第67冊。

藤善真澄《道宣伝の研究》,京都:京都大学学術出版会,2002年。

松井太《敦煌諸石窟のウイグル語題記銘文に関する敦煌諸石窟のウイグル語題記銘文に関する劄記》,人文科学編《人文社会論叢》30卷,2013年。

松原三郎《中国仏教彫刻史論》,東京:吉川弘文館,1995年。

宮治昭《インドの地天の図像とその周辺》,宮坂宥勝博士古稀記念論文集刊行会《インド学密教学研究:宮坂宥勝博士古稀記念論文集》,京都:法蔵館,1993年。

水野清一、長広敏雄《雲岡図像学》,京都大学人文科学研究所雲岡刊行会編《雲岡石窟》,京都:京都大学人文科学研究所,1953年。

外山潔《敦煌148窟の涅槃変相図について（東山健吾教授退任記念)》,《美學美術史論集》第14期,2002年。

ジャン·フランソワ·ジャリージュ、秋山光和《西域美術·ギメ美術館ペリオ·コレクション》(第 1 卷),東京:講談社,1994年。

ジャン·フランソワ·ジャリージュ、秋山光和《西域美術·ギメ美術館ペリオ·コレクション》(第 2 卷),東京:講談社,1995年。